让 我 们  一 起 追 寻

Valiant Ambition: George Washington, Benedict Arnold, and the Fate of the American Revolution

Copyright© 2016 by Nathaniel Philbrick

This edition arranged with Stuart Krichevsky Literacy Agency Inc.

Through Andrew Nurnberg Associates International Limited

Simplified Chinese translation copyright© 2019 by Social Sciences Academic Press

All rights reserved.

Nathaniel Philbrick

〔美〕
纳撒尼尔·菲尔布里克 著

王兢 译

无畏

The Valiant
Ambition

的雄心

George Washington,
Benedict Arnold
and The Fall of
the American Revolution

乔治·华盛顿、

本尼迪克特·阿诺德

与

美国革命的命运

社会科学文献出版社
SOCIAL SCIENCES ACADEMIC PRESS (CHINA)

献给梅丽莎

当他英勇无畏时，我荣崇他。
但他野心勃勃时，我杀掉他。

——威廉·莎士比亚，《尤利乌斯·恺撒》

目　录

前言　断层线

我们都熟知这个故事：一群未经训练、缺乏组织的民兵集
结起来，打败了世界上最强大的军队。但就那些完整经历了这
场近十年之久的美国革命历史活剧的人而言，他们很清楚，实
际历史演进并非如此。

真实的美国革命是如此艰辛和离奇，以至于当战斗结束
后，那一代人尽了最大努力，消除了所有真相的踪迹。无人想
要记取：他们如何在勇敢地宣布独立后，迅速失去了前进的方
向；他们的爱国热忱如何陷入了怀疑主义和自私自利；以及在
似乎一切都将失去时，一位叛徒曾将他们救出生天。

查尔斯·汤姆森（Charles Thomson）特别适合书写他那个
时代的历史。作为 1774 ~ 1789 年的大陆会议（Continental
Congress）① 秘书，有历史学家将他的作用评价为"大陆会议
首相"。② 各州代表齐聚一堂、指挥推进独立战争时，汤姆森
秘书都在那里。他目睹了这个国家的立法机构在一开始运作阶
段和最关键时期的幕后工作。用他的朋友约翰·杰伊（John
Jay）的话说："世上没有人像您这样，如此完美地熟知美国革
命爆发、发展、功成的全过程。"

---

① "Continental Congress"。北美独立前后，十三块殖民地各自派代表组成的
北美最高权力机构，也是立法机构，通称为"大陆会议。"（本书脚注均
为译者注）
② 原文为 "Primer Minister"，等同于英国议会十八世纪上半叶形成的"首
相"。

1789 年 7 月退休后不久，汤姆森开始撰写回忆录，回顾他担任大陆会议秘书职务时的历史。最终，他完成了一部超过一千页的手稿。但随着时间流逝，美国革命的史事逐渐被神化成一部传奇，汤普森意识到，他这部题为"阴谋、剧烈争吵或争执：大陆会议记录"的回忆录将会"与所有重大革命事件的历史相抵触"。1816 年前后，他最终决定，将不会"撕开那片遮掩我们的弱点的面纱"。他销毁了手稿。"让世界敬仰我们伟大人物煞有其事的智慧和英勇吧，"他写道，"也许，他们会接受这些已经归结到他们名下的品质，这样他们就会做好事。我并不想点醒子孙后代们。"

美国革命有两条战线：一条是对抗英国①的战争，另一条则是北美②的内战。破坏力巨大的内战无处不在，以至于整个北美大陆都被灰暗的前景笼罩，种下了甚至更具破坏力的大灾难的种子。我们之中的许多人都曾听说革命最后血腥的几年里南方游击队员的斗争。然而，这个国家也被内部冲突撕成两半，大多数内战发生于英占纽约的周边。在这片战争蹂躏的"中立地带"，没有任何一方占据支配地位。邻近各方的相互袭扰像猫狗打架一样来来回回，哈得逊河谷、长岛和新泽西这

---

① 原文为"Great Britain"。为方便读者，本书中的"Great Britain""UK""Britain"将一律译为"英国"，"British Empire"译为"大英帝国"，但"England""Wales""Scotland""Ireland"仍将如实译出。

② 本书将大致以 1776 年 7 月 4 日为界——在此时间点之前将 America 译为"北美"或"北美殖民地"，之后则译为"美国"。1776 年 7 月 4 日之后的英方文书仍依语境译为"北美"或"殖民地"。通常而言，"北美"和"美国"这一时期指代的是同一个政治实体（political body）——十三个殖民地组成的联合体。

一巨大的长条状地带变成了法纪荡然的荒徼之地。

这种自我毁灭式骚动的中心就是爱国者的首都费城。在英国短暂占领费城的前后，这座城市上演了宗教和政治迫害、投机暴利、大规模立法失能的种种场景。我们习惯将 1776 年 7 月发布的《独立宣言》与"领袖气质、雄辩滔滔的典范"联系在一起，但查尔斯·汤姆森的证据显示，大陆会议已经成为降临到整个国家之上的混乱和敌意的政治化身。

到 1780 年夏季时，美国已经进入了最深的低潮。1777 年戏剧性的萨拉托加大捷燃起的期望已经消退为幻灭，被吹得神乎其神的美法联盟迄今也对打赢战争贡献甚微。战争进入第五年，美国人民筋疲力尽、无精打采，看起来他们就要将一度热烈拥抱的理想抛诸脑后。当时的美国并非一个由大陆会议统治的统一共和国，而是分成十三个各自摸爬滚打的高度独立的政治实体。如果奇迹降临，华盛顿将军找到了打赢这场抗英战争的办法，那么真正的问题是，是否会有一个"国家"剩下来 xvii 宣布胜利。

接下来的故事则是，华盛顿手下最伟大的一名将军如何决定不再效忠他曾经几乎倾注了一切心力的事业。尽管在事后将本尼迪克特·阿诺德（Benedict Arnold）描绘为一名一开始就包藏祸心的叛徒再方便不过，但真相更为复杂，最终也更令人困扰。如若不是在 1780 年秋季发现阿诺德投敌，美国人民也许永远不会被迫认识到：对他们自由的真正威胁来自内部，而非外部。

萨拉托加战役是这个故事的轴心点，正是在 1777 年 10 月 7 日，本尼迪克特·阿诺德在这片战场上受了重伤，这次受伤最终将他推上了背叛之路。也是在萨拉托加，阿诺德的"死敌"霍雷肖·盖茨（Horatio Gates）攫取了本该属于他的荣誉，并凭这项荣誉在有着大陆会议核心成员帮助的情况下，挑战华盛顿的最高统帅地位。

今天，华盛顿理所当然被称为美国历史上最伟大的军事统帅和政治家之一。但像每一位杰出的领袖一样，他也犯下了许多错误。坚称华盛顿不会犯错，就是在否定他的伟大特质：作为一名最高统帅，在面临最具挑战性的情境时，他那超迈卓绝的学习和改进能力。

即便是作为一名士兵，战争开始时华盛顿就意识到，如果美国及其理念想要完好无损地度过革命这一关，那么她就必须由她的公民来统治，而非军事领袖。这意味着他别无选择，只能屈从于一个立法机构连绵不绝的马后炮式批评的羞辱。这个立法机构对军队及其统帅有着根深蒂固的不信任。1777 年，不管是在平民那里，还是在军中，华盛顿在美国都已成为一名显赫人物。对于许多大陆会议成员，尤其是那些来自于新英格兰地区的人而言，这位弗吉尼亚的种植园主或许已经拥有了一种通向君主制的危险"光环"。大陆会议代表们开始不可避免地用和推翻英王相同的策略来对付华盛顿。危险在于，革命家们几乎不假思索地极力削弱那些身居高位者的冲动终将导致无政府状态。华盛顿一方面抵制住了不堪其扰愤而辞职的冲动，另一方面也抵制住了像拿破仑一样加冕称帝的诱惑，这都证明了他杰出的判断力和几乎令人难以置信的耐心。

华盛顿有着高瞻远瞩的人格力量，本尼迪克特·阿诺德却时刻生活于混乱和高度情绪化之中。正如他一度承认的，"我是个性情中人"，如果没有他的激情，他也许永远不会实现他在战场上的成就——这些成就曾得到华盛顿的最高褒扬。但华盛顿也开始意识到，阿诺德的反复无常将会带来危险。作为一名毁于自命不凡的破产酒鬼的儿子，阿诺德欠缺那种超脱于无聊且无稽的批评之上的能力，他也有着挥霍无度、入不敷出的习惯。后来在萨拉托加，阿诺德被滑膛枪子弹打中，几乎丢掉了一条腿。再加上提拔无望、遭到忽视，他说服了自己：从现有军事职位上牟取利益是正当的。大陆会议否决了对他的提拔之后，阿诺德对大陆会议的幻灭感与日俱增，而大陆会议对于补偿他从战争一开始就遭受的巨额损失的扭扭捏捏更是火上浇油——阿诺德对金钱的需要给予了他能量，帮助他一步步蹒跚着走向背叛。

如果阿诺德是华盛顿的黑暗天使，那么年轻的拉法耶特侯爵（Marquis de Lafayette）几乎一直像是活在光明之中。拉法耶特初晤华盛顿时只有 19 岁。这位理想主义、自信且拥有巨额财富的法国贵族有着一种迷人的魅力和感召力，几乎打动了所有人。甚至当无情的现实已无法佐证他的乐观主义时，拉法耶特依旧保持着如火的激情，这与阿诺德不断增长的愁苦形成了鲜明对比。

这个故事也与革命中的英国一方有关。美国一方的华盛顿将这场战争称为"光荣的事业"，英国将军们却并不这么想。他们很快将这场战斗视为烦闷的泥潭，且将很少有人（如果有的话）能从这场战争中带着他们的荣誉全身而退。不同于后来美国传奇故事中的那些贵族滑稽小丑和血腥雇佣兵，豪①、克林顿、卡尔

---

① 本书将有两名"豪"将军——海军上将理查德·豪，他的弟弟、陆军将领威廉·豪。在本书里，"豪将军"指威廉·豪，"豪上将"指代理查德·豪。

顿、康沃利斯和伯戈因等英国将军都是光明正大、雄心勃勃、富有内心冲突的绅士，他们被迫同他们眼中的乡下人战斗。

最后，这个故事较少着墨于战役的胜败，而将更多叙说一个民族如何度过这段美国最为混乱但也是最富创造力的历史时期之一。华盛顿、阿诺德、豪、拉法耶特将会在书中扮演主角，同时本书也将讲述那位来自康涅狄格的饱受折磨的士兵的故事，他几乎凭着一己之力弄清了大陆军①中的真相；讲述那位天才机械师的故事，如果不是那股不作美的潮水，他本该在战争正式爆发之前就结束这场战争；讲述那位费城律师的故事，他在将本尼迪克特·阿诺德推向背叛边缘之前，先背叛了华盛顿的信任；讲述那年轻妻子和母亲的故事，她的"忠诚者"② 倾向改变了这个国家的进程。

最后，这是一个将国家通过水道联结起来及经由水路可能将国家撕扯开的故事。在那个陆路交通耗时耗力的年代，河流和湖泊拥有着令我们这个多车道高速公路纵横交织国度的人们难以理解的战略优势。从加拿大往南延伸有一条水道，英美双方都将它视为战斗的战略枢纽。如果英国人能够同时实现对北面尚普兰湖和南面哈德逊河的控制，那么，将新英格兰地区同其他殖民地隔离开来并赢得战争就是可能的。结果，因着尚普兰湖如河流一般向加拿大方向的延伸，纽约和哈德逊河的地位被大大增强，它们将成为本书——一本有关忠诚和背叛之书之中参差不齐的断层线，那断层线也植根于我们所有人之中。

xix

---

① "Continental Army"（大陆军），是北美宣布独立前就成立的军队，也是美军的代称。

② "loyalist"（忠诚者）指忠于英国的北美民众，下同。

第一部分
未曾涉足的荒野

★　★

　　我们美国人……乃是世界的开拓者；我们是先锋队，前去穿行未曾涉足的荒野，在我们的新世界开辟一条新路。

——赫尔曼·梅尔维尔《白夹克》，1850 年

第一章　恐惧与混乱之魔

到 1776 年春天时，华盛顿已在纽约成立了他的大陆军最高司令部。这座复杂的楔形建筑物位处曼哈顿岛南端的大街小巷之中。两条感潮河（tidal river）夹持的纽约是北美第二大中心城市，这座城市也很快布满了准备防御海上入侵的大陆军士兵。纽约大陆军军营以南 5 英里①处，斯塔滕岛（Staten Island）托德山（Todt Hill）上的瞭望兵负责搜索海上的敌舰。

三个月前，华盛顿已经组建了他的"精英近卫队"（elite Life Guard）。这支部队由 100 多名精挑细选的青年组成，他们的身高在 5 英尺 8 英寸到 5 英尺 10 英寸②之间。依照华盛顿号令，他们全都"英俊匀称，光鲜整洁"。正如他们的头衔所昭示的那般，备受信赖的"近卫队"负责保证大陆军总司令华盛顿阁下的安全。

6 月的第二周，就在英军随时可能入侵的当口，一则谣言击中了纽约：华盛顿近卫队队员托马斯·希基（Thomas Hickey）中士已在密谋背叛他曾宣誓保护的统帅。希基和一些身居高位的心腹计划在英国舰队到来时临阵倒戈。希基被指控犯有最重的罪行，但这个案子有着惊人的法律灰色带：一个仍然自称为英国臣民的民族，如何将一名保持对英王效忠的士兵定罪？

---

① 1 英里约合 1.61 千米。

② 1 英尺约合 0.305 米，1 英寸约合 2.54 厘米。

纽约及周边
1776年

马马罗内克
新罗谢尔
布朗克斯
波士顿邮路
伊斯特切斯特
斯帕伊顿·戴维尔溪
华盛顿高地
华盛顿堡
一国王桥
一自由桥
哈肯萨克
宪法堡,后来的李堡一邮路
韦斯特切斯特
佩尔岬
新泽西
哈勒姆河
罗格斯内克
帕塞伊克河
哈肯萨克河
布卢明代尔路
"地狱之门"
皇后县
纽约
长岛
保卢斯胡克
乔治堡
布鲁克林高地
贝得罗岛
总督岛
纽瓦克湾
雷德胡克
戈瓦努斯溪
上湾
伊丽莎白镇
沃特林地
布鲁克林
牙买加湾
托德山
斯塔滕岛
格雷夫森德
格雷夫森德湾
下湾
科尼岛
珀斯安博伊
东海滩
大西洋
比洛普宅邸
桑迪胡克

0 英里　　　5　　　10
0 公里　　　10

1776年道路
现代道路

©2016杰弗里·L.沃德

无疑，"设立时所依据的司法主权源于大不列颠国王"的
纽约地方法院，无法审讯这个人。对华盛顿而言，唯一的替代
方案是将希基移送军事法庭审判。

6 月 26 日，一家军事法庭合议庭将这位近卫队员定罪，
罪名是哗变和叛乱。两天以后，希基在纽约广场被处以绞刑，
几乎有两万人观看了这次公开处决。在那份官方文件签署之前
一个星期，华盛顿已经发布了他自己的《独立宣言》。

就在次日上午 9 点，托德岛上的瞭望兵们发现了第一张英
国船帆。

"在大概 10 分钟之内，"列兵丹尼尔·麦克库尔汀
（Daniel McCurtin）讲述起来不无讶异，"整片海湾满是舰船，
其数量达到过往可能的最大值。我敢声明说，我认为整个伦敦
都浮海而出了。"

接下来数小时里，一排又一排船帆接踵而至，在桑迪胡克
（Sandy Hook，也译作桑迪岬）会合——这是新泽西东北角的
一片障壁沙滩，也是传统上船舰进入纽约港之前的下锚之地。
英国船队下锚、卷起风帆时，在麦克库尔汀眼中，那大片大片
的桅杆就像是"一片修剪齐整的松树林"。

仅仅三个月前，华盛顿一夜之间在多彻斯特高地
（Dorchester Heights）上布设了一座炮兵堡垒，迫使英国将军
威廉·豪（William Howe）和他麾下近 9000 士兵放弃了波士
顿。豪撤退到新斯科舍（Nova Scotia）的哈利法克斯，在那里
补充兵员、恢复战力。现在，豪带着一支更大规模的军队卷土
重来，直指纽约。这看起来几乎难以想象：英王乔治及其大臣
们的反应可以如此之快，并集结了如此之多的兵力应对在新英

格兰地区①的挫败。

但结果证明，乔治王的行动只是刚刚开始。

几天之后，风向转为南风。集结在桑迪胡克的大约 100 艘英舰扬帆起锚，沿着海峡北上航向斯塔滕岛和长岛（Long Island）之间的纽约湾海峡（The Narrows）——这条一英里宽的咽喉要道乃是所有舰船进入纽约港的必经之路。就在那时，大陆军炮兵团 25 岁的指挥官亨利·诺克斯（Henry Knox）和他的妻子露西正伫立在他们百老汇路 1 号临时住所二楼的窗前。

6　　亨利已经决定，他的妻子和幼女必须离开纽约。但是露西固执地坚持，一定要留在他身边。现在，随着敌人一列列战舰和运输船迅速通过海峡，夫妻俩都意识到，露西的确已经"待得太久"。"我们看到船队通过海峡，"他在给弟弟威廉的信中写道，"顺着一阵劲风和涌潮，他们将在大约半小时后抵达纽约市。你无法想象她随后的忧愁和焦虑。城市陷入骚动，信号枪齐鸣，军队重返阵地，一切都处于高度混乱之中。我的国家正用最强音召唤着我，因此我无暇照看她。上帝，希望我再也不要体验类似的感觉了！"

幸运的是，风力开始削减，并转向了北风。一开始，看起来舰队似乎将要转向以扑往长岛，但最终它们掉头向西，开始在斯塔滕岛海岸下锚。诺克斯意识到即时危险已过后，便立即回到百老汇的住所，"像狂怒的复仇女神一样斥责着妻子，因为她没有提前离开"。7 月初，露西和他们的女儿终于安全抵达康涅狄格。

---

① 新英格兰地区（New England），指美国建国时的马萨诸塞、新罕布什尔、罗得岛、康涅狄格四州，亦是美国独立时意志最坚、战斗最烈之地。今天的新英格兰地区还包括后来加入联邦的佛蒙特和缅因。

诺克斯依旧哀叹"这极端令人不愉快……我们分离的境况"。

7月中旬，威廉·豪的兄长、英国北美舰队的新指挥官理查德·豪（Richard Howe）又率领150艘军舰前来增援，这使集结在斯塔滕岛的原已很可观的敌军力量又扩大了一倍以上。8月1日，又有亨利·克林顿（Henry Clinton）将军统率的45艘军舰，装载着2000名士兵航向纽约湾海峡。紧接着，8月12日，就在海峡看起来不能再容纳更多的舰船时，另一支庞大的舰队出现了。一名美国官员评论说："它们仿佛从天而降。"

事实上这最后一支护航队运载着8000名来自德国中西部黑森－卡塞尔（Hesse-Cassel）地区的士兵。英国终结北美叛乱的决心是如此坚定，以至于政府决定用这些训练、装备均属一流的职业士兵来强化当地的兵力。这些年轻人来自贫弱的国度，他们的统治者依赖这笔源于外雇士兵的收入补贴财政。

8月中旬，英国舰队总计已有400多艘舰船，装载着45000名士兵和水手。这是大英帝国有史以来集结的最大规模舰队和士兵（这一记录直到第一次世界大战时才被打破）。木制船体和嘎吱作响的桅杆编织成了一张巨网，封装其间的是一座由士兵组成的浮动城市，其人口比北美最大的中心城市——费城还要多。

约瑟夫·里德（Joseph Reed）刚刚重新加入乔治·华盛顿的幕僚团队，成为大陆军总司令副官长（His Excellency's adjutant general）。里德一开始曾在华盛顿手下服务，当时华盛顿面临着将英军逐出波士顿的艰巨任务。但就算里德也对这支被他称之为"他们聚集起来的海量舰队"毫无准备。"我无法不大吃一惊，"他在给身处费城的妻子的信中写道，"一个民族远征3000英里，冒着如此之大的风险、麻烦和代价，前来从事抢掠、洗劫和毁灭……因为（另一个民族）不会将自己的生命和财产进献给他们。"

并非只有美国人惊诧于海峡内集结的舰队的规模。新任国务大臣乔治·杰曼勋爵（Lord George Germain）集结了这支大型舰队，并投入行动。就连平常不动声色的英军指挥官威廉·豪也表达了"对这次精湛、果决行动的彻底惊愕"。杰曼受到18世纪最强有力的动机驱策：个人荣誉。时间倒回到1760年，他在明登战役（Battle of Minden，今天的德国北莱茵－威斯特伐利亚）中被裁定为懦弱无能，这使他十五年来饱受耻辱的折磨。但现在他的机会来了；他希望用一场后勤上的奇迹一举终结这场叛乱。用他的朋友、历史学家爱德华·吉本的话说，他要"在北美重新征服德意志"。

杰曼将英军投送到大西洋彼岸，他期待豪将军发动"一场决定性的战争，毕其功于一役结束叛乱"。但是豪和他刚刚到来的兄长似乎却有着其他想法。豪氏兄弟都是政治温和派，他们对北美殖民地有着长时间的感情。1759 年，马萨诸塞议会曾经出钱在威斯敏斯特教堂为他们死于对法国与印第安人战争①的长兄乔治修建了一座纪念碑，这份敬意让豪氏家族莫敢忘怀。早在 1774 年，理查德·豪上将就曾与本杰明·富兰克林进行了一些非正式会谈，商讨如何妥善处理北美殖民地问题，最终无功而返。更晚近时候，他还坚持，在他被任命为英属北美舰队指挥官之余，他和他的兄弟威廉应被授予进行和平谈判的权力。

8

---

① 指 1754～1763 年在北美大陆进行的英法战争。战争以法国和印第安人一方失败而告终，英国获得法属北美殖民地。以下简称法印战争。

但这有一个难题。7月抵达斯塔滕岛时，理查德·豪上将得知了《独立宣言》的签署——这份文件从技术上令所有未来的谈判变得不可能，因为豪氏兄弟只被授予了弹压一场叛乱的权力，无权承认北美人民是一个独立自主的民族。《独立宣言》并不足以震慑理查德·豪，他做出了几次不成功的尝试，想要将华盛顿拉回谈判桌；他甚至向本杰明·富兰克林和费城的其他官员寻求联系。但正如富兰克林后来告诉上将的，大英帝国那"名贵的陶瓷花瓶"（fine and noble china vase）已经碎了一地。

英国军队3月撤离波士顿后不久，大陆会议就委托画家查尔斯·威尔逊·皮尔（Charles Willson Peale）为华盛顿将军绘制了一幅肖像画。但7月初正是敌舰开始齐聚纽约以南水域的时候，这个时间点并不吉利。华盛顿在犹豫中同意参加肖像绘制。

在最终肖像里，华盛顿穿着一件有黄色贴面的深蓝色皮革军衣，一条浅蓝色肩带斜斜地披过他的胸前。华盛顿仍然处在44岁的壮年，他看起来还将做出更大成就。他以一种盛气逼人的不耐烦目光注视着画家，左手插进了马甲之中；他嘴唇上那风趣的表情将在随后的岁月里失去：毕生用牙齿咬核桃的华盛顿，将被迫佩戴不合尺寸的义齿。他有着经常戴帽子的人才会有的苍白前额；他那阳光炙烤的面颊解释了为何当他骑马奔驰在夏日阳光下时，总是要带上一把伞。

这并不是能让绝大多数美国人联想到国父的那种沉稳实干的领袖形象。这是一名雄心勃勃甚至有些残忍的战士，画像捕捉到了他被迫表现出的片刻平静。这是一个想要战斗的男人。

在波士顿长达九个月的被围困期间，华盛顿曾经热切盼望
发动一场对英国占领军的袭击，用一次血腥但杰出的行动结束
战争——这项计划被他所召集的军事会议反复拒绝，理由是太
9 过冒险。在纽约，华盛顿重拾他在波士顿的未遂计划。这一回
他向他的将军们提出了一项大胆、先发制人的行动计划：攻击
斯塔滕岛上的英军。但是又一次，这项计划因太过冒险而遭驳
回。

作为华盛顿的副官长，里德认识到，华盛顿直面英军的决心，
部分是他作为总司令的一种"荣誉之心"（point of honor）——这
项决心只因《独立宣言》的签署而增强。如果美国配得上她
作为一个新国家的地位，她的军队就必须有和敌军硬碰硬的意
志。但就华盛顿而言，他对英军有着更为私人的另一面态度。
他在正式服役做殖民地军官的那些年里参加了西部疆界上的法
印战争。因为这段经历，华盛顿养成出了一种一目了然的军人
形象，本杰明·拉什（Benjamin Rush）医生宣称华盛顿的
"武威仪容"如此鲜明，"从一万人之中……你都可以辨认出
他是位将军"。但是，华盛顿在宾夕法尼亚荒野服役的那些岁
月也构成了他军旅生涯中无比失望的一个阶段。尽管他曾代表
英军勇敢作战，最终却没能成为英军正规军（King's army）的
军官。和国务大臣杰曼一样，华盛顿企盼用一场纽约战役的胜
利，消除这段过往不公正所带来的痛苦回忆。

但是，与这支纪律严明的强大英军作战有着极大风险。华
盛顿将他的绝大部分军队都部署在曼哈顿岛，这使他自己在敌
人面前变得极度脆弱。英军只消率舰沿哈德逊河和东河北上，
就可从北面攻击美军，只有哈勒姆河（Harlem River）上的两
座小桥提供了潜在的撤退路线。那样的话，华盛顿的军队就将

被合围，并极有可能全军覆没。尽管有着这些显著的危险，华盛顿仍然坚信，驻军曼哈顿是一场值得的赌博。7 月 10 日，他向大陆会议主席约翰·汉考克（John Hancock）表示，如果英军要占领纽约，他们就必须"从许多鲜血和屠杀中涉足而过，其最好结果也不过只是取得一场惨烈而哀伤的胜利"。换句话说，纽约战役将成为另一场邦克山（Bunker Hill）之战。实际上，陆上防御的加强使我们忽视了城市北缘的一片大池塘——它已被重命名为"邦克山"，这寄托着人们复制那场战役结果的愿望。

对纽约防御尤为关键的是长岛西端的布鲁克林高地，这里与下曼哈顿仅有窄窄的一河之隔。此处布设的炮台阵地可以压制任何可能从南面攻击纽约的敌舰。如果布鲁克林失守，那么纽约也必然失守。因此，8 月 15 日传来的消息令华盛顿尤其沮丧：这块战略高地周边防御工事的总指挥纳撒尼尔·格林（Nathanael Greene）将军刚刚遭受了"一场高烧"的袭击，无法战斗。华盛顿最后被迫用约翰·沙利文（John Sullivan）将军替代格林。沙利文刚刚从加拿大回来，并没有他前任对这块地形的熟稔了解。

华盛顿的大难题是，威廉·豪最终将从何处发起进攻。他兄长的海军控制了海域，因此这位英国将军可在数小时内向任何方向调动他的士兵。英军已有两艘护卫舰——"凤凰"号和"玫瑰"号大胆地穿过哈德逊河口的美国防御工事，在数周时间里震慑河流北部的城镇。现在这两艘船回到了大部队之中，接下来要发生什么，任何人也猜不透了。

8 月 23 日早晨，随军牧师菲利普·费西安（Philip Fithian）已经和他的军团一起从纽约移驻到布鲁克林，这里有一长串堡垒，从瓦拉波特湾（Wallabout Bay）一直延伸到南边的格瓦努斯河（Gowanus Creek）。前一天晚上，一场从天而降的剧烈暴风雨袭击了曼哈顿。一夜浅睡之后，费西安被隆隆炮声惊醒。"砰！砰！"他在日记中写道，"雷德胡克（Red Hook）传来的警报声，砰！砰！砰！科波山（Cobble Hill）重复着这项警报。"他很快意识到，"敌人已经从海峡登陆一段时间了"。等待已久的英国入侵已经开始。

两栖登陆作战的困难人所共知，但是豪氏兄弟让其看起来并不费力。挤在海峡内的 90 艘帆船使用一种新型登陆艇，将一波波士兵送上长岛格雷夫森德湾（Gravesend Bay）的砂质海岸。这种新型登陆艇有一个弯曲部，可以像城堡的吊桥一样放下、张开。从理查德·豪的秘书安布罗斯·塞尔（Ambrose Serle）的视角来看，登陆行动构成了一幅壮丽奇观："舰船都将帆张开晾晒。明艳阳光照射着船帆，也照射着雨后的青山和草地……外加上本次行动的极端重要性……令人无比投入。"中午时分，1.5 万名士兵和 40 门大炮已经在格雷夫森德登陆。

12　　豪氏兄弟之间的关系亲密融洽，他们之间的互动并没有海军和陆军之间那种典型的紧张和误会。但是，一旦他们拥有着那种只有亲兄弟才有的密切关系，这种非凡的亲密便让他们的下级军官难以确切理解他们的想法，尤其是考虑到两兄弟都是出了名的沉默不语。（霍拉斯·沃波尔如此描述威廉·豪："考虑周全，尽管他是如此沉默，以至于无人知道他究竟考虑好了没有"，而他的兄长则是"像一块岩石一样顽固和沉默"。）对他们的许多下级而言，豪氏兄弟的淡漠和保守也许看起来难以通融，但有一名军官决心让他自己的意见被听到。

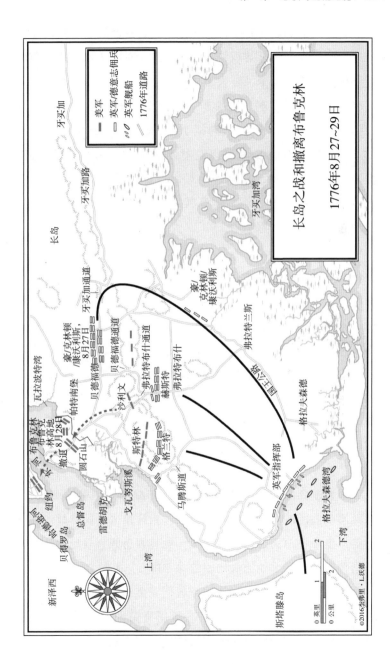

8月5日，刚刚在南卡罗来纳查尔斯顿经历了一场尴尬失败的亨利·克林顿抵达纽约。他的到来给英军本已充满变数的奇异指挥系统带来了又一大不确定性。

没有人喜欢亨利·克林顿，特别是克林顿本人。用他自己话说，他是"一个害羞的婊子"。在南方遭遇溃败后，他的不安全感令他处在高度兴奋状态，他做到了自己的极致：他表现得如此讨嫌，甚至当他提出最合逻辑的动议时，他尝试说服的那些人也痛感必须反其道而行之。这种情形在邦克山的灾难之前就已经发生过了：克林顿坚持认为，英军应该从侧后方将叛军一分为二，以避免一场伤亡惨重的前线攻击——这种情形仍将重演一次。起初，克林顿敦促豪将军从曼哈顿岛北面袭击华盛顿。这个提议似乎使下列事项无可避免：豪将军会让他的军队在长岛登陆。当然了，也有一些考虑支持着这条相对稳健的路径。长岛和斯塔滕岛一样，生活着为数不少的效忠派。长岛也有着豪将军的军队维持自身给养所需的农场和草地。但是，一旦豪将军挥军在格雷夫森德登陆，他就需要对下一次军事行动做出决策——又一次，克林顿将在其中扮演关键角色。

华盛顿此前的军旅经验仅限于法印战争时期的西部荒野，以及不久前的波士顿围城战。他从未指挥过大兵团作战。而就在英军发动攻击前的这些日子里，他显得急躁、缺乏专注，这位指挥官已进入了他无法驾驭的深水区。

13　　华盛顿并没有去确保他和下属们完全熟悉敌我之间的长岛地形，而是决定让他的十三名高级军官留在纽约出席军事法庭，审讯一名被控向英国出售机密的军官。这个军事法庭不仅造成了不必要的干扰，而且它将于 25 和 26 日召开——这意味着布鲁克林的一些团将在最需要指挥官的时候失去他们。马里兰的威廉·斯马尔伍德（William Smallwood）上校回忆自己"痛陈我们留在军中的必要性时，（华盛顿阁下）拒绝放我们回去，坚持认为即将到来的审讯有其必要性"。甚至在英军的攻击迫在眉睫时，华盛顿仍选择将他的怒火发泄在一名背叛的军官身上，而不是直面迫切得多、复杂得多的挑战，对此挑战他也别无良策。

与此同时，布鲁克林的美国军队陷入混乱。部分原因在于，华盛顿已将军队重新组织，由团编成更大规模的旅。这是一项好的改革，但它的时机不能更差了。一个本已迟缓的指挥系统现在几乎是全盘失灵，约翰·沙利文将军报告说："美国军队在长岛西边乱成一团，有时甚至离他们的阵地有数英里之远。"华盛顿甚至使这种混乱雪上加霜：他突然决定用康涅狄格的伊斯雷尔·帕特南（Israel Putnam）替换沙利文。帕特南是一名身材圆胖、吵嚷不止的毛糙扬基佬①，从未以对细节问题一丝不苟的注意力为人所知。8 月 25 日，华盛顿重点提醒帕特南："训练有素的军队和一群暴民之间的区别首先就在于前者有良好的纪律和秩序，后者则放荡不羁、行动脱序。"尽管华盛顿已经很大程度上造成了布鲁克林的防守问题，他仍然以教训一名军官的方式发泄着他的挫败感，即便这名军官此前并没有得到把事情做好的机会。

8 月 26 日午后，华盛顿来到布鲁克林与帕特南会合，评估美军的部署。那时，帕特南已经建立了他的指挥部，并给它

---

① 对新英格兰地区英裔居民的俗称，这一人群以其乡土气息闻名。

起了一个适当的名字：帕特南堡（Putnam Fort）。这座堡垒将美军防线布设在临近瓦拉波特湾一带。在这条防御工事线背后，6000 名士兵驻守在布鲁克林高地顶端；另有 3000 名士兵驻扎在战线之外一条长 4 英里的树林带上。这条树林带位处英美军队之间，形成一条天然的障碍。这条天然障碍之中，有三条窄且易守（对美军而言）的通道（Pass）——临近纽约港的马腾斯巷通道（Martense Lane Pass），在其东面数英里外的弗拉特布什通道（Flatbush Pass），以及弗拉特布什通道东北数英里外的贝德福德通道（Bedford Pass）。哪怕英国人可以杀开一条血路进入这些通道，在美国守军撤退到身后的安全堡垒之前，英军也必定要承受大量伤亡。然而，这并不能改变什么，如果战斗发生在这三个关口处，华盛顿的大部分军队都将成为战线之后的看客，并使区区三分之一的美军独力对抗数量上远远胜过自身的英军——比例超过六比一。

对战线进行了最后一次视察后，华盛顿回到了纽约。当天夜里大约 2 点时，英军的进攻开始了。詹姆斯·格兰特（James Grant）将军率领大约 5000 名士兵，沿着美军右翼通往马腾斯巷通道的大路北上。信号枪齐鸣间隙，帕特南命令威廉·亚历山大（William Alexander）将军统率 1600 名士兵主动出击。

亚历山大是大陆军中最为迷人的人物之一。他不仅婚姻如意，还从他的苏格兰裔父亲那里继承了一大笔财产。他顶着"斯特林勋爵"（Lord Stirling）的头衔，在新泽西巴斯金里奇（Basking Ridge）的高级公寓里过着上流生活。直到钱花完了，他才被迫搬家到了纽约。尽管亚历山大仍然坚持以斯特林勋爵的身份示人，但他渴盼人生能重新开始。亚历山大加入了爱国者①一方，成为大陆军的一名将军。至此，一位自命为贵族的50岁破产酒鬼即将成为首位率领美军大部队在一片开阔地带对抗英军的统帅。

一名军官用"真正的英国味"形容战事是如何展开的。斯特林和格兰特的部队行进至彼此相距200码②的位置，两军持续以各自的炮兵部队猛轰对方，炮弹漫天飞舞，时而"削去脑袋"。一年多以前，格兰特曾经在英国议会夸下一个著名的海口：他只5000名士兵就能镇压所有的北美殖民地。现在，斯特林用这句海口激励他的士兵们。在接下来四个小时里，美军士兵在英军阵前稳扎稳打，防守"好得惊人"，人们相信他们正在"击退入侵者"。与此同时，沙利文从弗拉特布什通道左前方的一座碉堡中向外瞭望，他看到利奥波德·菲利普·德·赫斯特（Leopold Philip de Heister）将军率领着同等数量的黑森雇佣兵冲杀过来。黑森人身着蓝色军服，用大炮和滑膛枪倾泻着巨量火力。但就像格兰特率领的西面英军一样，黑森人看起来无法击败美军，也无法取得任何进展。

直到8月27日早晨9点，随着英军一声信号枪响，战事开始见分晓。正当斯特林和沙利文全神贯注对抗正面的敌军时，豪将军率领的1万名英国轻步兵和掷弹兵向第四个通道进发——牙买加通道（Jamaica Pass）。这个东面的通道是如此偏远，以至于美军根本没有安排兵力防守。对华盛顿和他

15

①　"Patriot"（爱国者）意指北美独立运动的支持者。
②　1码约合0.91米。

的将军们而言，他们有着数周时间勘察长岛的每一处角落和死角，这是一个无可饶恕的疏失。对想到从牙买加通道发动侧翼攻击的英国将军亨利·克林顿而言，如果这不是他唯一一次，也是为数不多且值得铭记的一次自己的意见为其他将领所采纳的情形。

大约一个小时，战斗即告结束。豪的军队从东北面乘虚而入，从侧后方袭击沙利文和斯特林，与格兰特和赫斯特一起包夹美军。尚未被俘或阵亡的美军乱成一团，疯狂地奔回北面的本方防御工事。工事里的费西安牧师满是恐怖和绝望地观察着这一切。"多么悲惨！悲惨！悲惨！"他在日记里写道，"鲜血！屠杀！开火！……我从未听到过如此可怕的声响！绝望的伤兵在火线上惨叫。"令费西安难以置信的是，斯特林和他身着猩红色黄边外套的400人马里兰小分队，竟向英国将军查尔斯·康沃利斯伯爵率领的2000名士兵发起了正面冲锋。斯特林和他的马里兰部队企盼以尽可能长的时间拖住英军，以便他们的战友跟跟跄跄地退过他们和美军防线之间的潮汐池。战斗当中，256名马里兰士兵阵亡，100人被俘（包括他们的指挥官斯特林勋爵，有目击者称，他"像一头狼一样"战斗），伤亡率接近90%。这时，华盛顿刚刚从纽约渡河而来，和费西安一样在布鲁克林的美军防线目睹了战斗。"上帝啊，"据说华盛顿曾说道，"这一天我得失去多少勇敢的战友！"

很快，这场猛攻的十足力道已将英军掷弹兵部队送上了美军第一线工事。豪将军十分自信地宣称："如果他们被允许继续进攻，他们早已拿下这座碉堡。"但令克林顿失望不已的是，豪命令他们撤退。豪称他不想"在这场攻击中冒增大伤亡的风险"。

一些英国军官稍后坚持说，他们的指挥官做出了正确的决定。然而，一名显要的美国人有着不同观点。伊斯雷尔·帕特南站在那座以他名字命名的堡垒垛壁上，目睹了英国掷弹兵犹豫着放弃攻击的过程。"豪将军，"他说，"要么是我们的朋友，要么就没有将军之才。"

接下来的两天都在下雨，这场"无情大雨"进一步削弱了本已寥落的美军士气。8 月 29 日早晨华盛顿知悉，英国人花了整整一夜盖了一堵颇具规模的防护墙，且距离帕特南堡垒的外墙不到 500 码——这是通过围困攻取要塞战术的第一步。

看起来，现状已代替华盛顿做出了决定。如果英国人不想陷入另一场邦克山战役之中，华盛顿即便留在布鲁克林，也不会再有机会给敌人造成大量杀伤。他必须在豪上将的舰队（现在正为一场酷烈的东北风所阻）北上进入东河、切断他退回纽约的水路之前，将他的军队从长岛撤出。华盛顿不再被一个要求面面俱到的战略难题困扰。现在，他可以将他原本的侵略本能转移到唯一迫切的目标上去：撤出他的军队。但是，他首先需要一批足以将他的士兵运送到河对岸的船只。

绝对保密至关重要，因此华盛顿想出了一条策略：他宣称，他布鲁克林高地上精疲力竭的士兵们需要换防，取代他们的将是驻扎在哈德逊河西岸新泽西的士兵。华盛顿发布了一条命令，要求征集曼哈顿周边 65 英里范围内所有可用的船只。华盛顿希望，即便扩充船队的消息泄露给了英国人，他们也会认为这些船只将被用于增援布鲁克林，而不是把布鲁克林的美军撤走。

华盛顿在一栋可以俯瞰东河河口的宅邸中召开了一次军事会议，同时，征集船只的命令也已经发布。所有到场的军官都迅速认同立刻撤退的必要性。费城的托马斯·米弗林（Thomas Mifflin）将军自告奋勇指挥最后一批士兵撤离布鲁克林高地的工事。午后时分，各式各样的船只——划艇、平底船、捕鲸船、"螺旋艇"（一种双人渔船，装备着下风板而非龙骨）以及单桅纵帆船——都集中在渡口，就在今天布鲁克林桥的东面桥基附近。操控这支混合船队的是来自马布尔黑德和塞勒姆的水手，他们分别由约翰·格洛弗（John Glover）和伊斯雷尔·哈钦森（Israel Hutchinson）率领。晚上 7 点，一场超过 9000 名美军士兵的大撤退开始了。

一开始，倾泻而下的暴风雨可谓灾难。到了晚上 9 点，风力如此之大，以至于船只无法继续通过水道。随即却发生了头两个奇迹。

晚上 11 点，东北风开始减弱，并转为西南风。随着潮水的变化，一度汹涌的河流突然变得平静起来，就像是一片光滑的浮油。有些船只载满了人，从水面上望去只能看到船沿。平静的河面很适合船只航行，它们一次次往返于布鲁克林和纽约之间。在整场紧张而困苦的行动期间，华盛顿似乎无处不在：他有时骑着马悄然出现，敦促人们快速撤退；有时他用那双大手举起一块大石头威胁船上的部分乘客下船，否则便砸沉那艘超载的危险船只。

但在黎明降临时，仍有一大批士兵在等待渡河。本杰明·塔尔米奇（Benjamin Tallmadge）在战壕里不耐烦地等着，他如此描述后来发生的事情："开始起很浓的雾，大雾似乎以一种很特别的方式，同时降临在两军营垒……；大雾是如此浓密，以至于我很难辨识六码以外的人。"在一场令人窒息的浓雾掩盖下，船只继续来来回回，一些船员最后甚至完成了在东河上多达十一次的往返航行。到上午 10 点左右，华盛顿的绝大部分军队都已成功撤退到了相对安全的纽约——只有一个显著的例外。

大概在凌晨 1 点时，费西安牧师和另一名同事被他们下榻房屋的女房主叫醒。"女房主立即就我们的安全问题提出了建议，因为军队正在撤离长岛！"费西安和他的朋友对这次警告置之不理，认为只是"无稽之谈"，然后继续睡觉。第二天早晨，他们穿过大雾来到渡口时才发现他们的女房东是对的，他们看起来要被困在布鲁克林了。幸运的是，少数船只仍然留在渡口，华盛顿和他的副官们也在。于是，他们"愉快地跑过去，和最后几艘船一起撤退"。

一名美军军官称这次撤退为"我读过或听过的最圆满的撤退"。华盛顿那满身泥污的新败之师已经从长岛撤离。事实上，这次撤退是一场由少数波士顿北部渔民们完成的救生行动，也并不是约翰·格洛弗和他来自马布尔黑德的小伙子们最后一次拯救华盛顿。

直到美军撤退一天多以后的 8 月 31 日星期六，华盛顿才有机会向大陆会议告知纽约的战事情况。通宵工作了两天后，他承认自己已"完全不适合"提笔。"自从周一以来，我们之中很少有人离开防线，直到我们穿过东河，"他写道，"我很少下马，而且根本没有合眼。"

长岛战役之后，华盛顿的大陆军开始瓦解。占大陆军多数的民兵开始成群结队地逃亡。在他后来写给大陆会议的信件里，华盛顿对他军队的缺陷大发雷霆。他坚称："决不能……依赖民兵之类的部队；只有那些应征与在编时间长于我们现在

18

规定时间的人可堪一用。"那些还未能逃亡的民兵则"士气低落、难以管教，对重回行伍感到不耐烦"，他们作为士兵已经不堪大用。抵抗英国人需要稳健的专业知识，而这只有一支训练有素的职业军可以做到。"如果我们的自由不是由一支常备军保卫的话，那它肯定会面临极大危险——如果不会被彻底葬送的话。"

华盛顿或许对他的兵员质量大为光火，但如果说有人在长岛战役这次考验中没能及格的话，首当其冲的就是他们的总司令。陆军中校丹尼尔·布罗德海德（Daniel Brodhead）目睹了美军左翼的大灾难，他仍然对华盛顿及其部下表现出的无能感到愤怒。"总而言之"，他写道，"从人类开始理解战争之道以来，任何军队都没有过如此差劲的军事指挥。"约翰·哈斯利特（John Haslet）上校则说得更圆滑一些："我担心华盛顿将军肩负的任务太过艰巨，而协助他的人绝大多数都是嘴上无毛的孩子。"

19　　据华盛顿本人说，现阶段他并没有一支足以担当大任、同纪律严明的英德士兵正面抗衡的军队。他也深知，在敌人有一支庞大舰队的条件下防守一座位处河流环绕的岛屿之尖端的城市近乎不可能。他应当继续他从长岛撤退的行动，将他的军队尽可能快地撤出曼哈顿，这一撤退行动已经有了杰出的开端。然而，华盛顿并不情愿放弃他起初的决心：为纽约而战。

问题的一部分在于，华盛顿并不能自己作主。大陆会议的代表们已经明确表态不想让纽约失守。华盛顿在军事会议里定期咨询的将军们大多也对撤离这座城市百般犹豫。不仅如此，还要考虑到公众舆论的因素。长岛之败后，如果不放一枪就放弃纽约，将很难解释得通。此外，华盛顿还有着好战的本性。

9 月最初的那些日子里，似乎他已经讨论过——至少和他的副官长约瑟夫·里德讨论过——坚守曼哈顿岛南端的想法。

里德并不同意华盛顿留在这块脆弱阵地上的决定："（这是）把自己禁锢……在这块条状土地上，而我们本就不必来到这里。"但是，如果一次激烈的决战能够带来更好的结果，里德将无比企盼与他的司令官并肩作战。"如果我们的一次牺牲能够拯救美国的事业，"他在 9 月 6 日致妻子的信中说，"我们就将有时间在春天之前征募另一支军队，这个国家也将得以保存。"

研究华盛顿的个人生活时，我们缺少一样关键资料：他写给妻子玛莎的信件。这些信件在他去世后被尽数销毁。但如同华盛顿写给堂弟伦德·华盛顿（Lund Washington）的信中所揭示的那样，他无比怀念之前的生活。那年的夏天和秋天，在麾下的军队溃败之后，华盛顿寻求缓解压力的办法是去思考如何翻修他深爱着的波托马克老家。在写给堂弟的一段话里，华盛顿后悔他已同意接过大陆军司令这一职务："我私下对你说，我有生以来从未有过如此郁郁寡欢、矛盾分裂的情绪。"在另一封信中，他详细诉说了他的弗农山庄扩建计划。他想要提升宅邸新古典风格的对称结构和宏伟程度："新屋子的烟囱应当准确地放在中间——房门和其他所有物什都应当整齐划一，可供调用——简言之，我将以精湛的手法整修整栋宅邸。"如果华盛顿无法控制纽约战事的进程，至少他还能从别处得到满足——他知道，他可以接着在弗吉尼亚实现愿望。

然而，华盛顿毕竟还是大陆军总司令，这是一个他无法辞去的职位，尽管他想要辞去。"我被告知……如果我离开职守，一切就都完了，"他给伦德写道。所以，他唯一的选择就是去战斗。

正当华盛顿准备用一场战役结束所有战役的时候，豪氏兄弟决定再做出一次谈判上的尝试。长岛战役中，美军将军斯特林勋爵和约翰·沙利文被俘，理查德·豪成功说服沙利文给大陆会议带去一份口信：如果美国人同意探讨和平的可能性，英国人将推迟当下的军事行动。

在美军从布鲁克林撤退仅仅三天后的 9 月 2 日，沙利文现身费城。大陆会议对此并不高兴，约翰·亚当斯便是其中一员。当这位将军在集合的代表们面前讲话时，亚当斯和本杰明·拉什交头接耳，私下说他希望"要是我军失利当天射出的第一发子弹穿过沙利文的脑袋就好了"。在亚当斯看来，沙利文只是英国人释放的"一个诱饵"。理查德·豪肯定没有和一个新近独立的国家——美国谈判的权力。尽管如此，沙利文却给了他机会，"耍出一系列马基雅维利式的花招，以此引发（大陆会议）对继续战争的反感"。为了避免外界指责大陆会议冷落怠慢理查德·豪解决争端的尝试，经过几天的激烈讨论，大陆会议终于勉强决定派一个三人组成的代表团前去会晤豪上将。

9 月 7 日晚间，海军上将理查德·豪正准备在他的旗舰"雄鹰"号的甲板上就寝。"雄鹰"号在曼哈顿岛南端和新泽西海岸之间小小的贝德罗岛（Bedloe's Island）下锚。当时，大陆会议已经选定了约翰·亚当斯、本杰明·富兰克林，和年轻的南卡罗来纳人爱德华·拉特利奇（Edward Rutledge）组成代表团，准备与上将会晤。理查德·豪直到三天以后才知道这个代表团将至的消息，但在9月7日，他仍然盼望着可以和平解决这场纷争。

这真的非常奇怪。尽管麾下有着一支在北美前所未见的大军，但理查德·豪上将（在他兄弟的协同、鼓动乃至诱导下）似乎不大情愿使用这支军队。与之相对，乔治·华盛顿看起来却是铁了心要将他那更为孱弱且涣散的军队直接投送到危险境地：第一次在长岛，现在则是在曼哈顿。随即，就在9月7日入夜时分，战事进入了更为古怪的境地。

对于脑子里全是不切实际和平梦想的豪上将而言，这一切都浑然不觉：一个用涂满沥青的木头制成、由人工曲柄推进器提供动力的蚌状装置将沿着其前途难料的路径，穿过纽约港暗夜中的海水，冲向他的座船。如果一切都依照那位康涅狄格农民的儿子制订的计划（在华盛顿的批准下）进行的话，豪上将和他停泊在未来自由女神像位置附近的旗舰，就将被炸得粉碎。

他们管它叫"海龟"（Turtle），这个名字恰如其分——它被设计成在水面、水下都可以运行的船。一种可以下潜的船毫无疑问是个新概念；在英格兰，已有超过十二项专利颁发给了想方设法探索海下世界的发明家们。而"海龟"这件潜水器的独特之处在于，它的背部装上了一桶炸药，这使它成为世界上第一艘军用潜水艇。

这是大卫·布什内尔（David Bushnell）的心血之作。布什内尔是耶鲁毕业生，波士顿围城期间他开始构思这个主意：发明一种船，船上装备着他称之为"鱼雷"（torpedo）的爆炸物。"鱼雷"得名于电鳐，这种鱼可以放电击晕它的猎物。"海龟"号的顶部是可供瞭望的玻璃舱门，驾驶员一只手负责操控安装在船艉的船舵舵柄，另一只手则操控安装在船艏的推进器。潜水开始时，驾驶员将潜艇底部注满水，在氧气耗尽之前完成仅持续半小时的下潜。一旦驾驶员成功地用潜艇顶部延伸而出的手摇曲柄钻头将"鱼雷"安在一艘敌舰的底部，他便排干腿脚周围的水，重新浮到海面上。

22

尽管布什内尔是一名机械天才，但他的身体素质显然不太好，他缺乏在水中行进所必需的体力和耐力。一开始，他的兄弟被征召驾驶"海龟"，但后来却生病了。布什内尔被迫让埃兹拉·李（Ezra Lee）中士代为出战。9 月 7 日晚上，李尝试着驾驶布什内尔的潜艇停到豪上将的旗舰下方。他之前已和潮水奋斗了数个小时，随着黎明将至，他拼尽一切将鱼雷安放到敌舰的船艉，正好就在上将舱室下方。

"雄鹰"号是一艘装备有 64 门炮的三级战列舰，这意味着它有两层炮甲板和六百名以上的船员。作为声望卓著的豪上将的旗舰，它的尺寸有些偏小，但考虑到中大西洋海岸航行的浅水、洋流等困难因素，这是一艘绝佳的战舰——快速、灵活，且只有两年役龄。豪上将的舱室装饰得富丽堂皇：白漆的墙壁镶着金边，装饰有镜子和铜版画。相较之下，"海龟"不过是一个几乎不适宜航海的机械装置，并不具备哪怕一件生活设施（如果不把勉强可供呼吸的空气算上的话），它的唯一用途就是摧毁敌人。通过批准这一将"雄鹰"号和理查德·豪都送进海底的任务，华盛顿也冒了一大风险。这种政治风险远远超过了他正在纽约深思熟虑的任何事情。

直到这一刻，豪氏兄弟看起来仍然为一种真诚的信念所驱策着，即用残酷的武力展示镇压这次叛乱只会使殖民地人民对英国的感情更加疏远。豪将军并没有一举歼灭纽约的华盛顿部，而是选取了一种更为保守的策略：驻守长岛，占领敌人领土。在豪氏兄弟看来，他们已在 8 月 27 日彻底羞辱了美国军队及其统帅，这正是谈判的大好时机。但是，这只小蝌蚪似的潜水艇的出现清楚地表明，美国统帅部并没有准备屈服。然而，杀死理查德·豪——无疑这将迫使他的弟弟放弃外交手段，并用一场完全的战争取而代之——真的最符合美国的利益吗？

　　黎明将至时，埃兹拉·李终于设法将"海龟"下潜到 23 "雄鹰"号的船艉。现在，他必须通过拧紧一枚大螺丝钉来将鱼雷固定在船体的厚木板上。受制于潜水器的浸水限制，他只能旋转着作业。但不凑巧的是，他正好将自己停到了"雄鹰"号的厚金属板之下，这里连接着"雄鹰"号的船体和船舵。当李意识到他必须将"海龟"换个位置时已经太晚了。他不得不放弃这次行动，并在天亮之前开始返航纽约，以免在敌人面前暴露。

　　这时的李已经精疲力竭。他尽力操纵"海龟"，尝试驱动它穿过港口水面，回到曼哈顿。海流持续将他推向东面英占的总督岛（Governors Island）。当一船英国水手出发追赶他时，李再一次下潜。这一次他甩出了这枚鱼雷，上面还有一个像闹钟的计时设备。鱼雷爆炸了，"激起了一座高耸的水柱"，但并没有造成严重的杀伤。最终，李被几艘美国捕鲸船救起，它们早已在纽约海滨等候多时。

　　李和布什内尔一举摧毁豪上将及其旗舰的尝试失败了。但不管如何，"海龟"的航行历程确证了一件事：美国革命拧开了一座巨大的源泉，释放出源源不绝的英勇无畏和独创智慧。

一个年轻的国家尝试用差不多一个世纪之后才正式出现的技术革新来抵消世界最强大海军的优势。

9月11日早晨，经历了从费城到纽约的两天半旅程后，本杰明·富兰克林、约翰·亚当斯和爱德华·拉特利奇来到斯塔滕岛西南端的毕洛普庄园（Billopp）与理查德·豪会面，这里距离新泽西的珀斯安博伊（Perth Amboy）只有一水之隔。据亚当斯说，理查德·豪"毫不吝惜地表达他对马萨诸塞州的感激之情"，因为马萨诸塞州出钱为他的长兄在威斯敏斯特教堂建造了一座大理石雕像。亚当斯描述，豪宣称他"认为那份家族的荣耀比世上任何事情都重要，这也是他对北美如此感激和热爱的原因，就此而言，北美就像一位兄弟那样。要是北美在战火中陷落，他将像失去兄弟一样为之哀悼。"富兰克林俏皮地回复说："我的勋爵，我们将竭尽所能让您免受这种痛苦。"

24　　这场会谈很快便变得糟糕起来，并每况愈下。美国人开始意识到，从理查德·豪稍早时候和华盛顿、富兰克林的联系以来，一切都未改变；豪上将仍然没有主导一场有意义谈判的权力。正如豪的秘书在日记中简练记述的那样："他们会面，他们交谈，他们道别。"理查德·豪也许是一名最称职的海军军官，但他也是一位蹩脚的谈判者。在1776年夏天拯救美国的并不是华盛顿和他的大陆军，而是豪氏兄弟误入歧途，沉迷于达成一项和平协定。

9月5日，曾于8月从长岛返回纽约治病的纳撒尼尔·格林将军给华盛顿写了一封信，宣告他即将从病床返回军营，那场病差点要了他的命。格林断言，留守纽约是一个疯狂之举。"大陆军的一部分已经遭遇了一场失败，"他提醒华盛顿道，"国家正经受着恐慌，这时候任何大的损失都会使我们的事业万劫不复。我们的任务是研究如何避免任何大的灾难，占领那些敌人不得不同我们作战的阵地，而非我们不得不同他们作战的阵地。"格林坚持认为，不应在纽约作战。"一场全面且迅速的撤退是绝对必要的，美国的荣誉和利益全系于此。"他也建议放火焚烧整座城市，进行焦土抗战，"不给敌人在此地驻扎全部军队的机会"。

起初，华盛顿似乎拒绝了这位部下的建议。部分原因在于，他将纽约视为"北方国土的关键"。纽约之所以如此重要，不在于这座城市本身，而在于它提供了北上的通道。当时，盖伊·卡尔顿（Guy Carleton）率领的英军正驻扎在加拿大小镇圣琼斯（St Johns），它位于今天的魁北克。卡尔顿也像豪将军一样集结了自己的入侵部队，准备进攻临近尚普兰湖（Lake Champlain）南端的泰孔德罗加堡（Ticonderoga Fort，又译作提康德罗加堡）。如果豪将军攻陷纽约（大陆会议坚持，任何撤退或撤离行动中都不应当放火），英军就可以不受阻拦地进入哈德逊河，通往奥尔巴尼（Albany）的航路也将畅通无阻。这年的年末，豪将军就将毫无悬念地与从尚普兰湖南下的卡尔顿会师，美国将在实质上被一切两半。英国同时掌控哈德逊河和制海权后，美方军事活动所依赖的物资和兵员运输路线也将不复存在。华盛顿坚守纽约越久越好。

格林写信敦请华盛顿撤军三天之后的 9 月 8 日，华盛顿才开始接受这位准将的思考方式。正如他在给大陆会议的一封信中所解释的那样，哪怕英国人占领了纽约，美军已经建立的

"坚固阵地"——曼哈顿岛西北角的"华盛顿堡"（Washington Fort）和哈德逊河正对面位于新泽西的堡垒〔最后叫作李堡（Lee Fort）〕可能也足以抵挡他们，尤其是考虑到两座堡垒之间的河道上已放置了沉船和其他障碍物组成的一道航行障碍。华盛顿肯定对此极感不快，但他必须承认，哪怕从战略的角度来看，放弃纽约也是迫在眉睫。9月12日他召开了一次军事会议，同意将大陆军撤退到多岩石且便于防守的纽约以北14英里的哈勒姆高地。

在东河的另一边，豪将军正将他的军队从布鲁克林移驻到北面的皇后县（Queens County）。与此同时，华盛顿也开始撤离纽约。

约瑟夫·普拉姆·马丁（Joseph Plumb Martin）当时只有15岁。他的父亲是一位挥霍无度、不懂装懂的牧师，和他的会众成员之间素有嫌隙。马丁从小就被送到他住在康涅狄格米尔福德的外祖父母处抚养。早熟、不安分、漂泊不定的马丁说服了他举棋不定的外祖父母允许他参加一个由地方组织的州民兵队，后者附属于大陆军。9月15日早晨黎明到来时，他和他的团正在东河边上挖掘河岸污泥，从那里可以俯瞰基普湾（今天的东第35大街），几乎正对着对岸长岛布鲁克林和皇后县的分界线——新城溪（Newtown Creek）。

"就在破晓时分，"马丁后来写道，"第一件映入我们眼帘"的是……四艘系缆下锚的敌船跳脱了它们的缆线，出现在我们的火枪射程之内。"马丁形容前一天夜晚"无比漆黑"。不知怎的，英军已设法将四艘巡航舰调动到距离曼哈顿岛仅仅数百码的地方——考虑到东河水流的强度和多变，这是一个惊人的成就。四艘敌舰用缆线保持斜对着海滩，用约 80 门大炮正对着康涅狄格士兵，上演了一次令人畏惧的潜在火力展示。有一艘巡航舰距离马丁的阵地是如此之近，以至于马丁可以认出它的名字"凤凰"，"如此清晰，好像我直接站在它的船艉下方"。

随着太阳从东河对岸升起，马丁可以看到，一艘艘敌船从新城溪溪口鱼贯而出。船上载满了身着红色军服的英军士兵。紧跟战舰的运兵船布满河面，上下起伏的敌船为水面蒙上一层深红色的薄雾。马丁形容，此情此景就好像"一块盛放的三叶草地"。

在数小时的时间里，美军士兵静静地盯着眼前即将展开的战事。随即他们便听到身后的远方传来了隆隆炮声——几艘英国船刚刚驶入哈德逊河，开始炮击曼哈顿岛西岸的小集镇布卢明代尔（Bloomingdale）。这其实是一场佯攻，目的是转移美国人对曼哈顿岛东岸基普湾即将发生的战事的注意力。

就在英国人等待布卢明代尔的干扰发挥作用时，马丁变得焦躁不安起来。他身后是一座废弃的仓库，大门摇摇晃晃地敞开着。他走进仓库老旧幽暗的深处，坐在一张高脚凳上。"地上落满了文书，这些文书在之前一些时候曾用于处理这座仓库的事务，"他写道，"但在当时却处于'极度混乱'之中。"马丁是一名颇为机灵、富有好奇心的小伙子，他开始查阅其中一部分文书。突然从仓库门外传来炮声，英军对基普湾的炮击开始了。

"我以为我的头颅将随着炮声而去了，"他回忆说，"我做了一个'蛙跳'，迅速跳入壕沟……我开始思考自己身体的哪一部分会先飞出去。"所有人都称这次进攻是一场彻头彻尾、

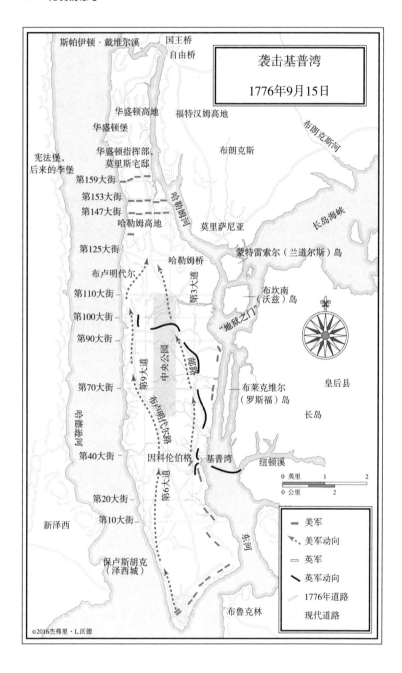

袭击基普湾

1776年9月15日

斯帕伊顿·戴维尔溪　国王桥
自由桥

华盛顿高地　福特汉姆高地
华盛顿堡　布朗克斯河
宪法堡，　华盛顿指挥部，　布朗克斯
后来的李堡　莫里斯宅邸
第159大街
第153大街　哈勒姆河
第147大街　莫里萨尼亚　长岛海峡
哈勒姆高地
第125大街
哈勒姆桥　蒙特雷索尔（兰道尔斯）岛
布卢明代尔
第110大街　第3大道　布坎南（沃兹）岛
"地狱之门"
第100大街
第90大街
中央公园　皇后县
第9大道　布莱克维尔（罗斯福）岛　长岛
第70大街
第40大街　因科伦伯格　基普湾　纽顿溪
第6大道
第20大街
第10大街
新泽西
保卢斯胡克（泽西城）　东河
布鲁克林

0　英里　1　2
0　公里　2

美军
美军动向
英军
英军动向
1776年道路
现代道路

©2016杰弗里·L.沃德

势不可当的武力展示。据豪上将的秘书安布罗斯·塞尔说："炮声是如此可怕，如此持久，此前在英国陆海军中甚至都很少有人听到过。"本杰明·特朗布尔（Benjamin Trumbull）是美军战阵中的一名随军牧师，当时就在马丁身旁。他和所有人一样，都被他所谓的"最为猛烈的炮击"深深震撼了。康涅狄格军团周边，"地上的沙子和草"都被炸得漫天纷飞，"其所造成的烟尘，让我们在对敌人开火时不可能占到便宜"。

随后两个小时里，特朗布尔、马丁和其他美军士兵都用手捂住耳朵。据马丁说，他们的土制工事"几乎被炸平了"。最终他们的长官"看到我们无法做出抵抗……很快我们就将全部暴露在敌人的炮火之下，于是下令撤离防线"。一名士兵回忆，尽管他们面临英军雨点般的葡萄弹射击，其情形"仿佛有一个人……掷出了他一手的石块"，他们别无选择，只能逃跑。一旦脱离英军炮兵的射程，马丁和两名来自康涅狄格的战友就一同向西逃去。

他们慌慌张张，但明显又并非全然仓皇失措。就在进入曼哈顿岛内陆的一条路上，他们路过一栋小房子，看到两个女人和一些小孩"正在声嘶力竭地尖叫"。当被问到她们是否"在房子里藏有烈酒"时，一个女人调制了一瓶朗姆酒并放到桌子上。"我们都喝了一杯，"马丁写道，"和他们说再见后，我们跑到了大路上。"

威廉·豪曾经希望将进攻纽约的日期定在两天之前的 9 月 13 日——这是魁北克战役的纪念日。1759 年的 9 月 13 日，年轻的威廉·豪勇敢地攀上亚伯拉罕平原（Plains of Abraham）边缘近乎垂直的陡崖，为他的司令官詹姆斯·沃尔夫（James

28

Wolfe）带来了一场奇迹般的胜利，沃尔夫则在这场战役中宿命般阵亡，成为光耀照人的英雄。威廉·豪选取"沃尔夫"和"魁北克"作为进攻基普湾当天的行动代号，为的就是纪念那场激动人心的胜利。

这两场战役的进程不可能更相异了。当年的沃尔夫已经竭尽全力。加拿大冬季降临，他的军队受到疾病摧残。他冒着一切风险，孤注一掷地努力达成希望渺茫的胜利，以此为大英帝国保住了加拿大大英帝国。现在，1776 年的威廉·豪统率着一支看起来不可战胜的军队，确定不会冒任何风险。他的一名军官记录道："他宣布了自己的意图。他不会做出无节制的牺牲，哪怕是一名士兵的一根手指。"

29 　　相应的，在派第一个士兵登陆前，豪首先选择用重炮轰击基普湾那看似防护墙的工事，直至将其夷为平地。之后，他才缓慢、谨慎地集结士兵和火炮。克林顿将军则一马当先拿下了附近的因科伦伯格高地（the height of Inclenberg，今天的穆雷山），等待他的司令官和战友们赶上来。随着基普湾附近的美军士兵仓皇逃离，豪将军的军队得以缓慢从容地推进，直指因科伦伯格。

就在前一天，随着撤离纽约的行动开始，华盛顿也转移到他在上曼哈顿莫里斯宅邸的新住所，这里可以俯瞰哈勒姆河。9 月 15 日上午 10 点左右，他第一次听到从约 8.5 英里以南的基普湾远远传来的炮声。他很快骑上马，和他年轻的助手们以"最快速度"奔向英军登陆处。他向南疾驰，穿行在曼哈顿岛东缘、后来成为中央公园的多岩石多树林地带。这时，华盛顿一定已经知道，豪将军又一次令他措手不及。

　　华盛顿已将他的军队分成三部分。他预料豪将军对纽约的进攻可能会在曼哈顿岛的另一端——哈勒姆河发起，于是便将最强大的两支部队集中驻扎在曼哈顿岛的南北两端。由于豪将军看起来不大可能袭击曼哈顿岛的中部，于是华盛顿将士气低落的康涅狄格民兵团残部部署在基普湾。指望这些经验匮乏的士兵与豪将军麾下军容齐整、战斗力十足且有海军协助的陆军部队正面对抗是愚蠢的，尤其是考察到他们刚刚经历了在布鲁克林的尴尬溃败。另外，华盛顿已经决定将纽约和曼哈顿岛大部都让给敌军。如果英军的进攻恰好推迟一天的话，那里将不会有美军士兵留下来抵挡英军登陆。然而，现在抵抗他们又有什么意义呢？

　　华盛顿似乎对这些考量都无动于衷。他拍马赶到因科伦伯格时，看到克林顿先头部队的几个连队正在向前行军并开始穿越两军之间的玉米地，而这边的美军则乱成一团。华盛顿骑马冲进美军队列，尝试在混乱之中发布一些命令。"守住防护墙！"他叫喊道，"守住玉米地！"执行命令的任务落到了康涅狄格将军塞缪尔·帕森斯（Samuel Parsons）的头上，但尽管敌军只有少数轻步兵在东面依稀可见，美军士兵还是陷入了失控状态。

　　列兵约瑟夫·普拉姆·马丁也来到了战场，但其方向与华盛顿相反。马丁无疑感受到了刚才那杯朗姆酒的效力。"那一天，恐惧和混乱之魔似乎完全控制了一切，"他如此写道。民兵们扔掉他们的武器和行囊，开始向北逃窜。当时，华盛顿已使自己陷入几近癫狂的暴怒之中。他拿起他的佩剑猛拍路过的逃兵，猛扣着他那未装子弹的手枪，徒劳地尝试让所有逃兵都停下来。根据一份记录，他反复将自己的帽子摔在地上，并且

30

长叹道："我就是在和这些人并肩作战保卫美国吗？"

华盛顿是一个将纪律和掌控看作一切的人。个中原因，据他的一位朋友说，是华盛顿自己的激情"对一个男人来说太过强大"。在青少年时代，华盛顿曾经不辞辛苦地抄写 110 条"礼貌规则"，而且他成功地——就大多数而言——对自己的情绪建立了杰弗逊所说的"一种坚定且习以为常的驾驭"。回到 7 月，当时华盛顿给豪将军的副官詹姆斯·帕特森留下了深刻印象：他有着那种沉稳的"克里斯玛"（chrismatic）气场，不怒自威。据亨利·诺克斯说："（帕特森）肃然起敬，就像是站在什么超自然力量面前似的。"

但现在，就在因科伦伯格高地附近的玉米地里，华盛顿去掉了他的面具。他的情感阀门巨幅震荡，他的愤怒已经威胁着要变成危险的自毁工具。甚至在敌军士兵逼近到仅 80 码开外并继续快速推进时，据纳撒尼尔·格林说，华盛顿"对自己士兵的恶劣表现是如此焦躁不安，以至于他宁肯一死也不肯偷生"。而据另一份记载的说法，"将军处于如此高度的危险之中，却不顾自己的安危。一名随从抓住他坐骑的缰绳，将马头拨转到另一个方向"。华盛顿不仅已失去了对军队的控制，也失去了对自己的控制。

在这天快结束的时候，数千名美军士兵撤出了纽约，并占据了哈勒姆高地岩石山峰间的阵地，唯有短短的国王桥（King's Bridge）提供了一条撤离曼哈顿岛的退路。接下来的数周乃至数月时间里，华盛顿的军队将迎来短暂的振作。基普湾溃败的第二天，数百名来自康涅狄格、弗吉尼亚和宾夕法尼亚的士兵在一场遭遇战中展现了一些姗姗来迟的勇气，这场遭遇战被委婉地称为"哈勒姆高地战役"（Battle of Harlem Heights）。10 月 28 日，在更正式的白原战役（Battle of White Plains）中，美军以惊人的顽强意志战斗着。然而从总体上看，纽约和新泽西的美军在 1776 年秋季遭到了可怕而尴尬的挫败。在 11 月灾难性的四天里，华盛顿堡和李堡都陷入英军之手。当月月底，华盛顿逐渐减员的军队逃离了宽阔的新泽西，退却到特拉华河。

就在 9 月 15 日下午，几乎在可以目睹华盛顿惨状的位置上，理查德·豪和他的随从们在罗伯特·穆雷（Robert Murray）的家中好好放松了一番，那里被誉为曼哈顿岛最为华丽优雅的房子之一。有人后来宣称，正是这次小憩使帕特南将军和他辖下的纽约大陆军逃离了英军的追击。但是，豪将军有理由欣享穆雷夫人和她两个女儿（苏珊娜和贝拉）的盛情款待。封锁新英格兰地区并在那里消灭叛乱之链条的第一环已经就位，而在纽约以北 360 英里的地方，另一支庞大的英军水上部队正在着手将这一灾难变成现实。

第二章　蚊子舰队

　　1776 年 9 月 15 日，英军攻陷了纽约。这天早晨，本尼迪克特·阿诺德（Benedict Arnold）准将站在一艘 55 英尺纵帆船的后甲板上。这艘船下锚于尚普兰湖北部，北距加拿大边境只有 8 英里。这片窄湖周围是一片由树林和灌木丛组成的荒地。远远望去，西面阿第伦达克山脉（Adirondack Mountain）和东面格林山脉（Green Mountain）的顶峰都清晰可见。白天时分，经常有一大群一大群的旅鸽飞过，遮天蔽日；夜晚时分，阿诺德和他的士兵们可以听到狼群食鹿时的嗥叫。但根据过往的惨痛经验，他们深知最大的危险来自于在湖边巡逻的美洲原住民武装。事实上无论从哪个角度讲，这支十来艘舰船组成的小小舰队上的美国人都像是不折不扣的囚徒，只有从南面差不多 100 英里远的泰孔德罗加堡而来的一艘纵帆船为他们提供给养和消息。

　　由于没有道路，尚普兰湖便成了英军从北面入侵美国的唯一可行通道。阿诺德暂且集中了一些配炮纵帆船和大型划艇——美国人将这支舰队称为"蚊子舰队"（Mosquito Fleet）——控制了尚普兰湖。但是，阿诺德非常清楚，北面大约 40 英里处，在黎塞留河（Richelieu River，尚普兰湖的湖水沿着这条支流汇入圣劳伦斯河）河畔的边境小镇圣琼斯，英国人正在热火朝天地组建一支可以夺回湖泊控制权的舰队。

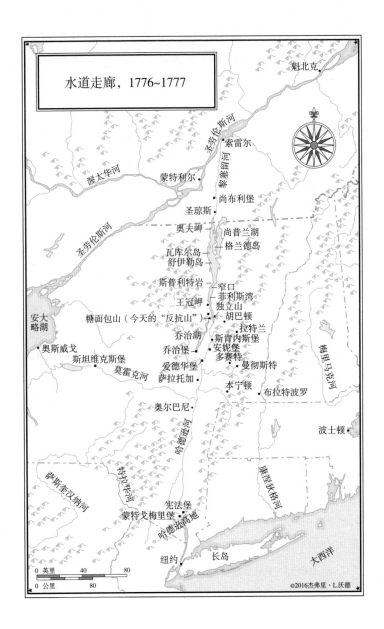

水道走廊，1776~1777

魁北克

圣劳伦斯河

索雷尔

黎塞留河

渥太华河

蒙特利尔

尚布利堡

圣琼斯

圣劳伦斯河

奥夫岬——尚普兰湖

——格兰德岛

瓦库尔岛——
舒伊勒岛——

斯普利特岩 ——窄口

——菲利斯湾

王冠岬 ——独立山

糖面包山（今天的"反抗山"） ——胡巴顿

——拉特兰

乔治湖 斯肯内斯堡

安大略湖

奥斯威戈

斯坦维克斯堡

莫霍克河

乔治堡 安妮堡
多赛特

爱德华堡 曼彻斯特

萨拉托加

本宁顿 布拉特波罗

梅里马克河

奥尔巴尼

波士顿

哈德逊河

萨斯奎汉纳河

特拉华河

康涅狄格河

宪法堡

蒙特戈梅里堡

哈德逊高地

纽约

长岛

大西洋

0 英里　40　80

0 公里　80

©2016杰弗里·L沃德

34　　　与此同时，尚普兰湖的另一端，在沼泽密布、蚊蝇丛生的
小镇斯基内斯镇（Skenesborough，今天纽约州的怀特霍尔），
美国人同样也在斗志昂扬地尝试增强阿诺德已有舰队的实力。
他们准备再向阿诺德增援四艘80英尺长的桨帆船，每一艘都
配备三十六名桨手、两张三角帆、一批大炮和回旋炮。这些帆
船仿照了特拉华河上的一种完善的船舶设计，美国人盼望它们
能给予阿诺德所急需的机动性和火力，以此对抗英国人或将加
诸于他的攻击。

　　　但是英国人有一项自己的秘密武器。他们已经组建了一支
显赫的舰队，拥有两艘纵帆船，二十二艘炮艇，以及其他数艘
更具威力的舰船。然而，考虑到美国海军的狂热好战（两个
星期前美军战舰大胆地驶近加拿大边界，还进行了一轮令人印
象深刻的炮击），英国将军盖伊·卡尔顿已经决定，他必须建
造一艘规格上势不可当的大船，让敌人所有的抵抗都徒劳无
功。此时，一群英国木匠正在以最短的时间建造一艘装有18
门炮的280吨级战舰。"森林里早晨长出来的树木，"一名评
论家钦佩地写道，"在夜幕降临之前就成了船的一部分。"这
艘相对而言的巨型战舰被称作"不屈"号（Inflexible），它预
定于本月底完工下水。一名军官颇有信心地扬言，这艘船将实
现"对尚普兰湖毫无疑义的掌控"。在尚普兰湖的两端各有一
支相对小型的军队，它们都位处北美腹地，但两支军队都陷入
了一场军备竞赛，这场军备竞赛将很大程度上决定战争进程。

　　　还有一个关键因素超越任何一方的控制，那就是天气。如
果卡尔顿和他那约8000人的英德军队希望在本年年末同纽约
豪将军的军队会师的话，他们必须要在11月末尚普兰湖结冰
之前拿下泰孔德罗加堡。只要阿诺德能够拖住英军一段时间，

迫使他们将进攻泰孔德罗加堡的时间推迟到第二年的话，他就等于赢得了一场大的胜利。

阿诺德对此并不了解，但两周前他对他这支小舰队的大胆指挥已经为美国人赢得了额外的一个月时间，也"说服"卡尔顿在冒险南下尚普兰湖之前先建造"不屈"号。不过，将英军的入侵延迟到1777年夏天，这个目标足够吗？

8月已是难以忍受的燥热潮湿，而现在，随着树林的落叶开始呈现秋天的颜色，阿诺德所称的"风季"即将到来。狂暴的北风必定将使温度骤降、湖面怒涛翻滚，甚至会使身经百战的海上水手也望而生畏，更不用说阿诺德手下这些装备粗劣的新手了。他将如何在此条件下抵挡英军？对于这个问题，甚至阿诺德自己也不知如何回答。

阿诺德身材不高，体格结实（一名熟人回忆"他的身板没有一处浪费"），天生有着近乎超人的精力和耐力。他英俊动人，有着超凡的魅力，长着黑色头发，灰色眼睛，鹰钩鼻，身形如运动健将一般轻盈，他的一名康涅狄格邻居回忆说，阿诺德是他见过的"最成功、最优雅滑冰者"。

阿诺德身上有着相当于罗得岛当地统治者后裔的尊贵血统。他们家族的第一位本尼迪克特·阿诺德曾是罗得岛殖民地的建立者之一，之后几代人的努力也使阿诺德家族成了受人信赖与尊敬的公民。不幸的是，迁居到康涅狄格州诺维奇（Norwich）的阿诺德父亲后来沉溺酒精。他的儿子阿诺德直到移居纽黑文才开始摆脱童年时的耻辱。到他35岁左右的时候，阿诺德已经享受到了足够的成功，开始建造镇上最好的房子之一。这些并不能阻止他对任何微小的荣誉都保持着高度敏感，

35

就像许多18世纪注重名节的绅士一样，他曾向不止一人发起过决斗挑战。

美国革命爆发之前，阿诺德已经是一名药剂师和海商船长。他时常远航，向南最远到过加勒比海，向北最远到过加拿大圣劳伦斯河畔的港口蒙特利尔和魁北克。从一开始，他就将自己归为纽黑文斗志最为旺盛、发声最为激越的爱国者之一。听到波士顿屠杀的消息后，阿诺德怒不可遏："上帝啊，难道北美人民都睡着了吗？难道他们都温顺地放弃了他们光荣的自由？" 1775年4月，获悉莱克星顿和康科德的遭遇战后，阿诺德迅速夺取了纽黑文储备的一部分火药，并率领一个连队的志愿兵北上助战。在马萨诸塞州的剑桥，他一度说服了约瑟夫·华伦医生和马萨诸塞安全委员会批准一次远征行动，去占领泰孔德罗加堡并夺取那里的80多门大炮。

36　　结果，另一批人和阿诺德有着相同观点。直到一同进入泰孔德罗加堡以前，阿诺德都被迫和伊桑·艾伦以及他手下的"绿山兄弟会"（Green Mountain Boys）维持一个不可靠的联盟。艾伦和他的游击队员们将视线转向英国贮藏的烈酒，同时阿诺德驾船航向了尚普兰湖另一端的圣琼斯。在那里，阿诺德和一小队士兵夺取了好几艘英国军舰，顿时为北美赢得了尚普兰湖的控制权。

对手头任何被他视为多此一举的事务，阿诺德都表现得粗鲁且缺乏耐心。他有着一个致命癖好：对他所不同意的人极尽批评乃至挖苦之能事。数周之后，一名来自马萨诸塞州匹兹菲尔德的大陆军军官詹姆斯·伊斯顿（James Easton）大胆质疑了阿诺德自命为尚普兰湖美国海军准将的权威合法性。阿诺德随即"尽情地羞辱了他"。这是伊斯顿一生未忘的羞辱。在随后的数月乃至数年里，伊斯顿始终是阿诺德的诋毁者之一，这也将给阿诺德余下的军旅生涯带来麻烦。

此时此刻，阿诺德的私人生活发生了悲剧性的转折：他得悉了妻子去世的消息。重返纽黑文时，他和身边三个幼子一起为妻子扫墓。革命之前阿诺德写给妻子的信件中满是祈求妻子多写信的愿望。妻子去世给阿诺德带来的哀伤，看起来几乎无法抑制。然而，对于天生不安分的阿诺德而言，和他的悲痛一起继续停留在纽黑文是不可想象的。"在现状下过碌碌无为的生活，"他解释说，"等同于慢性死亡。"这次访问只持续了三个星期，阿诺德随即将他的孩子交给妹妹汉娜照顾，自己踏上了重返剑桥之路。在那里，他渴盼将他的悲痛埋葬于他所说的"国难"之中。

1775 年 8 月初，阿诺德与新任大陆军总司令乔治·华盛顿将军会面。华盛顿缺乏将英军赶出波士顿所必需的火药和大炮，他所深陷的这场危机后来演变为长达九个月的波士顿围城。但在北面的加拿大，华盛顿看到了战机。美国革命的爆发已将英军调离防区，他们已无能力增援在蒙特利尔和魁北克的小股部队。如果大陆军能在英格兰的援军到来之前拿下这两座城市，那么他们就将成功清除英军来自北面的威胁。奥尔巴尼的菲利普·舒伊勒（Philip Schuyler）将军已经制定了军事计划：利用尚普兰湖和黎塞留河构成的水道袭击蒙特利尔。真正的挑战在于如何攻击魁北克的小股英国守军于不备。如果沿着肯纳贝克河（Kennebec River）进入今天的缅因州北部地区，便有可能率领一支军队穿过森林，直抵守备森严、横跨于圣劳伦斯河急流之上的堡垒城市魁北克。不用说，阿诺德是领导这次行动的完美人选。

阿诺德手下的 1200 名士兵最后因饥饿、寒冻和逃跑减员 500 人。但在数周之后，阿诺德统率着剩下衣衫褴褛的士兵们奋力前行，穿过沼泽、冰冻的缅因边远地带，蹒跚着走出了这片荒野，紧接着攀上了年轻的威廉·豪曾于 1759 年攀登过的河畔山崖。尽管魁北克的英军拒绝了阿诺德无礼的投降要求，但这次迅捷、无畏的军事行动，为阿诺德赢得了"北美汉尼拔"的美名。

为了能在袭击魁北克的作战中有起码的胜算，阿诺德需要一支更强大的军队。很快，他便得到了刚刚打下蒙特利尔的理查德·蒙哥马利（Richard Montgomery）将军所率部队的加盟。直到 1775 年 12 月 31 日，在一场暴风雪中，阿诺德和蒙哥马利双管齐下，终于发动了一场大胆的进攻。这次军事行动结果并不成功——很大程度上因为蒙哥马利阵亡，而阿诺德在发起攻击时左腿严重受伤。

1776 年 5 月 6 日，随着一大批增援英军的到来，在加拿大饱受疾病折磨的大陆军余部已经别无选择，只得撤离。当时阿诺德已从腿伤中恢复过来，并被重新派驻到蒙特利尔，在大陆军南撤尚普兰湖的行动中发挥了领导作用。用他副官的话说，阿诺德以一种戏剧化的方式成了撤离圣詹姆斯的最后一人，"并从此沉溺于他作为最后一个人从敌人河岸登船的虚荣之中"。

此时已成为陆军准将的阿诺德一回到泰孔德罗加堡就被霍雷肖·盖茨少将（Horatio Gates）命令"全神贯注于我们的造船厂"，以维持他一年多以前协助建立起来的尚普兰湖"制湖权"。到那时为止，美国的造船业已经着重于发展 55 英尺长的"贡多拉"（Gondolas）——一种极宽、极重的划艇，配备一支单桅杆和一面方形船帆。尽管这些贡多拉足够容纳三门大炮、一组回旋炮和约四十五名船员，但其吃水太浅、风帆出了名的"迟缓"，在水战中极易成为传统海军舰艇的猎物。

阿诺德很快开始鼓吹建造更大更快的桨帆船。7月末，他已经动员了二千多名木匠建造四艘这种相对灵敏的新型舰船，这种船提高了后甲板、垂直柱船首和其大三角帆，其外形几乎变成了海盗船式样。阿诺德的海事知识和办事能力给盖茨留下了深刻印象，他也凭此成为美国舰队司令。但在8月初，甚至在阿诺德离开泰孔德罗加堡之前，这位尚普兰湖的新任司令便已遭遇了一些意料之外的暴风天气。

阿诺德有一种擅长激怒别人的天分。然而如果有一名士兵与阿诺德一同参与一场英雄历险的话，这名士兵便很可能将阿诺德视为自己已知最能鼓舞人心的军官。阿诺德撤出加拿大、退回泰孔德罗加之时，对他的看法趋于两极的同僚和下属都已经累积到了真正可观的数字：他们要么崇敬他，要么贬斥他。一名前副官在撤离加拿大期间，曾形容阿诺德"无畏、慷慨、友善、直率、诚实"。而另一方面，泰孔德罗加的一名康涅狄格医生则对阿诺德恨之入骨。他在日记里写道："我由衷希望有人可以在他身上做一个实验——用一盎司①的弹丸让阳光射进他的脑袋；看看光线会直射还是折射过去。"谈起本尼迪克特·阿诺德，似乎所有人都不缺鲜明的观点。

从加拿大撤退途中，阿诺德曾经命令一名加入美国革命事业的前英国军官、圣詹姆斯居民摩西·哈岑在大陆军慌不择路南逃的时候，保护一批军需品。这批军需品丢失了，而阿诺德

---

① 1盎司约合28.4克。

认为这是哈岑的过失，并且不明智地发起了指控。7月末，就在阿诺德准备率这支新组建的舰队北上尚普兰湖执行任务时，他强行要求把哈岑送上设在泰孔德罗加的军事法庭。正如华盛顿曾在纽约的所做的那样，这个军事法庭的唯一作用便是干扰了阿诺德的当务之急。

39

正当阿诺德费心费力建造炮艇和桨帆船时，哈岑与许多后来成为军事法庭成员的年轻军官建立了友谊。也许这并不出人意料：军官们并不认可阿诺德找来的唯一一名目击证人所提供的证据。阿诺德暴跳如雷，并招致了法庭庭长"激烈的谴责"。法庭判处哈岑无罪并要求阿诺德道歉，这使阿诺德的愤怒变本加厉。他愤愤不平地拒绝了，法庭于是命令逮捕他。因为阿诺德还有着更紧迫的任务，盖茨不得不解散了这个军事法庭，并向大陆会议主席汉考克解释说："阿诺德将军脾气火爆，这或许导致他距离狭义上的'端庄得体'稍远了一些。"可是，这场争议还远未结束，阿诺德手下像哈岑、伊斯顿这样愤愤不平的部属们将组成一条长长的名单，把他们掌握的情况呈交给费城的大陆会议。

接下来的一个月里，阿诺德和他的舰队沿尚普兰湖北上，航行距离超过125英里。这条水路在穿过一片树林之后，宽度缩减到1英里以下，直到行过一块裂开的崖石，也即今天的斯普利特岩（Split Rock）之后，航道才在靠近今天佛蒙特州伯灵顿（Burlington）拓宽至14英里。有些地方，水藻覆盖的湿滑礁石藏在水面之下；还有一些地方，湖水急冲400英尺，坠入一片黑暗之中。生活在湖边的居民屈指可数，直到过了以湖泊东岸居民皮特·菲利斯命名的菲利斯湾（Ferris Bay）后，阿诺德才停下来让他的军官们消遣一下。一名军官对此感念不已，他在日记中将此次聚会形容为"文雅的盛宴"。

8月末，他们已经抵达了尚普兰湖的北端。这里，形似半岛似的格兰德岛（Grand Isle）将水路一分两半：西叉水路流入了黎塞留河的上游源头。9月初，他们已经向北远征得足够远，以至于能听到树林后面英军修建防御工事的声响。入夜时分，美洲原住民武装会划着桦制独木舟悄悄经过美国舰队。为了防范袭击，阿诺德命令两艘纵帆船和数艘平底船始终保持巡逻状态。当有些士兵死于印第安人的岸上伏击时，阿诺德认为向南撤退至少20英里是明智之举。

仰赖一批不甚可靠的侦察兵和间谍时断时续的情报，阿诺德竭尽所能监视着英国人在圣琼斯的造船行动。北面的英军固然使他忧虑，但9月15日阿诺德在旗舰"皇家野人"号船长室给霍雷肖·盖茨写信时，他的心头又多了一层担忧。8月，阿诺德的妹妹汉娜报告说他的儿子们非常想念父亲，尤其是最小的儿子海尔。"和爸爸说，让他必须回家，"这个孩子告诉汉娜。"我想吻他。"汉娜还报告说，阿诺德在纽黑文的房子漏水"比之前更严重"，而且木瓦板已经无法购得。更糟糕的是，汉娜被迫将阿诺德的双桅帆船卖给纽约的大陆军，以换取微薄的收入。这艘帆船将在那里作为航海路障对付英国人。这件事颇具讽刺意味，简直令人哭笑不得：正当阿诺德在尚普兰湖建造一支全新舰队时，他一度赖以谋生的帆船已经被沉入了哈德逊河底。"如果你能够活着回来，"汉娜在9月1日写道，"你将发现自己已成为一名破产商人。"

然而，最困扰阿诺德的是一封来自一位大陆会议代表的信件。这位代表报告，费城最新流传的谣言说，阿诺德在从加拿大撤退的途中征用了货物以中饱私囊。"你最好的朋友,"告密者发出了不祥的警告,"并非是你的同胞。"

阿诺德向盖茨大倒苦水。在过去数月里,盖茨已经成为阿诺德的上司兼密友。四十八岁的盖茨曾是一名英国军官,认同共和主义理念的他后来加入了爱国事业,并在弗吉尼亚拥有一间房屋。尽管盖茨在战争开始时曾作为华盛顿的副官参加了波士顿围城之战,他却很快树立起了独当一面的身份。华盛顿发现,地方民兵构成了他军队中纪律低下兵员的核心成分,这使大陆军一盘散沙、令人沮丧。与此相反,盖茨宣称他"从不指望看到比新英格兰人更优秀的士兵",他与大陆会议中的新英格兰代表建立了一种实质上的亲善关系,后者希望让盖茨成为北方军的新司令。结果,这个职位已经被拥有贵族气质的菲利普·舒伊勒(Philip Schuyler)占据。舒伊勒的家族在纽约州上州地区有着庞大的产业,他也与华盛顿一样厌恶新英格兰地区的民兵。

两名将军之间以及大陆会议内部都产生了紧张的僵局。最终化解僵局的办法是:舒伊勒(他依旧保有北方军司令的头衔)的部队被派驻到纽约州的奥尔巴尼,在那里督导对北方的军需和物资供应。另一方面,盖茨留在战场,与他在泰孔德罗加的军队在一起。现下时分,阿诺德看起来与两名将军都保持着良好的关系。可是,将阿诺德任命为蚊子舰队司令的是盖茨。阿诺德在尚普兰湖北端的船上时,也是写信给盖茨,向他抱怨大陆会议的批评者们对自己的攻击。

"我只能认为这极其残忍,"他写道,"我已经牺牲了我的舒适、健康和很大一部分私人财产,只为了我国的独立事业,结果我成了抢劫者、窃贼。此时此刻我却无权发声为自己辩护。"盖茨向阿诺德保证，他已经做了一切力所能及之事去反驳 "诽谤和恶意中伤的逆流"。不仅如此，盖茨还委婉地建议说，此时此刻阿诺德应当将注意力放在另一项更加重要的事务上——也就是，如何阻止 "敌人对我国的入侵"。

盖茨明确建议阿诺德不要发动全面进攻；这更应该是 "一场我们正在进行的防御战争"，这意味着阿诺德必须避免冒 "任何不测风险"，也不能有 "不必要的实力展示"。可是，如果英国人从北边进犯，阿诺德决心 "用冷峻、决绝的勇气防守，让英国人有理由为他们的冒失后悔"。正如古往今来的许多指挥官那样，盖茨决定尽可能地保存实力——他建议阿诺德不要冒不必要的风险，哪怕他曾敦促阿诺德尽其所能抵抗英军的推进。

此前一个月，阿诺德已经开始着手在尚普兰湖上寻找最有利于达成这些目标的位置——这非常困难，如他向盖茨抱怨的那样，他没有一张正经的地图。终于，在9月5日，盖茨寄给他一份 "你热盼的湖泊草图"。接下来一周里，阿诺德的视线开始聚焦于瓦库尔岛（the Island of Valcour），它位于今天纽约州普拉茨堡（Plattsburgh）的南面，临近尚普兰湖的西岸。碰巧，有一位名唤威廉·海伊（William Hay）的苏格兰年轻人已在那里盖了一座房子，俯瞰着湖岸和小岛之间的小港湾。海伊是一位热忱的爱国者，他和妻子以及尚处褓褓的幼女一起，都将在阿诺德停留瓦库尔岛期间充当他们潜在的帮手。

阿诺德深知英军不会轻易南下进攻，除非他们背后有了强劲的北风。如果阿诺德将他的舰队部署在瓦库尔岛和湖岸之间的水域（这段距离不足半英里），那么这座多岩石、树林密布的岛屿就会在英国舰队南下经过时成为绝好的遮蔽物，将阿诺

42

德的舰队隐藏起来。直到英舰已经南下离开瓦库尔岛有一段距离之后，阿诺德才会率领他的舰队在敌军背后现身。如此一来，美军就将逼着英军逆风北上——如果他们想要攻击美军的话。通过获取所谓的"上风位置"，美国人就将在水上博得像新英格兰人在邦克山高地工事居高临下作战时那样的战术优势。当然了，目前无法准确预测英国人的下一步动向。但是阿诺德确信，未来在与英军的潜在战斗中，瓦库尔岛能为他的舰队赢得主动权提供最佳机会。

9月21日，阿诺德已派出两艘船"在瓦库尔岛周边试水"。他写信给盖茨说，他们的船员报告，"这里是一处极其优良、安全的港湾。"阿诺德决定，在下一场北风到来之际，他就将航向瓦库尔岛。

当时，阿诺德正在定期训练士兵们"练习使用他们的火炮。"不幸的是，他们必须从头学起。大多数美军士兵从未有水上经历，并且"总体而言"，阿诺德写到，"作用还比不上数量只有他们一半、但更优秀的士兵"。阿诺德还抱怨，他只得到了他所请求的冬衣的一小部分——如果他们不想在接下来几周内冻死的话，这可是绝对的必需品。但阿诺德最感焦虑的则是那些桨帆船，他"无法理解是什么可以让这些帆船来得如此之慢"。"相信我，亲爱的先生，"盖茨向阿诺德保证，"活着的人里，没有人……比我更为您和您船队的福祉感到忧虑的了。"

终于在10月6日，阿诺德转移到了瓦库尔岛，在这里，阿第伦达克山脉顶峰的积雪已经清晰可见。康涅狄格的大卫·沃特伯里（David Waterbury）将军带来了最后两艘帆船，这使得阿诺德舰队的战舰总数扩充到了15艘。沃特伯里成为阿诺

德的副司令官，他在带来两艘战舰的同时也传达了华盛顿部在
纽约的战况。到那时为止，阿诺德只听到过一些关于长岛正在43
进行某种军事行动的含糊传言。照沃特伯里的说法，美军听起
来仿佛不放一枪就放弃了纽约。"对我而言，似乎我们的军队
或是军官都被恐慌击倒了，"阿诺德给盖茨写信说，"否则怎
么解释，十万人在四分之一数量的敌人面前跑掉了？我们的同
胞们可以对他们的错误无动于衷吗？可以在奴役和死亡之间犹
豫片刻吗？"

10 月 10 日，阿诺德确信豪氏兄弟在南面几已稳操胜券，
圣詹姆斯的卡尔顿将军即将发动他自己的攻击。"如果（英国
人）听到……豪勋爵占领了纽约，"阿诺德写道，"他们将毫
无疑问尝试与豪会师……他们的舰队，我敢保证……将是强大
的，如果与我们的实力并不相当的话。"

10 月 12 日，盖茨向阿诺德保证，他将"乐于看到您和您
的舰队前进到瓦库尔湾，抵御从加拿大进犯之敌。"然而，那
时瓦库尔岛战役就已经打开了。

连续五天南风之后，风向终于转成了北风。就在 10 月 11
日黎明时分，英国舰队从瓦库尔岛以北 40 英里的奥菲尔岬
（Point au Fer）起航。英国人将这支舰队打造得光耀夺目，所
有人的视线都被"不屈"号吸引。"不屈"号相当于淡水上的
护卫舰，它建造于加拿大的荒野之中，耗时不到一个月——
"简直是连做梦都想不到的……一个奇观，"一位英国士兵评
论说，"就在这块大陆的心脏地带……距离海洋是如此之远。"

这支舰队由盖伊·卡尔顿将军指挥。他刚刚因上个冬天防
守魁北克的勇敢表现而受封爵士。可是，因为这一次行动主要

发生在水面上，有人便抱怨说盖伊将军最好将指挥权让给别人。"许多人责难说，他是在冒险将自己放到超出自身专业之外的境地，"陆军中尉威廉·迪格比（William Digby）写道。迪格比宣称，卡尔顿将对"水上作战贡献甚少，只不过能再次证明他的勇气而已"，即便旁人对他的勇气已没有疑义。

卡尔顿的旗舰是纵帆船"玛利亚"号（因这位将军的妻子得名），他和托马斯·普林格（Thomas Pringle）共用后甲板。普林格是一名海军上校，现在则是这支英军分舰队的司令。除"玛利亚"号和"不屈"号之外，这支舰队还有一艘纵帆船"卡尔顿"号、配有二十门炮且酷似平底船的驳帆船"雷电"号、贡多拉炮艇"投诚者"号（起初是一艘美国船，美军撤离加拿大时落入英军之手）以及二十二艘普通炮艇。与舰队同行的还有一大批大艇、小艇，如果战斗演变为短兵相接，它们便将扮演着登船部队的角色——这种可能性也令阿诺德深感担忧。他的舰队主要由贡多拉炮艇组成，舷高甚低，这使敌军登船变得相对容易。

这一天寒冷、晴朗，英国舰队行进顺利。德籍①炮兵官乔治·鲍施（George Pausch）描述说，"一阵美妙而吉祥之风"将他们推向南方。上午 9 时 30 分，英国舰队已开始驶入尚普兰湖的最宽部，格兰德岛就在他们东面。而从他们的有利位置望去，瓦库尔岛更像是与西岸大陆相连的一片土地。军医罗伯特·诺克斯当天早晨正与卡尔顿和普林格一起待在"玛利亚"号的甲板上，当诺克斯向他们身后的纽约州湖岸方向远望时，

---

① 本书中提到的"Germany"是指英军中的德籍雇佣兵。为免误解，书中不称为"德国"，而以"德籍"或"德意志"代替。

他认为自己看到了一些异样。"当我与将军在后甲板散步时，"他写道，"我注意到了一艘紧邻湖岸的舰船，它却突然消失不见，并几乎使我觉得自己被骗了。然而我的眼镜是好的，我坚信自己是对的，并建议司令官派出一艘勤务船……司令给勤务船的命令是，如果它发现任何敌船，就鸣炮一声，再升起信号旗。"

他们现在距离瓦库尔岛南端差不多已有两英里了。北风劲吹，灰蓝色湖面泛起了白沫。这支由三十六艘战舰组成的舰队收起风帆，原地待命。就在勤务船抵达诺克斯医生认为的河口地带（但实际上是瓦库尔岛和湖岸之间的小湖湾）时，这艘船鸣了一炮。普林格船长升起预先准备的一列信号旗，很快英国舰队便掉转头来与敌人接战。

阿诺德从一开始就深知，随着风向转为北风，英国人很有可能起航沿湖南下。黎明时分，阿诺德已经派出纵帆船"复仇"号前去北面巡察。七点和八点之间，"复仇"号返航。船员带来的消息是：一支庞大的舰队刚刚驶过坎伯兰湾（Cumberland Bay），正向美军的方向冲来。阿诺德的副司令大卫·沃特伯里将军是一名法印战争老兵，他担心如果阿诺德将美军战舰都塞进瓦库尔湾，他们将在敌人面前无路可逃。英国人只要进入南北两端的湖湾入口，就能把美军包围。

当天早晨，沃特伯里从"华盛顿"号纵帆船乘小艇前往阿诺德的旗舰"皇家野人"号——这个名字也许透露了它起初是一艘英国船。沃特伯里敦促阿诺德"不要停驻在可能被包围之地"，应当在开阔湖面与英舰交战，"因为它们在数量和威力上都远胜我们"。阿诺德却依旧坚定不移。这似乎不合常理：美军将自己限制在这个绿树成荫的小小湖湾之中，面前等着他们的是三十艘以上的敌舰，这将不可避免地产生一种可怖的"幽闭恐惧"之感。结果后续的战事证明，沃特伯里的建议若真的付诸执行，才将是一场灾难。英国船比美国人的船更快、更有威力，特别是英国人如果将海战级别的侧舷炮位用于开阔湖面作战的话。沃特伯里回忆到，阿诺德说不，"他将在瓦库尔湾与他们作战。"

9 时 30 分左右，阿诺德派他的第二副司令爱德华·威格斯沃斯（Edward Wigglesworth）上校乘坐一艘小帆船前去侦察敌情。威格斯沃斯是一名来自马萨诸塞州纽伯里波特的水手。这便是诺克斯医生在"玛利亚"号后甲板上瞥见的那艘船只。一如阿诺德所企盼的那样，在威格斯沃斯返航报信之前，英国人已经驶过了瓦库尔岛，位于美舰以南了。此时此刻，阿诺德已经转移到了位于美军战线中央的"议会"号上，计划在那里指挥作战。但是阿诺德的第一要务是确保敌人知道他们的方位。很快，三艘桨帆船和"皇家野人"号离开锚位开进湖中，以吸引英舰注意力，将它们引入湖湾。

阿诺德和他的军官们终于有机会好好地观察他们的对手。一些美军战俘后来告诉英国人，当他们看到"不屈"号在湖面上若隐若现、并高出其余舰船一大截的时候，一名美军士兵不禁惊呼道："哦，上帝保佑我们！——那是一艘三桅船！"另一名美军士兵报告，当阿诺德看到如此之多的敌军士兵穿着白色翻领的英军海军服时，他大声呼喊："上帝，那些都是海军士兵！"考虑到阿诺德总兵力约七百人的部队里有五百人都不习于航海，这样的反应情有可原。

阿诺德一看到英舰调转船头向瓦库尔驶来，便命令所有美军舰船回到湖湾。桨帆船很快返航，但是"皇家野人"号却因阿诺德所说的"一些糟糕的指挥"而成为"不屈"号的牺牲品。尽管两舰相距有半英里之遥，但这艘英国护卫舰配备的大炮却有着充足的火力和精确度将"皇家野人"号的前桅击毁，并打掉了许多索具。随着英舰的快速逼近，"皇家野人"号的船长决定将这艘纵帆船向北航至瓦库尔岛的岩石尖角。在那里，他那五十五名船员的绝大多数都得以跳到岛上，再涉水到湖岸。

卡尔顿和普林格都相信是英舰的迅猛推进阻止了敌人向湖中逃窜。但他们没有意识到、或者说不愿承认的是，他们将舰队盲目地掠过瓦库尔湾内猬集的美国舰队后，不仅失去了一个从北面进攻敌人的机会，而且在实质上使他们队伍最具威力的武器报废了。作为一艘横帆帆船，"不屈"号无法在逆风时有效航行，这使她几乎无法与敌人接战。阿诺德实际上已迫使"不屈"号退出了战斗序列，让敌人建造这艘三桅帆船所耗费的四周时间都成了无用功。

事实上，即使是有着首尾相连的风帆、需要高帆迎风的英军纵帆船也难以接近美国舰队，这要得益于瓦库尔湾向南刮出的幸运之风。只有那些配备了足够数量桨手的英国舰船才得以紧随敌舰进入瓦库尔湾。不用多久，他们的船员就意识到，自己已经闯入了一个精心准备的陷阱。

首先落入陷阱的是"投诚者"号的海军上尉爱德华·朗克罗夫特（Edward Longcroft）。他率领一支登船部队来到"皇家猎人"号废弃的船体上，并很快将这艘船的大炮对准了敌人。然而，朗克罗夫特和他的士兵们还没来得及造成任何实质的杀伤，就发现自己已被三艘美国桨帆船包围。大部分英舰只能绝望地观战——它们距离太远且背风，无法施以任何援手——而美国人以致命的实心弹与葡萄弹齐射猛击英军，杀死了首先登船的 11 名英国士兵。朗克罗夫特下令他的士兵们放弃"皇家野人"号，回到"投诚者"号并顺风漂离战场，从此退出了这场战斗。

英国人余下的 22 艘炮艇被迫在没有任何支援的情况下孤军奋战。阿诺德已经成功扳回了劣势，局面对他有利。接下来两个小时里，他将 14 艘炮艇、桨帆船和纵帆船组成的编队排成一个新月形，从瓦库尔岛一侧湖湾一直延伸到湖岸，以与英军炮艇决一死战。

一艘标准的英国炮艇有 37 英尺长，船中央竖有一根桅杆，船艏装有一门大炮。22 名船员中有大约一半是操控船只的水手；另一半则是操炮的炮兵。德籍炮兵军官乔治·鲍施和他的士兵们已经花了好几周时间训练并适应"英国式"的炮兵技术——考虑到这门大炮装置于波涛翻涌中的船舶，这并不容易。这些炮艇在美国船以南仅 350 码处排成一列后，战斗开始了。"我们的攻击……随着距离拉近，愈发猛烈，非常活跃，"鲍施写道。

沃特伯里将军身处的"华盛顿"号桨帆船临近湖岸，位处美军最右翼；威格斯沃斯上校和"特朗布尔"号桨帆船则临近瓦库尔岛，位居左翼；阿诺德则坐镇"议会"号，居中指挥。这些桨帆船占据了美国舰队中最为显而易见的位置，但贡多拉炮艇在美舰中占到了绝大多数。贡多拉炮艇是一种宽双头船，干舷①只有约一码高，看起来更像是椭圆形的浅碟子，

---

① "干舷"（freeboard），是指船长中点处，沿舷侧自满载吃水线起，量至上层连续甲板（干舷甲板）边线上缘的垂直距离。

而非一艘正经的船只。阿诺德已经尝试在其船艏和两侧堆垛柴束（用来建造地面工事的成捆木棒）以缓解干舷过低的问题，这使贡多拉化身为浮动的陆上堡垒。

　　一时间炮火连天。美军桨帆船和贡多拉有效地使用桨橹，在笼罩于两军舰队之间云雾般浓稠的灰烟之中来回穿梭，鲍施上尉对此有详细记述。"似乎每时每刻它们都会消失，"鲍施写道，"然后为喘一口气突然出现。"显然，美国人躲在烟云后面装填弹药，再冲出烟雾开炮，这种战术无疑使英国炮艇难以精准命中目标。除了帮助协调这些行动以为，身着蓝黄色军服、头戴三角帽的阿诺德还在"议会"号上亲自指挥大炮瞄准。鲍施后来描述其为"优秀的执行力"。

48

　　与积极参加战斗并乐此不疲的阿诺德相比，他的英国对手普林格上校却是一名远不如他好战的领导者。据一份史料说，尽管有着英舰中最具抢风航行能力的纵帆船，但普林格似乎"无意参战"，远在瓦库尔岛以南的"玛利亚"号也"放下了上桅帆"。

　　自始至终，纵帆船"卡尔顿"号上的海军上尉詹姆斯·达克雷斯（James Dacres）都在"倾尽全力发起攻击"。终于，在下午1:00左右，达克雷斯成功捕捉到一次风向的偶然变换，将他的纵帆船送出炮艇队列，前行到距离美舰编队只有数百码之地。他在那里下锚，并使用一根斜向船缆将他的舰船斜着挪向敌人，同时他的大炮向敌人倾泻着半打6磅重①的炮弹。

　　这也许是一次勇敢的行动，但就达克雷斯一方而言又不免莽撞。一旦"卡尔顿"号明显突出炮艇队列、完全暴露在美舰面前，这艘纵帆船便不可避免地和之前的"皇家野人"号

————————

　　①　1磅约合0.45千克。

一样成为众矢之的。一位目击者回忆了在接下来的一个小时里美军炮弹是如何"一次又一次击穿"卡尔顿号的。在混乱中，达克雷斯上尉被打得失去知觉，眼见没命了；如果不是19岁的海军军校生爱德华·珀柳（Edward Pellew）阻止，达克雷斯看起来已无知觉的身体或许已被扔出"卡尔顿"号船舷——这也是一场海战之中的标准程序。一小时之内，卡尔顿号上有八人阵亡，六人受伤，快速下沉的船体已经涌入了两英尺的水。

"玛利亚"号上的盖伊·卡尔顿将军已经做出决定，他的旗舰必须前去支援这艘离队的纵帆船。然而，就在那时，美军桨帆船"议会"号（毫无疑问是由阿诺德瞄准的）射出了一发炮弹，炮弹从卡尔顿和诺克斯医生头边仅仅数英寸处掠过，当时他们正站在后甲板上。丝毫不显惊慌的卡尔顿问诺克斯："那么，医生，你觉得海战怎么样？"可是，卡尔顿的镇定并没有明显转化为行动。最终是来自"不屈"号而非"玛丽亚"号的小船将"卡尔顿"号拖回到了安全地带。

据一名参战者回忆这使诸如"畏惧"号、"疾风"号、"地狱"号、"辊鞰"号、"雷电"号、"暴怒"号和"毁灭"号等英军炮艇不得不面对"（敌军）全部火力的打击"。此时此刻，鲍施记述道："战斗开始变得极其危险。"每一艘炮艇都已配备了八十发炮弹，所有人都说，每艘船的炮兵们均表现出了可贵的战斗精神——但美国人也是如此。在海战中，炮弹通常会像打水漂一样掠过水面，这些低空飞行的抛射物将给英美双方都带来了严重损害，将船体打出一道道孔，并将致命的碎屑抛洒到拥挤的甲板上。鲍施不久后从木匠修补炮艇时所用的许多"板子和塞子"中看出，"叛军的火炮打得很好"。尽管阿诺德对他手下欠缺经验的士兵倍感担忧，但他却成功地将与一支训练有素、本可轻易击败他们的军队交战时所需的纪律和信心灌注到了他们心中。

与此同时，与英国结盟的数百名美洲原住民士兵已经拿下了瓦库尔岛和西面湖岸上的据点，并从两端向美国舰队开火。战事正酣的某一时刻，威廉·海伊的妻子冒险离开位于湖岸的家，抱着她两岁的女儿出门，到邻近的一处泉水找水喝。"令她大感惊恐的是，"她的女儿后来记述说，海伊夫人发现自己身处一大群印第安人之间，这些人都埋伏已久，"准备一旦美国船员试图登岸撤退就同他们接战。"海伊夫人紧紧将婴儿抱在胸口，并开始哭泣。但是，原住民武装并没有攻击这位年轻的母亲，而是让她和女儿毫发无损地回家了。

美军杀伤的敌军数量颇为可观，但他们自身也遭受了大量伤亡。小艇穿梭在舰只之间，将伤者送到舰队的救援船"进取"号（Enterprise）上去。"进取"号上的史蒂芬·麦克雷（Stephen McCrea）医生和他的助手作出了英雄般的贡献。亚希尔·斯特瓦特（Jahiel Stewart）当时被派驻在这艘纵帆船上，他看到"他们将伤者抬上甲板，医生们切除了很多断肢残腿。"接近八小时的战斗全程之中，斯特瓦特看到至少有七具死尸被扔出了"进取"号的船舷。

随着战事持续到傍晚，美军的一发炮弹打中了一艘英军炮艇的弹药舱，以及一组德籍炮兵。此时此刻，就在数百码外，乔治·鲍施正在小心翼翼地瞄准他自己的大炮。一名中士提醒他关注舰队另一端的爆炸。"一开始我无从得知船上有什么人，"他写道，"但是……待到烟尘散去，我从他们帽子周围的缎带上认出了这些人。"得知他们都是自己的德籍战友后，鲍施很快划着小艇赶往焚烧着的炮艇，这艘船不仅起了火还已开始沉没。很快，鲍施的船上已有了总计 48 名水手和士兵。
"我正身处多么危险的境地啊!"他写道。"每时每刻，我都有
着与甲板上所有人同沉的危险……（包括）那些我刚刚救上
来的，他们刚刚损失了半船人!"

　　下午五时左右，就在鲍施奋力保持他满载的船不至翻覆
时，"不屈"号成功驶入瓦库尔湾。随着这艘巨舰将斜系船缆
系在锚索上以使舰炮就位，美军炮火似乎冷却下来。"不屈"
号只射了几发 18 磅的炮弹，就令这场战役实质上陷入了胶着
状态。"不屈"号抵达后带来的冲击还不止于此，它几乎在一
瞬间就成功地击沉了"费城"号炮艇。（150 多年以后，一群
救援人员在湖底发现了这艘船的残骸，她的桅杆仍然竖着，一
发炮弹楔入船艏木板之中。今天，"费城"号已经作为美国史
迹名胜收藏于史密森尼国家博物馆。）

　　"不屈"号的抵达使英国炮艇有机会退回到距离美国人大
约六百码之地——这个距离大于叛军火炮发射的致命霰弹的射
程，但依旧在英国炮艇的射程之内。随着夜幕降临，卡尔顿将
军和普林格上校为消除叛军取回"皇家野人"号的危险，下
令点燃这艘纵帆船。日落时分，这艘船的弹药库爆炸，歪歪斜
斜的船体持续焚烧了一整夜。

　　随着夜晚降临，所有炮火都停止了。普林格上校将他的舰
队安排成一个半圈，以此防止美军向南逃离。阿诺德与沃特伯
里、威格斯沃斯召开了一场紧急军事会议。美军已有 60 名军
官和士兵伤亡。四分之三的弹药已经用完。阿诺德的旗舰
"议会"号已经"在水线以上中弹七处"，水线以下也至少被
击中了十二处。"华盛顿"号的桅杆也已被打成两截，且正在
大量进水，情况危急。"纽约"号炮艇已经失去了船长以外的

51

所有军官。当然了，还有正在燃烧的"皇家野人"号残骸，以及沉入湖底的"费城"号。早晨来临时，他们将毫无疑问地处于英军整支舰队的射程之内。考虑到美舰已经承受的损失，再打一场硬仗并不符合美军的最佳利益。将军们同意，必须找到一条路沿湖南撤。

　　问题在于如何撤离。凛冽的北风已减弱为和缓的微风，空气中温度开始下降，湖面上形成了一层浓稠的大雾。阿诺德的一名军官——很有可能就是沃特伯里将军——建议说，既然英军已经封锁了瓦库尔湾的南侧入口，他们就应当走另外一条路，"改变航向，航经窄口，绕过瓦库尔岛"，穿越北面的石滩。阿诺德再一次拒绝了副司令的建言。拜大雾所赐，这个夜晚变得格外黑暗。还有一个事实对美军有利：卡尔顿已经下令烧毁"皇家野人"号，瓦库尔岛南端的这艘船依旧熊熊燃烧，发出亮光。就像任何从一间采光良好的房子里向窗外瞭望的人都能体会到的那样，英国哨兵肯定看不到任何在火光冲天的船体背后发生的事情。另一个对美军的有利因素是，历经八个小时的炮火之后，两军士兵的听力都已大为衰减。如果美军桨手悄无声息，英国人不大可能听到他们划船经过。他们也将做出英国人最想象不到的事情：张开风帆，划动船桨，穿过敌军封锁线，撤退到南方。

　　对于力避风险的沃特伯里而言，得知他们的命运要与一名似乎常常追求惊险至极之举的领袖息息相关一定让他感到颇为沮丧恐怖。而阿诺德的身上还有一种冷酷气质，那就是在要求其他人付出牺牲时冷漠无情。6月份从加拿大撤退期间，正当英军从北面压过来时，阿诺德坚持让副官在他们登上最后一艘

52

船逃离圣琼斯之前击毙自己的马匹。这位副官认为这是不必要的残忍行为，但对阿诺德而言，牺牲自己和副官的马匹是自由事业所必需的，特别是假如这么做能为他撤离加拿大的传奇故事增光添彩的话。

在阿诺德眼里，"可接受的风险"与"自私自利的大胆莽撞"之间从来只有模糊的界限，这次撤离瓦库尔湾也不例外。他们已经在过去八小时里浴血奋战。他们已经清楚地向英国人展现了反抗的意志，但是他们付出了怎样的代价？他们的舰队已举步维艰；大批士兵阵亡。这难道就是阿诺德对"防御战争"的概念？然而此时，阿诺德没有选择绕过瓦库尔岛的那条安全、确定的路线，而是坚持要从敌军阵中穿行而过。

"特朗布尔"号上的威格斯沃斯上校是第一个出动的。所剩无几的风帆勉强推动着这艘桨帆船行进，只有紧随其后才能看到她船尾下悬挂的灯罩。"特朗布尔"号趁夜启航，紧挨着湖西岸航行，英国舰队似乎在那里有一个漏洞。"剩余的舰船鱼贯而行，相互间隔约有两百到三百码，"阿诺德所在的桨帆船"议会"号上的水兵中士詹姆斯·库辛（James Cushing）回忆道。负责殿后的是阿诺德本人。"他严令全员保持绝对的沉默与冷静，"库辛回忆道，"我们穿过敌军的封锁线，他们没有一艘船、一个人觉察到我们的行进。"又一次，阿诺德胜利了。

清晨，美军船只陆续抵达 7.5 英里以南的舒伊勒岛。他们在那里"重整旗鼓"，并力所能及地修补了船只。当天早上，阿诺德给盖茨写了一份报告，详述了这场后来被称为"瓦库尔岛战役"的战斗。阿诺德对他士兵在这场战斗中的表现表示了明确的自豪，他也热盼他的舰队将能"以最快航速"前往泰孔德罗加。"我认为我们完成了一次非常幸运的撤退，"他写道，"我们有一万个理由向全能的上帝致以谦卑和诚挚的感谢。上帝保佑，我们从野蛮无比的敌人眼前撤走了许多船只，保留了有生力量。"但阿诺德也在信中提到，风向已经有了不祥的转变。

10月12日早晨天刚破晓，湖上依旧笼罩着一层浓雾。过了好一会，英国人才意识到美国舰队已经消失了。"这令我们大失颜面，"卡尔顿记述道，"我们得知……他们已经设法逃跑了。"普林格将美国人奇迹般的撤退归结于"夜间的极低能见度"，但卡尔顿承认"敌人以超人的勤勉甩掉了我们"。

根据另一份史料，得知敌人已经逃脱他的控制后，卡尔顿陷入了一场"暴怒"之中。他单独下令追击，但并没有向其余英舰下达命令。直到一场迅猛的南风阻止了英军继续进行有效追击，卡尔顿才意识到错误，怯懦地返回瓦库尔岛。

10月12日一整天，受阻于逆转的风向，双方舰队都未能南向快速推进。然而，10月13日早间时分，风力开始减弱并转向。湖面逐渐刮起了一阵北风，以"玛利亚"号、"卡尔顿"号和"不屈"号为先导，英军开始追击。对于南面的美军而言，战事正朝着最坏的可能性发展。正当他们的敌人顺着西北风沿湖南下时，美军却困在一片无风水面之中，动弹不得。英舰在身后以恐怖的速度紧紧追赶，美军则只能尽力划桨逃避英军。当新一轮北风终于吹到美军身上时，英国人已经赶到5英里之外了。

阿诺德别无选择，只能准备应对他过去两个半月里试图避免的场景——在开阔湖面与代表了世上最强大海军的舰队交战。阿诺德的舰队呈危险的散开状,威格斯沃斯所在的"特朗布尔"号遥遥在前,沃特伯里的"华盛顿"号落在后面。美军舰队前面就是斯普利特岩,尚普兰湖最窄的地点之一,这里历来是区分两大敌对原住民武装——北面的阿伯那基斯人和南面的莫霍克人——的分界线。就在这条古老的战线上,阿诺德未尝不能重演一遍瓦库尔岛战役的良好形势。

阿诺德使用快艇向他指挥的各艘舰船传达信息。他尝试着将舰队聚集在斯普利特岩。然而,沃特伯里要求阿诺德允许他将自己漏水的桨帆船靠岸——两艘损毁严重的炮艇在前一天已经被迫这么做了——这样沃特伯里和他的船员就可以接着步行到达泰孔德罗加。阿诺德却一概不准。"我得到了一个答案,"沃特伯里后来写道,"(阿诺德)无论如何都不许("华盛顿"号)靠岸,我们必须前往斯普利特岩,在那里,阿诺德将把舰队编成一队,再次迎击英军。"

但救援船"进取"号是一个例外。这艘船必须尽快赶回泰孔德罗加堡。亚希尔·斯特瓦特记载:"将军的小艇过来命令我们全速前进,撤回泰孔德罗加堡,其余所有船只停止行进。"但是,正当英国人从北面压过来时,"特朗布尔"号上的威格斯沃斯和其他一些航行在南端的美国军舰却对掉头迎击敌军的决定有所抵触,这使阿诺德放弃了所有在斯普利特岩抵抗敌军的念想。"我回到斯普利特岩时,"沃特伯里后来辩解说,"整支舰队都全速南逃,把我的船落在后面,并落入了敌军手中。"

就在英国舰队前锋于斯普利特南侧数英里处追上"华盛顿"号时,沃特伯里不发一枪就撤掉(或是降下)了他的旗帜。阿诺德从未公开批评沃特伯里，但是"议会"号甲板上的詹姆斯·库辛中士清楚感觉到，沃特伯里已经放弃了他们，转投英国人。库辛将"华盛顿"号的投降贴上了"卑劣行径"的标签。令阿诺德沮丧的还有"特朗布尔"号对"华盛顿"号被俘的反应。威格斯沃斯坚称，他在看到"华盛顿"号被俘后"认为尽一切可能升起风帆、拯救'特朗布尔'号桨帆船就是我的职责"。威格斯沃斯动用双桨，并将压舱石扔掉，很快便和"特朗布尔"号一起消失在湖面以南。

阿诺德坐镇的"议会"号和周围护卫的四艘惊弓之鸟一样的炮艇，必须独自面对英军了。

"玛利亚"号或许并不是英国舰队里最大的一艘船，但她是最快的一艘。结果，这令普林格上校陷入了窘境：他对独力追击阿诺德兴趣不大，于是，他降低上桅帆，让"卡尔顿"号和"不屈"号在他之前追击敌人。随后战斗全程中，一些英国军官抱怨："玛利亚"号"距离（敌舰）太远……比任何真正有勇气的军官应当做到的……都更远。"这显然并不适用于其他两艘英国船的表现。这两艘船很快就以"滑膛枪齐射" 55 发动了对"议会"号的攻击。

随后两个小时，而阿诺德竭力对战敌舰，"两艘在我们的船尾，一艘在我们侧旁。"而周遭的炮艇船员们在这场水战中除了给予精神激励外没有起到任何作用。阿诺德后来记述，英国战舰是如何"一刻也不停地开火……'议会'号的船体被打出了一块块碎片。一名海军中尉和三名士兵阵亡。""议会"号现在面临沉没的危险。阿诺德决定是时候将他的船只靠岸，并在英国人俘获它们之前将其摧毁。

就在前方，阿诺德看到了一处熟悉的地点：皮特·菲利斯家附近、位于湖东岸的小湖湾。8月他和军官们返航时曾在这里放松娱乐。此时此刻，风向已经转为更偏东方向，意味着这座湖湾现在几乎已在他们当下方位的逆风向位置。阿诺德命令桨手们划向菲利斯湾。

对英国人而言，这是一个令人沮丧而熟悉的场景。就在"议会"号和四艘美军炮艇使用单桨划艇（Sweeping）的方式推进到东风地带时，他们的大船和纵帆船却受到逆风和岸风的阻滞。普林格后来埋怨，美国人"大大得益于岸上刮来的风"，但是又一次，阿诺德同时利用了风向和他的尚普兰湖地形知识，并从中大大受益。

美军将全部五艘船靠岸后，阿诺德坚持将他们由十三横条和左上角联合王国旗（Union Jack）组成的旗帜升在桅杆顶端。与沃特伯里不同，他并不准备向英国人投降。他随即指挥船上的水手们带上行囊和火枪跳上甲板，攀上25英尺高的湖岸，从那里可以俯瞰湖边的沙滩。库辛中士记述说，他们要"布置一条防线，抗击敌人，保卫他们的舰船和旗帜"。

14岁的斯奎尔·菲利斯（Squire Ferris）在他家的房子里以既恐惧又着迷的心情目睹了这一情景。斯奎尔后来记述了他当天所目睹尚普兰湖东岸发生的一切。就在英国人向美国舰队开火时，阿诺德命令他的炮手们炸毁桨帆船的弹药舱——但要求在此之前必须确认所有的伤兵都已经转移到了岸上。阿诺德假定他的命令已经执行，然而就在引线点燃之后，他发现仍有一人留在"议会"号的甲板上。海军上尉以法连·戈德史密斯（Ephraim Goldsmith）在瓦库尔岛战役中遭霰弹击中，大腿受了重伤，此时他正无助地躺在甲板上。当戈德史密斯意识到将要发生什么时，用斯奎尔·菲利斯的话说，他"乞求被扔下水"。阿诺德别无选择，只能惊恐地看着"议会"号起火爆炸，戈德斯密斯的尸体"被炸到了空中"。

此时此刻，阿诺德已经近三天没有睡觉了。他吃得也很少。用他自己的话说，此时他"精疲力竭，深感不适"。他已目睹了议会号上73名船员中23人的阵亡或受伤——他似乎已接受了这个伤亡数字，并将其作为战争的丑陋现实，就像他曾在圣琼斯下令枪杀的那两匹马一样。但是，戈德史密斯上尉的死亡不一样。直到69年后，彼时阿诺德早已作古，并被所有良善美国公民视为邪恶的化身，斯奎尔·菲利斯才回忆起1776年10月那个下午发生了什么：将军"（对戈德史密斯的死）流露了最深切的感情……并威胁要立即体罚这位炮手"。菲利斯回忆说，直到戈德史密斯的尸体"打捞起来，并在岸上安葬"后，阿诺德才允许他们踏上归途，穿过树林，退往泰孔德罗加堡。

10月14日凌晨4点，阿诺德所部才抵达这座美方堡垒。第二天，盖茨写信给奥尔巴尼的菲利普·舒伊勒说："很少有人曾在这么短时间内遭遇过如此之多千钧一发的撤退。"有人责怪阿诺德的"火爆、激越和冲动……还有考虑不周"，以及不必要地炸毁超过三分之二的美方舰船。但在两周之后，当卡尔顿命令他的军队沿尚普兰湖撤回到圣琼斯越冬时，阿诺德可以大感慰藉。他知道，不管他付出了多少代价，他完成了任务——他已经成功阻止了英国人攻占泰孔德罗加、进犯奥尔巴尼并最终抵达纽约的计划。或许同等重要的是，当华盛顿的军队仍在南面继续遭遇一场又一场挫败的时候，阿诺德已经向世人展示了美军是有可能与敌人正面战斗的。

57　如果说阿诺德在军中仍然是一位备受争议、因而未受充分赏识的人物，他的那些不必同他那时常冲动鲁莽、自吹自擂的性情打交道的英国对手反而对阿诺德更不吝赞美。海军上尉迪格比记载了阿诺德"出类拔萃的冷静和勇敢"，而国务大臣杰曼称颂阿诺德为"叛军之中最有魄力的人"。

确实，从卡尔顿将军的视角来看，从叛乱一开始他拿下泰孔德罗加堡，到袭击魁北克，再到率领美军从加拿大撤退，直至现在这场极为艰难的血腥海战，阿诺德似乎神出鬼没。下令英国舰队沿湖北撤之前，卡尔顿向泰孔德罗加堡派出了一支小侦察队。在那里，又一次，又是阿诺德。这一次，阿诺德坐在一艘小划艇里，大胆地检视他们（英国侦察队）。

英国人立即尝试包围阿诺德。阿诺德当场意识到，敌船正在准备将自己切割包围。他向船员们宣布，他们必须划回堡垒，越快越好。突然出现的英国人使阿诺德的船员们顿感恐慌，因自己面临被俘虏的危险而手足无措。阿诺德用他那在战场上常见奇效、却在战场外难有裨益的人格魅力向船员们保证，这些并非是追击他们的英国船，而是美国同胞的船。得到保证的船员们开始安定下来，阿诺德还特别许诺"如果我们先靠岸的话，奖励所有人一瓶朗姆酒"。他甚至解开了脖子上天鹅绒饰品（称为"硬领圈"）的搭扣，亲自划动船桨。直到他们靠岸，阿诺德才透露实情：其实那些船的确是追击他们的英国船，大家最好赶快逃命。

军校生爱德华·珀柳当时就在阿诺德右侧的一艘英国船上。阿诺德将军逃脱了，但他在匆忙中丢下了硬领圈和搭扣。

珀柳将这两件物什留作纪念品。许多年以后，当珀柳已经成为
满身勋章的海军上将埃克斯茅斯子爵（Viscount Exmouth）的时
候，他仍止不住猜想，如果在那个寒冷的秋日里，在尚普兰湖
南端附近，他能够俘虏本尼迪克特·阿诺德的话，独立战争的
进程将会有多么不同。

第三章　坚毅之心

　　卡尔顿将军率领英军北撤加拿大后不久，本尼迪克特·阿诺德也与霍雷肖·盖茨率领几个新英格兰营南撤。现在，阿诺德的尚普兰湖任务已经完成，他需要新的任命。他也热切期盼能被擢升为少将。

　　阿诺德在奥尔巴尼遇到了他的前任副官，马里兰陆军少校詹姆斯·威尔金森（威尔金森就是那位在登船撤离圣琼斯之前在阿诺德催促之下百般犹豫才射杀自己坐骑的人）。两名军官之间那种标志性的轻松而亲切的氛围已不复存在。年仅 19 岁的威尔金森有着圆滚的下嘴唇和炯炯有神的双眼。他有一种赢得上级信任、并以此为跳板攀附更有权势的导师的卓越天分。1775 年夏天第一次抵达波士顿时，威尔金森就主动依附于纳撒尼尔·格林将军。第二年夏天，当他率领新罕什布尔的一连队士兵远征加拿大时，他又将视线转向"一名在那一时期荣膺巨大殊荣的军官"，那人正是本尼迪克特·阿诺德。到了 1776 年夏天，就在阿诺德准备沿尚普兰湖北航、与英国人作战时，威尔金森又将注意力转向了阿诺德的上司霍雷肖·盖茨少将。

　　到那时为止，尽管性情迥异，盖茨和阿诺德之间形成了绝
佳的事业和私人关系。阿诺德热爱战斗，是一名狂热的冒险家。盖茨则比阿诺德老 10 岁，高度近视令他的眼镜看起来就

像是夹在他那又长又窄的鼻子上的固定装置。如果不戴眼镜，他便几乎等于失明。阿诺德对自己的外表得意扬扬；盖茨则不然，他的着装不修边幅，就像是最为邋遢的新英格兰民兵。一名英国军官宣称，盖茨又长又细的头发让他看起来就像一位戴着眼镜的接生婆。阅读广泛的盖茨以其讲故事的能力著称，他有着让满屋子军官和政治家们开怀数小时的本事。相比之下，阿诺德尽管是一名颇为可靠的写作者，却是出了名的不善言辞。费城医生本杰明·拉什（Benjamin Rush）形容这位美国的汉尼拔将军说："（他）脸庞英俊，长得浑然天成。然而他的谈话却意趣索然，有时不甚文雅。他的语言不符语法，他的发音粗俗下流。"一名大陆军军官宣称："这名战士并不具备……任何能与他的体魄相匹配的智识素养。他无法参与一场有趣的争论，只知道吼叫和拍桌子。"

阿诺德也许并不具备一名健谈者的素养，但这显然并不能阻止他谈论自己成为鳏夫以来的许多风流韵事——他在给另一名军官的信中将其描述为"为一个神经质男人带来性满足的种种场景"。在尚普兰湖畔的王冠岬（Crown Point）驻扎时，阿诺德曾与一名女子厮混。一位同僚军官报告说，这个女人"想要把她的儿子命名为阿诺德"。围攻魁北克期间，据一名哨兵回忆，阿诺德曾经涉险深入敌后，"寻花问柳"。阿诺德精力旺盛、性欲强烈，对任何不限于一朝一夕的事情都少有耐心。当他送长子和次子去学校时，阿诺德写信给老师说，他想要让他们的教育变得"更有用，而非更博学。人生苦短，将时间浪费在那些一万个人之中只有一个人才有天赋成才的学科里并不妥当"。

有人猜测，阿诺德在未被那些过于旺盛的情绪所刺激时，他就会变得极为枯燥乏味。这种枯燥乏味并不是脑筋灵活的詹姆斯·威尔金森所能长期忍受的，因此从 1776 年 12 月起，威尔金森就将自己大部分精力转移到了盖茨将军身上。

60　　　盖茨或许其貌不扬、也并非战场上的猛将，但颇有些雄心壮志。他想要行使独立指挥权，这最好通过大陆会议获得。他率领五百名新英格兰士兵南征，表面上是为了支援刚刚穿过新泽西、撤往特拉华河的华盛顿部，但对于盖茨自己的小算盘，年轻的威尔金森已越发有所察觉。

　　从 1775 年 4 月莱克星顿和康科德事件后一群组织松散的民兵连起步，如今的大陆军已经逐渐发展成三支区域性的军队：首先是位于佐治亚、南卡罗来纳和北卡罗来纳的南方军，这支军队于 1776 年 6 月成功击退了克林顿将军对查尔斯顿的攻击；另外还有菲利普·舒伊勒统率的北方军，拜阿诺德近来的英勇战斗所赐，击退了英军对泰孔德罗加的进攻；最后，华盛顿统率之下的军队则以"大军团"（Grand Army）之名为人所知。这支军队的士兵来自北至新罕布什尔、南至弗吉尼亚的广阔地域。1776 年 11 月，"大军团"穿过新泽西，向宾夕法尼亚撤退。

　　这三支美国军队之中的绝大多数士兵服役都不超过一年。在 1775 年 12 月的波士顿，便有许多正在华盛顿麾下的士兵快要服役期满。华盛顿已经说服大陆会议，有必要征募一批能够服役至战争结束的士兵，这样华盛顿就能在来年着手打造一支由久经战阵的老兵为核心的军队。但这仍然有待未来实现。

　　1776 年晚秋，华盛顿仍是名义上的美军总司令，但他的实际权力小得惊人。南北两线美军的领导权和兵力部署都由大陆会议决定，就连华盛顿自己军队里的士兵也在相当程度上脱离了他的控制。那些在纽约和新泽西的挫败后还没有逃亡的士兵人心思归，他们大多在服役期满前的几个星期里就开始计划回家。此外，正如将在一系列事件很快得到证明的那样，就在华盛顿最需要帮助的时候，像霍雷肖·盖茨这样的军官却对个人军旅生涯的发展更感兴趣。

12月中旬，华盛顿已经在特拉华河西岸附近、宾夕法尼亚的纽敦建立了他的指挥部。横穿新泽西的撤退漫长而屈辱，豪将军明显在捉弄不断减少的大陆军残部，这个事实使一切变得更加令人懊恼。一开始，黑森军官约翰·埃瓦尔德曾对豪将军缓慢的追击步伐大感困惑。"显然，"他写道，"这次行军步伐是如此之慢，只能用一个理由解释，那就是让华盛顿安全、平静地渡过特拉华河。"

从豪将军的观点来看，英军已经没有必要再同美国人作战了。这场战争已经达成了一切实质目的，因而胜券在握了。短短三个月内，英军已经俘虏了4500名美军士兵，收缴了近3000枝火枪、近250门大炮，以及17000发炮弹。12月，华盛顿统率下的主力大陆军已经有四分之三士兵阵亡、受伤或逃跑。11月末英国人向新泽西公民发布的赦免令已经使得数千名前爱国者公开向英王效忠。"我们的事业正处在非常糟糕的境地，"华盛顿承认，"游戏快要结束了——这很大程度上要归结于敌人的狡诈手段。"

还有一件事加重了华盛顿的痛苦：他一度信任的副官约瑟夫·里德失去了对他的信心。当由大陆军副总司令查尔斯·李写给里德的信件寄到时他本人不在司令部，华盛顿以为这封信与公务有关，就立即拆开了信封。他很快发现里德与李之间已经建立起了一条通信渠道，总司令的失败是他们之间通信的主要话题。"我收到了您最为彬彬有礼、溢美非凡的信件，"李写道，"并为您感到悲哀。在战争中，致命的优柔寡断远远比愚蠢更不合格，甚至连匹夫之勇也不如……如果这个人被优柔寡断诅咒了，那么永久的失败和挫折就会变本加厉地降临在他身上。"对于这场他自称为"发生在我意识里的战争"，华盛顿自己的认识不输任何人。夹在大陆会议和参谋们相反的意见之间，华盛顿没能驳回纳撒尼尔·格林防守华盛顿堡的决定，

62 哪怕自己的直觉也在告诉他必须放弃这座要塞。诚然，他当时的优柔寡断是致命的。但这就足以让里德心安理得地向他背后放冷箭？里德并没有正大光明地坦承他的疑虑，反倒是像那位投机取巧的詹姆斯·威尔金森一样，选择向另一位上级献媚邀宠。里德甚至还建议李"去大陆会议提出一个组建新军的计划"。

华盛顿本可以直接怒斥他的副官，但他并没有这么做。他将李的信件转给了里德，并附上了一张道歉便条。"我对这封信件的私人性质一无所知，"华盛顿解释道，"更对这次通信的动机毫无怀疑。我像拆开所有其他因公寄给您办公室的信件一样拆开了这封信，而不是因为这封信的倾向或意图……这是事实，也是我看到您信件内容的事由。"华盛顿甚至没有提及李在信中所写的内容，而是克制住怒火，任里德在冰冷无言的窘况中无地自容。里德反复尝试为自己开脱，直到六个多月后华盛顿才最终回复了里德。"我很伤心，"华盛顿承认，"不是因为我的决策被信中的言语所委屈，而是因为信中的情绪并没有直接向我本人表达。"战事仍在持续，里德仍继续担任他的

副官，但华盛顿巧妙的低调回击也已挑明，他们此前的密切关系就此终结。

华盛顿在得知自己的副官和大陆军的二号人物曾私下谈论他的缺点后，亲自监督军队跨越新泽西，进行漫长而凄凉的撤退。后来成为美国总统的陆军中尉詹姆斯·门罗（James Monroe）从未忘记大陆军总司令在这场长征之中树立的榜样。"他的仪态如此坚定、如此尊贵，"他写道，"但也是如此谦卑，如此沉着。我从未在别人身上看到过。"

大约一年以前，托马斯·潘恩写下了《常识》（*Common Sense*）。这本小册子大胆说出了曾经植根于北美人心中却难以启齿的真理，那就是与母国一刀两断正当其时。现在，潘恩是华盛顿军中的一名志愿兵。在穿越新泽西的这次远征中，只要潘恩稍有闲暇，他就潦草地写下笔记（据说他用鼓面作为书桌），最终成书为《美国危机》（*The Crisis*）。"这是考验人们灵魂的时刻，"他写道，"夏季的士兵和晴天的爱国者会在这种危难时刻退缩，不再报效国家；**此时此刻**依旧巍然挺立的人（指华盛顿）理当得到人们的爱戴和感谢。"似乎是在点评华盛顿那表里不一的副官，潘恩强调这种艰难时刻正是"区分真诚和伪善的试金石，并将那些有可能永远默默无闻的人和事展露出来……筛出人们隐匿的想法，并公之于世"。潘恩接着说，只有相对少数的人拥有一种"天生的坚定……它们不见于细碎小事，可一旦得以展露，人们将发现一颗坚毅之心"。这个人就是华盛顿。"上帝已经赐予了他连绵的健康，"潘恩写道，"甚至还给予了他无惧忧虑的蓬勃心智。"

华盛顿本人已是一个绝好的典范，而纳撒尼尔·格林少将也是如此。照理说，他本应在华盛顿堡的灾难之后被解职，但

63

也许是考虑到原谅他可以为自己增加一条忠诚的人脉并在未来大有裨益，华盛顿选择放过了这位走路一瘸一拐的前贵格派教徒。接下来的日子里，格林给大陆会议写了一封封入情入理的信件，帮助说服代表们授予华盛顿重整军队所需的广泛权力。来自纽约州的 21 岁炮兵上尉亚历山大·汉密尔顿（Alexander Hamilton）也是同样的例证。"行军的时候，"一名战友后来回忆他说，"（他）戴着一顶三角帽，下檐遮住了耽于沉思的眼睛，一只手放在大炮上，时而拍拍打打……仿佛大炮是他最钟爱的一匹马或是宠物一般。"汉密尔顿当时是一名大学生，就读于今天哥伦比亚大学的前身，他将成为华盛顿最为信任的下属之一。

这些人并没有恐慌；他们都在冷静地为未来将发生的一切做准备。正如华盛顿于数周后写给费城金融家罗伯特·莫里斯的信中所说，"为当下厄运的原因和责任人而纠结是徒劳无益的。我们更应该竭尽全力，展望未来，对时来运转保持希望。"和数月前那个因自己军队的不足而勃然大怒、甚至想在战斗中自杀的人相比，华盛顿简直换了一个人。他已成为一名决心从超出自己控制的事态中争取获得最好结果的领导者。

12 月 8 日，美军已经成功抵达特拉华河在宾夕法尼亚一侧的河岸。华盛顿英明地决定将河东岸的船只清理一空，使特拉华河实际上变得无法渡过，成为美军和英军之间急需的一道障碍。当天下午约 2 时，身着镶金边的华丽军服的威廉·豪、查尔斯·康沃利斯将军和其他三名军官一起抵达了河畔的特伦顿镇，检视敌军战线。

随着冬季的到来，豪将军已经决定将他的司令部留在纽约，放手让黑森人占领新泽西西部一系列有战略价值的城镇。一旦特拉华河于1月封冻，豪将军的军队就能踏冰过河。如果英军统帅愿意的话，还可以接着拿下费城。考虑到费城的危险处境，大陆会议的代表们已经转移到了西南100英里处马里兰州境内的巴尔的摩。在特拉华河由一条壕沟变成一道桥梁之前，豪将军都没有太多事情可做，他只需待在纽约舒适的司令部里，来自波士顿的情妇，金发碧眼的伊丽莎白·劳埃德·洛林正在那里恭候他。天时站在他的一边。

　　几乎在豪将军和随行人员抵达特拉华河岸视察的同时，河对岸一处装备有37门火炮的美军炮台立即向这些英国军官开火。豪将军展现了与邦克山战役时相同的冷静沉着，拒绝寻找掩护。"无论我们走到哪里，"一名德籍军官惶恐地写道，"炮弹都打到了地上，甚至到今天我都很难理解为什么我们五个人都没被杀死。"尽管豪将军已经尽他所能忽视了这一点，但他显然并没有预料到叛军的炮火。事实证明，对于这位英军司令而言，这只是今后一系列令他不愉快的意外之一。

　　豪将军即将满怀悔恨地发现，他已经浪费了唯一一次消灭华盛顿军的机会。他将再也不会像在纽约的这几个月那样享有歼灭美军的一系列有利条件，在夏天赫然出现的英国大军已经快速分散在北美乡间的广袤土地之上。现在，战斗已经延伸出纽约，进入新泽西和宾夕法尼亚。豪将军根本没有足够的士兵在占领他迄今为止赢得的土地同时支撑一场对美的正规战争。

　　哥哥理查德·豪提出的要求也加剧了豪将军眼下的困难。海军上将理查德·豪认定，对他的舰队而言，纽约港并非一个安全的终年良港。因此，他派出亨利·克林顿率七千名士兵前往罗得岛，为英国海军在纽波特赢得一座安全的越冬港。这使

65

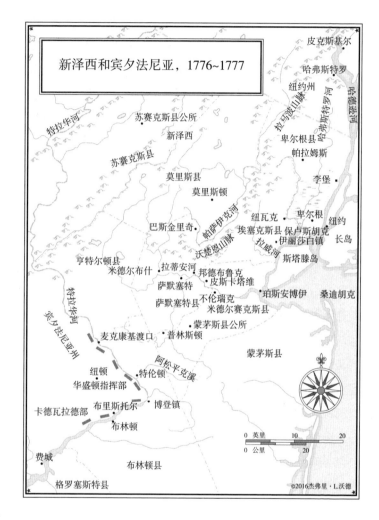

新泽西和宾夕法尼亚，1776~1777

皮克斯基尔

哈弗斯特罗

纽约州

拉马波山脉

卑尔根县

帕拉姆斯

李堡

特拉华河

苏赛克斯县公所

新泽西

苏赛克斯县

莫里斯县

莫里斯顿

巴斯金里奇

帕萨伊克河

纽瓦克

卑尔根 纽约

埃塞克斯县

保卢斯胡克

拉威河

伊丽莎白镇

长岛

沃楚恩山脉

斯塔滕岛

亨特尔顿县

米德尔布什

拉蒂安河

邦德布鲁克

皮斯卡塔维

萨默塞特

不伦瑞克

珀斯安博伊

桑迪胡克

萨默塞特县

米德尔塞克斯县

蒙茅斯县公所

麦克康基渡口

普林斯顿

蒙茅斯县

纽顿

阿松平克溪

华盛顿指挥部

特伦顿

宾夕法尼亚州

卡德瓦拉德部

布里斯托尔

博登镇

布林顿

费城

布林顿县

格罗塞斯特县

0 英里 10 20

0 公里 20

©2016杰弗里·L.沃德

豪将军在新泽西陷入兵力不足的状况，因而无法按他所设想的
那样部署足够多的前哨兵站，令驻守这些兵站的黑森佣兵——
特别是沿特拉华河一线——变得孤立无援，形势险峻。12月
20日，豪将军给国务大臣写信说："我现下的兵力部署实在太
过分散。"他只能企盼新泽西能有足够多的效忠派，保证他那

单薄兵力的"绝对安全"。

　　然而，结果并不如人意。甚至在进入新泽西之前，豪将军的军队就因为在纽约州以北的韦斯特切斯特县奸淫掳掠而声名狼藉。新泽西新不伦瑞克（New Brunswick）土生土长的史蒂芬·肯布尔（Stephen Kemble）是豪将军的副官，他记载到，在 10 月向白原（White Plains）进军的途中，许多士兵事实上已无法管束——"荒淫残忍到了肆无忌惮的地步，他们威胁杀死所有胆敢阻拦他们劫掠行径的当地民众"——肯布尔只能"为新泽西感到恐惧，因为军队马上将开抵那里"。豪将军派往新泽西广阔地域的兵站驻防的黑塞佣兵们发现，他们身边并没有被满怀感激的效忠派所环绕，而是被地方居民所包围，这些居民恨不得尽其所能将他们赶出新泽西。

　　黑森佣兵很快意识到，新泽西州简直和印第安人领地别无二致。"卑鄙粗俗的农夫们碰到我们的单兵或是不带武器的小队时，"一名黑森军官抱怨说，"就把步枪藏在灌木或是沟渠等隐蔽物里。当他们确信自己看到了我们的一名或是数名士兵时，便瞄准头部射击，然后迅速藏起步枪，装作自己一无所知。"当驻扎在特伦顿的黑森佣兵司令约翰·拉尔（Johann Rall）上校尝试向仅仅 12 英里之外的普林斯顿寄出一封信时，两名信使一死一伤。这最终迫使他们派出了一队超过一百人的护卫队，以此保证通信线路的安全。

　　拉尔是一名孔武有力、勇气卓著的职业军人；他一马当先，在拿下华盛顿堡的战斗中厥功至伟。但哪怕勇武如拉尔，也被本方兵站所遭受的近乎连绵不绝的袭扰搞得心烦意乱。这些袭扰不仅来自于当地人，也来自特拉华河对岸差一点杀死豪将军的那一处炮台。拉尔的士兵们很少能够安枕而眠，他们必

67 须时刻身着戎装，枕戈待旦。就在他的一名军官建议修筑一座堡垒以防守一条进入城镇的通道时，拉尔暴跳如雷："'Scheiszer bey Scheisz'（狗屎对狗屎）！就让他们来吧……我们将用刺刀招呼他们。"其实，拉尔深知（华盛顿也开始领会），特伦顿开放式的街道规划事实上不可能防御任何攻击。

早在 12 月 14 日，华盛顿就开始思考如何利用英军在新泽西战线过长的问题。他写信给康涅狄格州长乔纳森·特朗布尔（Jonathan Trumbull）说，他希望"对看似安全、实则极为散乱的敌军发起一次进攻。此时此刻，一次幸运的军事打击对他们而言将是致命的，也将毫无疑问提振我们人民的爱国精神。人民刚刚因我们最近的失利而大受挫折"。

就在华盛顿着手制定可行计划之前，从另一个方向传来了惊人的消息：查尔斯·李将军被英军俘虏了。

12 月的第二周，盖茨和他的士兵们设法向南穿过战事正酣的新泽西。盖茨并不能确定华盛顿部的位置，所以他派出自己有意栽培成下一任副官的詹姆斯·威尔金森少校前去获取下一步行动的指令。

威尔金森并未发现华盛顿。但在为期数天的搜索后，他找到了查尔斯·李——此君刚刚在距离军营数英里外新泽西州巴斯金里奇（Basking Ridge）的一座房子里与妓女厮混了一夜。李尽可能地置华盛顿让他率军全速穿过新泽西、到宾夕法尼亚与华盛顿会合的反复要求于不顾。威尔金森确信，李将军意欲以一己之力对普林斯顿防守薄弱的英军据点发动一次进攻——这次进攻或许将使李将军代替华盛顿，成为美国革命的新英雄。然而这并没有发生。正当李将军身着睡衣、穿着拖鞋写信让威尔金森带给霍雷肖·盖茨（"你知我知，"这封信写道，"伟人总是有着最可恶的缺陷"）时，一阵重击声从前门传来。他们立即意识到这栋房子已被英军龙骑兵包围。短短数分钟内，李将军就以最耻辱的方式被敌军抓走，而威尔金森却奇迹般地夺路而逃，回到了盖茨将军那里。

李将军被俘一事令盖茨大为惊恐，他将军队临时交给本尼迪克特·阿诺德指挥，自己却和威尔金森率领一队"轻装卫兵"全速向西撤退到宾夕法尼亚的安全地带。这固然称不上是对李将军不幸遭遇的勇敢回应，但至少让盖茨跨过了特拉华河。 68

李将军的灾难给华盛顿带来的更多是恼怒而非震惊。除此之外，华盛顿虽没有直说，但这同时一定也让他感到释然。现在，华盛顿终于摆脱了战场外的干扰，可以集中精力思考该怎么利用豪将军给他的大好机会。

不管华盛顿有多么渴望成为一名欧洲式的伟大将军，他在内心深处仍是一位边远逸民（backwoodsman）。在决定了华盛顿人格发展的那些年里，他在大多数时间里要么是一名弗吉尼亚荒野的土地测量员，要么是一名在今天的宾夕法尼亚州西部地带同法国人和印第安人作战的军人。也许，华盛顿正如托马斯·杰弗逊所评论的那样，是"马背上所能见到的最优雅的人物"，但一旦华盛顿下马，他全身上下都体现出一种明显无疑的美洲原住民步态——华盛顿的继孙将祖父的这种"独特步态"归因于他在"边疆地区长期服役的经历"。美洲边疆地区的经历给华盛顿打下了无法磨灭的印记，"打了就跑"的原始战术也将继续成为华盛顿的专长，甚至在此后他不知疲倦地将大陆军重建为一支欧洲式军队的岁月里也是如此。

长岛和纽约两役已经证明，华盛顿并非一名优秀的战术家。豪将军（在亨利·克林顿帮助下）的军事指挥一直胜过他。华盛顿的天赋更多体现在他的体格和临场指挥之上。当严苛的现实迫使他即兴发挥时，当战斗规模足够小、使他得以向周围人施展他那卓越的个人感召力时，华盛顿就是一位无人能敌的领导者。华盛顿并非矮小的拿破仑，需要从神圣的司令部帐篷那里审视他的作战计划，他那与自己的部队浑然一体的指挥艺术里有着印第安酋长般的高贵优雅。华盛顿将在未来的一系列事件中发挥他的这些个人力量。

通过迫使华盛顿放弃沿海地区、驻扎在内陆河岸一线的据点，豪将军已经让华盛顿占了便宜。在那里，华盛顿相对有限的军队几乎可以随心所欲地袭击过度分散的英军兵站。华盛顿已经失去了大部分最初隶属于他的兵力，但他可以寻求新泽西和宾夕法尼亚民兵们的临时支援。豪将军便没有这种主场优势。豪的军队与家乡之间远隔3000英里宽的重洋，这位英军司令折损的每一名将士至少在短时间内都无可替补。

豪将军也失去了他曾在纽约享受过的制海权。与之相对，拜麾下士兵搜罗的内河船队与宾夕法尼亚海军停驻在费城的13艘桨帆船所赐，华盛顿现在控制着超过40英里的特拉华河水道。直到1月河水结冰之前，掌控着特拉华河以及州民兵力量的华盛顿都将确实地把持着战场的先机。

就连豪将军自己麾下的军官也看到了他们军队所处的危险境地。12月下旬的一个晚上，驻扎在普林斯顿的陆军中校查尔斯·毛胡德（Charles Mawhood）告诉一名荷兰医生，"如果他处在华盛顿将军的位置，他就将同时对英军的几个据点发动进攻；这些据点都是如此薄弱，以至于他有把握将它们彼此切断开来，并在数天内就占领泽西"。

　　果不其然，就在圣诞节前的一周，华盛顿开始落实他袭击特伦顿英军据点的计划。早在 12 月 14 日，华盛顿就已开始考虑这个计划，他在给特朗布尔州长的信中初次提及了其可行性。随后在 12 月 22 日，华盛顿那因被疏远而不常出现在纽敦华盛顿司令部的副官约瑟夫·里德莽地从宾夕法尼亚州的布里斯托尔（约 14 英里以南）来信建议，提出了一个据称是原创的想法，"在特伦顿或其周边"发动"一场袭扰或者更大的军事行动"。"我们的事业正在加速走向灭亡，"里德悲观地写道，"如果我们不用一些好消息拯救它们的话。现在继续拖延下去就等同于一场全面失败。"直到此时，里德还在特拉华河上下游之间阴郁满怀地来回游荡，并向本杰明·拉什等大陆会议代表抱怨说他们很明显"已经和大英帝国展开了一场以我们自己的力量无法结束的对抗"。事到如今，里德却还在企图把一项华盛顿至少在一周以前就已付诸行动的军事计划归为己有。背叛了总司令信任的里德装腔作势，只为能在历史上留下一笔记录，用历史学家乔治·班克罗夫特（George Bancroft）的话说，许多里德的同僚军官已经开始将里德视为"一个游移不定的骑墙者"。从华盛顿 12 月 23 日回信里可以感受到他心中的恼怒，他告诫里德："圣诞节夜晚 11 点钟将是我们进攻特伦顿的确切时间。以上帝的名义，请你保守这个秘密。"

　　12 月中旬，霍雷肖·盖茨已经抵达了特拉华河一侧的美

70

军军营。一开始，盖茨对于屈居华盛顿之下显得不甚情愿。尽管华盛顿要求盖茨陪同他参与特伦顿的军事行动，但盖茨却持异议，并坚称因身体不适要去费城接受治疗。华盛顿又要求盖茨至少应留在布里斯托尔解决大陆军士兵和驻扎在那里的地方民兵之间的"指挥不灵"问题，盖茨却再一次态度暧昧。出于对总司令意愿近乎抗命的蔑视，盖茨转而跑去接管了查尔斯·李被俘后留下的阵地。

这样的紧张关系似乎没有在华盛顿和本尼迪克特·阿诺德之间出现过，我们也没有他们之间会面的记录。但鉴于里德、李和盖茨都在从华盛顿不久前的挫败之中为己谋利，如果华盛顿与一名像阿诺德一样更愿意战斗而非玩弄权术的军官会面，他一定会大感快慰。阿诺德在这一时期对革命事业的贡献主要体现在两个方面：他不仅阻滞了英军的进攻、使卡尔顿撤回加拿大，也使华盛顿从北面补充五百名以上的老兵成为可能。在这支队伍里，有两名军官注定会在接下来的日子里发挥重要乃至首要的作用，他们是来自新罕什布尔头发灰白的上校约翰·史塔克（John Stark）和宾夕法尼亚的陆军准将阿瑟·圣克莱尔（Arthur St. Clair）。这是一个极为诱人的猜想：阿诺德如果参与了华盛顿对特伦顿的突袭，将发生什么？但是，当时他刚刚接到命令，要去罗得岛报到。面对进占纽波特的英国人，华盛顿需要一名他所信任的军官增强罗得岛州的防御，很快阿诺德便奉命北上。

12 月 23 日，尽管已经病得不轻，霍雷肖·盖茨依旧认定自己不仅具备骑马前往费城的体力，还能再跑 100 英里，去往大陆会议位于巴尔的摩的新临时会场。此外，他还叫上了自己的新宠詹姆斯·威尔金森少校陪同他。因为当时威尔金森刚刚成为阿瑟·圣克莱尔的幕僚，他需要首先向其请假。圣克莱尔在一阵犹豫之后批准了。

后来威尔金森回忆，盖茨在第二天前往费城的路上"看起来心情极为沮丧，经常表态说自己担心在乔治·华盛顿监测特伦顿以北之敌的同时，英国人将会私下建造小平底船从华盛顿的后方渡过特拉华河，并在华盛顿意识到英军动向之前占领费城"。盖茨并不认为华盛顿应当大胆地袭击某处英军据点，相反，他觉得华盛顿应当退到萨斯奎哈纳河（Susquehanna River）以南，并为他自己组建一支新军。盖茨深信华盛顿在特拉华河上的任何进攻都将失败，他因此有意"向巴尔的摩的大陆会议提出这条建议，并催促我（指威尔金森）和他一道过去"。

他们在费城的客栈度过了一夜。其间，盖茨陷入了与一批效忠派分子之间"不愉快的争吵"之中。之后，威尔金森认为"使命不允许"自己继续向巴尔的摩前进，决定回到圣克莱尔身边。两人分开之前，盖茨急匆匆给华盛顿写了一封信，并要求威尔金森帮他将信件带回纽敦。

12月25日下午2时左右，威尔金森抵达了华盛顿将军的司令部，惊悉华盛顿已经率军前往特拉华河西岸、特伦顿以北10英里左右的麦康基渡口（McKonkey's Ferry）。威尔金森回忆道，华盛顿部的行军路线不难"追踪"："地面积雪不多，伴随着行军途中的'叮叮'声，遍地皆是穿着破鞋的士兵们脚上流出的血。"黄昏时分，威尔金森看到华盛顿"孤身一人，手执皮鞭，准备纵身上马"。华盛顿即将发起一场不仅决定他个人军事生涯成败、也许还将决定美国存亡的军事行动。

然而，现在威尔金森必须向华盛顿转交一则也许是最为不祥的讯息。这是一次令他一如既往极不愉快的送信经历。威尔金森的回忆录提供了一份他向华盛顿转交盖茨的信件后两人之间详细的会谈记录。

华盛顿显然吃了一惊，他看着这位年轻的少校，说了一些威尔金森称之为"庄严"的话："这都什么时候了，居然给我送信！"

72　　威尔金森解释说，他是"受盖茨将军之托送这封信"。

"盖茨将军？他在哪里？"

"今天早晨我在费城刚和他分开。"

"他在那里做什么？"

"据我的了解，他正在赶往大陆会议的路上。"

"正在赶往大陆会议！"

华盛顿现在确信，如果对特伦顿的进攻失利了，盖茨就将安全地与这场失利撇开一切干系，并将自己置于华盛顿继任者的位置上。华盛顿拆开信封，开始阅读。威尔金森向华盛顿鞠躬致意后，离开华盛顿，加入特拉华河岸的圣克莱尔将军军中。

16 岁的约翰·格林伍德与曾在 9 月的纽约目睹了英军在基普湾登陆的康涅狄格少年约瑟夫·普拉姆马丁颇为相像。和马丁一样，格林伍德加入美军更多地是出于一种孩子气的历险欲望，而不是服务于高渺的理想。但在那个寒冷的圣诞夜里，当他和 2000 余名士兵等待被人划船送过漂满浮冰的特拉华河时，他对自己当初参军入伍的决定满心后悔。用于运输铁矿石的高边船只——杜伦船（Durham Boat）搭载着士兵们过河，士兵们全程只能站着，马匹和野战炮则从更宽的渡口运送。一开始，一波冻雨就令他们浑身湿透；紧接着又下起了冰雹。他们抵达新泽西州一侧河岸时，空中刮起了"一阵超强的飓风"，并开始降雪。

更糟糕的是，格林伍德罹患了可怕的"奇痒症"——一种传染性极强的细菌感染。自从他们 11 月离开泰孔德罗加后，这种感染已经折磨了他和许多战友。这种"奇痒"也以"脓疱病"之名著称，它最早出现在士兵们指间，生发出许多水疱，一旦破裂就扩散感染身体其他器官，在士兵们溃疡的皮肤上结成一块发臭的硬外皮。"我的奇痒症当时是如此严重，"格林伍德回忆道，"以至于我的臀部粘到了大腿，所有皮肤都在脱落，身上扒着数百只害虫。"

但是，在那天夜里的特拉华河上，最令这位年轻士兵感到煎熬的还是酷寒。在被当初曾将华盛顿的队伍营救过东河的那批马布尔黑德水手送上岸之后，格林伍德和战友们立马用一些篱笆点着了一大团篝火。格林伍德像烤肉叉上的火鸡一样滚动身子，"借着篝火捡回了一条命"。

73

他们对即将发生什么茫然无知。他们浑身湿透，冻得发抖，格林伍德的身上还爬满了浑身脓水的虱子。然而，他们却能因某些难以解释的原因苦中作乐。"士兵们的声音驱散了河冰，"格林伍德记述道，"大炮轮子在冰面上咔嚓咔嚓的声音，战友们的高昂激越，给我带来的鼓励是无法形容的。自认为一名十足懦夫的我，也感到无比欢欣。"

然而，他们的总司令却并没有染上这些乐观情绪。登上河岸后，华盛顿把自己裹在斗篷里，坐在一只他之前用作蜂箱的箱子上，苦思下一步的行动。他曾希望手下的 2400 名士兵可以在午夜渡过特拉华河，但受恶劣的天气和冰情影响，最后一门大炮、最后一名士兵抵达新泽西一侧河岸应是凌晨3点了，他的部队接下来还要走完12英里冰雪交织的艰难路程。华盛顿本来计划在拂晓前抵达特伦顿以发起一场出其不意的进攻，这一计划现在却已化为泡影。他能否要求这些美军士兵在光天化日之下长驱直入，攻进一座由黑森职业佣兵把守的村庄，而无愧于自己的良心呢？"就在我确定我们不可能在不被发觉的情况下撤退之后……我决定，无论如何，坚决向前。"华盛顿后来写道。

美军士兵迎着大雪在风暴中行进。一开始，他们的步伐慢得令人沮丧——格林伍德回忆，"还不如一名10岁儿童走得快"。在一次特别长的休整中，格林伍德感觉自己"冻僵了，只想睡觉"，于是他坐在附近的树桩上。"如果我不被路过的战友们发现，"格林伍德回忆道，"我就早已冻死途中，且无人知晓；但是好运气始终伴随着我，马登中士来了，并用力把我拉醒，使我继续行进。"

为了帮助行路照明，炮兵部队点燃了硝石包裹的、本来用于引燃大炮的线绳（也被叫作缓燃引信），来自康涅狄格的艾里沙·波茨维克（Elisha Bostwick）后来回忆起了这些临时制作的火炬是如何"整夜间都在暴风雪中发光闪耀"的。就在美军抵达一处小溪渡口时，华盛顿的马后蹄一度滑下了波茨维克所谓"歪斜滑溜的河岸"。借着闪烁于漫天飞雪之中的微光，波茨维克看到华盛顿"紧抓着马的鬃毛，于是马匹便回到了原位了"——华盛顿的臂力与驾驭力令人大开眼界，印证了他作为那一代人中最杰出骑手的声誉。波茨维克还回忆了他的司令是如何慰勉他们的："（华盛顿）用深沉、庄重的口吻说，跟上你们的军官。务必要跟上你们的军官。"

就在他们即将到达特伦顿时，华盛顿将他的军队分为两翼：约翰·沙利文将军率部从特拉华河沿河路挺进，而华盛顿和格林则选取内陆路线行军，意欲同时从两个相反的方向攻击这个村镇。考虑到新泽西州各地的敌军据点无疑会对美军的进攻作出反击，夺取一个刚刚由 1500 名黑森佣兵占领的小镇很可能只具有象征性的意义。这意味着即便华盛顿设法拿下了特伦顿，他也必须在附近其他更强大的黑森佣兵分遣队赶来对疲惫受冻的美军施行残酷的报复之前尽快将自己的军队撤回到特拉华河以西。

日光开始穿破层云笼罩的天空，美军的前列突然看到一个奇怪的场景：临近的地面上，有一群士兵谨慎地看着他们——这不是黑森人，而是美国人。这些人是谁？

弗吉尼亚的亚当·斯蒂芬（Adam Stephen）将军统率着一个旅的兵力，就在加入这次袭击特伦顿黑森佣兵的远征军之前，他们曾经驻扎在华盛顿司令部的下游。数天以前，斯蒂芬的一名士兵刚刚在特拉华河对岸被黑森佣兵射杀。斯蒂芬在未征询他从法印战争以来就怀恨在心的老对手华盛顿的情况下，就派出了一支突袭小分队渡过特拉华河，为被害的美军士兵报仇。那天晚上，他们袭击了特伦顿外的一处岗哨，射伤了几名敌军士兵。

华盛顿立即从纵队后部呼喊斯蒂芬将军，询问他这些人的故事是不是真的。它是真的。"先生，"华盛顿咆哮道，"您像这样打草惊蛇的举动或许已经搞砸了我的所有计划。"一名士兵回忆自己从未见过华盛顿如此大发雷霆。可是事实证明，斯

75

蒂芬的复仇远征实际上对美军有利。

此前一天，拉尔上校刚刚从英军司令部收到一份警告，一名身居有利位置的间谍称美军的袭击迫在眉睫。当那天晚上斯蒂芬的士兵们开枪后，拉尔以为这就是那次意料之中的袭击，因此随着美国人在黑暗中撤退，黑森佣兵们不可避免地放松了警惕——特别是在那糟糕的天气下。结果，尽管美军比原定时间晚到了几个小时，但拜斯蒂芬提前进行的那场没什么用的袭击所赐，黑森人仍被打得大吃一惊。

尽管如此，哪怕绝大部分黑森佣兵当天早晨都是从小睡中被惊醒，他们还是以惊人的速度对美军的攻击作出了回应。随后的战斗并没有持续很久，却打得颇为惨烈。对约翰·格林伍德而言，战事是以一种狂野乃至奇幻般的方式迅速爆发的："我收到的第一个开战信号是一发射向我们的六磅炮弹，这发炮弹击中了前面那匹驮载着我们部队唯一一门大炮（三磅炮）的马匹。我当时正在左翼的第二师军中，这匹马就在我旁边。炮弹击中了它的腹部，并将它掀翻在地。这匹马倒在地上蹬腿，大炮便停止了行进。我们继续开始前进之后，我便再未见过它。"大约200码开外，出现了数百名黑森佣兵"排成两列横队"，身后是骑在马背上的拉尔上校。黑森人向他们开火，但并未造成多少杀伤。不幸的是，美军的武器湿透了，以至于无法开火。一位军官大喊道："装上刺刀冲锋！"格林伍德回忆，他们"每五名士兵只有一把刺刀"，但却还是"按命令发起了冲锋"。黑森人又开了一次火，但就在他们再次装填子弹之前，美国人已经冲到了距离他们3英尺之内的地方。"一瞬间，他们的队形就散乱了，"格林伍德回忆道，"他们四散奔逃，就像胆小鬼一样逃往镇里，……我们在后面紧追不舍。"

对于华盛顿麾下的许多军官和士兵而言，这是他们第一次品尝近距离白刃战的滋味。"紧随其后的是，"炮兵司令亨利·诺克斯给他的妻子露西写信说，"我之前经常设想、但从未见过的一个战争场景。敌人的匆忙、恐惧和混乱有如末日来临。"美军的火枪或许已经失灵，但诺克斯的野战炮却没有哑火。这尊野战炮尽管口径较小，却比黑森人的大炮更灵活机动。诺克斯也向他的一群炮兵军官和士兵们下达了冲锋的命令，以缴获黑森人的野战炮并调转炮口射向敌人，这很快使德国人士气崩溃。几次大胆的反击之后，拉尔上校的下腹受了一记致命的枪伤，半小时内，所有黑森人不是逃跑就是阵亡，或者投降了。

战斗即将结束时，圣克莱尔将军派威尔金森去向华盛顿寻求指示。"我……骑马冲向华盛顿，此时的拉尔上校正在一队中士的搀扶下交出军刀，"他写道，"华盛顿走近我，抓着我的手，观察着战场：'威尔金森少校，这是我们国家的一个荣耀之日。'他的脸上喜气洋洋，显得心满意足；同时……拉尔，一天之前的他或许还不会经历命运的骤变，现在却脸色苍白、浑身是血……多么可怕的对比。"

美军士兵曾被告知，这些黑森人都是令人憎恶的冷血雇佣兵。这些黑森人留着皮鞋油色的胡须、头佩黄铜色军帽、头发编成用动物油脂定型的长辫子，看起来几乎就像千人一面的自动人偶一般。但是现在，格林伍德和他的朋友们了解到，黑森俘虏们其实和他们自己很像，都是会害怕的年轻人。"其中一些可怜鬼，"格林伍德写道，"冻得如此厉害，他们的下颌颤抖得像一片白杨叶一样……看到我们一队战友开心地从死去的黑森佣兵身上取走黄铜军帽时，一旁的俘虏们变得极为恐惧。他们将头上正戴着的军帽取下并扔掉，并戴上他们军用背囊里的便帽。"

后来有人宣称那些黑森人在前一晚的圣诞夜里酩酊大醉，但格林伍德等人证实，这并不是实情。如果有任何一方醉酒的话，那反而是美国人。美军士兵打开了黑森人贮藏的烈酒，成为乱作一团的酒鬼。格林伍德回忆喝醉的美军士兵是如何头顶黑森军帽，"趾高气扬地阔步……他们的胳膊肘裸露在外，一些人的半截衬衫没有领口，也没穿鞋，等等"。

华盛顿和他的军官们曾短暂考虑过继续他们在新泽西的军事行动，在普林斯顿的英军得知美军袭击特伦顿之前袭击那里同样兵力不足的英军据点。然而，陷入泥醉状态的美军士兵们使他们别无选择，只能撤回特拉华河岸以西。

在回航途中，格洛弗上校手下的马布尔黑德水手们要求黑森俘虏们在船上一齐跳动，以帮助他们破开船两侧的冰层。艾里沙·波茨维克很多年后依然记得黑森佣兵头发结成的长辫——他将之比作"铁制长柄锅把手"——随着战俘们"开始蹦跳……很快抖落了船边的冰块"而"上下飞舞"。他们来自于两种迥异的文化，且本应互为死敌，但就在冰封的特拉华河上，有那么一小会时间，美国人和黑森人无论在事实上还是在象征意义上都曾同舟共济。

第二天早晨，华盛顿所部约 2400 人带着 900 名黑森战俘撤回到了特拉华河的宾夕法尼亚一侧。将战俘们移交给驻防费城的民兵们看管之后，华盛顿得到消息称，约翰·卡德瓦拉德（John Cadwalader）将军手下驻防在南面布里斯托尔的宾夕法尼亚民兵已经渡河到了泽西（Jersey）一侧的河岸。他们原来的计划是协助华盛顿前一夜的袭击。但考虑到严重的冰情有可能在特伦顿瀑布（Falls of Trenton）下游酿成难以逾越的冰塞，卡德瓦拉德便率军留在了布里斯托尔。可是，这并没有阻止他们第二天尝试渡河。刚刚率军抵达泽西一侧河岸，卡德瓦拉德就得知沿河一线的英军都已撤回到了纽约。他们接下来应该做什么？撤回河对岸？还是等待华盛顿军前来会师？

华盛顿的成功已经超乎他（以及其他所有人）最不切实际的预想。英国旅行者尼古拉斯·克雷斯维尔（Nicholas Cresswell）在弗吉尼亚听到了特伦顿的新闻后写道："他们最近的成功已经扭转了局面，现在他们都再次陷入了对自由的狂热。"据威尔金森回忆："特伦顿之战鼓舞了怯懦的革命之友们，并使坚定者的信心得以振奋……在行为、心理上，北美社会都开始表现得像一个坚定要求自由的国家。"华盛顿是否可以理所当然地冒着使一切都付诸东流的危险，在新泽西尝试另一场军事冒险？

12月27日的一场军事会议上，华盛顿手下的一些将军主张，应当命令卡德瓦拉德的民兵部队撤回宾夕法尼亚。但这并不是华盛顿想做之事，将军们也逐渐开始接受他的想法。如果他们不能利用在特伦顿已取得的战果，就将面临一大危险：一旦特拉华河于1月封冻，英军就将轻易渡河并占领费城。为了确保此一危险不致发生，他们必须尝试将英军赶出西南新泽西地区。

虽然业已知晓结果的后人往往倾向于将华盛顿再次渡过特拉华河视为一个英明的决断，但只有除去后见之明带来的便利，观者才能开始体认华盛顿重返新泽西所承担的巨大风险。如果豪将军派出相当规模的兵力回应特伦顿袭击的话，那么大陆军就会很快发现他们身处华盛顿麾下某位军官所形容的"死路一条"（cul de sac）的险境——身后是冰封的特拉华河，面前是优势兵力的敌军。届时美军唯一的选项就是战斗，而如果过去的经验教会了他们什么的话，他们所要避免的正是这种状况。

但华盛顿却不这么想。华盛顿受到卡德瓦拉德部民兵的激励、也为其最近的胜利所鼓舞，遂使自己的好战天性压过了判断力。华盛顿深知，一场失利将使他的国家陷入甚至比一周以前更危险的境地。然而，他却选择承受失去迄今为止一切进展的风险，以求能将英国人赶回到纽约。

华盛顿的另一动机在于，大陆军即将在本年年末服役期满。如果华盛顿将他们集结在河对岸、与英国人背水一战的话，这些大陆军士兵或许会更愿意重新入伍——尤其是如果能得到一笔奖金的话。结果证明，这在一定程度上是真的。美军刚回到新泽西，华盛顿就成功使至少一部分美军士兵继续为他服役了六个星期（这其中不包括约翰·格林伍德，他被告知将获擢升为海军少尉时回答说，他"不想继续做陆军上校"）。随即在一天之后，华盛顿在他位于特伦顿市中心的新司令部接到消息，康沃利斯将军率领着约 8000 名英军士兵，正在准备给他迎面一击。

1 月 1 日，华盛顿召开了一次军事会议。与会的有新近擢升为旅长的亨利·诺克斯将军、格林、沙利文和圣克莱尔将军，以及他的副官约瑟夫·里德。里德在 12 月的绝大多数时间里都与他的总司令保持距离，但现在他正能派上用场。里德刚刚从普林斯顿回来，他和来自费城的一个曾看管英国战俘的龙骑兵连刚刚在那里完成了一次侦察任务，提供了英军即将进攻的情报。这并不是（里德和华盛顿之间）严格意义上的和解，但是里德归来了，并成为华盛顿幕僚团队的一名得力成员。

人们相信，他们"正处于危险境地"。考虑到冰情，他们无法在英国人到来之前撤退到特拉华河另一侧。此外，威尔金森（他从圣克莱尔那里得到信息）写道："只要（撤退）付诸实施，就将使之前的成功效应大打折扣，并中止北美社会斗志上升的势头。"另一方面，"在如此形势下作战……将使'大军团'面临覆灭的危险。"

一种选择是退却到东南 7 英里处特拉华河的一条支流处，这便是卡德瓦拉德的民兵部队正在驻扎的新泽西克罗斯威克斯（Crosswicks）。另一种可能，则是命令卡德瓦拉德前来会师，并在特伦顿迎击英军。问题在于，正如黑森佣兵已有切身体会的那样，特伦顿的开放式街道使其成为易攻难守之地。就在此时，里德做出了他在这场战争之中最重要的贡献。在这一带土生土长的里德知道，就在流经城市南端、最终汇入特拉华河的阿松平克溪（Assunpink Creek）另一侧有一块高地。这块高地一边是特拉华河，另一边则是沼泽地。如果华盛顿将军队部署在阿松平克溪南岸，他们便将处于一个更有利于防守的位置。如果康沃利斯率军沿着自普林斯顿延伸而出的主路行军，进入特伦顿后他们将不得不通过仅有的一座窄石桥向美军发起攻击。策略问题就此一锤定音，华盛顿部最终没有撤往克罗斯威克斯，而是立即命令卡德瓦拉德前来特伦顿增援。

＊

80　　黑森上尉约翰·埃瓦尔德对华盛顿袭击特伦顿的后续效应大感惊诧。"从此，情势为之一变！"他写道，"美国人总是跑在我们前面。四周前我们本来预期结束这场战争……可是现在我们必须要在华盛顿面前陷入守势……由于我们之前过度低估了敌人，从那不快的一天开始，我们对所有事情都感到杯弓蛇影。"

没有人比威廉·豪更感震惊了。他立即将康沃利斯从回英格兰的船上召了回来，尽管康沃利斯生病的妻子正焦虑地等着他回去。豪氏兄弟的所有前提——以镇压和谈判的双管齐下赢回北美——都要靠英军彻底控制战争的走向才能办到。如果英军不能采取措施扭转特伦顿的败局，他们迄今为止取得的胜利都将化为乌有。

直到此时为止，威廉·豪的和解愿望使他没能把握时机一举歼灭华盛顿的军队。但在和康沃利斯的会谈中，威廉·豪直言形势已经改变。为了让美国人为自己冒险渡回特拉华河东岸而后悔，他必须带给他们一场之前英国人一直拒绝赐予他们的毁灭性失败。

康沃利斯于1月1日抵达普林斯顿。在军事会议上，康沃利斯向军官们宣布了"他有意在早晨向特伦顿进发"。卡尔·埃米利乌斯·冯·多诺普上校手下的黑森佣兵们曾受命驻防新泽西据点，因此对地形颇为熟悉，他建议康沃利斯预先将他的军队分为两支纵队，一支纵队直取特伦顿，另一支则像赢得长岛战役时那样进行迂回包抄，但康沃利斯并没有采纳这一建议。就像之前豪将军在邦克山战役的决定一样，他准备从正面攻击美军。"敌人遭到了轻视，"埃瓦尔德上尉写道，"和往常一样，我们（黑森人）会为此付出代价。"

在最近数天里被俘的英军士兵透露的情报让美国人确信，敌人很快就将向特伦顿进发。意识到他的军队需要尽一切可能争取时间为迎战英国人的袭击做准备，华盛顿派出 1000 名 81 士兵和托马斯·弗雷斯特（Thomas Forrest）上尉拥有 6 门野战炮的炮兵团一起尽可能地迟滞敌人的进军。从早晨到午后，弗雷斯特和其他士兵们表现得颇为英勇，他们且战且退，直到退回特伦顿美军主力的视线范围之内。当时，华盛顿和格林、诺克斯将军一起策马而出，感谢弗雷斯特和军官们至此所做的一切努力，接着揭示了他们到此的真正来意。华盛顿等人要求弗雷斯特和官兵们"尽可能顽强地守住"现在的阵地，除非面临"野战炮失守"的危险时才能撤回到阿松平克河南岸。

河对岸的詹姆斯·威尔金森拥有着"对这场小战斗不错的侧面视角"。当时太阳已经落山，威尔金森"可以辨认出从我军枪口喷发而出的火焰"。很快，美军先遣队陷入了被敌军击溃的危险之中，他们开始夺桥而逃，来自罗得岛普罗维登 82 斯的士兵约翰·豪兰德（John Howland）曾是其中一员。"这是一座窄桥，"他回忆道，"我们排在桥上挤成了又密又实的一团。"就在石桥的西侧围栏边，乔治·华盛顿正跨在一匹"名贵的马"上。"将军镇定、沉着的高贵神情在那关键的时刻激发了我们的信心和意志，"豪兰德回忆，"我被人群挤到将军坐骑的肩部，触碰到了将军的脚。那匹马就像它的骑手一样镇定如恒，而且似乎能够理解华盛顿寸步不离职守和阵

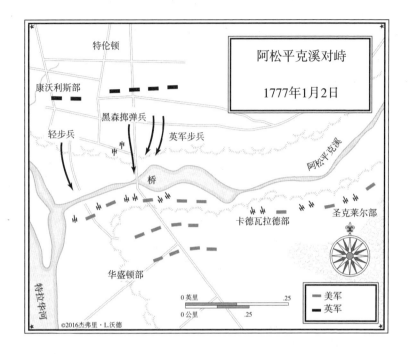

地的决心。"

　　美军士兵成功与阿松平克溪岸的战友们会师之后，英军就占据了距离他们 1000 码之外的阵地，两军隔着河流和城镇对峙。美军兵力有接近 7000 人，他们散成一条长约 1 英里的队列，士兵彼此之前保持一定距离。罗伯特·毕尔（Robert Beale）少尉回忆道："我们无法渡过（特拉华河），因为有如屋宇一般巨大的冰块沿河漂流；我们也无法撤退到山岳上去，因为那在英国人背后。"来自罗得岛的斯蒂芬·奥尔尼上尉将其称为"我迄今所知最为绝望的形势"。

　　如果英国人成功地夺桥而过、并进攻美军的话，这场战争就几乎要结束了。费城将很快在那个冬天沦陷，巴尔的摩的大陆会议也很可能认定与英国谈判议和最符合国家的利益。华盛顿似乎已经设法将康科德老北桥①（Old North Bridge）的僵局和查尔斯顿的邦克山战役糅合到了一起，制造了这个决定独立战争成败的关键瞬间，哪怕这一点今天未被广泛认知。"如果革命事业曾有过一次危机的话，"威尔金森写道，"那便是这个时刻。"

两军大炮都开始开火，但收效甚微。一些英国轻步兵和黑森射手（所谓的"猎兵"）尝试从某处浅滩涉水过溪，然而那里并不像表面上看起来那样便于攻击。康沃利斯随即命令一队黑森掷弹兵夺取桥梁，而为了击退这次进攻，诺克斯在桥南聚集了近 20 门野战炮。就在黑森佣兵抵达桥中央之前，美军大炮的齐射便迫使他们撤退，并造成了 31 人伤亡，同时有数量相当的黑森佣兵在桥南向叛军投降。

下一波冲锋由英国步兵发起。根据约瑟夫·怀特（Joseph White）中士的说法，这一回美国人的炮火先是引而不发，等到敌军已经"接近了一段距离"后才开火。信号发出后，美军随即倾泻炮火，迫使英军撤退。掷弹兵又重新整队发起了两次冲锋，但是每一次都被击退。英军的第三次也是最后一次撤退令整条美军战线都"如同一体般"大声欢呼。但是，康沃利斯没有善罢甘休。

这一次，康沃利斯集结了一支"兵力雄厚的纵队"。为了应对这次冲锋，华盛顿命令卡德瓦拉德的民兵们部署到桥梁右侧的阵地。同时，据怀特中士回忆，美国炮兵"为火炮装填上榴霰弹（一种杀伤性炮弹，其铁质弹壳比霰弹稍小），并放

83

---

① 1775 年 4 月，继莱克星顿之战后，北美民兵在康科德老北桥与英军的一次战斗。此役和莱克星顿的枪声一起，标志着北美独立战争的开始。

英国人走得更近一些。"

这是悲剧般的反讽。豪将军在此前战役之中的所有小心谨慎——其间他曾发誓，绝不"不加节制"地损失一名士兵的手指——都已在这次可怕的遭遇战之中落空了。"我们再一次炮火全开，"怀特中士写道，"其所造成的杀伤无法想象。桥面看起来像血一样殷红，到处是受伤或阵亡的敌人以及他们身上的红上衣。"给这番场景平添几分恐怖的是榴霰弹疾射破空的怪声——怀特将之形容为"一种骇人的吱吱声"。当英军最后一次对阿松平克溪的冲锋进入尾声时，美军只有区区50人伤亡，而英军和黑森佣兵则有365人死伤或被俘，这一切大多发生在一个多小时之内。

"在这个可怕的时刻，"威尔金森写道，"我们国家的守护天使劝诫康沃利斯，他自己的军队已疲惫不堪，美国人则无路可退。"这位英军统帅深信，美国人已被困在英军和河流之间，决定到早晨再继续进攻。据说在这天晚上，康沃利斯向他的军官们保证："我们现在已将老狐狸困于股掌之中了。我们将在早晨收拾它，将其一网打尽。"康沃利斯的一名军官大胆反对。"阁下，"威廉姆·厄斯金（William Erskine）爵士警告说，"如果您今晚放任那些人（美军）不管，明天早晨您就再也看不到他们了。"结果证明，厄斯金是对的。

*

84　　当晚的军事会议上，华盛顿宣称，"如果他坚守高地直到早晨的话，一场战役不可避免"。考虑到这场战役有可能以美军失败告终，华盛顿的一些军官们坚持应开始沿特拉华河岸撤退；另一部分军官则想要坚守阵地，并在必要时继续战斗。圣克莱尔稍后告诉威尔金森，华盛顿"听从于他的天性，认可了后者。"但是据威尔金森的记载，圣克莱尔提出了第三种方案。

　　一整个白天圣克莱尔都在守卫石桥上游、美军战线右侧的浅滩，他在那里发现了一条路。一些当地人告诉他，这条路通向普林斯顿方向的贵格桥（the Quaker Bridge）。为什么不趁着夜色秘密行军、跳出阵地，再绕到康沃利斯军队背后，在第二天早晨出其所最不意，攻击后方的普林斯顿？约瑟夫·里德将这个计划视为一条可能的撤退路线并大加鼓励，而随着弗吉尼亚人休·默瑟（Hugh Mercer）"雄辩地指出了这个计划的可行性，以及其必然带来的利好"，华盛顿也开始热情洋溢地表达对这个计划的支持，他指出"这个行动将免于被视为一场撤退"。计划得到了通过。美军在阿松平克溪一线点燃了营火，以掩护防线后的活动。华盛顿的军队将尝试一次大胆的"兵之诡道"（ruse de guerre），以避免即将来临的灾难。

　　那天夜里，温度骤降。"前一天的道路已是泥泞、落雪、积水，"斯蒂芬·奥尔尼写道，"现在则凝结成冰，像铺装过一样硬。"华盛顿的军队不必在泥潭之中步履蹒跚，而是得以在这硬如磐石的路面飞速行进。只用了区区5个小时，他们就与特伦顿的康沃利斯部甩开了9英里的距离。黎明时分，他们抵达了普林斯顿郊外。"这是一个晴朗、宁静、酷寒的早晨，"威尔金森回忆道，"灰白色的霜降临万物。"就在此时，华盛顿的一部分军队碰上了查尔斯·毛胡德中校统率的三个团和三个龙骑兵连。正是这位毛胡德，数天以前曾经提到过美军进攻的可能性。

　　毛胡德和他的部下正在增援康沃利斯的路上，一些龙骑兵遂与美军不期而遇。一开始，毛胡德认为他们只不过遇到了小 85

股敌军，于是他便准备发动攻击。稍后时分，他才意识到自己正在直面一支比他预料之中要大得多的军队。在托马斯·克拉克①宅邸外的旷野上，两支军队都奋力向前，抢占一处高地。随着弗吉尼亚人休·默瑟率先发起排枪齐射，英国人也以自己的齐射回应。

周遭的群山和树林阻挡了威尔金森观战的视线，但他确实看到了这次遭遇战的迹象。"我清楚记得，两军开火扬起的烟尘混在一起，随即升空，化为一朵美丽的云。"然而在地面上，随着毛胡德的士兵端上刺刀冲入美军阵中，这番场景就与"美丽"无关了。草地上覆盖的一层冰上洒满了阵亡和垂死士兵的鲜血。默瑟的军队开始撤退时，这位美国将军的灰马被一柄英军火枪的枪托击倒，他也随之落马。一名英军士兵大叫，"祈求怜悯吧，你这可恶的叛徒，"默瑟回应说，"我不是什么叛徒。"默瑟徒劳无功地尝试用军刀自卫。他被英军士兵反复刺杀，最终阵亡。

随即，华盛顿从军队后部策马向前，尝试向撤退中的前线美军发号施令。随着援军到来，现在华盛顿有着充足的兵力扭转战局。尽管将自己完全暴露在敌人面前，华盛顿仍然冲到美军战线前头，并向他身后的士兵们下达命令。"与我们同行吧！我勇敢的战友们！"他高声说道，"这里只有一小股敌人，我们将直接歼灭他们！"就在那时，英军进行了一次可怖的齐射，很快阵地便被一阵硝烟笼罩。华盛顿的一名侍从官以为自己的司令刚刚已经阵亡了，用帽子遮住了自己的双眼。但是，

---

① 托马斯·克拉克（Thomas Clarke, 1741－1792），美军军官，南卡罗来纳人。

漫天席卷的烟云之中，华盛顿毫发无损的身影又慢慢浮现出来。

很快，美军发起了对英军的冲锋，明显不敌的英军向普利斯顿撤退。"噢，我的苏珊！"一名美军士兵写道，"这是荣耀的一天，给我多少钱都无法让我情愿从中缺席……我见到战场上（华盛顿将军）勇赴一切危险，他那重要的生命悬若游丝，他周围已有上千人死去。"

英军撤退时，华盛顿号召他身边的士兵们："小伙子们，这是一次不错的猎狐行动！"然后发动了追击。"这便是这个人性格中激越的部分，"威尔金森写道，"他彻底释放了自己的情感。"对一名过去 5 个月里指挥作战却屡战屡败的将军而言，这一定是一次令他焕然一新的情感宣泄。威尔金森宣称华盛顿是如此拼命追击撤退的英军，以至于军官们开始为他的行踪担忧。

很快，普林斯顿的英国占领军就被一扫而空，其中一部分英国人在投降之前还意兴阑珊地尝试坚守普林斯顿大学的拿骚厅（Nassau Hall）。又一次，华盛顿需要作出决定。他们是否应当继续前往藏有一大批军需供应的不伦瑞克？华盛顿后来宣称，如果他手下再有 600 ~ 800 名新兵，他就会继续向不伦瑞克进发，"结束这场战争"。

然而，此时即便华盛顿也开始觉察到过去八个小时持续行军作战带来的压力。在特伦顿之战中令自己从看起来不可能的境地脱身而出后，华盛顿终于开始思考如何巩固他迄今所取得的成果。"因为作战目标过大……而前功尽弃的风险，"他写道，"促使我遵从军官们的建议，放弃这次进攻尝试。"

华盛顿不情不愿地带兵北上。行军数天后的 1 月 6 日，他

86

们抵达了莫里斯顿（Morristown），一个位处沃楚恩（Watchung）崎岖群山之中的城镇。在那里，华盛顿的军队既可以抵抗英军可能的进攻，也可以与纽约保持足够近的距离，以对豪将军未来的任何动向作出反应。但结果证明，豪将军还有把华盛顿向普林斯顿进军的动作视为虚晃一枪的康沃利斯将军在这个冬天里已经受够了。

特伦顿和普林斯顿战役往往被视为华盛顿成长为我们今天所尊敬的杰出统帅的关键。但这种说法忽视了其后四年的历史。在第二次特伦顿战役里，华盛顿的好战天性成功地将一场由他自己导致的潜在灾难转化成了一场不可思议的胜利。但他渐渐开始意识到这一点，美军不能靠这种办法赢得整场战争。

第四章　绞刑吏之年

1777 年冬天，本尼迪克特·阿诺德坠入了爱河。

一个多月的时间里，阿诺德都在罗得岛制定将英军赶出纽波特的军事计划。此后他赶往波士顿，以招募落实这些计划所需的新兵。他还有些更关乎他个人的事务要处理：如果他能够如愿擢升为少将的话，他就需要更新自己的军服。3 月 1 日阿诺德写信给保罗·列维尔（Paul Revere），请求列维尔帮他弄一条剑带（一种装饰性的系索，军官将其绕成一环握在手中，以防止武器掉到地上）、一条肩带（紫色，如果他是为一名少将订购的话）、12 条丝质长筒袜，以及"两枚最好的胸章（appalits）"或肩章。

在逗留波士顿期间的某个时刻，阿诺德愉快地邂逅了一名少女。在给亨利·诺克斯夫人露西的信中，阿诺德将这名少女形容为"天仙一般"。和露西一样，伊丽莎白·德布卢瓦（Elizabeth Deblois）是一名富有的波士顿效忠派人士之女。她不仅富有、美丽，还有着自身的独特魅力。"她轻启朱唇，"为她倾倒的约翰·昆西·亚当斯（John Quincy Adams）在十多年后于他的日记中记载说，"眼波微澜时，美若天仙；浑身无可挑剔。"1777 年 3 月初的伊丽莎白只有 16 岁，但至少对 36 岁的鳏夫阿诺德而言，她的一颦一笑都令人无法抗拒。

抱着赢得芳心的企盼，阿诺德托露西·诺克斯转送给德布

卢瓦府上一箱礼服。他随即请求露西告知他这份礼物是否已由
88 对方收到了。"直到我有幸从您那里得闻佳音之前，我都会活
在最为焦虑和惶恐的情绪之中，"他写道，"设想一下，多情
的焦虑、火热的希望、深寒的恐惧，它们交替压在我的胸
口……您顺从的……仆人，本尼迪克特·阿诺德。"他也许是
一位经历过超人艰险的军人，但他确实拥有柔软的另一面，即
便那行李箱礼服（这可能是阿诺德某次率私掠船出航波士顿
途中得到的）并不算什么浪漫的礼物。

回到罗得岛后，看到袭击纽波特的前景愈发黯淡，阿诺德
开始筹谋他军旅生涯的下一步。前一年驻守在泰孔德罗加时，
阿诺德不只结交了霍雷肖·盖茨，还有当时盖茨的上司菲利
普·舒伊勒。舒伊勒出身纽约望族；在奥尔巴尼有一座豪华的
宅邸，在萨拉托加还有一处乡间地产。很快，现在还是华盛顿
幕僚团队一员的亚历山大·汉密尔顿将爱上舒伊勒三个女儿中
的一个。舒伊勒的财富和名位代表了阿诺德渴望有朝一日得到
的一切，而更显雄心勃勃的霍雷肖·盖茨的家庭背景（他的
父亲曾是泰晤士河上的桨手，母亲则是一名公爵的管家）则
接近阿诺德那相对寒微的出身。那个冬天，阿诺德向舒伊勒和
盖茨两人提交了一份意见书，表达了最令他伤脑筋的一个难题
（也是许多同袍军官们的难题）：如何在大陆军中维持自己的
生计。

美军的组织系统很大程度上都是仿照英国模式建成，但有
一点显著相异。英国人必须出钱购买军职，因此英军军官通常
都来自经济独立的上流阶层；实际上，霍雷肖·盖茨从英军退
伍的一大原因便是他的社会地位极大地限制了他在军中的晋升
潜力。另一方面，美军军官尽管也来自于他们社会的上流阶

层，但他们却甚少拥有像英国同行那样多的财富。战争刚开始时，参军的这些军官们都预想这场冲突将会成为一场短暂而光荣的斗争。而到了 1777 年冬季，这些军官发现自己的经济状况已经愈发窘迫。除了印钞票之外（钞票也已开始贬值），大陆会议还未能找出行之有效的办法以酬报军官们的战争努力。

　　这个现实似乎并未改变阿诺德的挥霍习性。他在开战时曾拥有可观的个人"财富"（至少他宣称如此），但没过多久，这些财富就为之一空。阿诺德不仅享受着奢华的生活，他对朋友们也是极尽慷慨——特别是在帮助朋友从事北美自由事业时。就在数周以前，当阿诺德得知他的康涅狄格朋友约翰·兰姆（John Lamb）上校无法获得装备自己炮兵团所需的政府资金时，阿诺德便让他的妹妹汉娜借给兰姆 1000 镑经费。

　　不用说，这种一掷千金并非阿诺德所能承受。然而就在那个冬天，阿诺德偶然发现了一种既可以服务国家、又可以继续维持他久已熟悉的生活方式的办法。正如他写给舒伊勒和盖茨的信里那几乎完全相同的一段话里所建议的那样，他想要继续那段他已于尚普兰湖以杰出表现开始的事业。"我还是喜爱待在海军，"他向两名目前最亲近的上级军官宣告。那个冬天，随着东海岸一线的主要军事行动陷入僵局，阿诺德认为摧毁豪将军军队的最佳途径是从海上攻击。然而，"令人羞耻的是"，美国海军现下"烂在港里，但如果得到合理部署，即便不能全歼敌军，它们也将以袭扰补给船只的方式给敌军带来大麻烦"。

　　正如瓦库尔战役所证明的，阿诺德是一名天生的水手。他也有着完美契合于海洋的个性，在海上，船长便是他那浮动领地的君王。阿诺德的浮躁和莽撞似乎经常会让他在陆上吃到大麻烦，但这却恰恰是一名船长所需的特质。海上的长期服役也将使阿诺德安全地远离那些恼人的背后诽谤者，这些人在他接近两年的陆军军官生涯里曾令他痛苦不堪。但是，也许从阿诺德的角度来看，做一名海军军官的最大好处，在于赏金。

在美国海军军中，战舰倘若俘获一条商船，则全体乘员可获得该船载货总价值的一半作为奖赏，若俘获一艘军舰则可将全部价值据为己有，其中最大的一份将留给船长。作为90一名成功的海军军官，阿诺德可以一边实现他所有盖茨式的雄心壮志，一边像尊贵的舒伊勒那样生活。这是阿诺德军旅生涯之中最大的"如果"：如果他做了一名海军司令而不是陆军将领的话，他或许会比约翰·保罗·琼斯（John Paul Jones）① 更为出色。

但就在阿诺德有机会寻求调往海军的可能性之前，他得到了一些令人震惊的消息。大陆会议非但决定不授予阿诺德他所企盼的晋升，还同时将另外五名陆军准将晋升为少将，军衔超过了阿诺德。

乔治·华盛顿是大陆军总司令，但正如前文所述，他的权力颇为有限。大陆会议不仅控制着南北两个方面军，还保留了任命这三支军队将领的权力，这甚至包括华盛顿自己的大军团。就连约翰·亚当斯都承认，这一套始终由政治家主导的遴选过程造就了一批极不称职的将军。这也将华盛顿置于困难境地：他必须设法安抚那些自感受到不公正忽视的军官。

---

① 约翰·保罗·琼斯（1747～1792），美国海军成军时的海军军官，军事家。

在过去，华盛顿曾对大陆会议代表们遴选军官的权力保持了惊人的尊重。但是，即便华盛顿也难以相信大陆会议竟然漏掉了本尼迪克特·阿诺德。华盛顿在写给弗吉尼亚代表理查德·亨利·李（Richard Henry Lee）的信中说，阿诺德是军中最为"斗志昂扬且明智"的军官之一。站在阿诺德的立场，华盛顿既感尴尬，也表示震惊。"我们刚刚将一些人晋升为少将，"他在 3 月 3 日给阿诺德的信中说，"我有些不知所措，是不是您之前已有任命……或者出于某些错误被遗漏了。如果情况是后一种，我祈求您不要在此后做出某些冲动之举，而是给我留出一些适当的思考时间。我将斗胆修补一切或已犯下的错误。我将为此不懈努力。"

华盛顿最终获悉，这次晋升是根据一种新出炉的定额制来安排的，在这一制度下每个州都分配有两个少将名额。鉴于康涅狄格已经有了两名少将军衔的军官，康涅狄格议会便自作主张，决定让他们排名最高、恰巧也是军中战绩最佳的陆军准将忍受眼睁睁被五名表现更差的同级军官压过一头的耻辱。亨利·诺克斯写信给他的兄弟说："这毫无疑问将促使阿诺德辞职。"在华盛顿的反复吁求之下，阿诺德承诺不鲁莽行事。但他承认，他无法避免自己"认为这（未能晋升）是在极其委婉地要求我辞职"。

尽管阿诺德尝试着在华盛顿面前强装镇定，但他在 3 月 25 日写给霍雷肖·盖茨的信中却并没有如此克制。哪怕华盛顿说出了阿诺德未获晋升与他本人资质并无关系的实情，阿诺德依旧坚信，摩西·哈岑（Moses Hazen）等人的指控影响了大陆会议的决策。就在最近，来自马萨诸塞匹兹菲尔德的一名军官、仇恨阿诺德的约翰·布朗（John Brown）重翻旧案，就

91

1775 年占领泰孔德罗加堡之战给大陆会议写了一封请愿书，指控阿诺德犯下了 13 条不法行为，其中一些堪称荒唐（布朗坚称阿诺德要对部队在停留加拿大期间染上天花负责），另一些则相对正常（如在蒙特利尔没收货物以供一己私用）。与在前一年夏天在尚普兰湖给盖茨的信件相呼应，阿诺德写道："我无可避免地……认为这种在没有任何机会为自己发声辩护、甚至都没有机会得知我的罪名和控告者的情况下遭受评判与谴责的待遇实在是太过残酷。我自觉从事公职以来，并未犯下什么应蒙耻辱的罪过……当我接受陆军准将的任命时，我并未料到大陆会议会随心所欲地消遣我、捉弄我、撤换我，或是贬斥我……如果这个计划得以继续，那么将没有任何在意自己声誉的绅士会冒险同这样一个立法机构打交道：这群人似乎被任性妄为和反复无常所支配着。"

许多评论家都曾责怪阿诺德对鸡毛蒜皮的小事太过敏感。但是无论如何，与大陆会议发生龃龉都不是阿诺德的专利。随后几个月里，纳撒尼尔·格林、亨利·诺克斯、约翰·沙利文都曾因一名法国军官被立为他们的上级而威胁辞职。格林愤怒地坚称："我不会让任何立法机构再有机会羞辱我。下不为例。"邦克山的战斗英雄、曾在华盛顿的特伦顿之捷中出力甚大的新罕什布尔人约翰·史塔克则真的因大陆会议对他的待遇问题辞去了军职。在这之后，我们还将看到霍雷肖·盖茨和菲利普·舒伊勒也各自经历了折磨与挫折。人们反而应当惊诧于阿诺德表现出的克制，他在写给盖茨的信中是以"惊讶并羞耻"来形容自己对大陆会议拒绝承认他战争贡献的感受的。

4 月中旬，阿诺德得到许可离开他在罗得岛的驻地。他也获悉，那位"天仙般的德布卢瓦小姐"已经拒绝了他的那箱礼服。"德布卢瓦小姐已经明确拒绝聆听这位将军的心声,"露西·诺克斯在给她丈夫的信中说,"这是阿诺德受到的羞辱,沉重地落在他的身上。"

阿诺德已经别无选择。他决定,自己必须向大陆会议面折庭争。大陆会议已于3月回到了费城。但在阿诺德前往费城之前,他必须去一趟纽黑文,看望他的妹妹和三个儿子。

纽约州皇家总督威廉·特莱恩(William Tryon)对英军总司令威廉·豪倍感烦恼。47岁的特莱恩是一个行动派,六年前他做北卡罗来纳总督时,曾经命令他的殖民地民兵对付那些拒不纳税、自封为"监管者"(Regulators)的人,这些人拒绝为特莱恩修建他位于新伯尔尼(New Bern)那崭新奢华的总督府的工程缴税。特莱恩大获全胜,部分"监管者"被处以绞刑。现在,特莱恩成了纽约州总督,他对豪将军一再拒绝以他曾在南方那样卓有成效的热情来弹压现下的冲突深感困惑。特伦顿和普林斯顿的尴尬战况促使特莱恩写信给国务大臣杰曼说,"在这场战争中比其他任何情境都更屈辱的时刻",自己急不可耐地期待豪将军发起反击。但是,豪将军似乎把纽约冬天的绝大部分时光都用来同漂亮的洛林夫人一起饮酒赌博,他似乎对制定具体军事计划、应对后续战斗缺乏兴趣。

一开始,豪将军曾经谈论过与从加拿大南下的英军合作的计划。1777年初夏时节,当卡尔顿将军重新开始行动,攻打泰孔德罗加堡时,豪氏兄弟就将沿哈德逊河北上,发动对奥尔巴尼的攻击。既然没能歼灭华盛顿的部队,打通哈德逊河走廊就成了赢得战争的最佳机会。但当从英格兰传回来的消息说约翰·伯戈因(John Burgoyne)将军将统率这支从加拿大发起战

斗的部队时，豪将军的意愿就开始动摇了。伯戈因的军衔比豪
将军低，而且是出了名的好出风头。如果豪将军从纽约出发、
从南面协助伯戈因的话，那位"约翰尼绅士"毫无疑问将从
这场旨在楔入纽约和新英格兰之间的作战中包揽绝大多数荣
誉。作为英军司令，豪将军不愿扮演次要角色。相反，他决定
去拿下费城，并在华盛顿露出破绽时伺机歼灭大陆军。经历了
特伦顿和普林斯顿的惊变之后，双方已经准备摊牌决战了①。
让伯戈因只凭他自己的力量赢得荣耀就好。

　　但在此时，豪将军似乎并不特别急于开启现下的战斗。特
莱恩总督尽可能地掩饰自己的懊恼，自告奋勇地率军发起一场
在康涅狄格的军事行动，这次行动在很大程度上与那场在马萨
诸塞康科德开启美国革命的行动相似。此前英国情报机构刚刚
获悉，叛军已经在距离长岛海峡海岸 25 英里的丹伯里集聚了
一大批武器弹药和军需物资。特莱恩将统率一支由约 2000 名
正规军和效忠派组成的军队，在康涅狄格海岸登陆后直取丹伯
里，摧毁这些物资，再于第二天撤退到在海岸等待的运兵
船上。

　　根据预言，1777 年将注定是北美叛乱结束的一年。这个
年份的三个"7"就像绞刑架一样，所有叛乱者都将被悬吊其
上。有什么方式能比一场对新英格兰腹地的毁灭性奇袭更好地
开启这个效忠派津津乐道的"绞刑吏之年"呢？

　　4 月 25 日晚上，特莱恩在威廉·厄斯金（亦即警告康沃
利斯华盛顿将伺机逃出特伦顿的同一名军官）的协助下，率

---

① 原文为"the gloves were off"（手套落在地上），喻指决斗、决战（中世纪
　　决斗以扔下手套为信号）。

领他的士兵们在索格塔克河（Saugatuck River）右岸的雪松岬（Cedar Point），即今天康涅狄格州的韦斯特波特（Westport）登陆。经历了一整个雨夜的枕戈待旦之后，特莱恩和他的军队开始向丹伯里进发。

在距康涅狄格海岸以北 30 英里的地方，本尼迪克特·阿诺德正试图享受他在纽黑文的时光。就在 1 月，当阿诺德接到位处特拉华的华盛顿司令部任命前往罗得岛时，他顺便走访了纽黑文。纽黑文的市民们曾将他誉为"英雄征服者"。对一名破产酒鬼之子而言，这可谓是志得意满的时刻。

然而，这一次逗留却大有不同。阿诺德刚刚在情场和战场上遭受的双重耻辱成了整座城镇的话题。阿诺德在革命之前就开始修建的纽黑文海滨宅邸尚未完工，这处业已破败的地产镶嵌有来自洪都拉斯的桃花红木，拥有可容纳 12 匹马的马厩以及一座可栽种 100 棵果树的果园，如今却已经成为他衰落命运的悲惨象征。

紧接着，就在 4 月 26 日下午，正当阿诺德准备开始长途跋涉前往费城时，他接到了英国人正向丹伯里扑来的消息。

4 月 26 日晚上，特莱恩的士兵们开抵丹伯里，沿途几乎未遇抵抗。他们在那里摧毁了 1700 面帐篷、5000 双军靴、60 大桶朗姆酒、20 大桶葡萄酒、4000 桶牛肉、5000 桶面粉，并至少纵火烧毁了 40 间房子。据探报，这座镇上的会堂也"贮满了物资"，它也因此被付之一炬。

当夜稍晚时分，阿诺德在雨中纵马疾驰了差不多 30 英里，然后与大卫·伍斯特（David Wooster）、哥德·西里曼（Gold

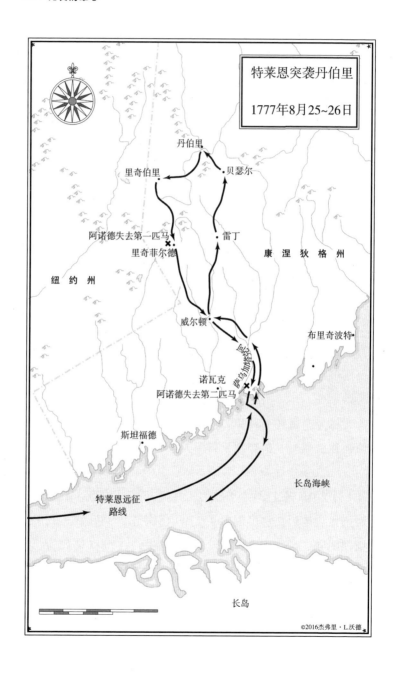

特莱恩突袭丹伯里

1777年8月25~26日

丹伯里

里奇伯里　　　　　贝瑟尔

阿诺德失去第一匹马　　　雷丁　　　　康涅狄格州

里奇菲尔德

纽约州

威尔顿　　　　　　　　布里奇波特

萨乌加塔克河

诺瓦克

阿诺德失去第二匹马

斯坦福德

长岛海峡

特莱恩远征
路线

长岛

©2016杰弗里·L.沃德

Silliman）以及约 600 名民兵在丹伯里以南 8 英里的雷丁镇会合。得知特莱恩返回索格塔克河口接应船的路线可能经过里奇菲尔德（Ridgefield），阿诺德和西里曼决定率领 400 名民兵赶到那里，同时派伍斯特和一支小规模部队前去袭扰撤退中的英军后队。阿诺德寄望于伍斯特能够尽可能拖住敌人，以为阿诺德和西里曼留出足够的时间，准备一场漂亮的阻击战。

通往里奇菲尔德的路上有一个较窄地段，这里一边是一块陡峭石岩，另一边则是一座农舍。阿诺德监督修建了一座由四轮大马车、石块和土堆组成的临时防护墙。上午 11 点左右，66 岁的法印战争老兵、曾在加拿大远征期间与阿诺德有过争执的伍斯特英勇地率领士兵们袭击敌军的后队。一名英军军官后来评论，这位老将"更多是在凭顽强而非技巧同我们作战"。就在伍斯特有机会退却前，他的腹股沟被一发子弹击中。他的儿子冲向前去施救，但此时一名英军士兵冲到二人近前。小伍斯特拒绝求饶。据一名英军军官说，小伍斯特被"刺刀击毙"，死在他重伤的父亲身旁。

与此同时，阿诺德正带领手下不到 500 人的小股民兵加紧备战。他告诫民兵们，在英国人进入有效射程之前不要开火。就在特莱恩率领他那长达半英里以上的纵队接近战场时，他才意识到"阿诺德已经占据了极为有利的地形"。这位美国将军也许只有一支仅由民兵组成的、规模小得多的队伍，但英军要将其拔除也不甚容易。此时，特莱恩征询更有经验的威廉·厄斯金，请这位特莱恩眼中"（英国陆军）毋庸置疑的一流将领"来指挥战斗。

厄斯金不打算重复康沃利斯曾在特伦顿阿松平克溪桥上犯下的错误。他并没有正面袭击阿诺德早有准备的军队，而是派

96

出一支包抄分队绕到这座防护墙的末端，直接向美国民兵开火。在敌人的火力面前缺乏掩护的民兵们开始撤退。自始至终，阿诺德都骑着马在美军支离破碎的防线上来回穿梭，试图组织起一支殿后部队以掩护民兵撤退。

阿诺德一度声称他"在15岁之前都是一名懦夫"，他的"勇气是后天习得的"。阿诺德的母亲是一名虔诚的基督教公理会信徒，她经常向阿诺德大谈死亡的必然性，而阿诺德似乎早已确信，自己和妹妹汉娜在某种程度上免疫于他的四名兄弟姐妹那样早夭的危险。前一年，当阿诺德因在只携带两把手枪时遭到敌人突然袭击致使左腿负伤、躺在魁北克临时医院的病床上时，他仍在给汉娜的信中坚持说："上帝已经助我渡过了如此之多的危险，也将继续保护我。为了履行职责，我不知惧怕为何物。"

正如瓦库尔岛战役以及现在这场里奇菲尔德小镇战役所证明的，阿诺德此言并非毫无根据的自吹自擂。阿诺德周围的士兵四散奔逃，但他拒绝退缩。阿诺德的马在倒毙于地之前中弹九发。阿诺德的腿陷进了马镫之中，他努力地使自己从中挣脱。这时，一名著名的康涅狄格效忠派分子端着刺刀冲到阿诺德面前。"投降！"这名效忠派尖叫道，"你被俘了！"据传阿诺德一边去掏马鞍皮套里的两把手枪，一边说"还早着呢"，然后射杀了这名效忠派。他很快逃脱出马镫，并隐蔽在附近的沼泽地里。

97　　　在厄斯金的帮助下，特莱恩轻而易举地击败了美国人。然而，他的士兵们却已精疲力竭，这使特莱恩别无选择，只能在里奇菲尔德附近扎营，待到第二天早晨再启程行军。当天晚上阿诺德主持召开了一次临时军事会议。在西里曼的协助下，他准备再给敌人设一个陷阱。

阿诺德在里奇菲尔德拖住了敌军，为他的康涅狄格同胞们赶来袭扰英国入侵者争取了时间。"民兵一早就开始骚扰我们……他们在房屋和栅栏后面给我们制造的麻烦在我们行军途中不断增加。"一名英军军官写道，"就在这条路线上发生了一些令人惊诧的鲁莽行径，明显系叛乱者所为。有四个人从一座房子里开火射击我军，并负隅顽抗，直到在房子被点燃后烧死在里面。还有一个人骑在马背上，在距我们先头部队15码的地方开火，然后侥幸毫发无伤地跑掉了。"

就在那时，阿诺德的朋友约翰·兰姆已经带着他的炮兵团前来增援。在2月，阿诺德曾经借给这支部队1000镑，现在他们已配备了三门野战炮。阿诺德在诺瓦克（Norwalk）以北2英里处发现了一座高地，从这里可以控制特莱恩必经的一处岔路口。据一名目击者说，阿诺德"为他的小股部队制订了绝佳的作战计划"。不幸的是，一名效忠派分子获悉了阿诺德的阵地部署。这位效忠派知道索格塔克河的一处渡口，这使特莱恩的士兵们在路障以北就得以渡河。

得知计划遭到挫败的阿诺德决定对撤退中的英军的后方发起攻击。时值傍晚，英军已经抵达了相对安全、俯瞰长岛海峡的孔波山（Compo Hill），英军战舰和运输船也在这里等候。整整一天里，阿诺德都表现出了他那惯常的蛮勇一面。"（他）过度地将自己暴露，"一名目击者写道，"并展现了最高度的英勇、冷静和坚毅。"

就在英军正规军得到了运输船上生力军的增援后，特莱恩和厄斯金决定在运兵上船之前先驱散阿诺德的民兵部队。随即，一名英军军官回忆，陆军少校查尔斯·斯图亚特（Charles Stuart）"赢得了不朽的荣誉"。斯图亚特注意到，兰姆和他的朋友埃利埃泽·奥斯瓦尔德（Eleazer Oswald）——这两人都曾在魁北克与阿诺德并肩作战——为他们那三门 6 磅炮弹大炮搭建的临时炮台已接近完工。英军必须在美军大炮准备就绪之前袭击这个炮台。斯图亚特和区区 12 人的冲锋小队一起，率领着 400 多人的正规军进行了一场刺刀冲锋。他们迅速占领了叛军的阵地。兰姆和奥斯瓦尔德已是尽其所能了——英军军官评论说，这些野战炮"部署得当"——但是，随着曾在魁北克突袭中失去一只眼睛的兰姆被一轮霰弹从侧面击中，美国人开始撤退。

又一次，阿诺德毫无畏惧地自蹈险地。据一名目击者称："他骑马冲到我们的前线，并且（无视）敌军火枪和霰弹的火力。他以对他们和子孙后代的爱、以及一切神圣的事物来激励我们不要弃他而逃，但是……无济于事。"在近两天以来，阿诺德第二次因坐骑中弹而被摔落在地，一发子弹擦破了他的上衣领结。甚至连英国人也为之动容。"敌军以极大的勇气抵抗，"一名军官赞扬道，"许多人敞开了胸膛、怒气冲冲地拼刺刀，我们的弹药开始见底。"

特莱恩已经成功地驱散了叛乱者，并缴获了他们的野战炮。现在，他可以将自己精疲力竭的士兵们送上运输船了。从英国人的视角来看，这次突袭是一次惊人的成功。"特莱恩总督神妙的策略，也许会令康涅狄格和罗得岛的叛乱者们……倒戈来降。"一名英军军官如此一厢情愿地推断道。

就阿诺德自己而言，他深深地被这个事实困扰——他的家乡州"遭受了如此的羞辱，却没有作出抵抗或是相应的报复"。这个说法未免夸大其词。诚然，这次袭击对康涅狄格州而言难称光彩，但许多民兵都展现了值得褒扬的勇气，而本尼迪克特·阿诺德理当是其中典范。他再一次证明了自己是大陆军中最英勇的军官之一，正如华盛顿已经认可的那样。

5月2日，大陆会议获悉了英军对丹伯里的突袭。这场战役里，他们刚刚拒绝擢升的一名陆军准将率领着民兵部队对抗远胜于己的优势兵力，同时他胯下的两匹坐骑都被击毙。稍早时候，约翰·亚当斯曾在大陆会议宣称："我对那些因晋升落后于下级而辞职的军官毫不在意。如果他们真的具备美德的话，就会继续和我们一起战斗。"然而，当他考量这一次的新战绩，以及阿诺德从攻占泰孔德罗加、到远征魁北克、再到瓦库尔岛战役的所有成就时，就连亚当斯也开始反思大陆会议代表们对这位康涅狄格准将的待遇。

当天，一名代表建议，增加一名少将的名额或将对大陆军有益。"我们进行了投票，"记录上写道，"决定将陆军准将本尼迪克特·阿诺德晋升为少将。"一周以后，亚当斯在给纳撒尼尔·格林的一封信中甚至建议大陆会议为里奇菲尔德的英雄铸造一块奖牌。奖牌的一面将是"一排士兵向马背上的阿诺德将军开火，阿诺德身下的马匹被击毙"，另一面将描绘孔波山遭遇战的场景，表现阿诺德"骑在一匹新坐骑上，承受着另一发子弹的射击……单单是这幅据说真实发生过的画面——如果阿诺德不是不幸属于康涅狄格的话，这番幸运也足够他一生高官厚禄了。我相信世界上少有这般场景"。

正如他对阿诺德居住地的附加说明所揭示的，尽管亚当斯对阿诺德的英勇大加赞颂，他愿意做也只有这么多。阿诺德或

99

许现在成了一名陆军少将，但是大陆议会并不准备给他恢复原先的资历级别。这意味着，如果阿诺德发现自己与之前 2 月份先他之前晋升的五名少将中的任何人一起供职的话，他仍将被视为他们的后辈。

在阿诺德本人看来，这样的处理仍然不可接受。他必须做他原先想要的事情，向大陆会议争取更公正的待遇。但就在阿诺德踏上前往费城的旅程之前，他要先在新泽西的莫里斯顿稍作停顿，并在那里与华盛顿会面。

大陆会议已将华盛顿置于一个极为困难的境地。他们期待华盛顿发挥他的最佳战力以继续这场战争，却不情愿授权华盛顿选用那些他最为信赖的军官。华盛顿本可以拒绝遵守这些看起来专横的限制。确实，人们大可以认为华盛顿对他的军官团有所亏欠，未能为军官们向大陆会议争取到他们所需的公平、尊重且合理的对待。但若是那样的话，华盛顿十有八九会与大陆会议摊牌，然而他却有着紧迫得多的事务要处理。华盛顿似乎在本能上认为，作为一支为建立新共和国而奋战的军队的总司令，一个看似狭隘而时常犯错的国会施加给他的那些桎梏是一种必要之恶。

约翰·亚当斯和其他马萨诸塞的代表们从未有过什么显著的军旅经验，他们对于如何指挥作战当然有着自以为是和不切实际的观点。幸运的是，华盛顿的视野并未被其所局限。华盛顿最为杰出的能力在于，无论是军事层面还是个人层面上，他都能高瞻远瞩、并不囿于一时的挫败。他能以某种方式说服他的军官们（不论如何，是绝大多数军官）先着眼于为他们国家的未来做对的事，而不是纠结于大陆会议那些当权者们的短视。华盛顿也充分利用与那些愤愤不平军官之间的交流机会，给他们一些务实的建议。

阿诺德便是其中一例。他是华盛顿手下最好的将军之一，但他也有着缺点。像华盛顿本人一样，阿诺德也对冒险有着过度嗜好。但是现在，华盛顿开始强烈意识到——特别是在第二次特伦顿战役几乎折损了他整支军队之后——主动进攻或许已经太过头了。华盛顿决定，是时候引入一种防御性的战略了，他称之为"据点战"（War of Posts）。华盛顿不再寻求以"大规模行动"与英军在战场作战，而是尽一切可用的手段避免或许会导致大陆军毁灭的激烈战斗。那个冬天，他派纳撒尼尔·格林去大陆会议解释他的战略。结果格林汇报说："这个战略看起来对他们是全新的。可是，他们在听取我们罗列的理由后，欣然接受了这个可能性。"

刚刚才控制住自己内心深处冲动的华盛顿，现在当仁不让地去劝诫了阿诺德。3月，当华盛顿刚刚得知阿诺德未获晋升时，他就选择在信件开头委婉地表达了自己的建议，再向阿诺德传达坏消息。（华盛顿建议）阿诺德在考虑攻击纽波特的英军时必须小心翼翼。"除非您的实力和境遇到了能够合理保证胜利将确定无疑的地步，"华盛顿写道，"我请您务必放弃这次行动，并对敌大体维持防御态势。"唯在向阿诺德告知了这一点点来之不易的建议后，华盛顿才开启有关晋升的话题。

当5月12日阿诺德到达华盛顿在莫里斯顿的司令部时，华盛顿迎接了他，并以问候满足了他旺盛的虚荣心。根据一份最新的情报，英国人已将阿诺德称为"一个像魔鬼般战斗的家伙"。阿诺德此番带来了一份由被他称为"罪行昭彰却一再逃脱的绞刑犯"的约翰·布朗（John Brown）新近印制的传单。布朗在传单中不仅逐条列出阿诺德的罪行（其中没有一项曾得到证实），他还做了一个也许戳到了阿诺德痛处的断言。"金钱才是这位先生的上帝，"传单写道，"而且，为了获取足够的金钱，他会牺牲自己的国家。"

华盛顿比所有人都清楚，身处一个不公平的艰难境地意味着什么。但是，华盛顿的不同寻常之处在于，他有能力承受一大堆看似棘手的麻烦。正如约瑟夫·里德在他尝试与华盛顿重归于好的那封书信中所说，里德后悔"自己并未效法您面临灾祸时那种耐心和宁静的典范……当时恶念在我心中深植，竟令我不能自拔。"和里德一样，阿诺德也在本质上无法保持华盛顿的那种"灾祸之下的耐心和平静"。阿诺德告诉华盛顿，称他必须坚持让大陆会议为他洗刷已遭玷污的名声，并向其提出关于他在军中资历的问题。

但是，阿诺德在5月16日抵达费城后便发现，大陆会议已经在大陆军的议题上炸开了锅——特别是在讨论如何对待司令部目前位处纽约州奥尔巴尼的北方军的问题上。1777年春天，使《独立宣言》的签署通过成为可能的那种热烈和团结的情绪早已淡去。尽管政党尚未正式形成，但大陆会议已开始分裂成两大派别。一派是如约翰·亚当斯和塞缪尔·亚当斯这样引领和推动独立的新英格兰地区激进主义者。用约翰·亚当斯的话说，他们马萨诸塞的老乡们自诩为"其他所有（州）观瞻所系的晴雨表"。这一派的成员对军方相对缺乏信任。依照他们清教徒祖先留下来的传统，他们坚持认为，美国人民只有通过展现一种高贵的公共"美德"，并为了他们国家的公共良善而牺牲个人关切，才能赢得战争。对于这一派而言，常备军制度是对共和国存续的一种严重威胁。他们援引恺撒和克伦

威尔的事例——这两人都利用他们的军队去控制文官政府—— 102
对华盛顿在特伦顿和普林斯顿战役后的声名鹊起深表忧虑。相
较于一支常备军，他们更青睐于使用更安全、更廉价也更符合
共和主义精神的州民兵。华盛顿坚持认为建立一支纪律严明的
常备军是击败英国职业军人的唯一途径，但激进派对此充耳不
闻，也对向军队拨款意兴阑珊。出于形形色色的政治原因和个
人原因，新英格兰地区的代表与一些来自南方的关键代表暗中
结成联盟，他们都是霍雷肖·盖茨的坚定支持者，力挺其出任
北方军司令。

另一派则是北美中部各州的代表，纽约人在这一保守派别
中的领导地位相当于马萨诸塞人之于激进派。纽约州的富商和
大地产所有者们对推动独立进程的热情已经显著消退，也不准
备让新英格兰人对"牺牲"的那份自以为是的坚持干扰他们
从战事中获益。他们倾向于支持华盛顿建立一支常备军的主
张，并支持自己人菲利普·舒伊勒成为北方军司令。

在冬季和春季的大多数时间里，舒伊勒都待在费城，处理
一系列新英格兰人希望能借此促使他去职的指控与谴责。然
而，就在一个委员会为他洗刷了所有罪责的恶名之后，代表们
以区区一票多数决定舒伊勒留任北方军司令一职。这就迫使那
位本以为能在新英格兰人的支持下取得司令职位的盖茨不得不
将这个职位乖乖让与他的死对头。大陆会议刚刚被这次投票及
其辩论弄得焦头烂额，因此对阿诺德资历的议题无甚耐心。哪
怕素来寡谋莽撞的阿诺德也清楚，最符合利益的做法是将他的
议题推迟到第二天。阿诺德因此转而向大陆会议的一个战争委
员会声请，要求他们关注布朗等人对他的指控。只用了短得惊
人的时间，这个委员会就表示他们"完全满意于……这位将

军的品格和行为，那些造谣中伤是如此的残酷和无凭无据"。

然而事实证明，这还不算完。大陆会议或许并不情愿讨论
军衔问题，却乐于表达对阿诺德近期苦劳的赏识，并赠送给阿
103　诺德……一匹马！就像阿诺德送给德布卢瓦的那箱礼服一样，
一匹马也许并非是大陆会议对里奇菲尔德英雄表达高度敬意的
最合理方式，但最起码这份礼物确实有其实用性。

作为舒伊勒和盖茨共同的朋友，在这场正在分裂大陆会议
的派系矛盾中，任何一方都无法声明阿诺德为本方阵营。5月
22日上午，约翰·亚当斯在写给妻子阿比盖尔（Abigail）的
信中提到了大陆会议对阿诺德的那种爱恨交织的纠结情绪：
"我昨晚在战争部花时间与阿诺德将军会面……他遭到了卑鄙
的造谣毁谤和中伤。这些人说：'他像尤利乌斯·恺撒一样战
斗。'我被军官之间此起彼伏的争吵折磨得痛不欲生，他们像
猫狗打架一样争执不休。他们像獒犬一样撕来咬去，像猿猴争
抢坚果一样争抢禄位。"对于成为一名足以"像尤利乌斯·恺
撒"那样战斗的军人所付出的生命代价的任何概念都淹没在
这一大堆传言和物议之中。在亚当斯看来，纵使阿诺德无比英
勇，他仍将不可避免地成为大陆会议固执己见的牺牲品——华
盛顿的将军们必须由这个国家的文官政府遴选，无论这个政府
有多么远离行军作战的现实。

随后的5月29日，焦点从大陆会议的大厅转移到了新泽
西的群山。数月以来华盛顿都在等待豪将军的下一步动作，现
在他决定自己先发制人。

对华盛顿的军队而言，莫里斯顿是极好的驻扎地。这座由
农民和商人组成的相对孤立的小镇座落在沃楚恩群山环抱之

地，距离纽约足够近，使华盛顿足以监测豪将军的每一次异动，而周遭地形则保护他的军队免遭英军可能的进攻。在莫里斯顿过冬也让美军总司令有机会为士兵们种植疫苗，预防天花。迄今为止，死于这种疾病的美军士兵甚至比被英军火枪和野战炮杀死的还多。

但是，在这处山地逗留的最重要意义在于，一支重获活力的新军就此起步。在冬去春来之际被特伦顿和普林斯顿战役所激发的最新一波乐观情绪终于汹涌而来，并席卷了美国全境，征兵工作开始吸引大量士兵入伍。某种程度上拜豪将军似乎有些怠惰的表现所赐，大陆军的兵力得以从 1777 年初低潮期的区区 1000 人扩张到近 9000 人。5 月 29 日，华盛顿率军南行到 20 英里外的米德尔布鲁克。在这里，他得以俯瞰珀斯安博伊（Perth Amboy）和新布伦瑞克（New Brunswick）之间的乡间地带。现在，华盛顿距离英国人已足够近，尤其是在派约翰·沙利文率领数千人马驻防普林斯顿之后，他可以快速应对英军对费城可能的进攻。

6 月 13 日，豪将军派出了两倍于美军兵力的 18000 人并分成两队，分别驻扎在萨默塞特（Somerset）和米德尔布什（Middlebush）两座小镇。英军刻意部署在靠近华盛顿的位置，并且威胁到华盛顿和沙利文的联系，切断后者向北撤退的退路。考虑到华盛顿在之前战斗中的习性，豪将军有十二万分的理由期待这位美国将军上钩，诱使他作战。但是，华盛顿已经不是 1776 年的华盛顿了。华盛顿坚定决心要打一场防御战，他拒绝再冒那种几乎数次毁灭大陆军的风险。他也有了更好的情报。他获悉，豪将军已将英军的辎重行李放在了斯塔滕岛，他的部队"轻装上阵"并且无意在短时间内继续向费城推进。

104

华盛顿最好的对策就是不被拖入一场会战。

华盛顿终于发现了一个在这场看似无法打赢的战争中取胜的办法——不是通过军事上的杰出成就，而是无休止地慢慢损耗敌人。一整个 6 月，华盛顿都展现了一种坚决的冷静，这与仅仅几个月前那个好勇斗狠的华盛顿形成了鲜明对比。并不是所有人都赞同华盛顿向敌人高挂免战牌，他自己军中就有人表示拒绝华盛顿这种被他们称为"费边主义"（典出费边·马克西穆斯，这名罗马将领以消耗战击败了迦太基名将汉尼拔）的战略，认为这过于谨慎。但是，华盛顿决心不变。"我们之中有一些人，恕我直言，有一些将军，"他在 6 月 23 日给里德的信中写道，"他们……认为革命事业若要得以推进，只有作战一条路可走……但是，鉴于我面前有一个伟大的目标，我就应当不去顾及这些干扰，而是坚定地采取那些我认为真正能够实现这一目标的手段，并相信诚恳之人一定会为我的原则一致性所信服，并对我可能的不成熟与弱点报以恰如其分的体谅。"

105 　　在随后数周里，英国军队做出了几次耗时耗力的策略性调动，但没有一次能成功挑起正面战斗。最终在 7 月 1 日，就在最后一次试图出其不意攻击华盛顿一部分军队的尝试失败后，豪将军将他的兵力全部撤出新泽西，并开始将军队运到在纽约湾海峡等候的运输船上去。

一开始华盛顿推测，这些英国船将沿哈德逊河北上，以配合英军另一次从加拿大南下的行动，这也是唯一一个在战略上说得通的动向。但是，正如他在去年的战事中已经认识到的那样，威廉·豪并非一个服膺于军事战略常理的人。

6 月 19 日，就在豪将军的部队在新泽西乡间做出一系列令人困惑的来回调动、而华盛顿率军尾随其后时，霍雷肖·盖茨抵达了费城。尽管在此时，几乎所有驻扎费城或是费城周边的军官都已经全情投入到英美两军在新泽西地区那紧张复杂的捉迷藏之中（阿诺德已经离开费城，前去特伦顿指挥那里的民兵部队），盖茨却直接去了州政府（今天的独立宫）。在盖茨看来，本方军队里的对手要远比外敌棘手。

在 3 月，盖茨曾以为自己终于能够从菲利普·舒伊勒手中夺取北方军的控制权。然而到了 6 月初他却获悉，舒伊勒已经以智取胜。这是盖茨无法忍受的，他必须向大陆会议表达他的立场。盖茨假装要透露一些关键消息，于是得到了在与会代表们面前讲话的机会。用一名反对他的纽约州代表的话说，从盖茨以一种"非常轻巧的绅士姿态在一把扶手椅上"落座的那一瞬间就可以看出，他其实并没有多少关键的消息要传达，他想谈的只是自己。事先备好笔记并照其阅读的盖茨宣称："一个如此智慧、如此光荣、如此公正的议会，怎么可能用如此与之不相匹配的轻蔑态度来对待一名最早加入美军的军官？"

通常情况下，盖茨都以能说会道、令人愉悦的交际家形象为人所知。"根据本杰明·拉什回忆，他有一些学识，阅书广博，也有着精准的洞察力。"然而这一回盖茨却表现欠佳。据纽约州代表威廉·杜尔（William Duer）说："他的举止是无礼的……他的演说语无伦次，并被纷至沓来的异见打断。此时他只能专注于自己零碎的笔记。"某一个时刻，盖茨还大声斥责纽约州代表詹姆斯·杜温（James Duane），怒骂杜阿恩是"羞辱他的始作俑者"。杜温立即起立，并向议会主席约翰·汉考克请求发言，表示希望"盖茨将军目存秩序，停止一切人身指涉"。随着盖茨"站起来屡次打断就这个议题引发的辩

106

论，另外一些代表也纷纷加入了批评盖茨的行列。很快，"会场的喧哗"达到临界点，盖茨别无选择只能离去，尽管"他的东部（或是新英格兰地区）朋友们站起身来，努力为他的行为辩解，并反对他的退场"。

这是一次对本应神圣的大陆议会的粗暴冒犯。即便阿诺德、舒伊勒乃至华盛顿胆敢表现出类似举止，来自新英格兰地区的强力代表们也不会心慈手软。但是，盖茨的人缘如此之好，以至于新英格兰代表们在他如此令人震惊地藐视了文官政府权威之后，仍然拒绝批评他。

亚当斯乐于认定，他和马萨诸塞州的代表们都只是为崇高的原则所驱动。但是，主导着他们对霍雷肖·盖茨那毫不动摇的支持的显然是党派利益。事实上，威廉·杜尔宣称，新英格兰人已经"挟盖茨以自重，为的是恐吓纽约州代表们"，迫使他们撤销对舒伊勒的支持。不管是出于何种原因，接下来数周时间里，盖茨被允许留在费城，却并没有明确的军事任务。直到7月8日，大陆会议才最终命令他"去大陆军司令部接受华盛顿将军指挥"。又一次，盖茨拒绝做总司令身边的副手。他离开了费城，回到弗吉尼亚老家。

几天以后，大陆会议拒绝恢复本尼迪克特·阿诺德的资历。7月11日，阿诺德递交了辞呈。对阿诺德而言，在费城的这两月既漫长又令人恼怒。不仅仅是因为他的军阶问题未获解决，他也未能为对他加拿大战役期间可观的个人花费争取到补偿。令他更感耻辱的是，德布卢瓦小姐拒绝的那箱礼服落到了露西·诺克斯手里，她想知道自己能否得到其中一条丝巾；纳撒尼尔·格林的夫人凯蒂也在波士顿表示对其中一件礼服感兴趣。

　　紧接着，就在阿诺德递交辞呈的同一天，大陆会议收到了华盛顿的一封急件。华盛顿刚刚接到一份含混不清的报告：英军将领约翰·伯戈因在北面取得了一场令人震惊的胜利。目前没有人知道豪将军将正规军送上斯塔滕岛的运输船是想干什么。但是现在看起来几乎确定的是，伯戈因正率军直指奥尔巴尼。"现在务必……阻止伯戈因将军的推进，"华盛顿写道。他需要"一名富有活力、精力充沛的将官"立即前去北方军指挥作战，那就是本尼迪克特·阿诺德。"如果阿诺德将军已经办妥了他的事务并且可以离开费城的话，"华盛顿写道，"我就将推荐他去担起这项重任……他活力四射、卓有见识且英勇不凡……我毫不怀疑，他将在他已取得的荣誉上再添几笔。"

　　当天下午，大陆会议决定，不再接受阿诺德的辞呈，并命令他去莫里斯顿的华盛顿司令部报到。

第五章 黑暗之鹰

　　1777 年 7 月 6 日早晨，英军将领约翰·伯戈因醒后收到了一个惊人的消息。他的军队几乎未放一枪就拿下了泰孔德罗加堡和附近独立山（Mount Independence）上的要塞。

　　从冬到春，伯戈因都待在英格兰同英王乔治三世、国务大臣乔治·杰曼及其他官员们会面，努力将自己推销为一名英国战事的潜在救星。前一年秋天，他刚刚作为一名快快的旁观者见证了卡尔顿将军夺取尚普兰湖南端美军要塞的失败之役。在避免公然批评卡尔顿欠缺率军再战的韧劲和创造力的情况下，伯戈因上呈了自己小心翼翼打造的军事计划：他将以压倒性的炮火攻打泰孔德罗加堡，随即沿乔治湖（Lake George）湖岸行至哈德逊河，再挥军直下奥尔巴尼，并将在那里与豪将军从纽约沿哈德逊河北上的部队会师。伯戈因胸有成竹、近乎自负，他对自己征服泰孔德罗加堡的胜算颇感乐观，但就连他也未能料到，拿下泰孔德罗加堡居然可以如此之快。

　　这个美国要塞西南方向 1 英里多的地方是"糖面包山"（Sugar Loaf Hill, 今天的"Mount Defiance"，也即"反抗山"），这里的海拔超过 850 英尺。美国人清楚，如果在糖面包山山顶部署大炮的话，炮火将足以同时控制湖面和泰孔德罗加堡。然而，包括舒伊勒和盖茨将军在内，没有一位美国将军

决定对这个问题做些什么。美国人指望糖面包山的险峻足以令

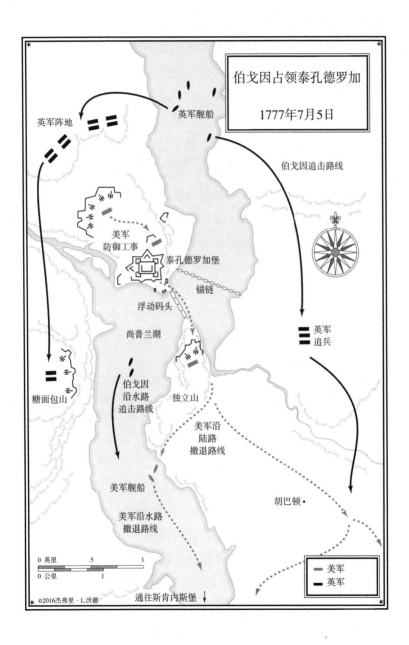

伯戈因占领泰孔德罗加

1777年7月5日

英军舰船

英军阵地

伯戈因追击路线

美军防御工事

泰孔德罗加堡

锚链

浮动码头

尚普兰湖

英军追兵

糖面包山

伯戈因沿水路追击路线

独立山

美军沿陆路撤退路线

胡巴顿·

美军舰船

美军沿水路撤退路线

0 英里 .5 1

0 公里 1

美军

英军

©2016杰弗里·L.沃德

通往斯肯内斯堡 ↓

英国人打消尝试在其山顶部署炮位的念头。

但正如伯戈因手下的一名炮兵军官所指出的那样："只要山羊能到的地方，人也能到；人能到的地方，他就能带上炮。"7月4日晚，英国人成功地将两门12磅大炮运到了糖面包山山顶近处。当美国将军亚瑟·圣克莱尔看到从那看似不可到达的山峰峰顶伸出了大炮炮管时，他立即意识到伯戈因已经成功对自己做到了一年多以前华盛顿曾在波士顿对威廉·豪做到的事情：当时，那位美军总司令将大炮运上了无人防守的多彻斯特高地山顶。像威廉·豪一样，圣克莱尔也意识到他必须将自己的军队撤出泰孔德罗加堡和独立山。

7月6日晚，美国人放弃了这座他们一度吹嘘为坚不可摧的堡垒，圣克莱尔的绝大多数士兵都沿尚普兰东面湖岸南逃。伯戈因派了1000名最精锐的英军和德籍士兵前去追击。但另一大部美军已经沿着尚普兰湖那如河道般狭窄的水道逃往30英里以南的斯基内斯镇（Skenesborough）。

英军在开始追击之前仍需克服一大挑战。一排浮动码头串起的22座沉湖桥墩构成了一座桥，这座桥现在连接着泰孔德罗加堡和尚普兰湖东岸的独立山。这处设施的北面就是伯戈因描述的"一排由铆螺栓和1.5英寸见方的铁制双链系起来的巨型圆木组成的锚链"。叛乱者们已经花了近一年的时间打造这个锁链系统，它在湖中就等同于一座难以逾越的防御墙。

但事实证明，锚索和桥梁都像这座堡垒一样脆弱得惊人。短短数分钟内，英军炮艇就开炮从锚索中炸开了一条通路，并在浮动码头上打出了一个50英寸的缺口。对于在这之后的情形，伯戈因写道："我们只用了半小时……就从敌人耗时10个月打造的不可逾越的障碍中找到了一条通路。"

伯戈因现在需要做一个抉择。正如他于前一年冬天在那份 111
为他赢得英军第二次从加拿大入侵美国统帅权的军事计划中所
写的那样，从尚普兰湖向哈德逊河投送军队的最佳途径是经过
乔治湖——这里距离泰孔德罗加堡只有 3.5 英里的陆路。在乘
船航行 32 英里抵达尚普兰湖南端之后，伯戈因的军队只需再
走过一段状况良好的道路，就能轻松到达哈德逊河。

另一方面，追击那些逃往斯基内斯镇的美军却没有任何战
略意义。在斯基内斯镇和哈德逊河之间有着 24 英里之长的沼
泽地带，穿越这个沼泽地带的唯一路线是一条简陋的小路，沿
着伍德溪（Wood Creek）泥泞的边缘通向哈德逊河。正如伯
戈因在他的“加拿大方面作战计划”中所预见的，走斯基内
斯镇路线将令叛军有机会以“砍树毁桥，或制造其他明显障
碍”迟滞他的行军。

伯戈因的一名顾问是 52 岁的效忠派前任军官菲利普·斯
基恩（Philip Skene）。作为斯基内斯镇的建造者，他充满热情
地阐述了在这座由他冠名的村庄和哈德逊河之间修一条路的前
景。但是，伯戈因既对其中潜在的陷阱了然于心，也十分刚愎
自用，所以不可能被这名自私自利的效忠派所打动。

在尚普兰湖的那个早上，真正占据了伯戈因心神的想法似
乎是在前任盖伊·卡尔顿的失败之地继续完成其所未竟之业。
前一年，当卡尔顿目送本尼迪克特·阿诺德“蚊子舰队”的
残部沿湖南逃、并随即整个放弃对泰孔德罗加堡的袭击计划
时，伯戈因只能沮丧地旁观。现在，伯戈因已经拿下了这座要
塞，并将美军驱离。他可以在美国海军的诞生地斯基内斯镇消
灭这支军队。不止于此，伯戈因还将在他那巨大的新旗舰——
113 英尺长、有 26 座炮位的“皇家乔治”号的后甲板上得意

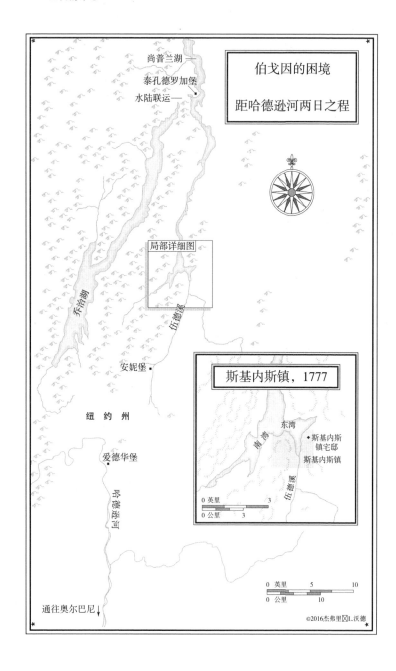

伯戈因的困境

距哈德逊河两日之程

尚普兰湖——
泰孔德罗加堡
水陆联运——

局部详细图

乔治湖

伍德溪

安妮堡 ·

纽 约 州

斯基内斯镇，1777

东湾

· 斯基内斯
镇宅邸

斯基内斯镇

南湾

伍德溪

0 英里　　　3

0 公里　　　3

爱德华堡 ·

哈德逊河

0 英里　　5　　10

0 公里　　10

通往奥尔巴尼 ↓

©2016杰弗里·L.沃德

地见识这个历史性时刻。

但是，这并不能改变一个事实：伯戈因的使命并非是斯基内斯镇，而是在泰孔德罗加堡督导他的军队从尚普兰湖转移到乔治湖。他本可以轻而易举地将追击美国海军的任务交给一名下属完成。但在最后，作为一位臭名远扬的赌徒，伯戈因没能忍住诱惑。看到自己悉心制定的计划的第一步几乎收获了立竿见影的成果，沉浸在狂喜之中的伯戈因犯下了他人生中的一个大错。他航向了斯基内斯镇。

113

在大陆军中服役的詹姆斯·撒切尔（James Thacher）是一名来自马萨诸塞州普利茅斯的年轻医生。午夜时分，撒切尔被从床上叫醒。他被告知，泰孔德罗加堡已经被放弃了，他必须"立即……接走伤病员，以及带上尽可能多的医疗器械，同时协助将他们运到岸边的平底船和小船之上"。随即在7月6日凌晨3点，美军船只开始航向斯基内斯镇。

美军舰队由大约200艘平底船和"蚊子舰队"勇敢的幸存者——两艘桨帆船、两艘纵帆船、一艘单桅纵帆船和仅存的一艘贡多拉炮艇组成。撒切尔回忆说，这些舰船"载满了大炮、帐篷、军需物资、老弱病残和女人"，一支由新罕什布尔皮尔斯·隆恩（Pierse Long）上校统率的600人卫队负责护航。

"这个夜晚月光照耀，舒适怡人，"撒切尔在日记中写道，"早晨的太阳迸发出不寻常的光芒，天气很好，水面平静，波澜不惊。湖岸两面都呈现出杂色斑斓的景致：巨石，山洞，岩壁，而所有这一切都被浩渺无垠的荒野所包围着。"某些时候，在群山之中穿行的湖面水道变得如此之窄，以至于他们见到的天空都几乎被"悬在头顶的峭壁"完全遮盖。

尽管对未来的战斗有所担心，但他们都相信"那些辛苦建造的桥梁、锚链、长索"足以暂时阻滞英军舰队。因此，用撒切尔的话说，他们"使自己……投入那些活跃我们心神的活动之中"。随着一杆横笛、一面大鼓奏出他们最爱的曲调，撒切尔在医疗器械之中发现了大量瓶装啤酒，他们"用瓶中的美酒来激励（他们的）心神"。

下午3点，他们那"神往怡人"的林间航行终结于一片大体呈三角形的水面——这便是斯基内斯镇港口。这里被树木丰茂、规模近乎山脉的山冈包围。斯基内斯镇南面便是伍德溪的入湖口，这座小村庄曾几何时主要由菲利普·斯基恩建造的石头庄园、谷仓组成，现在则增设了一年前由美军建造的一座大堡垒和营房。就在撒切尔一行沿伍德溪去往位于通往哈德逊河路途中点的安妮堡（Fort Anne）前，先在这里把平底船抬上岸，并拖拽过一段300码长的陆路。

这时，突然从北面传来了隆隆炮声。"我们在这里，"撒切尔写道，"原本对危险毫无察觉。真没想到！伯戈因本人正对我们紧追不舍。"斯基内斯镇战役就要打响了。

首先到达的是英军炮艇，但是最骇人的场景也许是出现在炮艇身后那艘排水384吨的"皇家乔治"号。在驶入斯基内斯镇港口之前，它那庞大的身躯几乎同时触及了两面的石崖。唯有两艘美舰——桨帆船"特朗布尔"号和纵帆船"自由"号作出了一些抵抗，但仅仅交火了几个回合，它们的指挥官就降旗投降了。同时，"盖茨"号、"复仇"号和"进取"号的船员们都在准备炸毁船上的弹药舱。甚至在英军炮艇抵达之前，就有几个团的英军士兵弃舟登岸，悄悄地登上了西面的山岳。现在美国人发现，英军正试图包围他们。

隆恩上校的士兵们放弃了一切有组织撤退的尝试，"只见他们四散奔逃，但求活命"。"这番绝境之下，"撒切尔写道，"我看见我们的军官们向着行李奔逃而去。我奔向平底船，抓起我的箱子，拖着箱子跑了一小段，随后从中掏出少数物品，并立即加入了撤退的长龙。"

绝大多数美军士兵都在英军切断退路之前奇迹般地逃出了斯基内斯镇。随着美军舰船爆炸后引起的大火延烧到那一排被丢弃的平底船上（许多平底船上也载有他们自身的火药），包括那座曾为阿诺德舰队生产厚木板的锯木厂在内，斯基内斯镇的所有建筑物都陷入一片火海。一名英军军官宣称自己从未见过"如此壮观的场景；除了舰船、建筑物等物体，所有悬石上的树木都着了火，一座很高的山峰顶上也起了火。火焰仿佛要毁灭一切"。

同时，美军全速向南退却。"我们选取了一条……从树林中穿过的窄径，"撒切尔写道，"追兵在后，我们倍感压力。甚至于，我们经常听到殿后的士兵高喊'快跑，印第安人正紧追不舍'。"但是，美军无须如此惊慌失措，因为伯戈因已经命令他的士兵全数撤回斯基内斯镇。 115

当伯戈因在"皇家乔治"号上目睹这场大火时，那景象一定令人畏惧。好在，对这位将军而言，在这场似将毁灭一切的灾难中还有一处例外：菲利普·斯基恩的石头庄园。这里远离斯基内斯镇的其他建筑物，完好无损。未来一段时间里，这栋壮丽的、未建造完毕的建筑就成了伯戈因的司令部。

五天后，伯戈因在他所称的"斯基内斯镇府"（Skenesborough

House）给国务大臣杰曼写信，他在信中对于决定在这座沦为焦土的小镇驻留没有表达任何不快。他的军队不仅拿下了泰孔德罗加堡、摧毁了可怜兮兮的美军舰队残部（事实上，沉没的叛军纵帆船仍有两条桅杆伸出湖面，在他的窗外清晰可见），还在东面的胡巴顿（Hubbardton）和南面的安妮堡战胜了美军。"我有信心实现我军令中的目标，"他宣称。事实上，伯戈因非常确信他能取得最终胜利，以至于他已开始展望下一个冬天。

"如果我看起来有什么功勋的话，"他写道，"为报偿阁下和吾王的支持，我斗胆请求一次休假，在冬天回到英格兰……我的体格不大适应美洲的冬天，并自信不会在回程时被人怀疑拖拖拉拉。"伯戈因仍未提及的事实是：前一年圣诞节，他曾在伦敦与一位朋友以 50 畿尼①打赌自己将在下一个圣诞节以英雄之姿归来。如果他想赢得赌注，他就必须得回到英格兰。霍拉斯·沃波尔（Horace Walpole）曾形容伯戈因为"吹牛将军……他夸口要以'三级跳'在北美纵横捭阖"，看起来这将成为事实。对国务大臣杰曼而言，这不是一个好征兆。

就在刚刚过去的春天，乔治·华盛顿都一度相信泰孔德罗加堡"若非血流成河，否则不可征服"。当华盛顿获悉这座要塞在一天之内就落入敌手时，他暴跳如雷。泰孔德罗加堡莫名其妙、突如其来的失守意味着，在北方军得到足以阻挡伯戈因那装备精良的强大军队的增援之前，奥尔巴尼就将有失守之虞。"弃守泰孔德罗加……是一次令人丧气的意外事件，我难以接受，也无法理解，"他在 7 月 15 日给菲利普·舒伊勒的信

---

① 17 世纪至 19 世纪英国发行的一种金币，价值略同一英镑。

中说。"这番打击确实严重，也令我们颇为痛苦。"

而与大陆会议的新英格兰代表们相比，华盛顿的回应尚算温和。新英格兰人确信，舒伊勒、特别是亚瑟·圣克莱尔少将必须因这次令人震惊、莫名其妙的失败而受惩罚。约翰·亚当斯坚称，"除非我们枪决一名将军，否则我们将永远无法守住一处阵地"。

一则在新英格兰地区流传的谣言（这被塞缪尔·亚当斯以一种黑暗的口吻向大陆会议引述）宣称，其实舒伊勒和圣克莱尔都是叛徒。詹姆斯·撒切尔在他的日记中以"极度荒谬"形容这个谣言，它指控两名将军一枪不放就弃守要塞是因为收受了敌人的贿赂。谣言宣称，"他们受的贿赂……是银制炮弹。伯戈因的大炮将银制炮弹发射到我们的营垒之中，圣克莱尔将军命令士兵们收集这些银弹，并和舒伊勒将军一起瓜分了它们。"

任何观点客观、并熟悉泰孔德罗加堡形势的人都会意识到，圣克莱尔实际上为他的国家立了大功——他以极高的效率撤出了他的部队。圣克莱尔不仅使北方军免于被俘，还在事实上为消灭敌军创造了条件。"根据我们一些见多识广、令人尊敬的人物们预测，"撒切尔于 7 月 14 日在哈德逊河东岸的爱德华堡写道，"这次事件表面上是个大灾难，最终却将被证明是一大利好。英国军队因此陷进我们国土的心脏地带，让我们的力量可以更方便地对付他们。"

即便是一度在第一时间表达了不满的华盛顿也认识到，其实伯戈因已经落入了一个由他自己挖下的大陷阱。法印战争时期，华盛顿曾在西宾夕法尼亚的森林中作为军事学徒服役。这段经历使华盛顿对于荒野行军所需要件的认知，远比一名因为在葡萄牙统率龙骑兵而获誉的英国将军来得现实。"在确保后

117

路安全之前，英国人是绝不会考虑前行的，"华盛顿于 7 月 24
日给舒伊勒写信说，"他们能够拿出来对抗您的兵力将会因分
兵殿后的缘故大大减少……；外加上行李、军需等辎重的拖
累，这种情形对他们而言将毫无疑问……是致命的。"伯戈因
即将切身领教：不管是英军还是美军，如果一支军队不能掌握
可以通行的湖泊或河流，那么在这片被一名德籍军官称为
"多山多水的邪恶大陆"的土地上，哪怕只是穿行极短的距离
也将极度困难。

伯戈因本可以先退却 30 多英里回到泰孔德罗加堡，再继
续他原初的计划，让部队沿着长长的乔治湖向南航行。但正如
他向杰曼解释的，"为避免因向后方移动而减弱敌人恐慌的效
应"，他决定留在斯基内斯镇，这里和哈德逊河畔的爱德华堡
之间有着 24 英里的泥泞森林。

如果伯戈因可以立即开始挥军南下的话，他或许已在合理
的时间之内跑完了这段距离。但现在他既已拿下了泰孔德罗加
堡，那么正如华盛顿之前预测的，伯戈因的第一要务是建立一
条从加拿大到这里的补给线；否则，他的军队就会开始忍饥挨
饿。此后数周里伯戈因致力于必要的后勤事务，这便给舒伊勒
以机会将这条通往爱德华堡的本就难走的道路——特别是从安
妮堡开始的那 18 英里——变得无法通行。伯戈因在上一个冬
天曾经准确预见的场景出现了，但这似乎并未促使他做出什么
建设性的尝试去阻止舒伊勒手下挥舞斧头的新英格兰士兵们倾
尽全力阻滞自己的军队前进。

伯戈因后来宣称，士兵们开路架桥的超高效率"证明了
自己坚持"从斯基内斯镇进军"是正确的"。可是事实上，就

在英军必须行经美国人用缠结的树枝树干布置的泥泞之路、向
南开路时，他们最终丧失了数周的宝贵时间。"这个地区是一
片荒野，这条道路上几乎处处如此，"伯戈因写道，"敌人在
道路两侧都砍伐大树，以此手段使路上的树枝纵横交织。我的
军队不仅要在寸步难移之处就地将这一层层树枝移走，而且还
有超过 40 座桥梁等着他们架设，以及更多的桥梁有待修理，
其中一座跨越沼泽的原木桥梁足足有两英里长。"

　　火上浇油的是，伯戈因决定带到奥尔巴尼的 43 门大炮
（起初他总共带来了 138 门）实在是过于沉重，无法拖过这条
新近清开的泥泞之路。伯戈因别无选择，只能通过乔治湖运送
炮兵部队——他把这个本可以简单一些的过程搞得太过复杂。
现在，他的军队分散在泰孔德罗加堡和斯基内斯镇之间。直到
7 月 31 日，英军主力才终于抵达了哈德逊河。

　　当伯戈因于 7 月 30 日给杰曼写信时，他依旧一派乐观。
他坚称："从我满怀荣耀地写上一封信到现在，没有发生任何
改变我战争热情的事。"在砍树、断流之外，舒伊勒的士兵们
还在坚壁清野，收走周边乡间的作物和牲畜。但对于这个现
实，伯戈因仍试图在信中用日渐空洞的高调加以渺视。"敌人
在撤退时，持之以恒地将他们眼前的人口、牲畜迁出，这对我
而言像是一种困兽之斗或者愚行，"伯戈因宣称，"这最终并
不能伤到我。"

　　伯戈因一直自信能取得这场战役的最终胜利。有一件事支
撑着他的这种自信：就在他开路架桥、一路向南挺进哈德逊河
时，巴里·圣列格（Barry St. Leger）中校正从西面的安大略
湖发起另一场牵制性的行动。一旦圣列格率军拿下莫霍克河
（Mohawk River）上游的斯坦维克斯堡（Fort Stanwix），他们就

118

将沿着这条水道顺流而下，与伯戈因在奥尔巴尼会师。随着两支英国军队从哈德逊河的相反方向夹攻而来，美国人就必须分散他们那本已捉襟见肘的兵力。这样，伯戈因像攻占泰孔德罗加堡一样轻而易举拿下奥尔巴尼的可能性就会提升。

但是，嗜赌成性的伯戈因还有一张王牌在手。尽管他在先后派出 10 位信使之后仍未从南面得到任何音讯，他相信威廉·豪驻扎在纽约的军队也正在北上奥尔巴尼。威廉·豪不仅会进一步分散美军用来对抗伯戈因的兵力，还将帮助他建立从纽约出发的第二条补给线，这一点尤为关键。当然了，这一切听起来顺理成章。但事实又是否如此呢？

亨利·克林顿将军于 7 月 5 日抵达纽约。克林顿刚刚为威廉·豪制定了赢得长岛战役的战略，但他的贡献却没有得到任何认可，酷爱争执的他因此已经无法容忍在纽约的下属角色。他在英格兰花了整个冬天试图递交辞呈。但杰曼和乔治三世夸赞了这位暴脾气的将军，甚至授予他巴斯勋章，这与豪将军赢得长岛战役后得到的荣誉相同。现在，已经回到北美的克林顿深知，杰曼和英王都对伯戈因从加拿大发动的突击满怀期许，希望这将是结束战争的致命一击。当克林顿得知豪将军其实无意与伯戈因合作，并准备将他的 18000 名士兵运上 267 条舰船掉头攻击费城时，他惊呆了。

接下来的整整一周里，两名将军进行了三次会面。克林顿尝试说服豪将军不要将他的舰队派去费城，而是沿着哈德逊河北上奥尔巴尼；这是唯一明智的调动。但是，一个屡证不爽的事实是：每当克林顿这个人提出建议，豪将军差不多都会反其道而行之。

　　克林顿为他们之间的讨论留下了笔记。这些笔记有时充满个人色彩，读来令人尴尬。他们彼此互诉不满，重翻旧账，一路追溯到了邦克山战役。这时豪将军对克林顿发泄了一番"刺耳之语"，两人都同意，"由于命运该死的安排，我们不可能同心协力了"。

　　克林顿很快意识到，豪将军并未充分体认到英国内阁对伯戈因远征奥尔巴尼的重视。诚然，杰曼并未明确指示豪将军必须与伯戈因协同作战。豪将军初次拿出进军费城的想法之后，杰曼也并未反对这个计划，他显然假定豪将军的军队将在春天征服费城，再在夏天将注意力转向北面。

120

　　但这一切计划和假设，都是在 6 月之前，而在这一整个月里，豪将军把时间都浪费在了同华盛顿在新泽西的猫鼠游戏之上。现在已是 7 月，豪将军显然已经不可能在攻取费城的同时抽出时间协助伯戈因。存其一必废其一。就在克林顿坚称如果豪将军不施予援手，伯戈因部就将陷入大麻烦时，豪将军只是冷冷地回应说："他已经向伦敦提交了计划，伦敦也批准了。他要做的就是遵守。"

　　鉴于豪将军极少将他的想法形诸笔墨，他的真实动机依旧遥不可测。有几种可能的动机混在一起——对伯戈因的妒忌，对克林顿的恼怒，或许还有一个秘而不宣的隐藏动机：因为前一年选择了不去歼灭华盛顿的军队，他已经丧失了亲手结束战争的唯一机会。如果他无法终结这场叛乱的话，他也许还能在战场上击败华盛顿，并以此获得满足感；而只要航向费城，克林顿（仍然留在纽约）和伯戈因就都不会再构成阻碍，这也给了他绝佳的机会，以实现击败华盛顿的夙愿。

　　从海路进军费城不仅能避免行经敌人领土的潜在困难，也能给他的兄长理查德·豪以机会，展现他作为一名航海家的高超技术。前一年秋天，理查德·豪率领大批纵帆船沿东河北上穿过那以难以通行闻名的"地狱之门"（Hell Gate）进入长岛海峡，令叛军大惊失色——这个壮举就连许多纽约州最老练的领航员也不能完成。将英军运往费城有两条航线可用，无论是沿特拉华河北上还是迂回到切萨皮克湾（Chesapeake Bay），对于像理查德·豪这样的老练水手而言都堪称是未知的挑战。航向费城将令豪氏兄弟分享这场行动带来的全部荣耀。

可是，占领叛军首府能否给战争结局带来显著影响还有待观察。如果克林顿的警告成真，伯戈因在进军奥尔巴尼途中遭遇了麻烦，那么豪将军就将对这一明显抛弃友军并使其自生自灭的决定百口莫辩。

122 由于风向不利，理查德·豪的舰队耽搁了两周多的时间。直到7月23日，他们才从桑迪胡克扬帆起航。月底，豪将军决定不沿特拉华北上，而是选择更远更长的航线——从切萨皮克登陆。尽管在海上多花的时间并不能使豪将军离费城更近，但却更有可能使华盛顿的军队位于他的部队和最终目的地之间。这样一来，豪将军与华盛顿进行正面对决的可能性就增加了——这正是他梦寐以求的。

在运输船上，士兵已被"折腾得翻来覆去"，并且饱受酷热之苦，马匹的痛苦甚至更为深重。纵是如此，当士兵们于7月30日得知他们的海上羁旅即将再持续数周、并把他们带往更远的南方时，理查德·豪的秘书安布罗斯·赛尔（Ambrose Serle）写道："（他们）坚持不懈，所有人都想到了最差结果……但求上帝保佑我们，安然度过北美一年之中最坏的时节最恶劣的气候带来的灾祸！"

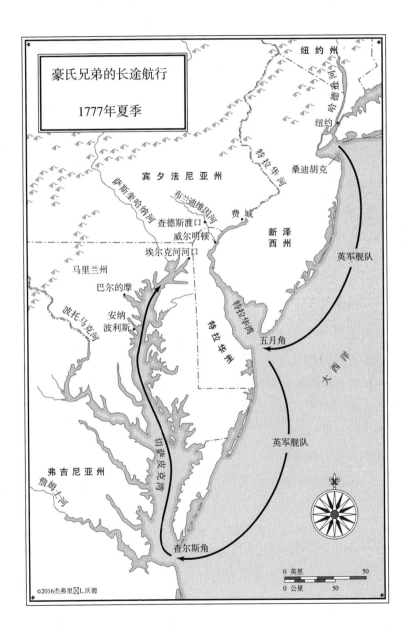

豪氏兄弟的长途航行

1777年夏季

©2016杰弗里⊠L.沃德

但是，赛尔最大的担忧并不在他的部队，而是在他们统帅的声誉。豪将军不仅拒绝支持伯戈因在北面的军事行动，并严重地贻误战机，还将在海上浪费更多时间。"当这个新闻传回英格兰，我亲爱的祖国将如何想？如何说？哦……我不能写更多了。我心乱如麻。"

当伯戈因离开加拿大时，他麾下的八千名英德士兵得到了数百名美洲原住民武装的支援。除了少数分布在纽约州的易洛魁部族外，大多数生活在哈德逊河以西的印第安人决定支持长期以来限制殖民者向西扩张的英国一方。伯戈因许诺给予这些援以照常掠取战利品的权利，包括敌人的头皮。早在拿下泰孔德罗加堡之前，伯戈因就发布了一项宣言，承诺"将授权麾下的印第安武装……压倒那些大不列颠的劲敌……不管他们藏在哪里。"对于祖先曾在一个多世纪以来与法国人、印第安人恐怖的荒野战事中深受其害的，纽约州和新英格兰州居民而言，这个威胁可不能等闲视之。7月19日，还在斯基内斯镇的伯戈因又吸纳了500名印第安战士参军，其中有些印第安人不惜从五大湖上游跋涉一千多英里赶来，为的就是把握与大不列颠并肩作战的机会。

在斯基内斯镇废墟外的树林里，英军搭起了一座"大木亭"，并在木亭中举行了一场精致的仪式。伯戈因在仪式上通过翻译对印第安人们说"在战斗中剥下战死者的头皮是可以的"，但他们"不能对俘虏或伤兵这么做"。目睹这场仪式的一名德籍军医回忆，印第安人以一场嘹亮的战吼回应，他们"用尽全部力气，从胸膛里迸发出声音"。印第安人在伯戈因将军面前载歌载舞，并随即喝下了英军提供的一桶朗姆酒。两天以后，印第安人向南进发，扑向美军。

接下来几个星期里，伯戈因的印第安战士们将爱德华堡郊外的森林变成了不幸驻扎在前哨基地美军士兵们的噩梦。7 月 21 日美军从爱德华堡派出了一支 34 人的侦察队，只有 12 人活着回来了。第二天，一名哨兵被杀，另一名则被剥去了头皮。紧接着又发生了一场遭遇战，一名美军军官将其形容为"一场狡猾的战斗"，印第安人杀死了 8 名美军民兵，并打伤了 15 人。印第安人处理尸体的方式使这些伤亡雪上加霜——美方死者都被曝尸于堡垒周边的树林之中。一名美军军官脚底板被切开；另一位美军军官则被虐杀后分尸，并吊在一棵树上。"这给我军造成了恐慌，"新到任的陆军准将、来自马布尔黑德的约翰·格洛弗写道，"当印第安人成为侦察兵时，我们眼前的危险无法预料。我军几乎遭受四面八方的火力（树林是如此浓密，我军无法辨识三码以外的敌人），然后才听到那可恨的战吼。这吼声在树林中可远传数英里。这块阵地上，我军既虚弱又分散，困顿异常，军力无论如何都不能与敌军相比。"

更糟糕的是，爱德华堡并不能给美军士兵们提供多少保护。"这里只剩下残垣断壁，"舒伊勒报告说，"完全不堪一击，以至于我经常能骑马从工事的两头穿过去。"美军士兵们除了舒伊勒所说的"一小片灌木"之外并没有什么可供躲避的掩体，经常降临的滂沱大雨"将人们淋得通体尽湿"。在恐惧、沮丧，以及愈来愈猖獗的疾病折磨之下，民兵们开始逃跑。

到那时为止，华盛顿已将他自己的军队移往哈德逊河西岸、纽约市以北约 50 英里处的国王渡口，防范着豪将军可能

124

的北移。7月末，人们在特拉华河口见到了英国舰队，但它们很快便从视线中消失了，其最终目标依然成谜。华盛顿深信，英舰突然转向南行只是一次佯攻。为了最终沿哈德逊河北上，豪将军仍将重新出现在桑迪胡克。可是，在他最终确信英国舰队的去向之前，他是不会开始向奥尔巴尼进军的。

同时，华盛顿开始设法给予舒伊勒一些他所需要的帮助。"自从收到您第一封信的时刻起，"华盛顿于7月18日写道，"我就感知到您苦于寻求一名干劲十足的军官作为支援的那股焦虑……我给大陆会议写信了，企盼他们派阿诺德将军前去……我不需要再夸饰阿诺德将军那人所共知的英勇、活力和军事指挥能力；他自己已给出了雄辩的证明，并赢得了公众和军队对他的信心——特别是东部的军队。"前一天夜里，阿诺德刚刚抵达华盛顿司令部，"放弃了现下对军衔的所有争辩"，准备前往奥尔巴尼，并最终到达爱德华堡。

即便在阿诺德抵达爱德华堡之前，他就已经引发了一些不必要的争议。7月21日在奥尔巴尼时，他被人听到"公开谴责了从泰孔德罗加撤退的行为，并宣称，为了一个受伤的国家，必须要牺牲一些人"。阿诺德抵达爱德华堡后，他的言论就很快传到了圣克莱尔将军那里——圣克莱尔正是泰孔德罗加堡的前任统帅，他也早已饱受他自己描述的"毁谤重压"之害。正如圣克莱尔在给华盛顿的信中抱怨的，"公众的偏见已经足够高企了，不需要再有一名和他同级的将军再出来火上浇油。"就在圣克莱尔面对面质问阿诺德这些言论时，阿诺德宣称自己"他已经完全无法回忆起此事"，如果他说了什么的话，"那也只是重申了这支军队和这个国家的某些情绪，或者是开玩笑般抛给"另一位军官的"一些疑问而已"。"残忍的玩笑，"圣克莱尔写道，"这使一个男人的生命和荣誉都濒临险境！"很明显，阿诺德对圣克莱尔这位曾经在晋升后压过阿诺德一头的陆军准将甚少同情。"如果我的晋升滋长了一些人的嫉妒之心的话，"圣克莱尔给华盛顿的信中写道，"这并非我所造成，我对此也始料未及。我和他们一样震惊。"

舒伊勒本人倒是对阿诺德的驰援感到非常高兴。他授权阿诺德统率部队的左翼。就在英国人向爱德华堡进发时，舒伊勒决定将他的主力部队移驻到摩西溪（Moses Creek）以南数英里处。同时，他派阿诺德率领几个旅的军队驻守斯努克山（Snook Hill），这个小小的前哨基地距离爱德华堡足够近，阿诺德可以密切观察英军沿哈德逊河的推进情况。7月27日，阿诺德在给华盛顿的一封信中报告说："树林里的印第安人是如此之多……我们的小股部队几乎已经不可能逃离他们。"在列举了一番他们如何"每天遭到印第安人羞辱"的情形后，阿诺德记述了前一天发生的一件特别恼人的事件。

"昨天早晨，我们在爱德华堡警戒。我们的100名士兵正在推进，却遭到一大群印第安人和英国正规军的袭击。"在阿诺德的前哨部队向大本营撤退的途中，一名中尉和五名二等兵被杀死并剥掉头皮，另有四人受伤。然而，印第安人对一位名唤简·麦克雷（McCrea）的25岁女性所做的事情尤为令人发指。麦克雷和一位名叫萨拉·麦克尼尔（Sarah McNeil）、年龄比她稍长的同伴正尝试投奔英国军队——麦克尼尔是伯戈因麾下一名将军亲戚，而麦克雷则已与一名当时正在驻防泰孔德罗加堡的效忠派订婚。她们在躲藏于爱德华堡附近的一座房子里时被两名印第安战士发现，其中一名战士叫作黑豹

(Panther)，他来自杨多特（或休伦）部落。在某一时刻，这两名女性被强行分开，麦克雷被杀害并剥下头皮。

黑豹后来宣称，麦克雷其实是被美国人杀死的——当时美军士兵正向他开火，而他想要将她带回英军阵地。另一个版本则说，两名印第安战士之间发生了争执，这最终促使他们杀死了麦克雷。不管事件真相如何，伯戈因在获悉一名平民女性被剥下头皮后勃然大怒，并坚持要将涉事的印第安人绳之以法。但当他意识到这将立即招致印第安人的背叛、甚至促使他们发起对英国人的复仇之后，伯戈因迟疑了。然而，损失已经造成。一名年轻女人（故事每重述一次，她就变得更美丽、更无辜、更悲惨）已被受雇于英军的印第安人杀害羞辱。

根据阿诺德自己的记述，两名女性"以最骇人的手段被枪杀、剥去头皮、扒光并戮尸。其中一名年轻小姐还有一个哥哥正在服役，是一名英国正规军军官"。阿诺德的叙述并不完全属实，但是他那震怒的腔调非常有助于将简·麦克雷的死亡炮制成一场轰动事件，这在一些人看来改变了战争的进程。

在这之后，简·麦克雷的惨死成为美国革命传说之中的恒定主题。然而，即便没有麦克雷的虐杀，伯戈因也成功触及了北美公众心中潜藏的普遍恐慌。就在泰孔德罗加失陷之前，伯戈因雇佣印第安人的行为就震骇、激怒了新英格兰人。他们对荒野战争的恐惧可以追溯到 1620 年新移民们抵达北美的那一刻。1777 年的整个夏天里，来自马萨诸塞、康涅狄格和新罕什布尔的民兵们开始踊跃加入北方军。特别是在新罕布什尔，共有超过十分之一的适龄男子志愿参军。新英格兰人不分代际对美洲原住民的恐惧甚至超过了他们对自由的热爱，这种恐惧最终激励新英格兰人奋起参军，消灭这支胆敢唤醒新英格兰人恐怖、绝望和负罪感之古老源泉的英军。

阿诺德也给华盛顿提供了一条建议。1775 年秋天，阿诺德在进军魁北克的途中曾经任命熟知荒野战事的丹尼尔·摩根（Daniel Morgan）统率一个弗吉尼亚步兵团。"我希望摩根上校的团可以被派到这里来，"他写信给华盛顿说。"我认为，我们应当在所有伯戈因和他的爪牙们可能选取的战场恭候他们……我们甚至可以在斯基内斯镇的英军大营同他们作战。"

接下来的日子里，华盛顿接受了阿诺德的意见。即便摩根的神枪手团是他自己部队的法宝，而接下来一个月里华盛顿都要与之痛别，但华盛顿还是认定，这些弗吉尼亚人应当如阿诺德建议的那样前往北方战场，以逆转形势。不管是舒伊勒还是盖茨最终都感谢华盛顿把摩根团派给他们，但这个主意一开始是阿诺德提出的。

8 月 1 日，阿诺德接到一名大陆会议佐治亚代表的来信。这封信告诉他"他的军阶资历不大可能会得到恢复"。此时正在冒危险为国家之所需而效力的阿诺德，已经被逼到与大陆会议决裂的临界点。舒伊勒写信给华盛顿解释说，阿诺德"已经向我请求就此退役归去。我建议他再等一段时间"。又一次，阿诺德先将他个人的愤怒和伤痛放到一边，继续同舒伊勒并肩作战。阿诺德在给华盛顿的信中赞美舒伊勒"已经做了一名男人在此情境之下所能做的一切。我很遗憾地听说，他的人格曾遭到如此不公的毁谤和中伤"。

正如已发生的事情一样，舒伊勒和阿诺德的未来都不会决定在战场上，而是决定在费城宾西法尼亚州议会大楼里。

谁应当为弃守泰孔德罗加堡负责，成了大陆会议辩论的焦

127

点。辩论中，马萨诸塞州代表坚定地贬损舒伊勒——约翰·亚当斯将舒伊勒描述为"北方军的邪恶天使"——并吹捧霍雷肖·盖茨。"我选择盖茨，"塞缪尔·亚当斯在给弗吉尼亚代表理查德·亨利·李的信中说，"他诚实、真诚，并有着赢得士卒爱戴的长才，因为他经常身先士卒，并且同士兵们分担危险和疲劳。"这种说辞刻意忽视了在 1777 年的整个冬天里，盖茨都待在奥尔巴尼舒适的司令部，而不是和他的士兵们一同坚守泰孔德罗加堡。8 月 2 日，新英格兰代表们在给乔治·华盛顿的一封信里赤裸裸地表达了他们的愿望："我们冒昧向阁下表示，在我们看来，没有人比陆军少将盖茨更能恢复北方军的融洽、秩序和纪律，并挽回败局了。"

　　一年多以来，盖茨对独立指挥权孜孜不倦的声索已经不可避免地在他自己和华盛顿之间制造了紧张气氛。正如华盛顿和查尔斯·李、约瑟夫·里德（他刚刚拒绝了统领新成立的大陆军骑兵部队的任命）之间曾发生的那样，大陆军总司令与盖茨之间已经产生了一段嫌隙。华盛顿本人有着近乎无穷无尽的雄心壮志，这需要他的下属们给予他必要的顺从和敬重。

　　代表们要求华盛顿为他们的人选背书，对此华盛顿则回应称，自己希望"能免于作出这一任命"。华盛顿宣称，大陆会议历来将北方军视为"一支特别受他们直接统辖的部队，那里的指挥官经常出自他们的提名"，他将因此服从大陆会议的决定，特别是在"指挥官人选问题或将招致极为利益攸关之重要后果"的情形下。一如预期，大陆会议随即任命盖茨为北方军新任司令。华盛顿例行公事恭喜了他的前副官，表示"祝您成功，并迅速重振此地区的军事局面。"

接下来的日子里，大陆会议将注意力转向了阿诺德的军衔问题。阿诺德现在是舒伊勒将军所信任的下属，这一现状并不能为他赢得马萨诸塞州那些权柄在手、最终成功将盖茨扶上北方军司令大位的代表们的欢心。8月8日，在经过两天的辩论后，代表们就一项修正法案进行了表决，这项法案要求"根据阿诺德卓越的功勋和之前的军衔"重新核算阿诺德的年资。计票结果显示，法案以6对16的劣势遭到了压倒性否决。那些本州将军已经在2月晋升到阿诺德之上的代表一律投了反对票。尽管阿诺德同舒伊勒的关系可能是决定性因素，但马萨诸塞州代表詹姆斯·洛维尔（James Lowell）却宣称，这事实上是出于原则。"在这最为关键的时刻，这（指阿诺德的资历）是一个关乎君主制原则和共和制原则之间冲突的重大问题，"他在给新罕什布尔代表威廉·惠普尔（William Whipple）的一封信中解释说。为了维护大陆会议对军队的无上权威，必须做出某种牺牲。在洛维尔看来，牺牲品就是本尼迪克特·阿诺德。

亨利·劳伦斯（Henry Laurens）是一名南卡罗来纳的新晋代表。劳伦斯在得知"功勋卓著的宿将、陆军少将阿诺德"遭到大陆会议这番对待后感到无比震惊。"大陆会议对这件事的算计令人恶心，"他写道，"（阿诺德）遭到拒绝，并非因为他功劳不足、或者提出的要求没有根据，而只是因为他提出了要求，而如果大陆会议准许，他们的面子将受到损害。"劳伦斯确信，这次投票将"使我们失去一名军官，并可能在军中造成更为深远的恶劣影响"。就在此时，舒伊勒和阿诺德不得不先注意别处发生的大事。

弃守泰孔德罗加堡后，美国人在这一区域唯一具备一定规

129

模的要塞便只有斯坦维克斯堡了。它是一座面积 200 平方英尺、由木头和草皮组成的工事,位处莫霍克河上游的战略要地,即今天的纽约州罗马市。斯坦维克斯堡的指挥官彼得·甘斯沃尔特(Peter Gansevoort)来自一个荷兰家庭,他们祖上从 1660 年开始就生活在这个地区了。在 1776 年美军从加拿大撤退的灾难性行动中,年仅 28 岁、身高 6 英尺的甘斯沃尔特以其勇气和领袖气质脱颖而出。1777 年 5 月,甘斯沃尔特被任命为斯坦维克斯堡指挥官。这座破旧的防御工事要追溯到法印战争时期,尽管曾经改名为舒伊勒堡(Fort Schuyler),但人们通常仍以原名称呼它。

甘斯沃尔特和他的士兵们得知,有一支声势浩大的英军有可能从安大略湖以西向斯坦维克斯堡扑过来。他们狂热地工作,以重建这座堡垒 15 英尺厚的防护墙、2 英尺厚的炮垛,以及从这座堡垒各个角落伸出的矛头状棱堡。8 月 2 日,就在最后一船军需品到达时,英军中将巴里·圣列格统率的英军前锋已经对美军发动了突然袭击。很快,美军就被 800 名不列颠、德国裔和效忠派士兵,以及 800 名印第安人包围了。

750 名美军士兵挤在一座设计容量仅为其人数一半的要塞之中。距离这里最近的美军前哨阵地也有 30 多英里之远,位于通往奥尔巴尼的莫霍克河下游。这座要塞的指挥官经受了极大压力,特别是在泰孔德罗加堡新近的挫败之后。这个夏天的稍早时候,甘斯沃尔特的哥哥曾经给他写信说:"我恳求、拜托你和你的团不会让纽约州民兵蒙羞。"他写道:"你的父亲相信你要么胜利,要么死去。"

甘斯沃尔特决定,大陆旗(Continental flag)——左上角
有联合王国旗(Union Jack)图样的红白横条旗——必须持续

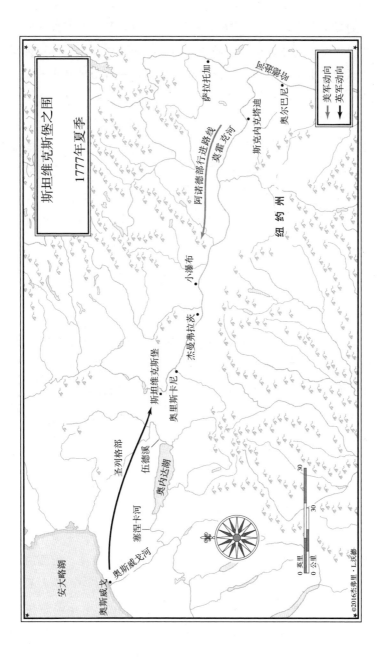

飘扬在要塞上方。不幸的是，甘斯沃尔特手头上并没有这样一面旗帜，因此他决定自己制作一面。一面斗篷和一些衬衫构成了旗帜左上角的蓝底，红白条纹则由副指挥官马里努斯·维莱特（Marinus Willett）制作。这面旗帜被形容为"从各色人等那里汇集而来的一团大杂烩。"8月3日，就在英军围困的第二天，这面临时制成的旗帜在斯坦维克斯堡上空升起了。据维莱特说，"这面旗帜足够大。看着它迎风飘舞，大家的精神都为之振奋。"

8月7日，甘斯沃尔特得知，750名新英格兰民兵组成的增援纵队在斯坦维克斯堡以东12英里的奥里斯卡尼（Oriskany）遭遇圣列格的印第安人武装伏击。包括近100名奥内伊达斯人（Oneidas，易洛魁部族的一支）在内的美军援军伤亡率超过一半，其中385人阵亡。第二天，圣列格给甘斯沃尔特传去口信：除非美军立即投降，否则他的印第安战士"将杀死要塞里的每一个人"。凌晨1时，维莱特和另一名美军军官悄悄溜出堡垒，踏上了求援的"秘密征程"。第二天，甘斯沃尔特回应圣列格说："我已下定决心……为美利坚合众国守住这座堡垒、军营，直至最后一兵一卒。他们将我部署在这里，抵御所有敌人的进攻。"

8月3日，伯戈因终于得到了威廉·豪方面的消息。这封信被折叠起来塞进了一枚中空的银制弹壳，信使如果被俘就会将其吞下——事实证明，这是一个必要的预防措施。伯戈因的两名信使都已经被叛乱者们绞死。这封信带来了一个恼人的消息：豪将军正在向费城进发，不能帮助他了。克林顿还在纽约，但他的兵力太少，也不足以支援伯戈因。通常乐于向人倾诉的伯戈因这一回决定将这条最新信息秘而不宣。

伯戈因逐渐明白，他将不大可能从北面获得任何支援，这使这个消息变得更难下咽。指挥权旁落伯戈因的卡尔顿余怒未消，他宣称说他不会派出所需的兵力来护卫从加拿大往南的补给线，这意味着伯戈因必须将 900 名士兵留在泰孔德罗加堡。

随即，伯戈因受到了也许是最令人丧气的意外打击。

迄今为止，他麾下服役的印第安战士们都干得很好。他们 132 不仅在敌人之中制造了恐怖，而且还抓到了能为他提供情报的俘虏。"印第安人干得漂亮，"他在 8 月初写信给杰曼说，"每一天他们都抓来俘虏，有一些甚至来自美军营地数英里后……我努力保持他们造成的恐怖，同时避免让他们行事过于残忍。我认为我已在很大程度上成功了。他们勇敢地出击，只剥下死人的头皮，并放过当地居民。"当然，这一番描述不尽准确。伯戈因并未提及简·麦克雷的惨死——这件事已在伯戈因和西面的印第安人之间种下了嫌隙，他们日益对伯戈因试图缓和他们行动的行为感到不满。8 月 5 日，印第安人宣布他们将撤回老家去。伯戈因尽其所能说服印第安人留下来，但数天之后他们还是离去了，只留给了伯戈因不到 100 名士兵。

这显得极为讽刺。就在简·麦克雷在北美地区引发的众怒登峰造极之时，伯戈因却失去了手下的大部分印第安士兵。这份失望与南北两面的坏消息结合，迫使这位英国将军直面一个可怕的现实：从现在开始，他只能孤军奋战。8 月 20 日，伯戈因告诉杰曼："战斗的前景……和我上次写信时相比已经大为黯淡……我没想到自己会在得不到纽约方面任何合作的情况下，在这个国家如此之广的土地和如此之多的敌军之间杀开一条血路……但我还没有气馁。"

德籍将军弗里德里希·阿道夫·冯·里德泽尔（Friedrich Adolph Baron zon Riedesel）男爵（许多英国人将他的名字拼成"雷德·哈泽尔"）的妻子可以证实这最后一条陈述的真实性。就在英军停驻在爱德华堡以筹集渡河进军奥尔巴尼所需的巨量补给时，伯戈因没有显示出丝毫的绝望。里德泽尔男爵夫人此时和丈夫及三个孩子在爱德华堡附近的一座被他们称为"红房子"的小建筑物过了三个星期田园牧歌式的生活，她回忆伯戈因"喜欢享乐，半个夜晚他都在和他的情妇——一名物资供应官的妻子一起痛饮、欢歌；他们都热爱香槟酒"。

此外，伯戈因至少还有一个希望所在。就在西面的莫霍克河，巴里·圣列格刚刚在奥里斯卡尼击败了纽约州民兵，并且
133 仍在围困斯坦维克斯堡。如果足够幸运的话，他将拿下这座堡垒，并随即开往奥尔巴尼。这就迫使伯戈因采取措施阻止美国人增援斯坦维克斯堡的企图。"因此，"他向里德泽尔将军解释说，"至关重要的便是左翼应该分出一支部队采取行动威慑敌人，阻止他们派兵袭击圣列格。"为了阻止阿诺德（伯戈因误以为阿诺德正在统率美军）挥军向西，伯戈因必须派出一支特遣部队向东行军。

8 月 16 日，伯戈因派出了一支 1400 人的队伍，绝大多数士兵都是德籍。他们的任务是向东行军，搜寻乡间的军需物资和马匹。当天早晨，就在本宁顿（Bennington）镇附近，他们成了天纵鬼才约翰·史塔克（John Stark）的猎物。

史塔克是邦克山的英雄之一，也在特伦顿战役有所表现。他做到了阿诺德只是威胁要做的事。得知一些年轻军官晋升到他之上后，他并没有同反复无常的大陆会议磨磨蹭蹭，而是直

接辞职。很快，他就获得了新罕什布尔州议会赋予的独立指挥权，在短短六天内募集了 500 名士兵，组成了一个独立旅。现在，不向任何人负责——至少不向大陆会议负责——的史塔克将自己视为一名陆上海盗。当舒伊勒命令史塔克加入驻防在哈德逊河的大陆军时，他回答说"史塔克选择独自为战"，并宣布他决心留在伯戈因军队的左翼。8 月 16 日，史塔克完美布阵，击败了由英军中校弗里德里希·鲍姆（Friedrich Baum）统率的搜刮小队。史塔克将这场战役形容为他所见过的最"激烈"的军事行动。战斗结束时，史塔克清点发现，有 207 名敌人阵亡，700 人被俘。这意味着在短短一天之内，伯戈因就损失了约 15% 的兵力。

8 月第二周，舒伊勒的军队已经向南面的奥尔巴尼方向撤退得更远了。尽管他希望阿诺德同他一起防守哈德逊河，但还是勉强同意派阿诺德将军解救斯坦维克斯堡。马里努斯·维莱特已经抵达舒伊勒的司令部，并向他阐述了这座被围困堡垒的处境有何等绝望。很快，阿诺德踏上了沿莫霍克河北上的征程。

8 月 21 日，阿诺德已经行军超过 80 英里，抵达了杰曼弗拉茨（German Flatts）。一些友好的奥内达易洛魁人刚刚去过斯坦维克斯堡，他们向阿诺德报告说，圣列格手下有大队英国正规军和印第安人，阿诺德必须在继续西行之前等待增援，否则一场类似奥里斯卡尼那样的大屠杀将不可避免。就在阿诺德于杰曼弗拉茨等待增援时，他偶然发现了一条可以解斯坦维克斯堡之围，却又不使任何一名美军士兵冒险的途径。

在阿诺德 1775 年秋天穿越缅因州荒野的远征中，曾有一群阿本乃吉人（Abenakis）人随行，这其中就包括了纳塔尼斯（Natanis）。魁北克围城之战时，纳塔尼斯和他的兄弟萨巴蒂斯（Sabatis）都在那里。根据一段迟至 1870 年才见诸记载的传说，纳塔尼斯预言，被他称为"黑暗之鹰"（the Dark Eagle）的阿诺德终将在实现膨胀野心的征程中彻底失败。尽管这段预言很可能是伪造的，但截至指挥溯莫霍克河解救美军的军事行动之时，阿诺德的确有着与美洲原住民打交道的丰富经验。还在杰曼弗拉茨的时候，阿诺德就开始意识到，易洛魁人手里也许掌握着解救斯坦维克斯堡美军的关键。

易洛魁（Iroquois）部族的六个部落分别是莫霍克（Mohawk）、奥内达（Oneida）、昂昂达加（Onondaga）、卡育加（Cayuga）、塞涅加（Seneca）和图斯卡罗拉（Tuscarora）。他们的领土从哈德逊河和尚普兰河谷一直延伸到西宾夕法尼亚。易洛魁人已经在这片领土内享受了几个世纪的和平，并发展出了高度精致的文化和政治体系，以至于有人曾认为，在北美人民对十三个英国殖民地如何成为一个国家这一问题的观念演进之中，易洛魁人也有一定的贡献。但是，这场革命改变了一切。绝大部分易洛魁部落站在了英国一边。然而，部分出于对莫霍克河美国定居点的亲近，部分出于长老教会牧师塞缪尔·柯克兰（Samuel Kirkland）的影响，奥内达部落选择与美国并肩作战。统一的易洛魁族至此分裂，这让阿诺德看到了一个机会。

阿诺德的士兵们刚刚抓到了一些纽约州效忠派，其中有一位名唤汉茹斯特·舒伊勒（Hanjost Schuyler），是小瀑布（Little Falls）周边城镇的居民。汉茹斯特娶了一位奥内达妻子，许多人称汉茹斯特"既是原住民，也是白人"。汉茹斯特

在这个地区的易洛魁部落里很有名，其中也包括那些此前与英
国结盟的易洛魁人。阿诺德手下的一名军官约翰·布鲁克斯　135
（John Brooks）中校建议，美军可以假装将汉茹斯特定为叛国
罪并判处绞刑，然后，作为争取赦免的交换条件，汉茹斯特或
许会愿意协助美军说服圣列格的印第安同盟军解除围困。阿诺
德立即批准了这个方案，并将汉茹斯特的兄弟扣为人质。很
快，汉茹斯特被释放，并前往斯坦维克斯堡。

8 月 20 日，英军的包围线推进到了斯坦维克斯堡周边 150
码之地。美军士兵们知道他们年轻的指挥官毫无投降之意，也
知道英军指挥官已经承诺将默许印第安人大肆屠戮，他们因此
变得格外焦躁不安，当天夜里就有三个人做了逃兵。甘斯沃尔
特担心逃亡现象会变得无法控制，于是他决定，如果未来几天
里援军还不能到达的话，他就必须发起一场夜间突围，以冲出
英军包围圈。

8 月 21 日，汉茹斯特抵达了斯坦维克斯堡周边的英军包
围圈。他气喘吁吁地宣称，他刚刚从本尼迪克特·阿诺德那里
逃出来，而阿诺德正率领 1000 多名士兵向这里推进。汉茹斯
特还额外将自己的外套射满了弹孔，以此证明他从美国人那里
逃出来有多么艰难。很快，一名刚刚到达的奥内达人也说了一
个差不多相同的故事，只是在他的版本里，阿诺德现在有了
2000 名士兵。又没过多久，第二名奥内达人冲进了英军军营，
声称阿诺德的兵力现在已经达到了 3000 人。

圣列格的印第安盟友们本已对围困斯坦维克斯堡缺乏耐
心，也已在奥里斯卡尼之战之中遭受了远远高于预期的伤亡。
这不但是一场极其残酷的战斗——一名年轻的塞涅卡战士宣
称，"（战场上）血流成溪，沿着地势直往下流"——他们还

得和自己的族人同室操戈。易洛魁人已经对这场战斗的缓慢步调颇有微词，也因美国革命给他们带来的这场骇人内战而深受创伤。于是，莫霍克人、塞涅加人和其他圣列格领导之下的易洛魁人决定，退出这场对斯坦维克斯堡长达 19 天的围困。

对于巴里·圣列格中校而言，这一切结束得太快，令他困惑乃至恼怒。就在这座堡垒即将落入圣列格之手的时候，他的印第安战士们在汉茹斯特·舒伊勒和一些奥内达人的蛊惑下抛弃了他。他对阿诺德是否要发起进攻毫无头绪（其实美军的救兵还在 40 英里开外），但在失去了印第安盟友的支持后，他也不得不撤退解围。第二天，他和麾下士兵们就启程撤回安大略湖了。

对于斯坦维克斯堡要塞的指挥官而言，这是一场奇迹般的大转折——特别对北纽约州的居民而言，甘斯沃尔特成了他们的救命恩人。哪怕是那些最不信任他的新英格兰人，比如约翰·亚当斯，也赞扬了甘斯沃尔特，说他证明了"守住一块阵地是可能的"。但是，正如斯坦维克斯堡里那超过 700 名从围困中生还的美军士兵所乐于承认的那样，归根结底还是本尼迪克特·阿诺德救了他们一命。

8 月 30 日，在长达 38 天的航行之后，威廉·豪的军队终于抵达了切萨皮克湾最北端，马里兰州的埃尔克河河口（Head of Elk）。一如预期，这段航程酷热难耐，27 名士兵、170 匹马死亡。入夜时分，猛烈的暴风雨裹挟着雷电持续袭击着舰队，几艘英舰遭到直接雷击，至少一艘起火。登陆之后，英国人花了一周时间休整，直到士腾马饱之后才开始向费城进军，这段路接近 50 英里。这时华盛顿已经聚集了一支接近15000 人的军队，驻扎在敌军及其最终目的地之间。

9 月 1 日，华盛顿接到了阿诺德已解斯坦威克斯堡之围的消息。"我敢拍胸脯说，这场战争里，我们不需要再对那个地区的战事有所担心了，"他写信给约翰·汉考克说，"他们已经遭遇的耻辱与失望，都将给印第安人的动向带来有利于我们的改变。"斯坦维克斯堡和本宁顿的胜利带给了华盛顿一种昂扬乐观的情绪，特别是考虑到豪将军现在一定已经意识到抛弃北面的伯戈因是一个极为重大的错误。受到北面美军胜利激励、甚至可能有点嫉妒的华盛顿决定在东宾夕法尼亚地区的战场对抗英军。

9 月 5 日，华盛顿发布了一条一般命令（General Orders），号召发动"一次勇敢进击"。这与他 6 月份于新泽西使用的防御战略大异其趣。"在其他每一个战场，美国军队都在最近取得了飞速般的成功，"华盛顿宣告说，"谁会对效仿他们的高贵精神感到迟疑呢？谁会没有雄心和他们一起，作为自由的捍卫者、作为这一代人和后世千千万万人民之和平与幸福的助产士，得到同胞和所有子孙后代们的掌声呢？……如果我们像男人一样战斗，这第三次战役就将是我们的最后一次。我们是主力军；我们的国家企盼我们的保护。整个美洲和欧洲都在注视着我们……关键时刻即将来临。"

9 月 10 日，作为对英军突然间贲夜北行的回应，华盛顿将他的军队部署在布兰迪维因河（Brandywine Water）东岸一线的查德斯渡口（Chadds Ford）。当天夜里，两位效忠派告诉威廉·豪，在北方 12 英里处有一个渡口似乎为美国人所忽视。豪希望在黑森将军威廉·冯·克尼普豪森（Wilhelm von Knyphausen）佯攻查德斯渡口的同时以主力部队转向左翼，如果一切顺利，就可以给华盛顿来一个攻其不备。届时豪将军将实现他的夙愿，复制长岛战役的胜利。

138

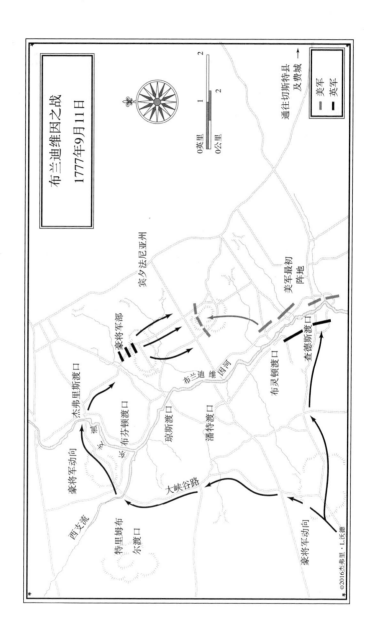

布兰迪维因之战
1777年9月11日

0英里
0公里

宾夕法尼亚州

美军最初阵地

通往切斯特县
及费城

美军
英军

蒙将军部

查德斯渡口

布灵顿渡口

布兰迪维因河

杰弗里斯渡口

布里芬顿渡口

琼斯渡口

潘特渡口

蒙将军动向

西支流

大峡谷路

特里姆布尔渡口

东渡口

蒙将军动向

©2016杰弗里·L.沃德

但华盛顿已经察觉了威廉·豪的动向。9 月 11 日早晨，一早的报告显示，英军一支大规模纵队借着浓雾掩护，正在沿着布兰迪维因河西岸北进。华盛顿没有采取保守的策略、将右翼士兵部署到位以防备北面可能的进攻，而是恢复了以前的好战本性，决定采取攻势。赶在豪将军进攻华盛顿右翼之前，美军大部将渡过布兰迪维因河，先歼灭兵力较弱的克尼普豪森部。然后，华盛顿将把注意力转向豪将军——他的士兵们将在长达 15 英里以上的盛夏行军后筋疲力尽。华盛顿只要一口一口地吃掉豪将军分散的部队，就能实现那场他自两年多以前取得大陆军总司令职位后就心心念念的"勇敢进击"。

前一年冬天，华盛顿曾建议阿诺德说，"除非……您可以合理保证自己取得一场笃定的胜利，否则，我就将使出一切手段，要求您……放弃进攻，……并对敌维持防御态势。"现在，就在布兰迪维因河岸，华盛顿却打算无视他自己的建议。正如泰孔德罗加堡的约翰·伯戈因，华盛顿即将把一个小心翼翼、深思熟虑的作战计划弃之不顾（"据点战"），转而选择豪赌。孤注一掷的华盛顿决定，主动出击。

几乎就在华盛顿派出格林和沙利文将军统率 4000 名士兵渡河突击克尼普豪森不久后的上午 11 时左右，他开始得到讯息，称豪将军的纵队已经神秘地消失了。华盛顿很快相信豪将军正准备以一场佯攻来愚弄他，他刚刚派遣渡过布兰迪维因河的部队将独力面对英军的全部兵力。华盛顿推翻成命，命令他的士兵退回布兰迪维因河东岸。尽管华盛顿得到一份讯息说一个纵队的英军士兵的确正企图从右翼包抄美军，华盛顿和幕僚们依旧乐观，认为他们已经洞悉了豪将军的全部计划。这名通

139

信兵回忆说："（华盛顿）嘲笑了我的情报，派我回去……不置一词。"但事实上，豪将军已经从北面渡过布兰迪维因河，并即将袭击美军那兵力薄弱的右翼。华盛顿的指挥技巧再一次逊人一筹。

在美军右翼阻击英军推进的艰巨任务落在了约翰·沙利文将军头上。尽管已经没有时间好好部署兵力，沙利文手下的官兵仍然漫无目的地射出了数量惊人的炮弹和子弹，以至于连远处的费城也能听到炮火连天的巨响。一名英军军官写道："那枪林弹雨就像最为恐怖的地狱之火……炮弹犁过地面，树木在头顶开裂。火炮劈开树枝，葡萄弹将树叶打得犹如秋天的落叶一般。"对华盛顿而言，比这场史称布兰迪维因战役（Battle of Brandywine）的灾难更加难堪的是，他意识到如果自己坚持了稍早之前的决策、继续防守的话，他的军队本可以严阵以待，给英军以迎头痛击。正如长岛战役所发生过的那样，华盛顿军事指挥能力上的欠缺使他的军队失去了与英国人堂堂正正一决高下的机会。

在战斗的后半段，就在英国人即将突破美军右翼时，华盛顿军团之中的最新成员——20岁的拉法耶特侯爵被一发子弹击伤了大腿。当这位法国军官离开战场时，大陆军正在全面撤退。黄昏渐浓的时分，就在华盛顿和幕僚们随着士兵的洪流一起撤退的时候，这位美军总司令向他的新任副官蒂莫西·皮克林（Timothy Pickering）说："为什么我们遭受了这场彻头彻尾的溃败？"

第六章　萨拉托加

8月30日，在莫霍克河与哈德逊河汇流处的一座小岛上，本尼迪克特·阿诺德提笔给北方军司令部写报告。此时的阿诺德已获悉，大陆会议已投票否决恢复他的年资，可阿诺德非但没有生气，他的自信反而日渐增长：正如春天在里奇菲尔德做到的那样，他有信心向大陆会议证明他们犯下的错误。阿诺德刚刚解救了斯坦维克斯堡的美军，并且不放一枪就解除了英军从西面而来的威胁。再考虑到在北面与伯戈因迫在眉睫的战斗中，阿诺德将注定扮演重要角色，大陆会议将别无选择，只能拨乱反正，还他以公道。

就在阿诺德待在莫霍克河的两周半时间里，驻防在哈德逊河西岸的北方军已经大有转变。不仅本宁顿的胜利提振了部队的士气，源源不断加入进来的新英格兰民兵与南方大陆军士兵也让北方军焕然一新。然而，过去数月以来陆续达成的这些成就，却被北方军新任司令——霍雷肖·盖茨收割了。

对于盖茨的前任菲利普·舒伊勒而言，此刻他的境遇不可能更糟了。他和盖茨对北方军指挥权的争夺已持续一年有余。这年春天，舒伊勒似乎终于要成为这支部队无可争议的指挥官了，可是随即便发生了泰孔德罗加堡耻辱的失陷。纵使此后舒伊勒花了一个半月时间致力于为后来战争中可能的决定性战役打下基础，大陆会议还是把他召回了费城。"我已经做了力所能及的全部事情……，"舒伊勒在给盖茨的信中说，"但是，我却与胜利失之交臂。将军，胜利留给您了，您即将收割我的工作成果。"

作为一名曾在舒伊勒手下干得舒心的将军，盖茨的到来立即将阿诺德置于一个困难的境地。但阿诺德也有理由保持乐观。前一年他和盖茨曾在尚普兰湖有过愉快的合作。的确，如果没有盖茨，阿诺德也许不会打那场瓦库尔岛之战。当阿诺德持续羞辱那些主持审判摩西·哈岑的军官时，是盖茨拒绝执行法庭坚持逮捕阿诺德的决议。瓦库尔岛之战前数周，就在阿诺德一边紧张地等待英军进攻、一边写出一封封需索无度牢骚满腹的信件时，盖茨的回应也显出了惊人的耐心。瓦库尔岛战役结束后，许多人都在批评阿诺德损失了舰队主力，盖茨却坚定地支持他的下属，即便阿诺德忽视了盖茨要求他只对英国人打一场防御战的命令。按理说，阿诺德应当对回归盖茨麾下心怀感激、充满愉悦。

其余北方军战士看起来显然也对指挥权的变更表示高兴。舒伊勒是一名纽约贵族，他从未想要博得新英格兰人的好感。和华盛顿一样，舒伊勒并不喜欢依赖这些民兵们，他们服役期很短，并因不可靠而臭名昭著。另一方面，盖茨自波士顿围城之后就大声赞颂民兵，并满怀爱怜地称呼民兵为"我的扬基佬"，也难怪北方军中的许多新英格兰人敞开双臂接纳了他。一名军官盛赞盖茨"使我们的军务焕然一新"；另一名军官则宣称，自从盖茨抵达后，"这是我所待过最快乐的军营：军官和士兵们都对他信心满满。"

可是，阿诺德却毫无类似的反应。也许是出于对舒伊勒的由衷感戴，也许是被大陆会议的不公对待气坏了，阿诺德任命了两名军官做他的幕僚，分别是亨利·布罗克霍斯特·利文斯顿（Henry Brockholst Livingston）和理查德·瓦里克（Richard Varick）。这两人都与盖茨的前任关系密切，这桩人事变动因此几乎等同于冲撞他的新任司令。阿诺德和盖茨性格迥异，前一年两人之所以合作无间，部分原因在于他们之间隔着长长的尚普兰湖。阿诺德情感上太过迟钝、太富侵略性，也太过冲动，这让他很难与一名从未带兵打仗、以行政见长的司令密切共事。

对盖茨而言，过往经历已经向他证明了阿诺德很可能成为一名难以掌控的手下。盖茨也深知，斯坦维克斯堡和本宁顿的胜利与自己根本无关，而伯戈因军队的失败也开始像要成为既成事实（fait accompli）。盖茨先入为主地认定，阿诺德是一名舒伊勒时代以来危险的留任者，并将试图夺走本属于他自己的荣耀。

但至少在一开始，一切似乎都还在正常运转。就像他之前的舒伊勒一样，盖茨也指派阿诺德指挥北方军左翼部队。现在，这支部队还加入了一员魁北克远征时的老将丹尼尔·摩根上校和他的弗吉尼亚步兵团。他们配备的步枪拥有线膛枪管，使子弹像弧线球一样旋转得更快。和滑膛枪相比，这种步枪的射程和精准度都大大提高。然而，尽管这种步枪以惊人的精准闻名，但它上子弹太费时间，而且不能配备刺刀。这使摩根的步兵团在英军的刺刀冲锋面前颇为脆弱。也许是因为阿诺德的敦促，司令部已在此前决定为摩根的部队配备由陆军少校亨利·迪尔伯恩（Henry Dearborn）指挥的 250 名精挑细选的轻步兵。迪尔伯恩是另一位参加过魁北克之战的老战士。有了迪尔伯恩的滑膛枪士兵加盟，这支本已是北方军精锐的部队成为一

143

支灵活得多、也强大得多的武装力量。

9月14日，伯戈因的军队通过以船只临时搭起的浮桥，抵达了哈德逊河西岸临近萨拉托加镇的地方。本宁顿的失败与斯坦维克斯堡传来的坏消息都令他深受打击，但归根结底，这块土地本身才是伯戈因最大的敌人。如今他才开始意识到，不管组织多么完备、准备多么充分，没有军队可以在涉足北美荒野的落叶林之后还能企盼自己全身而退。失去了绝大多数印第安盟友，补给只够用一个月，北、西、南三面也增援无望——在这块满是参天大树和蚊虫滋生的沼泽的国度，伯戈因的士兵们孤立无援。与此同时，他们得知新英格兰民兵和弗吉尼亚步枪手们就在周围的森林中，像一群掠食的鸟儿一样聚集着。他们必须杀开一条通往奥尔巴尼的血路才能回到文明世界。

没有了先行一步渗入树林的印第安侦察兵的帮助，英军便形同失明。他们对敌人的方位不甚清楚，不得不自己摸索南下奥尔巴尼的行军线路。他们修桥开路，清扫倒下的树木，负责军需供应的船队则紧挨着河流西岸，一路紧随（这些平底船不仅仅是浮动的大马车，它们还在有必要沿哈德逊河退却的情况下提供了一种可能的撤退方案）。直到9月18日，当英军在临近大溪谷（Great Ravine）边缘——一处既深又长，树木茂密的峡谷，一条小溪从这里流向哈德逊河——的一块空地宿营时，他们终于在此地遇到了敌人。

当时，美国人已经开始在哈德逊河旁的一座小山丘的山顶平地布防，这座名叫贝米斯高地（Bemis Heights）的山丘在大溪谷以南约3英里处。盖茨将美军部署在这座100英尺高的陡崖上，令伯戈因只能作出两种选择：要么硬生生闯出一条去往奥尔巴尼的路、尽管这条路势必因夹在贝米斯高地与河流之间而拥挤不堪，要么陷入美军阵地所在的草原台地周围环绕的森林，进行一次艰难的正面进攻。盖茨并没有主动攻击英国人，而是希望敌人主动跑过来，以面对在高地上有决定性优势的美军。

永远闲不下来的阿诺德却不满足于只是守株待兔。9 月 18 日早晨，盖茨批准了阿诺德率领 3000 名士兵北进试探的请求。从贝米斯高地上放眼鸟瞰，可以看到一片刚刚开发为农田的宽广平原。平原之中点缀着一个个树桩，森林密布的沟谷在其间纵横交错。东面是哈德逊河，西面则是树林覆盖的山丘。当阿诺德的纵队走过树木茂密的地带时，他们突然碰到了一群正在农民废弃的耕地上挖土豆的人。军粮不继的英国人渴求食物，这些人便是一队由士兵和女性随军者组成的觅食队。尽管这些觅食者手无寸铁，阿诺德的士兵还是开火了，他们共打死打伤了 14 人，并抓到了一些俘虏。直到英军援兵赶到，美军才被迫撤回贝米斯高地的大营。

到 9 月第三周，随着南方入伍的大陆军士兵和新英格兰、纽约州民兵源源不断的加入，北方军的兵力已经超过了 9000 人。他们仍在这块新近占据的高地上构筑阵地，最终建成了一条 3.25 英里长的 U 形胸墙。在这条防护墙后面，阿诺德在左侧占用了一栋小型红色农舍，而盖茨则进驻了中部的另一座农舍。9 月 18 日早晨，中途去职的约翰·史塔克终于率领一小队新罕什布尔民兵从东面赶到。纵使一场战役已是迫在眉睫，史塔克还是宣称他的士兵们即将服役届满。不管战事的结局是什么，他都有权从北方军撤离。

当天夜里，还未将行李卸下后背的新罕什布尔人围在篝火

145

边，他们小声探讨盖茨提供的赏金是否足够说服他们留下来作战。结果盖茨提供的金额显然不够。午夜 0 时 5 分，史塔克和他的士兵们便自行离开，消失在黑暗之中。盖茨麾下的一名军官后来回忆说，史塔克的一旅士兵在第二天一定听到了战斗的声音，"但没有一个人回到战场。"

9 月 19 日早晨时分盖茨得悉，伯戈因的军队正向他的方位移动。哈德逊河东岸树林里的美军侦察兵也报告说，他们可以看到几个纵队的敌军士兵出现在大溪谷的树林边缘里。但是盖茨对于进攻满怀犹豫：他的军队部署在河边高地上，位置优越，补给充足；而伯戈因部却粮饷不继。在盖茨看来，最佳战略就是以逸待劳，耐心等待，再与英军接战。可是阿诺德又一次对于深入了解敌军阵地迫不及待，于是盖茨在他的提议下，同意派丹尼尔·摩根的步兵团前去探勘英军的前进方向。

从效忠派分子约翰·弗里曼（John Freeman）持有的一处农场南端的树丛边缘放眼望去，摩根侦察到由陆军少校戈登·福布斯（Gordon Forbes）统率的英军一个团已经部署在农场废弃的住宅和外屋周边。隐蔽在树丛之中的摩根指挥士兵们一一认出敌军军官，这些军官对美军步枪手的出现浑然不觉，他们喉头闪烁着的银制护喉甲暴露了他们的身份。这些目标一进入美军视线，素来从后方指挥作战的摩根下令手下开火。福布斯团的每一名军官都或死或伤，幸存者急速跑回了身后的树林。摩根确信他们是遇到了一支孤立无援的英军先遣队，于是继续追击。直到他们跑到农地的另一端附近，摩根和手下士兵才发现有近 1600 名英军士兵正在树丛后面严阵以待，这些士兵都是伯戈因军队中央纵队的一部分。

几乎是以一敌三的美军士兵陷入混乱，在农地上四散奔逃。骑马领导这次鲁莽冲锋的罗伯特·莫里斯（Robert Morris）少校更是措手不及，以至于不得不纵马从英军阵线中穿过。他误打误撞地逃出生天，毫发无损地跑到农场另一边，最终夺路而逃、穿过树林，回到了弗里曼农场一侧的美军阵地。接下来的一个小时里，摩根就在这里发出他标志性的"火鸡鸣"，重整他散乱的一营军队。

战事也许会止步于此。如果盖茨贯彻他的战略，那么摩根就将持续监视、骚扰英军，但避免与英军接战，这样伯戈因就会在第二天推行那个攻击美军左翼的计划。然而，很大程度上拜阿诺德所赐，这场战事即将以一种不同的方式开场。

1776 年春天阿诺德从加拿大撤退时的副官、詹姆斯·威尔金森上校现在是盖茨的一名幕僚，他将此战称作一场"意外的"战斗。当天，英美指挥官都没有主动求战，但随着摩根的士兵无意中撞上了伯戈因的中央纵队，战场上便出现了一个不曾预料的变数。据威尔金森描述，站在他身旁的阿诺德在"中军帐前，倾听轻武器的隆隆声"，盖茨则不情不愿地允许他的这位副司令持续将左翼美军的兵力投送到弗里曼农场的战斗之中——而盖茨和阿诺德甚至无法从贝米斯高地看到这场战斗。随着一队队美军增援抵达，战场上的喧嚣不断高涨，直到当天日落时分，美国革命之中最为酷烈的一场战斗达到了高潮。

这的确是一种不寻常的指挥方式。盖茨要求他的高级将领们与他一起留在贝米斯高地山顶（威尔金森报告说"9 月 19 日没有一名将官身处战场"），这阻止了包括阿诺德在内的任

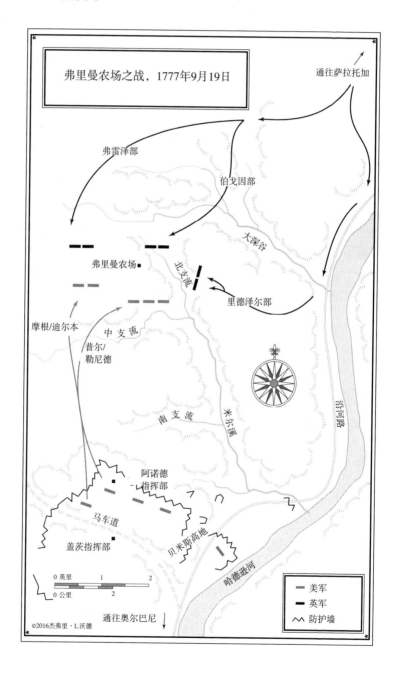

弗里曼农场之战，1777年9月19日

通往萨拉托加

弗雷泽部

伯戈因部

大深谷

弗里曼农场

北支流

里德泽尔部

摩根/迪尔本

中支流

普尔/勒尼德

南支流

米尔溪

沿河路

阿诺德指挥部

马车道

盖茨指挥部

贝米斯高地

哈德逊河

0 英里　　　1　　　　2
0 公里　　　　　2

通往奥尔巴尼

©2016杰弗里·L.沃德

美军
英军
防护墙

何人指挥战场上的作战。盖茨并不情愿抽调他贝米斯高地大营上的大多数士兵参战，也显然不愿意派出任何一名将军。看起来，盖茨是在刻意阻止弗里曼农场的战斗升级为一场要么大胜、要么惨败的决战。端坐山头的盖茨决心要稳妥行事。

但这并不是说，当天在弗里曼农场的美军士兵们就此成为一群散兵游勇。实际情况恰恰相反。凭借那些下级军官与普通士兵们的英勇和技艺，威尔金森称当天美军一方的战斗"更多受惠于匹夫之勇，而非军事纪律"。不同于长岛战役和布兰迪维因之役，这一回，美军在与英军作战时靠自己的力量站稳了脚跟。

叛乱者们的抵抗是如此顽强，以至于伯戈因相信盖茨已经发动了一场总攻。全部美军都将排山倒海地扑向自己——在这个错误印象的支配下，伯戈因决定派西蒙·弗雷泽（Simon Fraser）率领 2000 名士兵驻扎在英军右翼的一座山丘上，一旦英军中央纵队碰到麻烦，西蒙就可以率军驰援。这一决定令弗雷泽无法发动对美军左翼的包抄。按照威尔金森的估计，如果这个包抄实现，就将给英军带来决定性的优势。

英美两军都不愿将主力部队投入战斗。尽管整整一天里弗里曼农场战斗的惨烈程度与时俱增，但战斗从未跳出其一开始的模式：先是一方正面进攻，然后换到另一方，两军轮流在尸横遍野的战场上发起冲锋，然后被击退，穿过战场，退回一开始出发的树林，并在那里再度集结。"战斗以这种方式起起落落，"威尔金森写道，"就像是风暴海面上的片片波浪，甚至比海浪更胜一筹：整整四个小时，没有一刻止歇。"

就在弗雷泽爬上英军右翼的高地时，英军军中军衔最高的德籍将军冯·里德泽尔男爵率军另辟蹊径，从左翼沿着通向奥

149

尔巴尼的道路南下。战场中央的伯戈因以 1600 名士兵对抗着战场上几乎全部的美军兵力，其数字在傍晚已经增加到了 3000 人。"无论在进攻或是防守中，很少有军事行动比这一回更窒碍难行了，"伯戈因稍后写道。英军中士罗杰·兰姆描述这场战斗是"一团持续燃烧的火焰……英美两军似乎都下定决心，要么死亡，要么胜利"。伯戈因评论美军狙击手说，他们"躲藏在己方战线后的高树上，那里的硝烟不曾有一分钟的间隔。在我军战线里，所有被抬下火线的军官都至少中了一枪"。就在枪林弹雨之中，伯戈因依旧是鼓舞人心的人物。"伯戈因将军无处不在，"陆军中尉威廉·迪格比写道，"他做到了一名人们期许的英勇军官所能做的一切。"

另一方面，盖茨却从未离开贝米斯高地美军大营的安全环境（一名军官宣称，在战斗进行期间的某些时候，盖茨甚至在另一名军官的帐篷里闲聊）。自始至终，盖茨都要求阿诺德留在他的身边。对于一名像阿诺德这样冲动的人而言，很难想象有比一场他始终能听到却无法看到、且有他手下士兵参与的战斗更残酷的折磨了。终于，阿诺德忍无可忍。

夜晚将至，就在盖茨和阿诺德站在美军大营之前时，军需副处长摩根·刘易斯（Morgan Lewis）上校从战场归来。威尔金森在现场目击了此后发生的事。"在将军的询问下，（刘易斯）报告了军事行动悬而未决的进程；阿诺德随即大声宣称，'以上帝的名义，我将很快终结它'，然后策马飞驰而去。刘易斯上校很快看到盖茨说："你最好命令他回来，战事进行得很顺利。他也许会因轻举妄动而招致祸害。"对阿诺德而言，这毫无疑问是他生命之中最为暴怒和屈辱的时刻，特别是喊他回来的是他的前任副官威尔金森。

有关 9 月 19 日阿诺德参与作战的情况，几乎没有可信的第一手记载，但有一个例外。新罕什布尔的伊诺克·普尔（Enoch Poor）是一名陆军准将，正是他的晋升使约翰·史塔克下定决心从大陆军中除役。一年以前，普尔曾是那个赦免了摩西·哈岑、并要求逮捕阿诺德的军事法庭庭长。现在，普尔是阿诺德左翼部队的一员。战斗第二天，他写了一封信。"阿诺德以他惯常的鲁莽，冲入了最密集的战阵之中，"他报告说，"他有时如疯子一般。我一次也没有看到他，但是 S（应该是亚历山大·斯卡梅尔上校，他正在战场中央）在早晨告诉（我），阿诺德看起来并不只是想带头冲锋，当敌军之中有显著目标暴露位置时，阿诺德会亲自端起步枪，仔细瞄准。"

对于阿诺德的战场表现已不可能确切描述，但这一定发生于阿诺德与威尔金森的会面之后。阿诺德到达战场太晚了，并不能打出什么战绩。一度被排斥在战场之外的阿诺德怒不可遏，他从周围狙击手的手中抢走步枪、向敌军乱射一通，以此发泄不满。阿诺德可悲而非英雄气的行为堪称是接下来事件的不祥预兆。

黄昏时分，就在英军中央纵队看起来将最终溃败时，冯·里德泽尔将军应伯戈因之请从英军左翼冲入，迫使美军撤退。夜幕降临时，这场战役实质上结束了。尽管伯戈因宣称英军获胜，但他还留在战场上时，他的军队就已经受到了有可能致命的打击——700 名英军士兵伤亡，并有 150 人被美军俘虏。美军所有人都清楚，给英军带来这次迎头痛击的士兵，几乎无一例外都来自阿诺德的麾下。

第二天一早，一团浓雾笼罩在哈德逊河河岸。早上七时左

150

右，一名面孔被前一天战役的硝烟熏黑的英军逃兵穿越美军战线，被押送给盖茨将军。一名 18 世纪的士兵在开始填装火枪子弹时，要先咬下纸筒弹药卷的末端，再将火药注入枪膛。一场战役结束时，士兵的半边脸——如果他右手持枪的话就是右脸——就将沾满火药，以至于脸颊尽黑。据威尔金森说，这位满脸火药的逃兵告诉盖茨，伯戈因的"全部军队都已整装待发，只等一声令下就会攻击我们的防线"。

151　　盖茨相信贝米斯高地上的阵地坚不可摧，但实际上，9 月 20 日早晨的美军极度脆弱。美军右翼也许正如伯戈因后来形容的那样"无法攻破"，但左翼却并非如此。美军左翼军营的胸墙远未完成，驻防在那里的美军士兵几乎都在前一天经历了长久艰苦的战斗，已经人困马乏。据威尔金森称，由于"后勤组织不善"，他们都还没有补充弹药，绝大多数人也没有上刺刀。拜浓雾所赐，20 码以外不可能看到任何东西，令英国人有机会发动一场压倒性的刺刀冲锋。

　　盖茨命令美军士兵们保持警戒。接下来的一个小时里，他们站在防线上，紧紧盯着那层迷雾。威尔金森称之为"悬念和恐怖的期待相交织的一个小时，人们的想象被希望、恐惧和焦虑占据；许多人甚至都听到了敌人的行军，还有人用肉眼辨认……英军纵队的推进。但到了早上八九点之间，太阳已经驱散了雾气，我们还是没有看到敌人"。

　　威尔金森后来从伯戈因手下的一名军官那里获悉，英国人的确曾计划在早晨发动进攻。然而，在弗雷泽指出原定领衔冲锋的掷弹兵和轻步兵"看起来因为前一天的战斗而精疲力竭"后，伯戈因就将行动推迟到了下一个清晨。等到 9 月 21 日黎明时分，一名间谍进入英军营帐，带来了纽约克林顿将军寄来的加密信件。克林顿并没有足够的兵力攻击奥尔巴尼，但他有能力沿着哈德逊河做出"一次进击"，最远可以抵达纽约市以北约 50 英里的蒙哥马利堡（Fort Montgomery）。这与伯戈因期待从豪将军那里获得的支援尚有很大差距，但克林顿对蒙哥马利堡的袭击也许将迫使盖茨抽调一部分兵力南下援助。即使这并不能真正改变什么，伯戈因也决定在听到克林顿的回复之前，先推迟自己部队的进攻。于是，威尔金森口中英军的"绝佳的黄金机会"就这样溜走了。

五天以前，在 250 英里以南的宾夕法尼亚，乔治·华盛顿正在准备他一周之内与英国人的第二次战斗。尽管布兰迪维因之役并未如他的预期进行，但华盛顿士兵们的士气依旧惊人地高昂。如果再来一次机会的话，华盛顿的军队就将胜利——他也确信这一点，特别是考虑到保护费城免遭英军攻击的重要性。

几天以前，华盛顿刚刚率军渡过舒伊尔基尔河（Schuylkill River）。豪将军如果想占领费城，就必须渡过这条虽浅但是流速快的水道。随后，"怀着不管在何处遇见敌军都要和他们作战的坚定意愿"，华盛顿又一次决定主动邀战。他命令士兵们回头渡过舒伊尔基尔河。

布兰迪维因之役后，豪将军并不急于追击美军。但是现在，他渴望一场进攻。华盛顿的军队有 12000 人；豪将军则有 18000 人。在反复渡过舒伊尔基尔河后，华盛顿的军队一定已是人困马乏、足力不继。9 月 16 日豪将军派康沃利斯追击时，华盛顿尝试将他的士兵们部署在南谷山（South Valley Hill）山顶，并在那里阻止英军过河。

在一切战斗开始之前，华盛顿意识到，他的士兵们并没有足够时间来布置一条合格的防线。于是，华盛顿命令军队随着他紧急撤退到山谷里。这座山谷也许提供了华盛顿副官蒂莫西·皮克林（Timothy Pickering）宣称的"最有利的阵地"，但这会不会酿成另一场布兰迪维因之役仍未可知。

此时天空已经迅速变暗，本已寒冷干燥的风现在成为一阵暴风。随后在下午五时左右，美军开始与约翰·埃瓦尔德上校率领的先头猎兵部队展开近距肉搏战。这时，埃瓦尔德形容的"一场非凡的暴风雨"骤然而至，这场"世上最猛烈的滂沱大雨"倾泻而下有如倾盆，道路几乎在顷刻间就成了泥泞沼泽。平民向导詹姆斯·帕克（James Parker）称其为"一团泛滥的泥浆，道路陷得如此之深，以至于炮兵无法移动"。大量降水使战斗变得不可能——士兵们的武器无法开火。

豪将军本人在大雨中暂避于临近的靴子旅馆（Boot Tavern），而华盛顿别无选择，只得下令撤退。华盛顿的军官们报告说，这场降水几乎使所有人预存的火药都泡汤了。亨利·诺克斯估计因此不敷使用的装药数已经达到了令人震惊的 40 万发。由于英军的双皮瓣弹药盒使他们的弹药保持了干燥，华盛顿必须在他和英军之间保持一大段安全距离。最终，在历经近 14 个小时的艰难行军后，华盛顿率军走完了这精疲力竭的 6 英里路程，抵达耶洛斯普林斯（Yellow Springs）镇。所谓的"乌云之战"（Battle of the Clouds）便到此结束。

弗里曼农场之役结束后的几天里，北方军中的几位著名军官都宣称，9 月 19 日美军不管赢得了什么荣耀，都应该归功于本尼迪克特·阿诺德的努力。阿诺德也许并没有在战场上花太多时间，但他确是那个发布命令、指挥士兵前进的人。实际上，如果盖茨先前同意阿诺德率领左翼美军出战的热切夙愿，当天的战事也许就将以美军的压倒性胜利而告终。

但是，我们也可以换另一个视角检视弗里曼农场之役。盖茨对投入兵力的犹豫迟疑和阿诺德的好战天性，这两者结合起来，便在实际上造就了一个非凡的战果。这场战役或将永远刺痛盖茨和阿诺德，但是当天在贝米斯高地上，两人之间的确形成了一种高度成功的合作模式。

坚持防御性思维的盖茨并未冒险将北方军的主力部队投入战斗，只是不情不愿地允许了阿诺德的左翼部队再给伯戈因的军队补上一刀，令后者蒙受了几可等同于威廉·豪在邦克山之战受到的损失。怎样平衡谨慎用兵和大胆出击这两种彼此冲突的需求，这是乔治·华盛顿尚需学习的一课。可是，盖茨和阿诺德是两名性格截然不同的军事统帅的事实没有改变，他们会因彼此之间的干涉而大发雷霆，哪怕这种干涉确实是两人都需要的。尽管弗里曼农场之战是美军的一场大胜，这场战役却在实质上无可挽回地破坏了盖茨和阿诺德之间一度融洽的关系。

盖茨和阿诺德间的矛盾也可以表述为一场下属之战。在阿诺德这边，是他的副官理查德·瓦里克（Richard Varick）和亨利·利文斯顿（Henny Livingston）。这两人后来都将拥有极为成功的职业生涯（瓦里克后来成为华盛顿的私人秘书、纽约市长；利文斯顿则成为联邦最高法院的一名陪审法官）。但在1777年9月，他们还是菲利普·舒伊勒手下年轻气盛的门生，对霍雷肖·盖茨心怀轻蔑。舒伊勒撤回奥尔巴尼大大刺激了他们（舒伊勒让他们摧毁他的信件），而盖茨和阿诺德之间

154

关系的恶化则使他们喜出望外，两人无疑会鼓动阿诺德朝着最坏的倾向发展。

盖茨这一边则是詹姆斯·威尔金森。威尔金森曾担任过阿诺德的副官，他深知这位将军的激越本性使他易怒。弗里曼农场之役后的几天里，他有意推行了几项明显是针对左翼统帅的军中新政。甚至还在这场战役之前，威尔金森就自作主张，将一些新近入伍的民兵拨给右翼部队——哪怕盖茨已经向阿诺德承诺将把这些新兵派给左翼。瓦里克高兴地形容说，这次变卦"在盖茨与阿诺德之间"造成了"一处小小的嫌隙"。紧接着这场战役之后，威尔金森又想出了一个重整军队指挥系统的主意，以让摩根和他的步兵团直接向盖茨报告，而非向左翼的阿诺德报告。

雪上加霜的是，那份威尔金森几乎笃定插手过的弗里曼农场之役官方报告里根本没有提到阿诺德和他的左翼美军。报告宣称："单独表扬某些军官是不公平的，所有指挥官都配得上大陆会议的尊敬和掌声。"阿诺德开始确信，盖茨正是在威尔金森的唆使下不仅要夺走他应得的功勋（如果他要赢得一名陆军少将应得的合理年资，这些功勋正是他需要的），还夺走了他手下最珍视的步兵团。阿诺德一如预期地大发雷霆，当天晚上就在盖茨的军营里当面顶撞了他。

所有史料都显示，这次会面成了一场污言秽语横行的争吵。当阿诺德宣称摩根步兵团本应由他指挥时，盖茨回应称鉴于阿诺德刚刚在 7 月份向大陆会议递交了辞呈，他或许根本就不具备在北方军序列中的合法位置。据威尔金森说，阿诺德以"愤言和粗话"回应，并声称自己要撤回费城。阿诺德本以为盖茨会非常看重他的军事才能，不会允许他怒而离去，他似乎是在指望盖茨让步。但恰恰相反，盖茨爽快地同意了阿诺德的提议。

盖茨并没有就此罢休。本杰明·林肯（Benjamin Lincoln）是一名在二月份晋升时军衔超过阿诺德的军官。9月19日的弗里曼农场之战中，盖茨命令正在哈德逊河东岸执行另一场任务的林肯尽快与北方军会合。如此一来，第二天之后，北方军的二把手就将是林肯而非阿诺德，阿诺德即便离去也将无碍。这可能是阿诺德头一回得悉林肯将加入北方军，情绪激动的他满怀愤恨与挫败感回到了自己的指挥部。

尽管暴怒不已，阿诺德似乎也确实是对他的遭遇大惑不解，当天夜里他给盖茨写了一封信。"丝毫无意冒犯也无意擅离职守"的他表示无法理解为什么"（自己）经受了司令部最冷酷的对待，并被以一种即便名望与军中地位不及我的人也会感到羞耻的轻蔑态度欺侮"。鉴于盖茨已经不再需要他，阿诺德希望"加入华盛顿将军的部队，尽管我留在北方军中已无裨益，但在那里（华盛顿部）我仍将有权为国家效力"。

就在阿诺德向他的司令开诚布公时，盖茨也在当晚给妻子写了一封同样恳切的信件倾诉衷肠。"身心俱疲，我将持续经受它，"盖茨抱怨道，"这对我的年龄和身体状况而言太过沉重……一名美军的将军必须承担一切，而这并非是一个男人所能长期独力负担的。"这是一个被职责压倒的男人发出的悲叹。这封信没有任何愤怒或蔑视情绪；他只是太累了。盖茨没有提到阿诺德，他直率地承认，自己无法胜任肩上的重责。我们有理由怀疑，盖茨和阿诺德一样，只是威尔金森阴谋的牺牲品罢了。阿诺德的副官理查德·瓦里克便坚信于此。他在给菲利普·舒伊勒的一封信中声称，威尔金森"是阿诺德和盖茨之争的根源。"

当阿诺德将要离开的消息传遍了美军军营，许多军官表达了对这位失意将军的支持。普尔准将甚至向他的同僚军官们提议联名给阿诺德写信，对他"在上一场战役中的表现"表示感谢，并请求他继续留在军中。考虑到一年以前普尔在泰孔德罗加堡时曾要求逮捕阿诺德，这一回他的公开声援就显得更出人意料。但是，在他努力将这些新近表达出来的支持论调写成一封正式声明后，"大家安静了下来，"利文斯顿向舒伊勒报告说，"一些人是出于嫉妒，另一些人则害怕得罪盖茨……他们都希望（阿诺德）留下，但太过懦弱，不敢声张他们的情绪。"

156　　很快，康涅狄格民兵军官莱昂纳德·切斯特（Leonard Chester）少校向威尔金森提出了实现和解的可能性。显然，阿诺德那些毫不掩饰对盖茨之憎恶的副官们才是症结所在。威尔金森向切斯特保证，如果阿诺德本人同意赶走利文斯顿（他是一名志愿兵，想必是两人之中更容易被牺牲的），这就将"为和解敞开一扇大门"。但当切斯特将此动议转达给阿诺德时，这令他勃然大怒。阿诺德宣称："我的决断从未受到任何人影响，我也不会牺牲一位朋友去取悦那个'泥巴脸'。"阿诺德未能承认任命两名前舒伊勒副官为幕僚从一开始就是个错误，头脑发热、棱角分明的他在此刻已经决定了自己的命运，而这个命运从一开始就由詹姆斯·威尔金森精心准备好了。

利文斯顿和瓦里克最终都被迫离开了北方军，阿诺德本人则决定留下。无论他迄今为止已经忍受了多少压力，他仍不准备像约翰·史塔克和那些新罕什布尔民兵那样，在战役前夕离开军队。

9月末，盖茨迎来了4000名入伍的新兵，这其中有许多来自新英格兰的民兵。美军兵力达到13000人，已经差不多是英军的两倍。同时到来的还有一群奥内达人，他们将给美军提供价值非凡的俘虏和情报，这与新兵的加入同等重要。同时，贝米斯高地周边的防御工事仍在持续修筑，10月初时它们已经固若金汤。

此时的伯戈因已经决定沿着大溪谷南缘构筑自己的阵地。他建造了一系列碉堡和胸墙，差不多2.5英里长。考虑到补给状况与"国王陛下的另一支劲旅"即将前来支援的笼统承诺，伯戈因决定将手下部队每天每人的配给减半。

一切似乎都在朝着对美国人有利的方向转变，盖茨也乐于坐享其成。盖茨深知，随着时间流逝，英军的前景每一天都在变得更为黯淡，而美军的胜算则与日俱增。此时，盖茨已接管了阿诺德指挥的左翼，并命令林肯执掌这支部队。"被褫夺指挥权、又被踢出司令部，"威尔金森写道，"阿诺德将军经历了最深切的耻辱……在这番窘境之下，他在军营里到处闲逛……私下发泄不满，散播着煽动性的言论。"

10月1日，阿诺德给盖茨写了一封信，这也是他与这位北方军司令之间的最后一封信："我认为我的职责要求我……使您得知，这支军队（的士兵们）都热盼行动。构成我军很大一部分兵力的民兵已经威胁着要回家了……从接到的情报来看，我有理由认为，9月20日以来如果我们继续扩大战果的话，我们或许已经歼灭了敌军……我希望您不必将此一信息误

157

会成我想要统兵作战、或是想要掠美于您。我向您保证，它源于我对美国事业、及其兴衰荣辱的热忱。"

阿诺德这封缺乏技巧、笔调笨拙的请愿信究竟想要达成何种目的，如今已无从得知，这封信最终也没得到回音。如果阿诺德想要在未来的战斗里扮演某种角色——的确，如果接下来还有战斗发生的话——他就必须将命运掌于自己手中。

9月的第三周，就在英军将领威廉·豪的军队于费城周边徘徊时，大陆会议的代表们已离开了这座城市，并前往费城以西80英里的宾夕法尼亚州兰开斯特（Lancaster）。华盛顿和大陆军主力则继续留驻在舒伊尔基尔河北岸，意欲阻止豪将军的军队进入费城。舒伊尔基尔河只有为数不多的几处渡口，而华盛顿的挑战在于如何使大陆军始终位处于费城和英军之间。麻烦的是，就在西北方向宾夕法尼亚州的雷丁（Reading），美军存放有一大批重要的军需物资。豪将军率军向西做了数次调动，华盛顿描述其显示出包抄美军右翼并直指军需物资的"强烈意图"。如果美军丢失了这批物资，那将带来一场甚至比费城失陷还要糟糕的灾难。

紧接着，美军又遭遇了另一次挫折。9月20日晚上，安东尼·韦恩（Anthony Wayne）将军率领的一支向南进发的小分队在一家以科西嘉爱国者泡利（Paoli）命名的酒馆附近扎营时，遭遇了一场英军的刺刀突袭，数百名美军士兵伤亡或被俘。随后，就在华盛顿准备回应英军又一次的向西行军时，豪将军突然率军转向，并在美军左侧的一处渡口渡过了舒伊尔基尔河。康沃利斯爵士和他的掷弹兵们使华盛顿措手不及，并于9月26日在未遭抵抗的情况下进入了费城。就在同一天，其余英军在费城以北 5 英里的日耳曼敦（Germantown）宿营。

豪将军确信，华盛顿筋疲力竭的军队已经难以为继了。与在北方得到大量民兵加盟的盖茨相比，华盛顿从当地居民之中获得的支持太少。不同于一百多年来每一座城镇都拥有一个民兵连的新英格兰诸殖民地，由和平主义的贵格派教徒建立的宾夕法尼亚州并没有民兵传统。相较于新英格兰地区，宾夕法尼亚在文化上也更加多元，并没有北方诸州那种同仇敌忾的激进爱国情绪。结果，华盛顿的军队尽管身处一块被认为是友好的领土，却仍然被许多当地人冷漠以待——如果不是完全敌意的话。据马萨诸塞州大陆会议代表詹姆斯·洛维尔（James Lovell）说，"费城人自己说，这里不像新英格兰，那里的每一块石头都会在敌人耳朵边上砰砰作响。"本地支援希望渺茫；在经历了布兰迪维因之役的厄运后，又遭遇了乌云之役和泡利之战的挫败；现在，一枪不放又丢了费城。华盛顿理应明白，他最佳的策略就是避免与英军展开另一场耻辱的接战。

可是，华盛顿却拒绝这么看待当前的形势。在他眼里，自己的军队已经多次到了胜利的边缘，只不过每一次的情势都悲剧性地和他作对罢了。华盛顿并没有检讨他本人在这些命运骤转之中的角色，而是决心像特伦顿和普林斯顿那样，发起另一场卷土重来的战役。

豪将军将部队分别部署在日耳曼敦和费城。不管他这么做是出于傲慢还是粗心大意，他已经给了美国人一个可乘之机，其所带来的机遇甚至不输华盛顿当初试图在布兰迪维因把握的那一次。华盛顿希望在 10 月 4 日早晨攻击并歼灭的英国军队，使豪将军占领费城的决策成为足以令大英帝国输掉战争的失策。

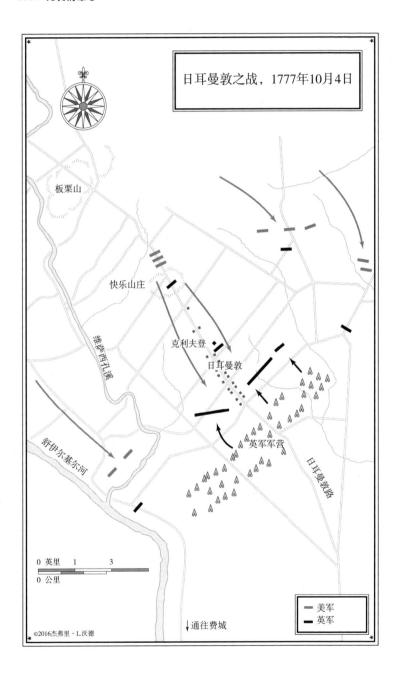

日耳曼敦之战，1777年10月4日

板栗山

快乐山庄

克利夫登

日耳曼敦

维萨西孔溪

舒伊尔基尔河

英军军营

日耳曼敦路

0 英里　1　　3

0 公里

↓通往费城

美军
英军

©2016杰弗里·L.沃德

接到美军已在黎明时分发动了突击的消息时，豪将军正在 160
位于日耳曼敦的司令部。这位焦虑不安的英国将军策马穿过一
团厚厚的晨雾抵达前线，却发现面对美军的推进，他的精锐士
兵纷纷奔逃。"耻辱！轻步兵们！"豪将军大声咆哮。"我从未
见到你们退却。整队！整队！这只是一队侦察兵！"

但美军绝不仅仅是一队侦察兵。敌军的三个纵队以三门野
战炮为先导，从浓雾里杀出。当美军霰弹击中栗子树、令豪将
军头上落叶纷纷时，这位英军指挥官才意识到，他的军队必须
先撤退，再重整队形。

韦恩和沙利文将军指挥的第一波美军攻势成功突入了日耳
曼敦，但很快就被浓雾和硝烟一分为二。从美军身后一栋石筑
别墅喷射而出的炮火使局势乱上加乱。这栋名叫克利夫登
（Cliveden）的别墅建在日耳曼敦的入城路边，是一户效忠派
家族的避暑宅邸，现在则进驻了托马斯·马斯格雷夫
（Thomas Musgrave）中校统率的约一百名英军官兵。尽管这栋
别墅已被美军殿后部队包围，马斯格雷夫仍决定死守据点。

这时，华盛顿和手下一些军官们已经停下来观察克利夫登
的僵局。华盛顿副官蒂莫西·皮克林建议，美军可以留下一个
小分队对付这栋房子，让剩下的军队继续进攻。但是亨利·诺
克斯并不同意，他坚持认为"在我军身后留下一个敌军堡垒
有悖于军事原则"，美军必须先将英军赶出这栋别墅。

诺克斯所谓的军事原则听来颇具感染力，但这位前书商错
得离谱。不幸的是，华盛顿却倾向于相信他的说辞。华盛顿并
没有派遣预备队跟上支持日耳曼敦的韦恩和沙利文，而是选择
和自己的军官们一起投入大量人马，对这座英军占据的宅邸进
行着耗时耗力但徒劳无益的攻击。

在这座日尔曼敦的石筑宅邸前陷入无谓僵持的华盛顿再一次陷入了和长岛战役、华盛顿堡战役、以及不久前的布兰迪维因之战时一样的优柔寡断之中。接下来的日子里，蒂莫西·皮克林（就像之前的约瑟夫·里德）将表达自己对总司令优柔寡断的关切。

161　　事后一名黑森军官估算，共有 75 名美军士兵在企图进攻别墅时丧生。诺克斯的一些炮弹穿过别墅前窗、又从后窗飞出，落在另一侧进攻别墅的美军士兵之间。结果，美军围攻别墅的混乱给了豪将军反攻的机会。很快，英军就把美军彻底击败。

日耳曼敦之战三天后、亦即弗里曼农场之战 18 天后的 10 月 7 日下午，英军将领约翰·伯戈因终于有所行动——这是一次古怪的行动。此时的伯戈因已经不再指望纽约的亨利·克林顿能给他多少帮助了。他拒绝北撤，而是决定发动最后一次包抄美军左翼的攻势。但是，伯戈因并没有在一大早就一鼓作气进攻，他率领了约 1500 名士兵，直到下午一时才占领了一座弗里曼农场南部的小木屋。

此时此刻的盖茨正与他的军官们围坐一桌，享受着 18 世纪风俗里每天唯一一顿的正餐。"当天在盖茨营中的那顿餐会上，"约翰·布鲁克斯（John Brooks）中校回忆说，"大家谈论的主要话题是，我们究竟应当主动进攻，还是待在胸墙之后抵御伯戈因将军——如果他主动进攻的话。"

即便现在的阿诺德在北方军中已无任何官职，他仍然在当天下午出席了餐会，并毫不犹豫地加入了讨论。布鲁克斯回忆，阿诺德坚持认为"进攻一方具有优势：他们往往可以主动选择战斗时间，选择进攻地点；以及，一旦被击退，他们也只需退回自己的防线、重新列队罢了"。但布鲁克斯回忆说，盖茨并不同意，并称："如果一盘散沙的民兵部队在开阔战场上被击退、敌人再在他们撤退时向前推进的话，即便是在自己的胸墙内，他们想要再重新整队也很困难；因为一旦他们处于恐慌之中，纵使回到自己防线，也是会继续撤退。"尽管盖茨曾声称他"从不指望能看到比新英格兰人更好的士兵"，最终他仍然对这些民兵的战斗素质缺乏信心。

布鲁克斯回忆，就在盖茨和阿诺德争辩如何指挥这场迫在眉睫的战斗时，大家听到河边的美军前哨卫兵那里传来了交火声。"枪声渐起，"他回忆道，"我们都从桌前跳了起来；这时，阿诺德将军对着盖茨将军说：'我可以跑出去看看怎么回事吗？'盖茨将军不置可否，但随即在压力下开口：'我不敢信任你，阿诺德。'阿诺德对此回应说：'上帝保佑，让我去吧；我将小心翼翼。如果我们的进攻不需要协助的话，我承诺不麻烦您。'盖茨随后告知阿诺德，他可以去看看这次交火是什么情况。"

162

为了防止阿诺德鲁莽行事，盖茨执意让北方军的新任副总司令本杰明·林肯陪同阿诺德。如果说阿诺德像一只爱冲动的斗鸡，那么林肯就总是带着一股谦和平静之气。林肯有明显的嗜睡症，他有在军事会议时呼呼大睡的习惯，这也许使他完全错过了阿诺德和盖茨之间的争论。还在哈德逊河东岸驻扎时，林肯被派给一个不值得羡慕的职责——确保约翰·史塔克至少能听到北方军司令的命令。现在，林肯必须设法节制本尼迪克特·阿诺德。

就在"急速冲向敌军战线"后，这两位陆军准将在一座树木茂密的山丘边驻马瞭望。在这里，他们看到伯戈因和他的一些军官正站在一座小木屋顶上，周围的士兵则多达一千余人。英国人已经占领了巴伯农场（Barber Farm），周遭是一片未刈的麦田。威尔金森也涉险抵达了美军战线边缘，并写下了他的观察报告："（英军士兵）进入农田之后就列队布阵，建立防线。他们列成双行阵列坐下，火枪放在双腿之间。觅食者们随即开始割麦穗或麦秸，我随即便观察到，一群军官站在小木屋顶部……他们在那里拿起望远镜，努力侦察我军左翼，然而他们的视线却受阻于遮在前方的树木。"纵使河边的交火声依旧清晰可闻，但阿诺德和林肯都意识到，英军正在准备攻击美军左翼。

阿诺德和林肯回到司令部后就立即向司令报告了他们的所见所闻。"盖茨将军，"林肯说，"河边的交火只是一场佯攻而已。他们的目标是您的左翼。他们已派出 1500 人的强大兵力迂回行军，向那边的高地进发。必须守住那里，否则您的军营就有危险。"

这一定是一番动人的场景：盖茨站在司令部门口，他的眼镜还架在鼻梁上。他的身边有阿诺德、林肯、威尔金森和其他军官，他们都已策身上马，或是站在马匹之旁，聚集在盖茨身边。"好吧，那么，"盖茨答道，"命令摩根，准备战斗。"

对于刚刚还坚称让英国人先发难的盖茨而言，这是一次颇不寻常的主动进攻——这诚然是阿诺德曾在 9 月 19 日提议要做的事情，但对于 10 月 7 日的阿诺德而言，这样还远远不够。"这无济于事，"阿诺德脱口而出，"您必须派遣更雄厚的兵力才行。"

"阿诺德将军，"盖茨回应说，"我没有什么要拜托您做的事情。这里不干您的事。"

阿诺德大声咒骂着，随即调转马头，回到了他设在贝米斯高地西北角上一座小红色农舍里的指挥部。

现在轮到林肯来劝说盖茨接受阿诺德的提议了。林肯好话说尽，成功说服盖茨接受了刚刚阿诺德被批评的提议，使其派遣伊诺克·普尔、埃比尼泽·勒尼德（Ebenezer Learned）等军官率领几个团的兵力加入战阵。截至傍晚时分，美军已在这场所谓的贝米斯高地之役（Battle of Bemis Heights）中投入至少 8000 人，也是史称为萨拉托加会战（Battle of Saratoga）的一系列战斗中的第二场。

就在山下的农田与森林之间战事正炽时，阿诺德正在山上的农舍里大发雷霆。有人说，在这段行动受限的糟糕时间里，阿诺德饮酒过量；还有人说他借鸦片振作精神——考虑到他确实曾在魁北克因大腿受伤服食过这种药物，这一可能性并非完全不存在。在某个时刻，他直接从农舍冲出来。据威尔金森说，"绕着营帐狂走，显示他正处于极度狂躁和暴怒之中"。

曾在一周以前尝试调解盖茨和阿诺德之间关系的莱昂纳德·切斯特是阿诺德的朋友，这名康涅狄格人，这一回借给了阿诺德一匹暗棕色、几乎全黑的马。这匹马名唤华伦（Warren），以邦克山之战中牺牲的英雄命名。阿诺德在一桶打开了的朗姆酒前稍作停留，他喝了"一满勺"的朗姆酒，随即"策身上马"，并据埃德蒙·查德威克（Edmund Chadwick）医生的说法"加入了战阵"。

得知有人目击阿诺德骑马冲入战阵后，霍雷肖·盖茨派约

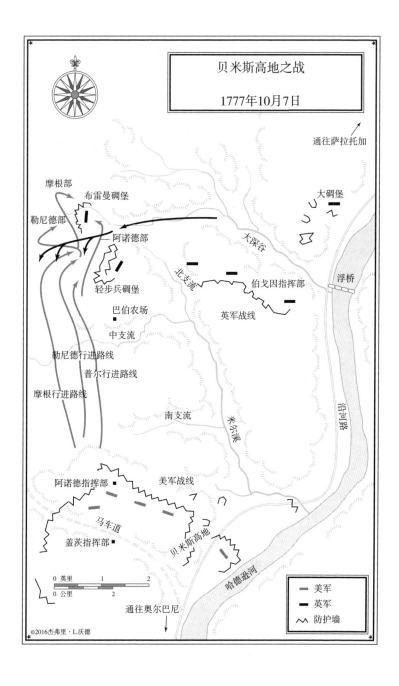

贝米斯高地之战

1777年10月7日

通往萨拉托加

摩根部

布雷曼碉堡

勒尼德部

大碉堡

阿诺德部

大深谷

浮桥

北支流

伯戈因指挥部

轻步兵碉堡

英军战线

巴伯农场

中支流

勒尼德行进路线

沿河路

普尔行进路线

米尔溪

摩根行进路线

南支流

阿诺德指挥部

美军战线

马车道

盖茨指挥部

贝米斯高地

哈德逊河

0 英里   1   2

0 公里   2

美军

英军

防护墙

©2016杰弗里·L.沃德

通往奥尔巴尼

翰·阿姆斯特朗（John Amstrong）少校去命令阿诺德回营。已经在詹姆斯·威尔金森手中遭遇过相同羞辱的阿诺德这一回义无再辱。就在阿诺德看到阿姆斯特朗接近时，他狠狠地扎了一下马刺，并迅速消失在硝烟弥漫的战场之中。

165

根据事后的传闻，阿诺德当天策马直奔战场，"比起一名冷静持重的军官，更像是一个疯子……他全速飞驰，来回飞奔"。可是，阿诺德那看似飘忽不定的行为并未妨碍他发现敌军战线中的关键弱点。也许，阿诺德自负、过度敏感、斤斤计较、难以共事，但英美两军都少有他这样几乎一眼就能找出敌军强弱所在的将才。

阿诺德早就注意到，一名骑在灰马上的英军军官对维持英军右翼人马的组织协调有关键作用。阿诺德策马奔向美军左翼的摩根上校，要求他一名狙击手瞄准这名军官。狙击手们开了三枪，最终是印第安战士蒂姆·墨菲（Tim Murphy）成功地将一发步枪子弹射入了伯戈因的亲密朋友、英军右翼统帅、苏格兰人西蒙·弗雷泽将军的内脏。美军本来就已开始取得上风，而美军狙击手对弗雷泽的射杀似乎加快了英军战线的崩溃。陆军中尉威廉·迪格比宣称，弗雷泽的阵亡"使这一天的命运翻转"。很快英军全面退却，扔下了他们的野战炮，躲藏在保护他们军营右端防线的两座木制碉堡之后。

美国人做到了。他们成功地将敌人赶出了战场。但是，阿诺德的暴怒仍未结束。他将把英国人从他们的工事里赶走，并把那场曾于 9 月 19 日惨遭盖茨否定的胜利纳入囊中。

当天下午，贝米斯高地下面充满秋意的树丛里枪炮齐鸣，回响不绝。此时的盖茨依旧稳坐美军大营后部的司令部，摆明了要尽其所能地忽视战斗的进程。英国军官弗朗西斯·克拉克（Francis Clerke）爵士在为伯戈因传递关键讯息时负伤被俘，现在他高卧在盖茨的床上。威尔金森回忆说，他还"沉浸于"与美军司令的"一场关于这场革命价值所在的激烈辩论"之中。

166   在战事正酣时辩论美国革命合法性也许并不合时宜，但对于盖茨这名选择拥护殖民地一方的前英国军官而言，这场辩论触及到了他身份认同问题的核心：自己到底是一名自由斗士，还是一名叛国者？

威尔金森回忆说，弗朗西斯爵士承认，"考虑到英国当局的所作所为，除了《独立宣言》之外（殖民地方面）的每一步做法都情有可原……，但是，美方突然切断臣属关系的行为使弗朗西斯确信，独立是事先预谋好的，英美之间的争战在预谋的那一刻就已开始"。他的这番断言惹恼了盖茨。盖茨"争辩称脱离大英帝国的想法原本并不存在于任何美国人的脑海里"，是英国政府的行为使殖民地人民别无选择。据威尔金森回忆，盖茨"颇为恼怒，并将我叫出屋子，问我是否听过一个王八蛋如此出言不逊"。就在这一周，克拉克即将死去，盖茨也将成为萨拉托加之战的英雄。

就在阿诺德找到结束战斗的法门时，太阳已开始落山。尽管阿诺德在北方军中已不再具有任何官方身份，但他在战场上表现出强大的感召力，不少美军官兵心甘情愿追随他大杀四方。

阿诺德刚刚发起了一次对英军所谓轻步兵碉堡（Light

Infantry Redoubt）血腥但徒劳的冲锋。结果证明，这座碉堡的木制巨墙无法攻破。阿诺德以一种引人注目的姿态冲锋陷阵，挥刀乱砍，甚至无意间砍下了一名美军军官的头颅。随后，阿诺德用眼角余光发现，敌人阵地最左端的碉堡——一座稍小的工事，主要由海因里希·布雷曼（Heinrich Breymann）统率的德籍士兵驻守——后部有一座暗门可供闯入。为此，阿诺德必须纵马在战场上两军的火线之间跑过一条对角线，但他若能成功从后面进入碉堡、而摩根统帅的美军士兵再从前面夹击的话，他们就将成功把德国人从阵地驱离。这对彻底击败敌人至关重要。

阿诺德策马穿过愈发昏暗的暮光，这匹马因革命英烈华伦医生得名，他曾在阿诺德军事生涯开端之时赋予了他使命感。两年半之后的现在，阿诺德正率领着 15 到 20 名士兵，投身于 167 追求不朽的事业中。阿诺德拨开暗门，勒马冲向德籍守军，大声要求他们投降。一名士兵端起火枪开火，子弹射入了阿诺德的左大腿腿骨，并杀死了他胯下的马。华伦倒在地上，并将阿诺德压在下面。此时的阿诺德大声向身后的步兵们呼喊："冲啊！"

美军士兵从四面八方冲进了这座碉堡，那些德籍士兵要么被俘，要么伤亡，要么在夜色中逃离。亨利·迪尔伯恩（Henry Dearborn）曾在阿诺德魁北克受伤时随行在他身边，现在他则是第一个在阿诺德于布雷曼碉堡被死亡的坐骑压在身下时赶去救助的人。

迪尔伯恩询问阿诺德，他是不是伤得很重。"同一条腿，"阿诺德回答，"我巴不得这发子弹（穿过）我的心脏。"

第二部分
秘密动机，私下筹划

★　　★

　　我们怎么能划清一条界线，并由此确切地定论……从何时开始背叛已经付诸实施，或……只是停留在思考层面？简言之，如果……迷失于对那些秘密动机和私下筹划的求索，我们立论的基础将多么牵强！

——马洪爵士《英格兰史》第7卷，1854年

第七章 响尾蛇之啮

　　阿诺德左膝上方的左股骨中了一弹。股骨是人体最结实的一块骨头，它对子弹的行进带来的阻力也是最大的，而子弹将骨头击碎后，像弹片一样散落在大腿的血管和肌肉组织里的碎骨所造成的伤害甚至超过子弹本身。在有感染风险的情况下，18 世纪的军医在面临如阿诺德这般严重的骨裂时，通常会采用截肢手术。但到贝米斯高地之役 4 天以后的 10 月 11 日，阿诺德被转移到奥尔巴尼的医院时，他明确表态要保住这条腿。

　　阿诺德曾有过从一次严重创痛中神速恢复的经历。魁北克之役中他曾被一枚流弹击中，但不到六个月后他就已经凭强健的身体督导了美军从加拿大撤退的行动，并跳上了最后一艘离开圣琼斯的船只。从加拿大撤退三个月后，他就登上了硝烟弥漫的桨帆船后甲板，参加了尚普兰湖那场猛烈的炮战。阿诺德的参战经历总是离不开剧烈的身体运动，因此他不希望因军医过于谨慎的态度而失去一条腿。"遭遇不幸的他，非常……焦虑，"10 月 12 日早晨，詹姆斯·撒切尔（James Thacher）医生疲倦地在他的日记中记载，"他在夜间需要我付出全部精力。"

　　阿诺德抵达奥尔巴尼后不久，他就迎来了一名战友，陆军少将本杰明·林肯。林肯在贝米斯高地之役次日误打误撞闯入了退却之敌的一支殿后部队，并被击中了脚踝。林肯甚至都没参与过萨拉托加之战，但拜在逃命时中的一枚子弹所赐，他现在却以勇气和刚毅得到了褒扬。

从医疗团队的视角来看，两名将军之间的对比宛如天壤之别。哪怕是在"医生施予的最痛苦的手术"期间，林肯也乐观地用故事和趣闻愉悦周围的人。"林肯身上融合了多种性格；他有着军人的果决和绅士的彬彬有礼；他是冷静的哲学家，也是虔诚的基督徒。"詹姆斯·布朗（James Browne）医生盛赞道。

另一方面，阿诺德则拒绝就此屈从于他的命运。在那个用放血疗法和用金鸡纳树皮制成的药物缓解脓疮的时代，曾经做过药剂师的阿诺德比绝大多数人都更懂医药学，他因此对医生们不抱信心。"他的急躁易怒足以令最反复无常的泼妇自惭形秽，"布朗写道，"他辱骂我们是一群无知的冒牌货和江湖郎中。"

10月17日，约翰·伯戈因的军队终于放下了武器。北方军总司令霍雷肖·盖茨在两天的残酷战斗中从未涉险进入战场。他对英军投降前的谈判处理得如此糟糕，以至于大陆会议最终不得不在一些过度宽大的条款上食言。可是，这些都无法改变一个事实，那就是萨拉托加之战已经改变了这场战争的进程。一整支不列颠和德籍士兵组成的正规军被一支由北美爱国者组成的乌合之众彻底击溃。这是一个极为重大而不寻常的新闻，这场大捷也意味着盖茨将注定成为一名国家英雄，虽然他之前的表现或许不尽完美。

10月23日，英军投降的消息传到了东海岸。从波士顿到新罕什布尔的朴茨茅斯，大城小镇上礼炮齐鸣，庆祝胜利。两天之后，华盛顿也从驻防在哈德逊河上的伊斯雷尔·帕特南而非盖茨那里知悉了英军投降的消息。12月2日，伯戈因战败的消息传入乔治三世耳中，据说他"听到消息之后就陷入了极大的痛苦"。两天之后的 12 月 4 日，一名刚刚被派往法国的波士顿商人将这条消息带给了正在法国的本杰明·富兰克林。据这位信使回忆，富兰克林的反应"有如电击般震惊"。就在盖茨享受举国乃至举世褒扬的同时，阿诺德正躺在医院病床上，他那受伤的大腿被固定在一只木质盒子里。

173

这条最终从骨折箱中被抢救出来的腿将比那条曾经的好腿短 2 英寸。可是，那也将是未来几个月的事情了。在整个 1777 ~ 1778 年的秋天和冬天里，阿诺德的活动都将严重受限，他忍受的创痛是如此严重，甚至无法写一封信。一条小小的好消息则是 11 月 29 日大陆会议投票表决，同意恢复他作为一名陆军准将的相应年资。

不幸的是，几乎是整整两个月后的 1 月 20 日，华盛顿才最终通知了他这条消息。任何一位苦苦等待书信的人都知道，这种拖延对人的心神颇为不利。曾经在战斗中点燃了阿诺德勇气的暴躁性情，现在反过来点燃了他内心对盖茨的憎恨（他将盖茨称为"世上最大的胆小鬼"）。

那个冬天，盖茨手下一名副官匆匆看了一眼这位仍然卧床不起的负伤将军。"此人的怨念是如此之大，"这名副官于 2 月 19 日报告道，"（阿诺德）让我想起了一枚蜡烛，火焰已经烧到了底座，在油尽灯枯之前散发出一点点微光闪火。"这名战士一度曾被吹嘘为英勇无畏的美国汉尼拔，现在却被比作一枚燃烧的蜡烛。

到 10 月的最后一周，威廉·豪将军几乎已经实现了他一开始设定的所有目标。他已在战场上打败了华盛顿，现在他的军队占领了叛乱者的首都费城。但是，尽管有这些胜利，豪将军的军队却处在遭受伯戈因相同命运的危险边缘。

豪将军占领了费城，但这对他并没什么好处。他无法使他兄长的舰队以及其所携带的军需物资抵达这座城市的外围水域。在费场下游约一英里处，舒伊尔基尔河注入特拉华河，形成了一片泥滩，美国人在这里筑起了一道40英尺宽的木质栅栏，这种工事顶部装上了一排排金属包裹的长钉以刺穿木制舰船的船底被称为拒马（chevaux-de-frise）。舒伊尔基尔河两岸都有美军要塞保卫这些拒马，另有24艘宾夕法尼亚海军桨帆174船严阵以待。豪将军已经征服了费城，但是美国人控制了这座城市和那些拒马之间一英里长的特拉华河流域。如果英军的补给船想在豪将军的士兵开始挨饿之前抵达费城的话，豪氏兄弟就必须在11月底之前设法破解这条美军防御工事。否则，英军就必须被迫在冬季河水封冻之前撤出这座城市。

10月底，豪将军已经将他的军队撤出了日耳曼敦，并全部集结于费城。这样，他就能以尽可能多的兵力去袭击一座守卫着那些拒马的要塞。米弗林堡（Fort Mifflin）座落在河流西侧一座泥泞的小岛上，攻击这座要塞需要两栖作战。而在河东岸的是默瑟堡（Fort Mercer），从陆上就可到达。豪将军做出了决定：前一年曾在新泽西统率黑森士兵作战的卡尔·冯·多诺普上校将率领2000名士兵攻打默瑟堡。英军若能成功拿下这座要塞，那么就会在特拉华河东岸打开一条通道，使英军舰队得以进入费城。

10月16日，驻防在默瑟堡的美军士兵鸣响礼炮，庆祝贝米斯高地之战的胜利。尽管豪将军还要等上几个星期才能从正式渠道知晓伯戈因的败仗，但他已经开始意识到，过去几个月里所有辛苦赢得的战役都已付诸东流了。就在他和兄长集中精力攻打费城时，他们使伯戈因独力经受了一场失败，这场灾难或将诱使法国加入战争。

10月22日晚上，多诺普上校率领2000名黑森佣兵袭击了默瑟堡。战斗打到最后，多诺普受了致命伤，德国佣兵们也被击退。雪上加霜的是，两艘增援此次袭击的英国战舰挤过了拒马中央的狭窄水道，却在一片美国海军极易抵达的浅滩搁浅。第二天早晨，叛军涂着黑黄两色的桨帆船发动了对搁浅舰只的袭击。美舰如蜂群一般攻来，英军一艘64炮巨舰"奥古斯塔"号在战斗中被击中起火。当它的弹药舱爆炸时，雷鸣般的冲击波甚至震动了30英里以外的房屋窗户。

托马斯·潘恩和一队美军士兵当时就驻扎在日耳曼敦附近。当时他"被一声宛若百炮齐发的巨响震得大吃一惊"。在给本杰明·富兰克林的一封信中，潘恩描述了"奥古斯塔"号的爆炸如何制造了一种他从未见过的云朵："一团厚厚的烟雾升起，就像一根柱子；它在顶部散开，就像一棵树。"它并未在此后168年里成为一个新的恐怖杀戮时代的符号①，但在1777年秋天，这朵蘑菇云的阴影使费城的天际线为之黯淡。

当天，威廉·豪草拟了他的辞呈。"我曾经企盼我部或许将得到援助，"他在给国务大臣乔治·杰曼的信中说，"但在这次极为痛苦的军事任务中，我无福享受上级们必要的支持和信赖。"豪将军将他的出师未捷归咎为"自从任命我为统帅那天起……（上级）甚少对我的建议给予重视，"但是豪将军肯定深知，他的失败与杰曼无甚关系。如果杰曼对他有什么影响的话，那就是给了他太大的自由度。

①　作者是在暗指1945年美军在日本投掷的原子弹。

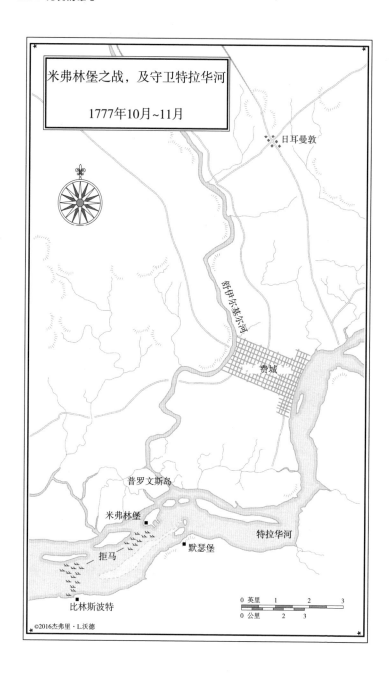

米弗林堡之战，及守卫特拉华河

1777年10月~11月

日耳曼敦

舒伊尔基尔河

费城

普罗文斯岛

米弗林堡

默瑟堡

特拉华河

拒马

比林斯波特

0 英里 1 2 3

0 公里 2 3

©2016杰弗里·L.沃德

不过，豪将军最终是否会耻辱地放弃这座葬送了他英军司令职位的城市，眼下还未可知。

16 岁的约瑟夫·普拉姆·马丁（Joseph Plumb Martin）曾经作为一名康涅狄格州民兵参加了 1776 年 9 月 15 日的基普湾之战。那一次，英国人倾泻了骇人的炮火，随即入侵了曼哈顿。现在，马丁是华盛顿大陆军的一员。在经历了一个月以来在宾夕法尼亚乡间近乎一刻不停的行军之后，马丁被指派防守位于"泥巴岛"（Mud Island）上的米弗林堡。这是一片淤泥堆积而成的浅滩，只有 400 码长、200 码宽得名泥巴岛恰如其分。浅滩上的米弗林堡大部分由木条和泥浆构成，马丁已准备好了要承受他估计"足以杀死六匹马"的艰困。

11 月 3 日，就在马丁所在的团抵达米弗林堡时，英国人已经把这座装备不足的小堡垒认定为打开溯河而上水道的关键点。就在堡垒以西、隔着一条窄窄水道的西岸，英国人已经开始在特拉华河宾夕法尼亚州一侧的泥泞沼泽地上构筑一系列炮位。在英国人看来，10 月下旬的一周暴雨使炮位的修筑作业变得痛苦而缓慢。但马丁很快发现，敌人已在适当的位置部署了足够多的大炮，这使米弗林堡里的人们必须不眠不休、浑身泥泞地为生存而战。

除了马丁口中由"之字形"花岗岩筑成的东墙以外，整个米弗林堡的建材都不过由泥土和木材组成。这意味着当英军向美军发射实心圆弹时，500 名美军士兵几乎无处躲藏。一开始，一名双眼紧盯英军大炮的哨兵看到了炮口火光闪动并大叫道："开炮了！"随即，马丁回忆说："所有人都努力自保。"不可避免地，"尽管我们都有提前预警"，守军之中仍然出现了伤亡。在某个瞬间，马丁亲眼看见美军一个炮兵队的 5 名士兵"被一发英军炮弹击倒"。在另一个时刻，他看到"士兵们正俯身躲藏在工事之内，但并不够低。就像砧板上的鱼儿一样四处分散。"

除了实心圆弹，英国人还用上了爆破弹。这些爆破弹并未击倒要塞西缘一线的木质尖栅，也并未将木制营房轰成瓦砾，但它们不间断地在要塞内激起了 50 英尺高的泥浆喷泉。这些炮弹有时深埋在要塞的泥地之下，马丁回忆，"我们并没有听到它爆炸时的声响，我只能感受到脚下泥土的一股颤动。"

整整一天，美军士兵都在躲避炮弹和子弹，并尝试回敬敌人的火力。之后，美军迅速投入重建工作，修补要塞毁坏的部分。"这一天英军的炮击几乎推平了我们的工事，"马丁回忆，"我们被迫像河狸一样，在夜间修缮我们的堤防。"如此形势之下，考虑到营房无法抵御英军炮击，士兵们实际上已无法睡眠。"有时候，我们一些士兵被疲劳击倒……他们就会悄悄溜进营房，抓住空隙睡一小会，"马丁回忆，"但他们往往没法全都活着走出来。我在阵地上驻防了两个星期，我可以说一句真心话，在守卫的全部时间里我未曾有一分钟躺下睡觉。"

就在孤悬于舒伊尔基尔河和特拉华河汇合处泥泞浅滩上的这处美军据点里，马丁和他的 500 名同胞已经成了大陆军最后的希望。如果他们可以设法坚守到 11 月底的话，英军就将被迫放弃费城，撤回纽约准备冬季宿营地。

*

178　　华盛顿的司令部设在费城以北 16 英里处，宾夕法尼亚州的怀特马什（Whitemarsh）。11 月 5 日早晨，华盛顿和幕僚们纵马南抵日耳曼敦，希望在那里窥见一些米弗林堡被围困的情况。华盛顿痛切地意识到这座可怜的小堡垒承担了多么吃重的角色。"这次战斗的过程中，没有什么事情曾（像米弗林堡那样）引起我和全体将官如此之多的注意力和关切，"他在给大陆会议新任主席亨利·劳伦斯的信中说。鉴于米弗林堡不能再容纳更多的士兵，华盛顿能提供的唯一支援便是率军袭扰英军在宾夕法尼亚河岸一侧的炮兵阵地——考虑到豪将军的部队就在临近的费城驻防，这一军事行动的风险极大。如果华盛顿想要驰援米弗林堡的话，他的大陆军就必须得到盖茨北方军的增援。

华盛顿进入了他生命中最为困顿和挫败的一段时光。就在盖茨享受萨拉托加的胜利时，华盛顿还在忍受着费城陷落带来的一连串失望。更糟的是，盖茨还没有正式将伯戈因投降的战报告知华盛顿和大陆会议。很明显，盖茨正在享受着手握权力、就和约细节继续保持悬念的滋味（也许他已开始后悔这项和约），他让自己胜利的消息有时间传遍美利坚合众国。等到大陆会议和华盛顿有机会检视这项和约之时（为满足英军指挥官的自尊，这一和约被命名为"协议"），盖茨已经作为胜伯戈因的英雄誉满全国了。

10月底，华盛顿已经听到了足够多有关英军投降的小道消息，这使他相信，盖茨实际上已经取胜了。为了加强米弗林堡的防御，华盛顿仍在焦急地寻求北方军的增援，但因还未收到盖茨的正式消息，他先派22岁的副官亚历山大·汉密尔顿前去执行一项使命："向盖茨将军转达我军状况和敌情，并提醒他，如果北方军能立即派出一支援军的话，那将会造就许多皆大欢喜的结果"。

汉密尔顿用不到一周的时间走完了这趟 300 英里的艰
179 苦路程，来到奥尔巴尼。他在向盖茨的司令部报告时发现，
这位北方军司令无意遵从华盛顿派出一支援军的要求。"我
发现直接反对这位刚刚因一场胜利而备受尊崇的先生的观
点无比困难，"汉密尔顿报告说。尽管盖茨最终派遣了更多
的旅驰援南方，但他仍为华盛顿赋予了一个副官以"独裁
权力"而深感恼怒。

当时，盖茨已经派出了副官詹姆斯·威尔金森作为使者将
萨拉托加大捷的消息通报给大陆会议（盖茨并未觉得有必要
向华盛顿传递胜利的官方战报，这令后者也深感恼怒）。这段
旅程汉密尔顿只花了一个星期，然而那位在弗里曼农场之役后
精心策划了阿诺德下台的威尔金森却花了足足两倍以上的时
间。萨拉托加之战后，威尔金森似乎因为自己那看似不可限量
的前途而得意忘形了。如果大陆会议同意盖茨的提议，那么威
尔金森就将因转达了萨拉托加的捷报而得到荣誉晋升，成为陆
军准将。这对一名 20 岁的陆军少校而言可谓一大飞跃。

威尔金森抵达了位于大陆会议新临时会址约克（York）
东北 60 英里的宾夕法尼亚州雷丁。他本可以在第二天早晨就
把萨拉托加之战的官方战报传达给苦苦等待的大陆会议，但他
却决定先接受托马斯·米弗林（Thomas Mifflin）将军的邀请，
参加他在雷丁举办的茶会。那座米弗林堡正是因这位将军而得
名。

和约瑟夫·里德一样，米弗林一度也是华盛顿最亲密的助
手，现在却成了他最严厉的批评者之一。尽管米弗林的官方身
份是大陆军的军需处长，但在 1777 年的秋天，他的绝大部分
工作似乎都是在促成建立一个神秘的咨询委员会，探索由霍雷

肖·盖茨取代华盛顿的可能性。不用说，威尔金森正是米弗林
热衷结交的那种人。

第二天早晨，两名马萨诸塞州的大陆会议代表也特意从约
克跑来参加米弗林和威尔金森的茶会，他们要在大陆会议翘首
以盼迎接威尔金森的到来之前，先和这位霍雷肖·盖茨的副手
有所接触（威尔金森并未在他的回忆录里提到这两人的名字，
但我们已可以确认，塞缪尔·亚当斯和詹姆斯·洛维尔是盖茨
最坚定的两名支持者）。威尔金森回忆："他们巨细靡遗地向
我询问……北方军的军事行动。华盛顿将军的厄运则遭到了他 180
们的严厉批评。"米弗林和他的同伙们也对一封由自法国前来
参战的爱尔兰裔陆军准将托马斯·康威（Thomas Conway）写
给盖茨将军的信件颇感兴趣。康威参加了布兰迪维因和日耳
曼敦之战，他对华盛顿没有一句好话。威尔金森也熟知这封
信件的内容。盖茨已经读了这封信，并对其内容颇感愉悦。
他特别欣赏康威罗列出的"布兰迪维因之战失利的十三大原
因"。

正如威尔金森稍后坦言的那样，"世上最诱人的事业就是
革命了"。和米弗林、两位代表的会谈结束后，威尔金森一定
精神愉悦，对今后的前景极为乐观。鉴于大雨来袭、交通困
难，他决定在雷丁再逗留一天，并接受了陆军准将斯特林勋爵
"和他吃一顿便饭"的请求。

斯特林勋爵当时正因坠马在雷丁养伤。当夜他开怀畅饮，
绝大部分时间都在讲述自己在长岛战役中的功绩。某个时刻，
威尔金森与斯特林的一名副官畅谈，并提到了康威写给盖茨的
那封信。结果，威尔金森擅自凭记忆引用了这封信的有趣段
落："上天已经决心拯救您的国家；否则一名愚钝的将军和他

那些差劲的顾问将使其毁于一旦。"

斯特林讨厌托马斯·康威，这一点威尔金森浑然不觉。就在布兰迪维因战役之前，康威曾经嘲弄般地称斯特林为"我的勋爵"。威尔金森离去后不久，斯特林就提笔给华盛顿写信说，盖茨的副官刚刚提到了这位法国来的军官给霍雷肖·盖茨的信件。"这番表里不一的行径实在可恶，"斯特林写道，"我时时觉得，探知这些是我的职责。"

当华盛顿接到斯特林的信件时，他已对康威那种他所描述的"密谋倾向"有所察觉。数周以前，当一些大陆会议代表通知华盛顿称他们希望将这名法国来的准将晋升为陆军少将时，华盛顿在一封语气异常刺耳的信里坚称，康威"对自己在这支军队里的价值充满了不切实际的臆想"。

181　　正如他一年前得知约瑟夫·里德与查尔斯·李之间秘密通信之后所做的那样，华盛顿决定对斯特林揭发的情况做出快速反应。11月4日晚上华盛顿刚刚收到斯特林的信件，第二天一大早他在离开怀特马什司令部前往日耳曼敦之前就给康威写了这样一封便条：

> 昨天晚上我收到了一封信，里面有这样的段落："康威将军在写给盖茨将军的一封信中说道——'上天已经决心拯救您的国家；否则一名愚钝的将军和他那些差劲的顾问将使其毁于一旦。'"
>
> 先生，
> 您卑微的仆人，乔治·华盛顿

这封语气坚定而淡白的便条并未透露谁是华盛顿的信息来源。华盛顿刻意将他的语言打造得模棱两可，很容易让人以为他确实掌握了一份康威信件的副本。华盛顿已向后来历史学家所谓的"康威密谋集团"（Conway Cabal）发出警告，表明自己对这些人的企图明察秋毫。

11月5日早晨华盛顿对日耳曼敦的访问，或许是他第一次回访这场战役的现场。这场一开始原本志在必得的战役最终误入了灾难性的歧途。鉴于克利夫登别墅残破的遗构占据了日耳曼敦的最高点，华盛顿爬上了它的屋顶。站在这座曾被美军当作一场徒劳攻势的焦点、并令胜利从自己手中溜走的建筑顶上，华盛顿透过他的小望远镜观察米弗林堡。"我们除了厚厚的烟云、两艘舰船的桅杆，什么也看不见，"一名副官写道，"天气非常糟糕。"

如何支援米弗林堡的守军？现在的华盛顿束手无策。但这并不妨碍他在一场政治战役中率先发难、打响第一炮，并以此确立他在这支军队、乃至这个国家无可争议的领袖地位。

10天以后的11月15日早晨，豪氏兄弟对米弗林堡发动了最后一次、也是最孤注一掷的一次进攻。宾夕法尼亚河岸刚刚完工的英军炮兵阵地上有一门大炮距离米弗林堡西墙只有500码。之前五天里，这门大炮持续轰击着这座要塞。11月11日，这座要塞的指挥官塞缪尔·史密斯（Samuel Smith）上校还在匆忙草拟一封给华盛顿的信件，这时一发炮弹狠狠砸上了他所倚靠的烟囱，他被埋在一堆砖块和灰泥里。史密斯上校被运到特拉华河对岸的默瑟堡治疗之后，28岁的法国工程师弗朗索瓦·德·弗勒里（François de Fleury）便成为米弗林堡美军实际上的指挥官。

182

　　此后三天里，弗勒里的勇气和坚韧毅力都激励着他手下的士兵们。甚至是对指挥官没多少好话的约瑟夫·普拉姆·马丁也大为触动。"泥巴岛"上唯一安全地带在要塞东面的石墙之下，美军士兵在那里用栅栏的碎片生了一堆火。每天晚上弗勒里督导要塞土方和栅栏的重建时，他手下的士兵都开始开小差。"我们习惯了……跑到这个地方小歇一两分钟，从疲劳和酷寒中恢复，"马丁回忆说，"当他（弗勒里）发现工兵们开始偷懒时，他就会进到这里，命令我们出去。他的手里经常会拿着一根手杖，谁若是撞见他就会遭殃。"

　　尽管史密斯上校已写信给华盛顿说他将放弃米弗林堡，但弗勒里却坚信"敌人的炮火永远不会拿下这座堡垒。它也许会杀死我们的士兵，但杀不死这场战争的时运"。但到了 11 月 15 日，就连弗勒里本人也开始动摇了。

　　当天早晨，理查德·豪成功令六艘以上的战舰驶入了拒马之间的狭窄水道。其中两艘舰船进入了泥巴岛西侧的水道。其中较大的"警惕"号经过了特别改装，这艘船的吃水深度比平常要浅数英尺。当它在岛岸边下锚后，船体距离要塞是如此之近，以至于桅楼横木上的英国水兵们可以直接往要塞里扔手榴弹，而中桅上的英国步兵可以瞄准射击任何准备开火的美军炮手。同一时刻，几艘更大的英舰占据了泥巴岛东岸的阵地。这样，英国海军就将米弗林堡和守军士兵们置于致命的交叉火力之中。

　　11 月 15 日早晨，英国人估计己方一度在短短 20 分钟内将惊人的 1030 发炮弹倾泻到了这座倒霉的堡垒上。中午时分，马丁后来回忆说："要塞里几乎所有火炮都沉寂了……我们的士兵都像秸秆一样被打得七零八落……有那么一会儿，在敌军炮火稍歇时我才有机会停下审视四周。我发现要塞内完全是一幅凄凉之景；整座要塞都被彻底犁为平地；所有建筑物都只剩下断壁残垣，火炮都已摔下炮架……如果要问什么是‘彻底毁灭’的话，这里就是。”

当天夜里，美军做出了放弃要塞的决定。登上其中一艘等候的船只之前，马丁前去探视他曾在军中最好的朋友。“我确实找到了他，”马丁感伤地回忆道，“但他和一长串阵亡将士们躺在一起，他们都被从这座要塞抬走，送上河流的主干道……这个可怜的年轻人！”

当马丁和幸存的战友们划船抵达新泽西一侧河岸时，他们身后的要塞还在熊熊燃烧。马丁和战友们趁夜藏进一丛油松林，他裹着一块毯子就地露宿，直到第二天中午才醒来。

他们稍后才意识到，自己已是多么接近于迫使英国人放弃费城。“就在放弃要塞之前，”一个可靠的信息源宣称，“敌人确实已经游走于弃城的边缘，只差最后一根稻草就能让他们放弃坚守。”米弗林堡表现的英雄主义使托马斯·潘恩大受激励，他给威廉·豪写了一封公开信。“除了他们的英勇之外，守军的掩体别无一物，”他写道，“守军在泥浆、子弹和炮弹之间求生，他们最终在时间和火药的威力下才不得不放弃要塞，而不是迫于围困者的兵力优势……您正在为您永远得不到的东西而战，然而我们却在防守那些我们永远不会与之分离的事物。”

马丁和他战友们的壮举鼓舞人心，但他们自己为此付出了高昂的代价。约瑟夫·普拉姆·马丁浑身上下各种不适。两个星期的持续炮击已经夺走了“他在军中最亲密的助手”，生活在18世经马丁似乎患上了后世所谓的创伤后遗症（post-traumatic stress syndrome）。"每当我醒来，"马丁回忆，"我都像一只被子弹打穿脑壳的鹅一样疯狂不已"。

马丁最终得以恢复并继续服役，但他从未成功地将在米弗林堡的那两周抛诸脑后。到他的军旅生涯末期，马丁已经参加了美国革命绝大部分重要战役。他参加过长岛战役，也出现在五年之后的约克镇。尽管他无役不与，但米弗林堡之外的那些战役对他而言只不过是"蜜蜂之蜇"而已，根本无法与米弗林堡的创痛相提并论——他将之喻为"响尾蛇之啮"。

独立战争之后数年里，历史学家们对米弗林堡之围关注甚少。马丁相信，这主要是因为"那里没有华盛顿，没有普特南，也没有韦恩"。"如果那里有的话，"马丁设想，"这场战役就一定会被吹上天的。"这正是马丁和米弗林堡的 500 名战友亲身学到的经验，"大人物盛赞如潮，小人物默默无闻"。

在这之后，英国人又花了一周时间才拔除拒马，并消灭了宾夕法尼亚海军的残部。直到 11 月 24 日，理查德·豪的第一批运输船才开始沿特拉华河北上。"这使我们喜出望外，"一名黑森籍军官高兴地说，"大约 30 艘大船抵达了费城，满载着各式各样的军需品和货物，顷刻间便满足了我们这支军队的需求。"

既然英军将继续留驻费城，华盛顿也在仔细思索着下一步行动。大陆会议的一个代表团把话说得很直白，他们希望华盛顿发动"一场强劲的冬季攻势，并取得胜利"。那时，盖茨已经在大陆会议他的支持者中赢得了敢于接敌、敢于进攻的名声，与华盛顿迥然不同。当然，盖茨作为"斗士"的新形象很大程度上要归功于本尼迪克特·阿诺德。正是阿诺德不顾盖茨对纯粹防御战打法的偏爱，主动发起了进攻。可是，大陆会议里的华盛顿怀疑者们却对此实情视而不见，他们指控这位总司令的所作所为。用马萨诸塞州代表詹姆斯·洛维尔的话说，"华盛顿将我们的事业拖入（fabiused）了一个颇为讨嫌的状态"，这是引用了罗马将军费边·马克西姆斯（Fabius Maximus）的典故，这位将军的名字已经成了小心翼翼和高挂免战牌的代名词。

　　在一定程度上，华盛顿只能责备他自己。上一个春天他曾派纳撒尼尔·格林前往费城，向代表们介绍他所制定的"据点战"计划，这种防御战略在抽象意义上很有道理，但华盛顿却一再主动进攻，违反了这个战略：先是在布兰迪维因，然后是日耳曼敦。尽管他的战略意图是好的，但华盛顿却无法抑止自己的好战本能。结果，华盛顿的军事指挥便成为好勇斗狠和优柔寡断的混合体，使他本人和大陆军都深受其害。

　　12 月，华盛顿向他的将军们征求意见——他是否应该一如大陆会议所愿袭击费城的英军呢？一如往常，这是他主观上想做的事情。但这是否在客观上正确呢？在那个秋天，华盛顿收到的所有建议信里，最为有用的一封来自那位知华盛顿最深的纳撒尼尔·格林将军。

185

　　　"我们必须……不被我们的愿望统治……（格林建议）。让我们不因我们内心的狂热而自期自许，去做那些超出我们能力以外的事情……去年冬天的成功（特伦顿和普林斯顿之战）十分出色，其对时局的流向产生了十分可喜的影响。但是，如果我们好好地检视伤亡清单的话，我斗胆推测我们在那些军事行动里并没有占到多少便

宜……在我看来，进攻费城就像是给北美的自由蒙上一层
危机。如果不成功的话，自由事业恐将葬身于此。

结果证明，这一番话的确是华盛顿急需的逆耳忠言。12
月初，当豪将军率军从费城出动、尝试将华盛顿引入另一场阵
地战时，华盛顿拒绝上当——他已经输不起了。经历了几天小
心翼翼的试探后，豪将军满是挫败地回到费城过冬。

接近三年的时间里，华盛顿都在半心半意地尝试抑制他
那原始的好战天性。最终，华盛顿将前一年春天就已初次领
悟的这一课内化于心。从此，华盛顿将只做对大陆军和美国
最有利的事情，不去管批评者们（以及他内心的魔鬼）说什
么。

就在距离费城 20 英里的地方——在这个距离上既可以侦
测敌人，又可以使弹尽粮绝的军队重整旗鼓——华盛顿将他的
越冬军营建在了福吉谷（Valley Forge）。"看到士兵们衣不蔽
体，"他在跨越舒伊尔基尔河时写道，"睡无毛毯、行无军靴，
以至于行军路上到处是脚底磨破后留下的血迹；他们几乎常常
是缺少粮饷；在圣诞节期间行军穿越霜冻和积雪，并在距敌一
日路程的地方筑起营垒；在他们筑起营垒之前，没有一处可供
住宿的房屋或临时营房，却依旧毫无怨言。在我看来，他们所
体现出来的耐心和服从少有人及。"

在那年冬天，闻名于世的"1776 精神"已经荡然无存。
现在，美国革命成了一场旷日持久的战争，绝大多数美国成年
男性都想把为国家自由而战的任务推给别人。美方建立了一套
征兵定额系统，要求每一个州向大陆军输送一定数量的士兵。

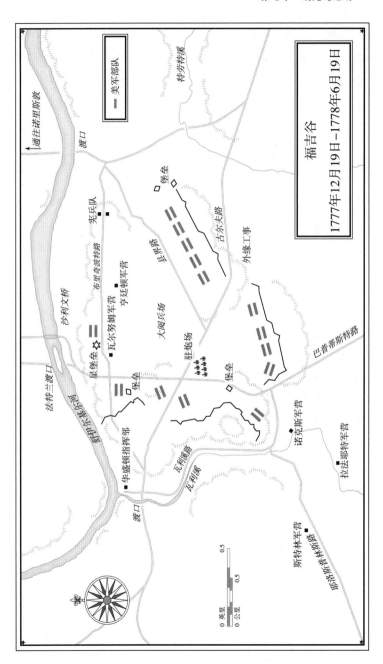

福吉谷
1777年12月19日-1778年6月19日

美军部队

比如在康涅狄格，一个社区的民兵按照他们拥有的可供纳税财产被分成几组（所谓的"班"），每一班都有义务向军队输送一名士兵。一个非常富裕的人或许本人就构成一班，而三个较穷的公民或许就组成了另外一班。如果像通常情况那样、一个班无人愿意服役的话，他们就会雇佣一名替代者——这便是约瑟夫·普拉姆·马丁后来回到军中的原因。

结果，像马丁土生土长的北美白人反倒在军中成了少数。布兰迪维因战役后，一名英军军官清点了叛军战俘们的国籍。如果这份清单有代表性的话，那么华盛顿大陆军的绝大部分士兵都并非出生在北美，而是来自英格兰、爱尔兰和德国。315名战俘清单里只有82人（大约25%）出生在北美本地。这意味着当这个国家的大部分公民还待在家里时，独立战争在很大程度上是由新来的移民推动的。1777年年中，军中服役的北美本地人大多要么是非洲裔美国人，要么是美洲原住民，或者是像约瑟夫·普拉姆·马丁一样，一位历史学家所谓的"逃亡中的白人自由民"。

这些外籍士兵并没有革命初期那些热忱爱国者们的教育程度和社会地位，但他们将成为大陆军中身经百战的主心骨。他们将赢得他们指挥官们始终如一的尊重乃至感佩。就像华盛顿一样，他们一直坚持到战争结束。

12月18日，华盛顿命令军队开始在群山环抱的福吉谷空地修筑"士兵小屋"（Soldiers' huts）。这种营房只有16英尺×17英尺之大，木质外墙只有6英尺高，屋后只有一座木质壁炉，每间营房能住12名士兵。不过，建立居所对大陆军而言还远远算不上什么难题。到12月底，华盛顿已经粮饷不继。"除非突然之间有一些显著而根本的改变"，他写道，他那大约 12000 名士兵的军队"无疑将陷入以下三种情形之一：挨饿，消失，或是溃散"。

这在很大程度上要归咎于大陆会议的疏失（更不必提那位脱队的军需处长托马斯·米弗林无动于衷的行径了），他们听任军队的后勤系统濒临崩溃。对福吉谷内的肉类和其他军需品的日常供应几乎彻底停摆。一个团接着一个团的士兵发出了"没有肉！没有肉！"的怒吼，军官们担心他们会突然拿起武器发动全面哗变。

福吉谷内大陆军的无谓损失促使华盛顿以颇不寻常的率直之情给大陆会议写信。"我敢向大陆会议的那些绅士们保证，"他给大陆会议主席亨利·劳伦斯写信说，"在舒适的房间里靠着温暖的壁炉大发微词，要比在寒冷的荒丘上枕霜雪而眠来得轻易也安逸得多……尽管这些绅士们似乎都对衣不蔽体、忍饥挨饿的士兵们无动于衷，我却和这些士兵感同身受。我从灵魂深处怜惜这些痛苦，却没有能力减缓、或是阻止这些痛苦发生。"

华盛顿刚刚接受与英国人打一场防御性战争的策略，现在他却决定在和大陆议会的关系里主动出击。结果，华盛顿终于得其所哉。他在战场上或许经常裹足不前、躲闪含糊，但在 1777 到 1778 年冬天以一种强而有力乃至不留情面的热忱投入到政治斗争，令他人大感意外——特别是托马斯·康威、霍雷肖·盖茨和托马斯·米弗林。

12 月盖茨已经知悉，托马斯·康威给他的一封信件的副本显然已落到华盛顿手里。盖茨并不知道他自己的副官就是康威信件内容的泄露者，他立即认定是汉密尔顿在 11 月初访问他的奥尔巴尼司令部时复写了他的私人信件。盖茨决定直接给大陆会议写信告发，宣称他的"信件被盗印"。显而易见，盖茨希望这次揭发最终酿成丑闻，给那位业已深受大陆会议困扰的大陆军总司令制造更多麻烦。

189   这其实有些多此一举。大陆会议不仅不顾华盛顿的异议将康威晋升为陆军少将，而且决定让康威在新近重建的战争部（Board of War）出任监察长，这个机构旨在督导大陆军的重整工作。更有甚者，霍雷肖·盖茨本人将出任战争部部长，同时詹姆斯·威尔金森（大陆会议刚刚应其所请，将他荣誉晋升为陆军准将）则担任战争部秘书。据华盛顿的朋友兼私人医生詹姆斯·克雷克博士（James Craik）说，大陆会议内亲盖茨派的战略至此已经昭然若揭了：尽管"他们不敢明目张胆地与您（指华盛顿）为敌"，他们仍企图"给您制造障碍和麻烦，以迫使您辞职"。

和他儿子一样，亨利·劳伦斯也受过良好教育；他还是南卡罗来纳最为富裕的种植园主之一。他得以在约翰·汉考克辞职后当选大陆会议主席的一大原因，便是因为他一直以来拒绝与大陆会议的任何派系搅和在一起，在评判大陆军总司令的优

然而盖茨派并不知道的是，华盛顿手下有一名位置绝佳的间谍。他的一名副官约翰·劳伦斯（John Laurens），是一名来自南卡罗来纳的23岁年轻人，他的父亲正是刚刚成为大陆会议新任主席的亨利·劳伦斯。约翰曾在法国、瑞士和英格兰最好的学校接受教育，后来回到北美加入大陆军，曾在布兰迪维因和日耳曼敦之战中负伤。1777～1778年冬天，约翰和他称之为"最好的朋友"的父亲保持着秘密通信，这些通信对于拯救美国功莫大焉，其作用甚至胜过后来革命进程中所有备受赞誉的谍报活动。

和他儿子一样，亨利·劳伦斯也受过良好教育；他还是南卡罗来纳最为富裕的种植园主之一。他得以在约翰·汉考克辞职后当选大陆会议主席的一大原因，便是因为他一直以来拒绝与大陆会议的任何派系搅和在一起，在评判大陆军总司令的优

缺点时也颇有主见。亨利向儿子明言，他深信华盛顿对于这个国家的凝结不可或缺——特别是在 1778 年的这个冬天，大陆会议已经成了冷漠、自私和党争的结合体，几乎陷入瘫痪。

"我们的整个议事制度已经陷入混乱，"亨利在 1 月 8 日警告他的儿子说。"我们（指大陆会议）摇摇欲坠，如果不能立即拿出智慧和毅力的话，我们必将彻底失败。"这些自由州和北美人民似乎已经丧失了支持国家政府的兴趣。这个冬季的约克镇，大陆会议的出席代表一直在 17 人左右浮动（不到代表总数的三分之一），最少的时候只有微不足道的 13 人。像富兰克林、杰弗逊、亚当斯精诚合作起草《独立宣言》那样历史性文件的时光已经过去了，当时签署《独立宣言》的代表足有 56 人。

最迫在眉睫的危险来自于盖茨派令华盛顿下台的图谋。据约翰·劳伦斯报告，这已经"对华盛顿将军造成了确实可见的影响"。实际上，华盛顿的批评者们如果不公开声言用盖茨撤换华盛顿就没法对后者动什么手脚，但在 1778 年的冬季，只有托马斯·康威一人敢如此明目张胆。"康威密谋"的目的与其说是直截了当的罢免案，更像一种试探，用暗中议论来测试华盛顿作为本场战争核心人物顶住批评的能力。"在这些政治集团里，"亨利·劳伦斯报告说，"有鼓动者和主事者，有从众者，有灭火者，有转场者，也有缄默者。"而如果这个集团有一名领袖的话，那就是托马斯·米弗林。劳伦斯将其形容为"使最近的祸害得以运转的那个支点"，对此人而言"爱国主义是他追逐一己私利的借口"。

"康威密谋"太过松散，不足以构成显著威胁。但这并不妨碍这个"政治集团"在 1778 年冬季持续制造麻烦。"想要

190

打破这个联盟并不容易，也非一朝一夕就能成功，"劳伦斯向他儿子建议。"没有什么比坚定履行职责更好的办法了。这样才有助于您的朋友打败这些针对他的阴谋。"换句话说，只要华盛顿尽职尽责，这个阴谋集团终将无疾而终。

只用了几个月，20岁的拉法耶特侯爵就成了华盛顿最钟爱的军官之一。拉法耶特侯爵不仅英勇（用纳撒尼尔·格林的话说，"侯爵决心以冒险为业"）而且忠诚，他在12月30日写的一封信奠定了自己与华盛顿的友谊。根据拉法耶特的说法，大陆会议那些批评总司令的人士都是"愚蠢之人，素不识兵就对您妄加评断，还作出了荒谬绝伦的比较。他们被盖茨冲昏了头脑，毫不考虑你们之间截然不同的情境，迷信进攻是唯一可行的取胜办法……如果您为美国牺牲了，那么将无人可以率领这支军队继续战斗，这场革命将维持不了六个月"。与此同时，拉法耶特承诺："我将……与您休戚与共，我也将挎着军刀追随您的事业，并倾尽全力继续奋斗。"

第二天华盛顿作出了相应的回复。他宣称："得知我能得到您的好评，这将永远成为我的幸福之源……在这场伟大斗争中，我们不能总是指望一切顺风顺水。我毫不怀疑，一切都将向最好的结果发展；我们也将战胜所有的厄运，并在最终开怀畅笑；到那时，我亲爱的侯爵，如果你我相聚在弗吉尼亚，过往艰险和他人愚鲁都将尽付笑谈中。"现在，华盛顿有一名视如己出的年轻法国军官为他提供情感支持，又拥有大陆会议主席的政治奥援，这让他得以将注意力集中于拯救大陆军于危亡的事业中。

1月25日，来自罗得岛的伊斯雷尔·安格尔（Israel

Angell）上校为一名前一天夜里死在福吉谷营地的士兵订制了一口棺材。安格尔在日记里描述，他手下的士兵"衣不蔽体，穷困潦倒，缺乏所有的生活必需品"，他们被"从时间的清单上抹去。一个，两个，三个，这在 24 小时的间隔之内陆续发生着"。

就在这番辛酸悲切的苦难中，华盛顿和他的副手们努力确保大陆军不再被满腹狐疑的大陆会议所欺压。在几个月的时间里，福吉谷已成为一座坚固的要塞，令人刮目相看。一系列夯土墙和堡垒为东南两侧提供了保护，同时，舒伊尔基尔河构成北面的缓冲，峡谷溪（Valley Creek）则成为西面的天然屏障。这处三角形宿营地的西北角位于峡谷溪与舒伊尔基尔河的交汇处，华盛顿的司令部设在此地一个熔炉老板用石头搭建的避暑小屋里。

在这座石头房子里，2 月 8 日华盛顿迎来了他的妻子玛 192
莎。华盛顿创建了一个由优秀年轻人组成的智囊团，这些年轻人英勇无畏、天真烂漫，他们乐于创造性地思考军队和文官政府之间的根本问题。华盛顿和他的副手们就在这间 16 平方英尺、只有一个壁炉的房间里精诚合作，他们日日夜夜地讨论，留下了大量书面文件（在华盛顿全集里，它们占了足足 30 页之多），以惊人的详尽和雄辩书写了大陆会议重组这支军队的可能蓝图。这些文件还设立了一项军官的终生养老金计划，同时设法保障普通士兵们的粮饷和军服能够得到稳定可靠的供应。紧接着，这些文件还出色地揭示了所谓"我们现行军事体制的诸多弊病"。

一开始，战争部设立的初衷便是处理重整大陆军的艰巨任务，但很快大陆会议意识到，当下的政治纷争已使华盛顿和盖茨不可能有效共事。大陆会议特别选派了一批代表，组成了一个委员会前往福吉谷。委员会看到华盛顿那令人印象深刻的全套文件档案后，最终做出了合适的人事荐任案。哪怕是像马萨诸塞州的弗朗西斯·德纳（Francis Dana）这样先前并不乐见华盛顿人事案的代表们，也被华盛顿为这项任务付出的巨大劳动和他表现出的正直品格深深打动了。正如亨利·劳伦斯曾指出的，华盛顿正在缓慢但坚定地证明自己是赢得这场战争所最不可或缺的人，即便他的士兵（并非由于华盛顿本人的过错）正在他周围死去。

组成华盛顿军旅家族的是一批英才卓荦的年轻人，其核心成员便是约翰·劳伦斯和亚历山大·汉密尔顿。汉密尔顿生长于加勒比海的圣基茨岛，自幼贫困。劳伦斯则生长于他父亲在南卡罗来纳州查尔斯顿附近的稻米种植园里。汉密尔顿和劳伦斯都熟知黑奴制度，相信奴隶制与他们正为之战斗的自由和权利理念不符。如果美国要真正实现自由，奴隶制就必须终结。劳伦斯坚信，他知道怎样使这一天到来。

1月14日，就在劳伦斯和其他副官们准备好了接待大陆会议代表团时，他给父亲写了一封建议书："将您手下一大批精壮有力的男性奴隶转让给我吧，而不是留给我一大笔财产。"约翰提议以这些奴隶为基础设立一个黑人士兵连，这也将测试他之前想出的一个大胆的新方案能否奏效：许诺所有奴隶，只要他们愿意在大陆军中服役直到战争结束，就能获得自由，而奴隶制也将随之取消。"我将带来两全其美的好处，"他写道，"首先，我将改善那些被不公正地夺走了人权的奴隶们的境地，使他们先处于悲惨奴隶制和完全自由民之间的状态；此外，我将带来大批量勇敢士兵，增强自由捍卫者的实力。"

接到来信后，老劳伦斯想立刻了解华盛顿对此动议的态度。

约翰宣称，华盛顿并没有对此动议弃之不顾。后来，尽管老劳伦斯的顾虑和事态的快速演进使约翰先把这个计划放在一边，但他并未彻底放弃这项动议他后来将这项动议一路带到了南卡罗来纳州议会，但正如他父亲预期的那样，这项动议在州议会不了了之。但这并不能改变一个事实：1778 年冬天是独立战争最大的低潮之一。在此期间，福吉谷的华盛顿司令部发生了一些怪事。

在这一期间，正如亨利·劳伦斯早已预料的，"盖茨帮"开始有内讧的迹象。在 12 月末给华盛顿的一封信中，康威胆敢在提到这位总司令时，以"华盛顿大帝"（the Great Washington）的名号调侃他。这封信的一个副本传入了大陆会议手中，很快，哪怕是康威的支持者也开始质疑康威的判断。1 月，作为对盖茨一系列越来越刻薄的信件的回应，华盛顿最终揭露，这位将军本人的副官、战争部秘书詹姆斯·威尔金森就是那个泄露康威信件内容的人。盖茨的反应后来被华盛顿称为"最荒唐的自相矛盾"，这想必令这位总司令和他的幕僚们心中窃喜。威尔金森后来知悉盖茨已经"以最恶劣的语言……指责自己是康威信件的泄露者"，并在 2 月向这位他一度景仰的将军提出了决斗的要求。但在约克的墓地，就在手枪举起之前，这两位曾经合作无间的战友噙着泪水拥抱了彼此。至少在那一刻，他们和解了。

2 月 19 日，盖茨举起了白旗。他郑重地在给华盛顿的一封信里说"我没有什么派系"，并请求华盛顿，不要"再在这个话题上浪费时间"了。当时，一批忠诚于华盛顿的人正在告知所有他们认为有不忠嫌疑的人，向那些人警告背叛华盛顿的行为不可容忍。战争部曾经尝试用一场对加拿大的冬季远征来拉拢拉法耶特，然而这个愿景从未实现。拉法耶特兴高采烈

194

地迫使盖茨和康威为华盛顿的健康干杯。亨利·诺克斯一路涉险找到约翰·亚当斯在布伦特里（Braintree）的住处，对亚当斯而言，诺克斯的用意显而易见。"他的到访意在……听听我对华盛顿将军的意见"。亚当斯向诺克斯宣称华盛顿是"我们联邦的中心"，总算通过了这场考验。刚刚从萨拉托加返回的弗吉尼亚人丹尼尔·摩根喋喋不休地缠着战争部成员理查德·皮特斯，以至于皮特斯开始担心自己有性命之忧。而在弗吉尼亚，一批华盛顿的支持者集结成队，给了大陆会议代表理查德·亨利·李相同的待遇。同时，帕特里克·亨利将他收到的一封批评华盛顿的匿名信转交给华盛顿的支持者们。华盛顿的幕僚们认定，这封信的手迹显示，它出自费城医生本杰明·拉什之手。也许，大陆会议石阶上那封罗列华盛顿诸多错误的匿名信件也是拉什的笔下杰作。

这是困难的四个月，也是考验华盛顿的四个月。但华盛顿现在相信，"这个政治集团的阴谋诡计终将自食其果"。在收到盖茨要求结束纷争的请求信五天后，华盛顿回信说，他乐意将过去的分歧一笔勾销，"让它归于沉寂，并在情况允许的条件下在未来永远消失"。

就在"康威密谋"风行，福吉谷的大陆军士兵忍饥挨饿、饱受病患折磨时，发明家大卫·布什内尔准备再给英国人来一下子。在以单人潜艇"海龟"号运载爆炸装置、将纽约港的理查德·豪旗舰炸沉的尝试失败之后，布什内尔决定简化他的手法。他将潜艇计划通盘取消，并设计出了一种满载火药的大漂浮桶，旨在令它在触碰敌舰边沿时随之爆炸。布什内尔的计划是在英军舰队的上游释放 50 个这种重达 100 磅的火药桶，保证它们漂浮在冬季的费城水面上，并希望水流可以将这些火药桶带到它们的目标那里。

1月6日早晨，沙利文将军手下的一个小分队将布什内尔 195 的小桶逐一放到河里。这些火药桶只要有一只能撞上敌舰爆炸的话，就将引发连锁反应，把紧紧连成一线的舰船引爆，迅速使费城水面烟火弥漫。从"奥古斯塔"号的爆炸可以判断，英舰火药库连环爆炸释放出的毁灭性力量，足以使这座城市的相当一部分烟尘蔽天。

布什内尔没有考虑到，英国人已将他们的舰船外围都放置了一排排浮木，以保护舰船免受随着潮水在河里上下浮动的大块浮冰侵袭。火药桶沿河的漂流速度也比布什内尔预想中的要大为缓慢，第一批火药桶抵达费城水面时，太阳已经东升。一名费城船员好奇于这些桶里装了什么，于是从水里打捞出了一只。火药桶在他手中爆炸，当场将他和围观的旁人炸死。

这座城市很快爆发了恐慌。有人传播谣言说，这些木桶里装着美军士兵，他们将像希腊神话中的特洛伊木马那样从这些"小船"中现身，进攻这座城市。有鼻子有眼的传说很快散播开来，英军狙击手们开始向这些木桶开枪，使它们在特拉华河中央爆炸，而不至于造成任何损伤。一名黑森籍军官评论道："这50个小装置一个接一个地爆炸的画面令人赏心悦目，敌人的计策也就此破灭。"这场火药桶之战（the Battle of the Kegs）就这样宣告结束。

在1月20日向阿诺德寄出陆军少将的委任状同时，华盛顿另附上了一封信件，将此一讯息的延迟归结为"我缺乏空白委任状所需的纸张"。这并不是最具说服力的理由，但这封信也包括了一段对阿诺德表达由衷关切和景仰的话语。"我斗胆询问，您的双腿是否又健康如初了，"华盛顿写道，"如果您并没有的话，我是否可以自作主张地认为，您将很快恢复？没有人比我更真诚地企盼您的健康了，而如果您恢复健康，也没有人会比我更感欣慰……一旦您的状况允许，我将请求您重归战阵。您能在接下来的战斗中披挂上阵是我最诚挚的愿望。由此一愿望出发，我已在充分考量之后，给了您一份新的任命。我相信，您的指挥作战将会惠及您自己，也将给公众带来极大利益。"

196   直到 3 月 12 日阿诺德从奥尔巴尼回到他儿子们的入学地、康涅狄格的米德尔敦（Middletown）时，他才对华盛顿做出回复。他写道："如果这伤势能允许他就是否重上战场作出决定"，自己本可以更早回信。但是，阿诺德的伤情经历了反复。尽管他骨裂的那条大腿恢复得很好，但之前 10 月 7 日那颗子弹造成的隐蔽碎骨开始穿过他重新绽开的大腿伤口。如果他想再度健步如飞的话，这些骨头碎片就必须取出来。"我的医生确信这需要费点时间，"阿诺德写道，"也许是两个月，也可能是五到六个月。"阿诺德预祝华盛顿无往不胜，他还承诺"一旦我的伤口愈合……我将立即重返司令部"。

因恢复缓慢的伤情拖累，阿诺德错过下一次行动的可能性越来越大，深陷失望的他开始重拾对那位天仙般的德布卢瓦的迷恋。尽管她在一年前已经以明确的语言拒绝了阿诺德，但阿诺德还是在 4 月 8 日给她写了一封情书：

我 20 次拿起笔来想给您写信，可是我的手腕却常常颤抖，不愿听从心里的指令。这颗心曾经无数次在枪林弹雨和战争的恐惧颤栗之声中保持宁静和镇定。然而，它在尝试向您倾诉攸关其幸福的话题时，却战战兢兢，唯恐有所冒犯……无论时间流逝、天各一方还是命运的不幸，乃至您残酷的冷漠，都无法抹去您的魅力给予我的深切印记。您难道就甘愿使这样一颗真挚、忠实的心，就此饱受绝望之苦吗……？亲爱的贝西，请劳烦您张开那圣洁的胸襟（如果没有因同情而苦闷的话它便对自己造成的不幸一无所知），接纳我的情谊，让我知道自己情缘何在。

4 月 26 日，"亲爱的贝西"再一次明确表示，阿诺德应该到别处寻求他急需的爱与支持。然而，这番表态并没有阻止阿诺德再一次写信。这一回阿诺德声称："如果我的名声有一部分归功于我自己的话，我在很大程度上亏欠于您。正是您的魅力激励了我，给了我高贵纯粹的激情。"为了证明自己不会苦无回音，阿诺德还附上了一封题头为"给您的爸爸和妈妈"的信件，希望借此"请求他对我信件内容的认可"。这颇为尴尬地表现出阿诺德已经沉沦到了一个多么可悲的地步。尽管阿诺德的大腿还有几个月才能复健到足以披挂上阵的程度，他却再也无法袖手旁观了。阿诺德必须南下，重新加入华盛顿的军队。

2 月初，福吉谷美军营地本已黯淡的状况进一步恶化。截至这个月底，已有超过 1000 名大陆军士兵死于疾病、酷寒和营养不良。尽管士兵们表现出了无与伦比的毅力和耐力，但军中还是发生了几次近乎叛乱的哗变。华盛顿意识到，他需要设法保证他的士兵们能立即得到补给。这是纳撒尼尔·格林最不想做的工作，但不情不愿的他还是接过了军需处长的职务。

乡间一带几乎已经被英军坚壁清野，但格林成功地设法将军需品如涓涓细流般运进了福吉谷。"本地居民大呼小叫，从四面八方困扰着我，"格林于 2 月 15 日写给华盛顿的信中说，"但我就像法老一样铁石心肠。"3 月，随着春天到来，补给变得更容易获取，危机也开始消退，华盛顿得以重整军队。这些状况并未阻止大陆会议对米弗林在军需处长任上的行为发起调查。这意味着，"康威密谋"中曾经的支柱人物将很快发现，他本人即将卷入一场和自己当初想要在华盛顿总司令身上挑起的那场一样的纷争之中。

这个冬天，一位备受期待的新人抵达了福吉谷。普鲁士出身的 47 岁军官弗里德里希·威廉·冯·施托伊本（Friedrich Wilhelm von Steuben）号称自己是一名男爵，并且与腓特烈大帝过从甚密，他志愿担任原本拟定由托马斯·康威就任的大陆军监察长。曾在巴黎预先会见过本杰明·富兰克林的这位"男爵"深知自己应当如何向华盛顿团队自我推销。法语流利的约翰·劳伦斯担任施托伊本的翻译，他很快便向父亲呈上了激动人心的报告。"我觉得他是我们所能找到最适合担任监察长的那个人了，"他写道，"他似乎对我们军队从征兵不足到频繁换人的种种困难知根知底；他看起来也了解我们的士兵有哪些能力；他并非一名固执己见的教条主义者，并不介意在困难面前调整预先确定的程式。"

难以置信的是，这位在个人履历上几乎通篇撒谎的肥胖的普鲁士骗子，恰恰是华盛顿的大陆军士兵所需要的那个人。3 月 25 日，劳伦斯写道："男爵有着莫大的热忱，这种活跃程度在他这个年龄可真的是难以想象。"一周以后他又写道："施托伊本男爵使我们的士兵们有了显著的进步。军官们似乎都对他有着很高评价。"三周以后的 4 月 18 日，据劳伦斯说，施托伊本依旧"倾尽他本人所能，就像一名渴求晋升的陆军中尉一样。而他的工作所带来的良性效果清晰可见"。据约瑟夫·普拉姆·马丁本人回忆，在福吉谷的那个春天"就像一场从未间断的操练"。

4月30日华盛顿得知了与法国的盟约。英军在萨拉托加大败的消息已经彻底证明了美国人有能力赢得独立战争。也许是看到了为之前在北美战争中的损失复仇乃至将其挽回的机会，法国决定在此时建立与美国的军事同盟。5月2日，条约在大陆会议三读，5月4日正式得到批准。5月6日，福吉谷举行了一场庆祝仪式。约翰·劳伦斯在给父亲的信中写道：

> 昨天在紧迫时间允许的范围内，我们以最大的排场庆祝了这项新军事同盟。欢庆之前先是有牧师布道。在适当的停顿后，几个旅的士兵向右翼行进，以惊人的速度和准确度组成战斗序列。3门礼炮各鸣17响，火枪也3次齐射，以向法王、美利坚合众国和其他欧洲的友善力量致敬。欢呼声响彻云霄！命令传达给了全军将士，壮观的礼炮，严整的军容，令所有在场的人都莫不为之动容，为之欢畅。

这个冬天过去了，它差一点就摧毁了华盛顿和大陆军。这场庆祝活动标志着一次非同寻常的转折。的确，未来前景是如此光明，以至于纳撒尼尔·格林向华盛顿询问是否应当停止筹集军需物资，华盛顿让他继续努力。"这项任务依旧迫切，需要我们付出最艰辛的努力。"他提醒道。

与此同时，本尼迪克特·阿诺德正坐在一辆大马车上赶往福吉谷。路上的每一次颠簸无疑都令他疼得有所畏缩。

199

第八章　燃烧山骑士

　　她是个 17 岁的美人，她与伦敦最新潮的时尚同步，纤瘦的脸蛋旁边围绕着精致整洁的波浪卷发。过去 8 个月里，她和长她两岁的姐姐在一连串的舞会、戏剧、赛马会、茶会上备受追捧，使英军军官们呆板沉闷的费城社交生活为之一变。但是，佩吉·席本（Peggy Shippen）并不仅仅是一位花瓶式人物。席本家族的一个朋友后来说"她通情达理，毫不肤浅"，同时，她"对她父亲特别好，将照顾父亲作为她的主要念想。在晚宴派对和娱乐社交吸引她姐妹的时候，她却经常选择陪伴父亲"。

　　这位幸运的父亲名叫爱德华·席本（Edward Shippen）。过去三年间，他都在尝试避免卷入一切政治纷扰。作为英国殖民政府副海事法庭的一名前法官，他从一开始就被怀疑有效忠派倾向。美国革命开始的那几年，他和全家搬到了舒伊尔基尔河的一座乡间住宅，在那里他仍然受到宾夕法尼亚州政府的监视——特别是在他的儿子在新泽西加入英军之后。席本法官借用约瑟夫·阿狄生（Joseph Addison）戏剧《加图》的台词，坚信"在如此艰难的时世里，我要把每一个私人场合都当作名誉的标杆所在"。细心、忍让、友善的席本继续关爱他的儿女们，而在英军占领费城的那个冬天后，他担心女儿们参加英军军官社交娱乐活动的热情，或将给她们永久贴上效忠派的标签。

　　1778 年 5 月 8 日，皇家海军护卫舰"豪猪"号抵达费城，带来了即将取代威廉·豪担任总司令的亨利·克林顿。克林顿必须放弃这座他的前任花了几乎半年时间才攻克的城市。5000名英军士兵将在当年夏天被调离北美，前往法属殖民地圣卢西亚作战。北美英军的规模将大为萎缩，他们必须优先确保对纽约的控制。

现在，随着法国承认美国，这场一度只是殖民地叛乱的战争已经演变为一场世界大战。随后几个月里，大英帝国将发现自己在多个前线四面受敌：远至印度，近至英吉利海峡家门口，而战争的焦点也从北美转移到了盛产蔗糖的西印度群岛。也许令人难以置信，但在18世纪，加勒比海英属岛屿在经济上的重要性远远胜过北美十三个殖民地的总和。

世上没有别的地方比加勒比地区更具备如此惊人的生财能力了。1776年，英属西印度群岛创造了高达425万英镑的贸易额，几乎3倍于英国的东印度公司。法国也同样依赖于它的加勒比领地，法国超过三分之一的海外贸易额来自这里。如果英国能够从法国人手里多夺走一些这样的珍贵岛屿的话，也许他们就能找到一条途径，偿付北美战争带来的财政灾难。英国甚至考虑过放弃所有北美领地，如此便可以集中现有的资源和法国作战。对于费城的效忠派而言，这简直不可思议：在英军占领费城短短8个月后，他们就要像新泽西和波士顿的效忠派那样承受命运的反转，重新落到爱国者手里。

5月18日，就在这个毁灭性的大新闻被公之于众之前，英军举行了一场操演。这场操演的组织者，有一颗诗人之心的28岁的陆军上尉约翰·安德烈将其形容为"一支军队向他们将军献上过的……最华彩的演出"。也许威廉·豪离开费城时

202 的情势不那么如他所意，但根据安德烈的说法，这并不妨碍豪"广受麾下士兵们的爱戴"。操演持续了 13 个小时之久，始于特拉华河上的划船比赛，终于一场装有 85 面镜子大厅中的舞会。安德烈一丝不苟地编排了这场盛大的庆祝活动，其中还包括了一次由 35 名黑奴服侍（每名黑奴都戴着银制项圈）的奢华晚宴，一场午夜烟火秀，还有在费城河边一块方形草地上举行的一次中世纪风格的骑士比武。

那位缺乏主见的 17 岁少女与父亲一起分担了在波诡云谲的政治风波中艰难求存的焦虑，安德烈安排的这场盛大而奢侈的大联欢（Mischianza）① 似乎给佩吉·席本带来了一处令她如痴如醉的避难所，使她逃离现实世界中的烦恼无常。就在英国人到来之前，一部新的州宪法造就了美利坚合众国之中最为激进的政府形态：一院制的州议会使宾夕法尼亚州的农民、生意人们有能力挑战那些一度主导该殖民地政坛的大地主和富商们。

但正如在费城快速应验的那样，一场旨在将一个国家从政治和经济压迫中解放出来的革命，却有着制造一种新型暴政的潜在可能。在宾州，一个纯粹民主却没有任何制衡的政府便使多数人得以践踏少数人的自由。不管是席本家族这样的前费城上流社会成员，还是作为和平主义者、因宗教原因拒绝签署宾州忠诚誓词的贵格派教徒，任何人只要被怀疑持"暧昧中立"或是更严重的"托利党"立场，就会被严密看管，个别人甚至被流放出宾州。现在，随着英军即将撤离费城，激进爱国者们也即将重掌权力，反攻倒算。如果过去数年费城的经历能提

---

① Mischianza，意大利语，意为"集锦""混合物"。

供什么预示的话，那就是对少数服从多数的极端坚持即将降临这座城市。灰暗的前景使庆典蒙上阴影，佩吉不能允许自己误而沉溺于这场联欢呈现的集体幻境之中，哪怕只有一天。

在一场盛大的"杂色玫瑰骑士"（Knights of the Blended Rose）和"燃烧山骑士"（Knights of the Burning Mountain）之间的"持矛比武"（tilting tournament）中，佩吉和两位姐妹一起担纲龙套女主角。佩吉身着一套浓艳挑逗的土耳其服饰，一名盾牌上画着月桂树叶和"坚贞不变"格言的骑士将捍卫她。

席本家族的说法宣称，佩吉的父亲在最后关头阻止了三个女儿参加这场联欢。但在安德烈本人对这些庆典的记载中，席本姐妹赫然在列。佩吉·席本究竟有没有在观众席上目睹两名身着绸缎的英军军官礼貌地打成平手？这个问题终将变得无关紧要。几个月以后，她就将遇到真人版的燃烧山骑士：一名大腿受伤的陆军少将。他热衷繁华、对文官政府缺乏耐心，这些都将使这位将军与费城的激进派针锋相对。

203

《独立宣言》的篇章迫使北美人民做出选择——要么和新生的美利坚合众国站在一起，要么继续保持对英王的忠诚。许多北美公民（如果不是绝大多数）都对政治冷感，他们最优先的考量是他们和家族自身的福祉，想要的不过是得以继续享受革命前那种富足宁静的生活罢了。但是，现在他们必须在这场政治斗争中公开站队。尽管大陆军的忠诚度本应是不言自明的，大陆会议还是决定在此时让大陆军军官们进行一个正式的宣誓仪式。

5月30日，亨利·诺克斯在福吉谷的炮兵阵地主持了本尼迪克特·阿诺德的宣誓仪式。随即，阿诺德收到了一份礼物：华盛顿赠送的一对新肩章、一个新剑饰，"作为我的真诚祝愿、以及对您功勋的认可"。在这封随礼物的附信里，华盛顿还劝勉阿诺德不要"太早出马"，以免影响康复。但是，华盛顿的劝告并没有阻止本尼迪克特·阿诺德。纵使他的大腿还没有接近痊愈，纵使他要到两年之后才能骑马，他仍然加入了在福吉谷重加休整后的大陆军。现在，华盛顿必须考量，怎样和一名无法战斗的将军打交道。

接着，可能已经把那两枚新肩章佩在肩上了的阿诺德将手放在《圣经》上，宣誓"支持，拥护，保卫……美利坚合众国，对抗……英王乔治三世……并将出任公职，为美国服务……现在我满怀着平生所学、通身之技，宣誓效忠"。有两名副官参加了他的宣誓仪式，他们分别是曾与他在萨拉托加并肩作战、年仅 19 岁的马修·克拉克森（Matthew Clarkson）和 38 岁的大卫·索尔兹伯里·弗兰克斯（David Salisbury Franks），他曾在蒙特利尔生活，并在那里遇到了阿诺德，成为大陆军撤离加拿大途中的军饷出纳员。之后，弗兰克斯在费城生活了数年。忠诚的弗兰克斯有时像他的将军一样脾气暴躁，他和来自纽约州精英家庭的克拉克森一样拥有优秀的教育背景。他们将给阿诺德的幕僚团队带来鲜明的贵族气质。

6 月初，英军即将撤离费城的态势已经明朗。曾经撤离蒙特利尔的阿诺德和弗兰克斯（在加拿大时，他曾将一大笔个人钱财捐给了美国革命事业）深知，一支军队的撤离行动不仅会制造混乱和脱序，还将带来可观的经济机会。鉴于除于英军以外，所有自认为英国臣民的人也将离开费城，一群商人正竭力将他们的货物赶在被重返的大陆军没收之前转移出这座城市。英军运输船颇为不足，这意味着几乎所有可资利用的舱位都将为克林顿曾承诺从水路带往纽约的 3000 名效忠派占据。（缺少舰船的克林顿只能在他们穿过新泽西回到纽约之前暂缓将这 5000 名士兵派往加勒比地区）。许多在费城越冬的商人无法将他们的货物随身携带，他们决定涉险前往福吉谷，希望在那里使大陆军军官们确信他们对美国的"真挚效忠"，拿到他们所需的通行证，保证它们的货物在英军撤离费城之后不被多疑的美国当局没收。

詹姆斯·西格罗夫（James Seagrove）便是一名执着的恳求者。西格罗夫第一次出现在福吉谷请愿时，冯·施托伊本男爵曾经下令将他赶出军营。6 月初，西格罗夫又回来了，这一回他直接向阿诺德请愿。西格罗夫和几名合伙人共享一艘纵帆船，船上装满了各式各样的值钱货物。有许许多多北美民众的忠诚游走于英美两端，他们只效忠于掌权者。西格罗夫便是这个庞大群体的一员。英军袭击纽约基普湾、大陆军慌不择路撤往哈勒姆时，西格罗夫正在纽约，亚历山大·汉密尔顿后来也作证称西格罗夫曾经给了他有用的建议，告诉他如何和战友们躲开敌人。可是，西格罗夫却在 1778 年的冬天选择留在费城——尽管之前曾在费城民兵里服役，他和投资合伙人们却一度尝试利用英军的进驻投机倒把，以实现收益最大化。现在英国人即将离开，西格罗夫盼望能得到通行证，顺利将他的桨帆船驶离费城，暂避于某座美国港口之中，而不触犯美国当局。

此时此刻的阿诺德似乎已经决定，在将他的健康和财富都献给国家之后，他必须尽己所能，重申自己应得的东西。阿诺德并非是在筹谋什么背叛之事；他只是想要拿回他曾奉献给美

205

国的不菲个人财富罢了，然而，这个国家并没有找到补偿他损失的可行办法。在这一点上，面临同样问题的决不止阿诺德一个人。实际上，大陆军军中的每一名军官都像阿诺德一样想到了这一点，他们开始想搞清楚，他们损失的所有收入和付出的个人牺牲是否值得。那些还没有辞职的军官们经常被迫找寻个人的营收机会。许多人在道德原则甚至法律上铤而走险，只是想要收支相抵罢了。

没有人比华盛顿更能对一名大陆军军官面临的这种不快的两难局面感同身受了。1月在福吉谷，华盛顿曾给大陆会议委员会递交了一份备忘录。在这份备忘录里，华盛顿就已挑战了大陆会议普遍奉行的观点，即期待一位真正爱国的军官应在为国服务时先将自己的个人事务放在一边。"很少有人能长期坚持为了公共利益牺牲各种个人利益或是好处，"华盛顿坚持认为，"用这个指责人性腐坏是徒劳的——事实上，每个时代和每个国家的经验都证实了这一点，除非彻底改变人体结构，否则别无他法。如果不以这些不言自明的道理为基础，任何组织都不可能成功。"紧接着，华盛顿几乎描述了本尼迪克特·阿诺德在革命头三年之遭遇的本质：

在这场革命的一开始——他们的热情刚刚倾泻而出、并只是将服役视为临时之举时，他们全神贯注投身其中，毫不顾惜金钱上的得失，也没有自私自利的考量。但当他们发现战争旷日持久、并远远超过他们一开始所料之后，当他们投身于艰难险阻却毫无好处之后，当他们因为自己的爱国热忱而沦为输家，甚至入不敷出、无法补贴家用时，他们的热忱就逐渐消减了；在这种现状之下，许多人彻底厌倦服役的事情就发生了……对于饱含这类情绪的人，没有足够的纽带能拴住他们。

战争期间许多人都蒙受了经济损失，阿诺德并不例外。但和许多同僚军官不同的是，他准备采取一些实际行动，改善经济状况。在大陆会议一再拒绝给予自己应得的军阶后，在于萨拉托加遭到盖茨和威尔金森的阴狠算计之后，在几乎被敌军火枪子弹干掉一条左腿之后，他对在任何机会里为自己谋取经济利益都已感到心安理得了。

7月4日，阿诺德向詹姆斯·西格罗夫下发了通行证，这张通行证为他换来了西格罗夫桨帆船"魅力南希"号的一部分股权。这次行动只是之后数月里阿诺德生财计划的一个，而这些计划的数量仍在与日俱增。所有这些牟利手段都因一个事实而起——6月18日英国人撤离费城之后，华盛顿随即任命他为费城军事长官。就阿诺德这种人的秉性而言，这可是利用自己作为费城最有权力的军方人物的身份推行一系列内线交易的天赐良机——所有这些交易都尽可能地保密了。甚至在进入费城之前，阿诺德就和他的副官大卫·弗兰克斯达成协议，要弗兰克斯用阿诺德提供的资金"购买费城城中任意规模的欧洲和东印度货物"，并且"不要让他最亲近的熟人知道执笔者（指阿诺德本人）与这些计划中的购买案有染"。尽管作为一名军事长官，阿诺德本应遏制甚至禁止（至少在进驻费城之初）这种囤积性采购，但他显然并不觉得这些禁令应当适用于自己。

像许多美国水手和商人一样，走私贸易培养了阿诺德早期的革命理念。无论是波士顿的约翰·汉考克还是纽黑文的阿诺

207　德，他们设法绕开英国政府严格经济管控不仅仅出于经济上的必需，也是爱国热忱的一种表达，更戳到了英国当局的痛处。现在，既然费城大陆会议的施政在某种程度上甚至比伦敦的英国政府更加不公乃至失灵，阿诺德自感，做那些美国人经常做的事情，并没有什么不忠：那就是不管生意环境如何，尽可能多地获利。

军需处长纳撒尼尔·格林在每笔交易中收取 1% 的佣金，有人估计这在美国革命期间为他赚得了价值 175000 美元的利益，即便如此，他本人仍与投资者们有着各种秘密协定。在一份合同中格林明言："我希望，除我们三个人以外，不要有活着的人认识这家公司的创建者。"格林认为，"在贸易事务上要小心翼翼，尽可能不露风声。这是因为，不管我们的行为或许有多么诚实和正直，世界也会报以怀疑，这将对我们大大不利"。格林的考虑很周到，足以使这些交易保密。然而，这种周到从来不是阿诺德的强项。

就在英军占领费城的最后日子里，瑞士艺术家皮埃尔·尤金·迪西莫蒂埃（Pierre Eugène du Simitière）顺路访问了约翰·安德烈上尉在费城的临时住处。安德烈不仅将自己的行李打包，还决定带走缺席的房屋主人——本杰明·富兰克林的一大批藏品，并认为这在自己的权利范畴之内。这些藏品有一批乐器、一本账簿、一架电学仪器，还有一件瓷器。除此之外，安德烈还带走了这位可敬智者的肖像——这幅肖像曾在与法国谈判盟约时派上过用场。迪西莫蒂埃对此表示了异议，可安德烈只是付之一笑，然后继续打包他的行李。

安德烈曾在欧洲最好的学校接受教育。他不仅相貌堂堂、博学多识，还是一名杰出的社交家。安德烈与席本姐妹们定期聚会，还接触到了她们的密友圈。但对本杰明·富兰克林财产的掠夺也许昭示了这位英军上尉刻薄乃至无情的另一面。安德烈很像詹姆斯·威尔金森，他有着逢迎上意的天分，总能恰当好处地讨得最有权势的上级的欢心，从而提升自身的仕途。这幅富兰克林肖像即将成为安德烈直属上司查尔斯·格雷（Charles Grey）将军的藏品（直到下一个世纪，这幅肖像才回归美国；它现在是白宫总统藏品的一部分）。那场大联欢也成为安德烈向威廉·豪表达最高敬意的一种手法。尽管他在此后还会和格雷将军一起愉快相处数年，但安德烈将不可避免地开始寻找门路向新任英军总司令亨利·克林顿献媚。

208

　　6 月 18 日早上，四个孩子的母亲、教友派（Society of Friends）① 的终生成员伊丽莎白·德林克（Elizabeth Drinker）醒来后发现，英军已经撤离了。"据说在昨天夜里还有 9000 名英军士兵……驻扎在城区，"她在日记中写道，"今天早晨我们起床时，已看不到一个红衣兵了……他们在美军轻骑兵进城不到 45 分钟前便离去了……今天进城的少量美军手执马刀，急匆匆地在大街小巷间奔驰。许多市民对他们的出现极表震惊。"

　　当天晚上，阿诺德坐在一辆大马车里从福吉谷出发。他奉华盛顿的命令"挺进费城，指挥那里的军队"。阿诺德的任务是"保持这座城市的秩序和安宁，给各个阶层、各个人种的人们带去安全"。换句话说，阿诺德必须保证新近归来的爱国

---

　　①　基督教贵格派的别称。

者们不要将他们的失落发泄到选择留在费城的那些居民们身上，哪怕他们曾经被敌军统治。

大陆会议使这位新晋军事长官的工作颇为棘手，他们颁布了一项注定不受欢迎的法令，要求阿诺德必须"禁止费城居民变卖、移转或搬走他们所占有的一切货物、商品或动产"，直到被服总监詹姆斯·米斯（James Mease）决定哪些效忠派分子的动产将被充公供大陆军使用，哪些动产又将被变卖。6月23日，阿诺德与米斯及其副官威廉·韦斯特（William West）达成了一项秘密协定，相约由他们自己以低价购买那些尚未充公给大陆军的动产，并随即"抛售这些动产，与买者平等共利"。

随着法国的加入，英国人开始急切地想要结束这场战争。克林顿将军甚至发出了和平倡议，许诺尽可能满足美国人的一切要求——除了独立。但既然英军即将撤出费城、开始一场跨越新泽西前往桑迪胡克的 90 英里远征，随后还要登上运输船返航纽约，大陆会议没有任何理由接受英国人的和平倡议。

对于克林顿和他的军官们而言，局势如此翻转令他们颜面扫地。他们不仅仅要返程纽约；如果法国海军在当年夏天大举袭来的话，他们甚至得放弃整个北美地区，首先保证新斯科舍哈利法克斯的安全。在两年前英军驰骋新泽西州，追猎华盛顿统领的残兵败将时，这些选择根本不可想象。但现在，英军反而成了被追猎的一方，不得不在美军的紧逼下设法穿过被华盛顿称为"吞没一切，几乎对人类有敌意"的新泽西之地。

鉴于英军士兵无法就地取食，他们必须带上自己的补给，克林顿估计这将形成长达 12 英里、"太过庞大"的辎重部队。克林顿将他的 10000 名士兵分为三组，每一组都足以在大批敌军袭击时抵挡一阵，直到另一组士兵前来支援。黑森将军克尼普豪森率领 4000 人组成一个纵队，康沃利斯则统率 2000 名士兵殿后，克林顿自领 4000 人居中策应。

6 月 19 日早晨，华盛顿率领 13000 名大陆军士兵从福吉谷启程。许多军官都觉得他们已经掌握了这场战争最佳的战机之一：为了不使自己的军队冒不必要的风险，他们可以袭击克林顿过于分散的部队中相对孤立的部分。还有一些军官坚称，华盛顿的最佳策略是听任克林顿的部队尽速通过新泽西，这样随着法国舰队到来，英军就会撤离纽约。

这就是陆军少将查尔斯·李认为华盛顿应该做的。6 月 24 日在新泽西霍普维尔（Hopewell）召开的一场军事会议中，他建议总司令就此收手。李刚刚在一场战俘交换后得到释放，之前在纽约则被囚禁了一年半。固执、不敬、刻薄的李在 1776 年 12 月被俘之前，曾经是华盛顿最公开的反对者。曾忍受过 1777～1778 年冬天"康威密谋"种种诡计折磨的华盛顿，本应以一种防范乃至不信任的态度对待查尔斯·李的回归。

然而恰恰相反，华盛顿看起来是由衷欣慰地欢迎了这位归来的将军，并对李频繁的吹毛求疵和抱怨之声报以可敬的容忍。华盛顿感谢李将军成为"直言之泉"，他还宣称，"没有人比我更能意识到我们现下部署的缺点"。从纳撒尼尔·格林的视角来看，在霍普维尔的军事会议上，这位大陆军总司令是如此接近于采纳李的建议，甚至达到了危险的地步。

前一年秋天，格林曾经是那个提醒华盛顿不应使军队无谓冒险的人。但是这一回，格林却坚持认为眼下的形势应当是审慎原则下的例外。"如果我们一枪不放就让敌人通过新泽西，那么我们将自食其果，"他在军事会议结束后不久写道，"我认为我们会后悔。我只是觉得我们放大了现状的困难程度……人们期待我军做些什么，而那正是我们力量的源泉。我绝非是在号召鲁莽行事，但我们必须维护自身的声誉。我认为我们不用冒太大风险就可以发起一次立竿见影的打击，如果它升级为一场全面军事行动的话，我认为胜算是站在我们这边的。"接到格林的信件后，华盛顿很快便决定发动攻击。

鉴于李将军是华盛顿麾下军衔最高的将军，他便自然成为引军袭击克林顿殿后部队的不二之选。但当这个机会来临之时，李将军却拒绝了。他声称这次行动的指挥权"更适合交给一名自告奋勇的年轻将军"，比如拉法耶特，"而不是大陆军的二把手"。但在华盛顿派给拉法耶特一支5000名士兵组成的小部队之后，李将军却改变了主意。"我如果放弃指挥的话，"他决计，"就将……是颇为怪异的表现。"现在的李将军想要指挥权了。

许多将军或许对李将军的改弦更张感到颇为不平，甚至愤怒。然而，华盛顿依旧展现了惊人的镇定。"您的不安……使我满怀忧患，"华盛顿承认，"我无法既夺走拉法耶特侯爵的指挥权而又丝毫不伤害他的感情。"但华盛顿有一个解决方案：李将军会得到指挥权，而拉法耶特将"继续行事如常"，由李将军提供"职权范围之内的一切协助和支持"。

华盛顿将他本人并不算小的脾气抑制到极限，成功地揭穿了这位反复无常、自以为是的将军的底牌。当6月28日早晨

211

进攻发起时，所有人都将审视查尔斯·李的表现。

在米弗林堡度过了 11 月骇人的两周后，在冬天的大部分时间里约瑟夫·普拉姆·马丁都在宾夕法尼亚乡间从事觅食任务。现在他大陆军轻骑兵的一个小队成员，在过去数天里，他们都负责跟踪英军纵队的后队。就在英军抵达新泽西的英吉利镇时，大批大陆军士兵追上了他们。当天早晨，马丁和战友们直接扑向蒙茅斯（Monmouth）。就在查尔斯·李发动对英军纵队后队的进攻之时，马丁的旅队负责为李将军提供支援。

上午 10 点到 11 点之间，马丁从一处树荫覆盖的窄谷进入一片开阔地。此时的温度已达到华氏 90 度，马丁称"对我而言，烤箱箱口似乎只是比这块耕地稍热一点点罢了；这里几乎已经无法呼吸"。就在前方，他可以听到"零星的炮响"，但是并无迹象显示那里正在进行着什么重大的战斗。

突然之间，马丁的旅队被命令退却。很快，他们周围就布满了撤退的李将军麾下士兵。马丁和战友们进入了一片树林茂密的谷地，在道路一侧的树荫下就地休息，给李将军的炮兵留出通道。就在此时，华盛顿和幕僚们"穿过我们休息的道路，走了过来"。华盛顿询问一名马丁所在部队的军官"是谁下令让军队撤退的"，当得知是"李将军"时，他说了一声"那个该死的家伙"。马丁回忆道："这看起来非常不像是华盛顿的作风，但是他似乎顷刻间变得激动起来；他的面容比他的语言更足以说明这一切。"

一年半以前，就在英军袭击基普湾，康涅狄格士兵争相逃离时，华盛顿勃然大怒，却又对此无能为力。当时马丁就在现场。而这一回，在酷热难耐的夏季新泽西州，情况将大为不同。

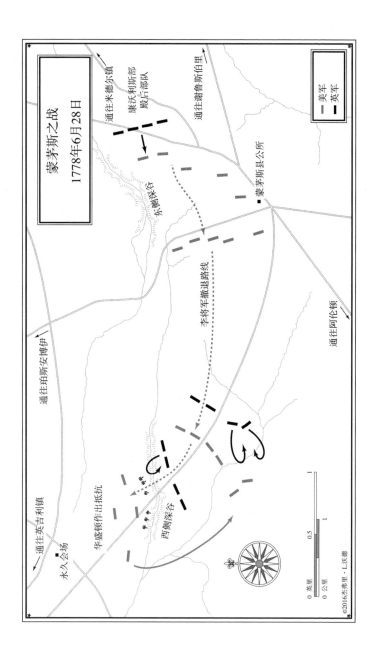

蒙茅斯之战
1778年6月28日

美军
英军

通往米德尔镇
康沃利斯部殿后部队
通往谢鲁斯伯里
蒙茅斯县公所

东侧溪谷

李将军撤退路线

通往阿伦顿

通往珀斯安博伊

西侧溪谷
华盛顿作出抵抗

通往英吉利镇
永久会场

0 英里 0.5 1
0 公里 0.5 1

©2016,杰·弗里·L.沃德

华盛顿很快找来了查尔斯·李。据约翰·劳伦斯说，华盛顿"对这次莫名其妙的撤退表示诧异"。而大陆军的二把手对此的答案不尽人意。"李先生的回答极不得体，他说这次进攻与他在军事会议上的观点和意见背道而驰"。华盛顿指出，如果李将军不相信这次军事行动，他就不应坚持统军作战。之后，华盛顿接过了指挥权，重整旗鼓继续作战。 213

华盛顿很快就进入了角色。"总司令无处不在，"格林写道，"他的出现带来了士气和信心，他的指挥和权威很快使一切都重回正轨。"拉法耶特称："我从未见过如此杰出的人才。"

在一块一边是沼泽、另一边是山丘的高地上，华盛顿整军列队，迎接英军的突击。"在战场上，"约翰·劳伦斯写道，"战斗已趋白热化，大量英军掷弹兵被击毙。"无论怎样尝试，英国人都无法突破美军的顽强抵抗。拜冯·施托伊本男爵所赐，和在布兰迪维因和日尔曼敦同英军作战时不同，这支美军已今非昔比；他们现在就像他们的不列颠和德籍对手一样顽强勇猛、训练有素。酷热天气使这场战斗更加煎熬。"战斗在凉爽天气里也令人发热，"马丁写道，"更不用说1778年6月28日的那种天气下，战斗不知道平添了多少热度。"亨利·克林顿加入了一座山坡上的英军掷弹兵和炮兵部队，以他的视角监视着美军阵地。后来克林顿也承认，自己"几乎热到发疯"。

就在漫天的炮火之间马丁注意到，美国的一个炮兵队中有一对夫妻。女方在拿弹药筒时，"敌军一枚炮弹直接打过来，穿过了她的双腿，却仅仅击落了她的衬裙下摆，除此之外她毫发无损"。在之后的岁月里马丁在蒙茅斯县公所附近一座山坡上目睹的这位女性炮手便成了莫莉·皮切尔传奇（legend of

Molly Pitcher）的原型。

马丁和他的战友们最终心满意足地迫使英国人撤退到了一座大沟谷的另一侧。他们很想继续追击，却发现这在酷热炙烤之下已不可能。"我们随后在栅栏和灌木丛里躺下休息，喘一口气，"他回忆道，"我们渴望休息。"

从克林顿的角度而言，美国人后来吹嘘的"蒙茅斯之战"只不过是一次小型的后卫战斗罢了，这实际上对他的军队撤至桑迪胡克毫无影响，他甚至连一辆大马车也没有损失。然而，美国人理所当然对当天发生的战事有着颇为不同的看法。约翰·劳伦斯骄傲地在蒙茅斯宣称："自由的支柱奠基于这块战场的这次胜利。"

华盛顿的真正胜利不在于打败了英国人，而是打败了查尔斯·李。在战役结束后雪片般的信件里，李将军莽撞地坚持说"当天的胜利要尽数归功于"他命令美军撤退的决定，否则"大陆军全军将士和美国的利益就将蒙受风险"。一个军事法庭很快便建立起来，离开大陆军一年的李将军仍然试图将华盛顿带入一场公开的口舌之争当中。但在此时，就连华盛顿之前的敌人们也承认，华盛顿现在已经成为大陆军无可争议的领袖。

似乎是为了强调这一点，7月初，曾在第二次特伦顿战役中扮演要角的费城人约翰·卡德瓦拉德向华盛顿先前的仇敌托马斯·康威发起决斗。数周以后，就在康威等待面颊枪伤痊愈期间，他觉得必须要给华盛顿写一封告别信："我的军职生涯行将结束。因此，正义和真理都迫使我吐露我最后的观点。在我眼里，您是最杰出、最优秀的人。祝愿您永享北美十三州的爱戴、尊重与崇敬，因为您已经用美德维护了它们的自由。"

蒙茅斯之战结束后的当天夜里，华盛顿将自己裹在大氅里，睡在一棵树下面，与士兵们同眠。当时的华盛顿无从得知，这将是他在约克镇受降之前最后一次亲历战场，下一次就要等到三年多以后了。这场战争正在经历一番令人吃惊的转换，美国和法国的结盟带来了一系列全新的挑战和挫败。当天夜里的蒙茅斯，华盛顿或许已开始期待这种戏剧性的转变。

午夜时分，一名军官前来汇报。这位军官担心自己会吵醒将军，略有犹豫，但华盛顿让他继续。"我躺在这里是为了思考，"华盛顿解释，"不是为了睡觉。"

一开始阿诺德似乎相信，他作为费城军事长官的新角色能让他一石二鸟，既恢复身体也恢复财力。然而几乎在顷刻间阿诺德就意识到，掌管这座极度分裂的城市并非一份容易的差事。

这座城市宛如一团乱麻。英国人曾将州政府大楼作为监狱　215
使用，它那一尘不染的房间现在满是便溺。在这些污物被清除之前，新近归来的大陆会议代表们只得临时在附近的学院礼堂开会。还有一些公共建筑物和士绅住宅被英国人用作畜舍，他们在地板上打洞，以便将动物的粪便铲进地下室。据新罕什布尔代表约西亚·巴特莱特（Josiah Bartlett）说，"城市以北数英里都成了一片公共废地。房屋熊熊燃烧，果树等作物被砍伐拖走，栅栏不翼而飞，花园和果园都被毁坏。"

接下来数周里，数千名在费城郊外越冬的市民纷纷涌回这座劫后的城市。他们对任何曾与敌军亲善的人都毫不宽待。在7月4日的独立日庆祝活动期间，纵饮狂欢的人们凌辱了一名妇女，他们仅凭她的发型就认定她曾与英军勾结。贵格派教徒伊丽莎白·德林克在她的日记中写道："这天下午，一位脏兮兮的女人头顶着高高的头巾游街示众，她身后簇拥着一群暴民，手里拿着军鼓之类的物什，嘲弄那个极其愚蠢的扮相。"

哪怕是对最为机敏、最受敬重的军官而言，费城军事长官的职位都是一个烫手山芋。除了英军占领的后续阵痛外，这座城市还将迎来大陆会议和宾州议会最高行政委员会之间激烈的权力斗争。对于遇事只知全军突击一法的阿诺德而言，这是一种完全无望的境地——特别是在他的身体如此虚弱的时候。阿诺德不仅腿出了问题，很快还受到一种新病患的折磨。他的幕僚大卫·弗兰克斯描述为"胃部受到沉重的压迫"。

大陆军军官艾利亚斯·布迪诺特（Elias Boudinot）在初抵费城的那几天里拜访过几次阿诺德。布迪诺特后来回忆道："我认为，他当时的身份为他带来了与他的身体状况颇不相称的劳碌。在他公务缠身的时候，我曾斗胆警告他，告诉他不利后果，要他抱以警惕。"7月中旬，阿诺德做了一件失当举措，而这还只是其中之一：他为费城市民们举办了一场舞会，却没有邀请正在费城的大陆军军官。"我听闻，阿诺德将军使他自己不受欢迎，程度还不低，"纳撒尼尔·格林报告，"我对此非常遗憾，这将让他的境遇变糟，那些自感受伤的人会抗议、算计阿诺德。"

为了减轻军事长官任上的重压，阿诺德想起了自己曾在一年前初次向霍雷肖·盖茨和菲利普·舒伊勒提出的主意。7月19日他写信给华盛顿，表达了自己想要出任"一名海军指挥官"的愿望，并征询他的意见。现在，阿诺德的军旅生涯又一次来到了那个巨大的转折点。如果他能在这个关键的人生阶段将自己从费城地狱般的生活中解放出来，如果他能尽情施展他的天才、满足他既效忠国家又钱财落袋的愿望的话，也许他将成为美国革命的不朽英雄之一。

阿诺德最终向大陆会议提议，希望能率领一支海军远征巴巴多斯和百慕大。之前约翰·劳伦斯收到的另一份计划里，阿诺德描述，他将设法解放这些岛屿上的奴隶，并将他们编入美国的私掠船队，然后利用这些岛屿作为基地对抗敌人。这是一个雄心勃勃且诱人的计划，但大陆会议最后并不愿批准这份任务，而自认对海洋知识有限的华盛顿对这一计划兴味索然在这一决定中起了相当的作用。

但在那个时候，阿诺德反而觉得费城其实也没那么糟糕了。他又一次坠入了爱河。

7月14日，华盛顿收到了一封法国海军中将德斯坦伯爵查理·赫克托（Charles Hector, Comte d'Estaing）的来信。德斯坦刚刚率领一支由12艘战列舰和5艘护卫舰组成的舰队抵达特拉华河口。用华盛顿的话说，这一"伟大、令人震撼的事件"为法国乃至美国赢得了在北美的制海权。但是，已经有一个大好机会被白白浪费了。出于某些不甚清楚的原因，德斯坦刚刚花了极其漫长的87天才横渡大西洋，相当于一次相对缓慢的航行的两倍还多。如果法国人能以接近正常水平的航速完成这次航行的话，他们或许可以困住费城的英军，并迫使豪氏兄弟投降。可是，速度并非德斯坦的强项。

7月11日晚上，德斯坦舰队抵达了桑迪胡克，他的船只在沿岸点点沙洲旁等待有利的风向与海潮，以期进入纽约港。这时，克林顿已经成功率军撤回了纽约，而理查德·豪则推迟返回英格兰，他热火朝天地整备自己这支相对小的舰队，以应 217

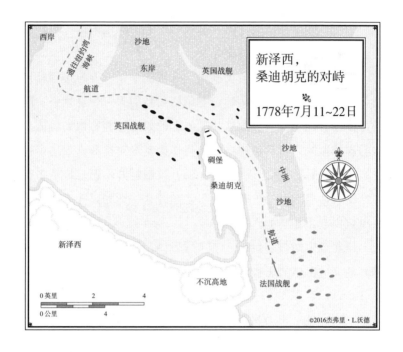

对法国人的攻击。理查德·豪已经决定令他手下的战舰在桑迪
胡克到纽约湾海峡一线的水道上下锚，摆出防御态势。德斯坦
的巨舰在总炮位数上以 850 对 534 胜过英战舰队，但他们得先
一艘一艘地迈过英国舰队组成的封锁线。豪将军实质上已把这
些舰船改造成了浮动的炮台。

　　接下来的 10 天里，法国舰队在桑迪胡克外海下锚。德斯
坦为他的舰船做了一番补给，并思考下一步方案。他的舰队在
与英军开战之前，必须先从眼前由桑迪胡克末端延伸而出的沙
洲那里清开一条道路。德斯坦手下的美国领航员们仅能保证高
潮到来时沙洲之上水位能达到 22 英尺。而不幸的是，德斯坦
的旗舰、196 英尺长的"朗格多克"号（Languedoc）吃水约有
25 英尺。

218

终于，法军舰队在 7 月 22 日起航。天气状况不可能更好了，东北风和来袭的海潮都在将他的船队推向这座城市。但就在舰队临近沙洲时，德斯坦开始改变主意。水道的深度诚然是忧虑所在（理查德·豪后来宣称，拜春天的大海潮所赐，实际上沙洲上的水面有 30 英尺深），但可能是在近距离观察了严阵以待的英国战舰之后，德斯坦才最终决定放弃进攻。他命令"朗格多克"号改变航向，法国舰队随着夜幕消失在南方的海平面之后。

华盛顿仍对德斯坦抱有希望。他指望法国人能为他提供必要的海上支援，给英国人来一场粉碎性的打击——如果不是在纽约，就是在被罗伯特·皮戈特爵士（Robert Pigot）所统率的敌军占领的罗得岛州纽波特。约翰·沙利文和数千名美军士兵从北面的普罗维登斯来援，德斯坦则率舰队直取纽波特西侧的阿奎德内克岛（Aquidneck）。阿奎德内克岛是纳拉甘希特湾（Narragansett Bay）南部的几座大岛之一。就在法国战舰刚刚进入海湾、并开始与美军展开联合军事行动时，理查德·豪突然带着一支由 31 艘舰船的舰队出现在南面水域，大部分舰船都远小于法国船。为避免被困在纽波特港内，德斯坦决定与理查德·豪进行一场海战，这场海战将决定战争的胜负。

8 月 10 日早晨，法国舰队驶出纽波特港接战英军。接下来一天一夜里，两支敌对的舰队小心翼翼地追逐彼此，两位海军上将都想要取得本尼迪克特·阿诺德曾在瓦库尔岛取得的"上风位置"优势。第二天，理查德·豪率舰突然折向北方，而随着海面上风势变猛，豪上将似乎距离他翘首以盼的上风位置只有一步之遥了。然而在这天晚间，一场暴雨将一切都化为

乌有。德斯坦命令他的舰队向南航行、寻找海面空间。晚上的
暴风雨来势汹汹，两支舰队都只能思考他们自身的生存问题。

这场暴风雨后来被称为"大风暴"（Great Storm），它给
219 两支舰队都造成了浩劫，但受灾最重的船只是德斯坦的旗舰、
装有 90 门炮的"朗格多克"号。8 月 12 日凌晨 4 点，随着船
舵倏然折断，它损失了船首斜桁和全部桅杆。这艘巨舰在波涛
汹涌的海面上剧烈颠簸，以至于某些炮弹被震离炮膛，在甲板
上四处滚动。一些水手被丢下船后，"朗格多克"号面临一折
两半的危险。其他舰只相连成线，以使旗舰上的船员们有所凭
依。随后在 8 月 13 日傍晚时分，他们看到了敌舰。

晚上 6 点左右，"朗格多克"号还在风浪中绝望地颠簸
着。就在此时，英军装有 44 门大炮的"声望"号从正后方袭
来，舷侧炮开火击中了这艘法军旗舰的船艉，炮弹打穿了德斯
坦的特等客舱，并横穿了整艘船只，嵌在了船艏的木料里。法
国人将两门大炮挪进了舰长室，两舰随后持续交火了几个小
时。随后，英军船长决定继续抵抗到早晨。直到黎明时分，两
艘法舰出现在海平面上，"声望"号才放弃了攻击。

一周以后，当"朗格多克"号艰难驶入纽波特港时，德斯
坦对继续围城意兴索然。华盛顿副官约翰·劳伦斯当时正担任
翻译官。"不妨设想，这番处境对伯爵而言多么残酷。"劳伦斯
写道："他眼睁睁看着自己的旗舰进入英军小舰队中心，然后遭
遇羞辱。他本已准备战斗，胜利本来非他莫属；但一场最为可
怖的风暴使他无计可施，对眼前的一切束手无策。"

沙利文的部队打了败仗，德斯坦却率舰离他们而去。这迫
使沙利文只得最终痛而下令，率领全军干净利落地撤离了阿奎
德内克岛。德斯坦和他的舰队航向波士顿接受维修，11 月时

他们还将前往加勒比地区越冬。在较为弱小的英军舰队面前，法国人浪费了两次决战的机会。现在他们将把注意力转向南边，这对法美两国的军事同盟而言并不是什么好兆头。

当年夏天余下的时间里，华盛顿都待在白原。在这里，华盛顿可以密切监视纽约方面克林顿军队的动向。尽管华盛顿对德斯坦的成事不足深感失望，他在得知英军坐困纽约之后还是颇为满意。"这番愉悦非同小可，也令人不禁深思，"他写道，"从战事开始以来，两军比拼了两年的谋略，见证了也许是战争史上最奇异的命运捉弄，现在却回到了他们起步时的原点……在所有战斗中，上帝之恩都明显起了作用。如果我们缺少信仰，那将比异教徒还糟糕；如若我们对圣恩不够虔敬感激，那么就甚于作恶。" 220

但华盛顿也知道，战争远未结束。当一名大陆会议代表大胆暗示英国人必将很快放弃战斗时，华盛顿反驳了他。华盛顿指出，战争拖延得越久，对敌人就越有利。"真正的问题……绝不是大不列颠能否继续战争那么简单，"他写道，"而是谁的财政（他们或是我们）更容易崩溃的问题。这使我非常怀疑美国胜利的必然性。"华盛顿的话说得不错：除非大陆会议能够设法使这个新兴国家实现财政稳定——大陆货币现在只值初始发行价值的一丁点，并且还在贬值——否则，英国人只需坐等美国经济彻底崩溃的那一天到来就能宣告胜利。

华盛顿也认识到，与法国的军事同盟并不能保证最终胜利。如果法国军队再多来几次类似此番德斯坦伯爵所经受挫败的话，法国也许就不再会认为法美两国有着一致利益。"我由衷高兴，并对我们的新盟友报以最欣悦之情，"他在给大陆会议主席亨利·劳伦斯的信中写道，"并在合理程度内珍惜这种感情。但是，人类的普遍经验已经证明了一条格言：任何国家在其利益要求的边界之外都不值得信任。任何审慎的政治家和政客都不敢冒险违背这个真理。"如果说在这场抗英战争中美国的时运至少有那么一刻上涨的话，华盛顿也拒绝将之视为理所当然——哪怕是与法国的同盟。

随着法国加入战争，交战各方都开始体察到更可靠情报的重要性。在率舰队航向加勒比地区之前，德斯坦开始担心，法国舰队在波士顿整修时会不会遭到英军袭击。德斯坦秉持"好间谍是一切的基础"的理念，愿意不计成本地报答美国人提供的情报。华盛顿向这位法国海军上将保证自己有手段拿到必需的情报，但华盛顿很快意识到，事情没有那么简单。如若没有关于英军舰队动向更好的情报，法国人将无法为大陆军提供必要的支援。华盛顿需要布设一个更强大的间谍网。

10月6日华盛顿给斯特林勋爵写了一封信。在这封信里，他立下了指导自己日益精细的情报搜集工作的一条准则。"鉴于我们经常不得不从我们自己观察到的各种表象，以及我们间谍提供的情报之中推导敌人的企图，"华盛顿写道，"我们不能过度沉迷这些可能提供新认识的事情，任何微末之事都应在我们的情报中占有一席之地。任何看似琐碎的事情，如果与其他更严重的偶发事件结合在一起看的话，都可能推导出极有价值的结论。"

但与此同时，一些即将成为"敌人企图"的事件正在光天化日之下发生，而华盛顿将为此抱撼不已。

我们无从知得37岁的本尼迪克特·阿诺德与20岁的佩吉·席本何时初晤。但可以确定的是，阿诺德于9月25日给她写了一封情书——这封情书的许多内容简直就是六个月前他写给贝西·德布卢瓦那封信的副本。即便这些炽烈的修辞经过了重复使用（例如信的开头是"我 20 次拿起笔来想给您写信……"），但阿诺德的激情也的确是真挚的。得知"您那友善亲切的父母给予您的影响"后，阿诺德自作主张，毅然提笔给有效忠派倾向的佩吉父亲写信。

阿诺德使爱德华·席本确信，纵然他们分属敌对的政治阵营，他也不认为这构成什么问题。"我希望，我们在政治立场上的歧异，"他写道，"不会成为我幸福的障碍。我敢说，我们之间不快的争斗即将结束，和平、家庭幸福将重新回到所有人身边，这一天已是指日可待。"阿诺德还向佩吉的父亲保证，他足够富裕，足以"使我们都幸福"。他也不需要任何嫁妆。

就在这封写给他挚爱对象父亲的信中，我们可以读到种种阿诺德后续行为的暗示。革命之前的阿诺德是一名唯利是图的殖民商人，而席本家族则相当于费城的贵族阶层。阿诺德虽然缺少席本家族这样的社会关系，但他积累可观个人财富的前景依旧喜人。现在的阿诺德失去了一度庞大的财产，他开始着手进行一项新挑战，夺回自己的富商地位。222

除了稍早时候的费城敛财计划，阿诺德还制定了一个新计划：基于敌军即将撤离的预期，他准备购买英占纽约的货物。但在 1778 年 9 月，阿诺德的钱财还不足以维持佩吉·席本习以为常的那种生活方式。这也牵涉到席本家族的政治地位。席本家族也许并非彻头彻尾的效忠派，但他们对那些爱国者向费城上流阶层不宣而战的行为有着确定无疑的恶感。

1776 年《独立宣言》的通过使宾州的政治秩序上下翻转。

宾州的工匠、农民和技工（这些人许多是苏格兰－爱尔兰长老教会信徒）的经济实力不如之前统治宾州的那些富裕的贵格派信徒和安立甘宗地主，但他们现在却掌握了权力。不用说，这些败选下台的保守派（他们管自己叫共和主义者）对这些出身低微的激进主义者唯有蔑视。这些激进主义者崇敬《独立宣言》，正是这份文件使他们身居高位，他们因而管自己叫"宪政主义者"（Constitutionalist）。

共和主义者通常家境富裕，对于享受精致生活并无意见，而宪政主义者则以爱国热忱和朴素生活自傲。阿诺德经常赞许的是菲利普·舒伊勒那种贵族式的优雅，而非霍雷肖·盖茨那种邋遢的平等主义。考虑到他的新欢是爱德华·席本的女儿，而他毕生的愿望是获得他那破产的父亲未能为他留下的财富，也许这就不那么令人惊讶了——他几乎出于报复心理，站在了费城已被边缘化的贵族阶层一边。

阿诺德买了一辆华丽的大马车，将新居设在威廉·豪曾经住过的那座豪宅里，过着奢华享乐的生活，对那些狂热的爱国者嗤之以鼻。阿诺德还在两名举止优雅的副官陪同下出席了索斯沃剧院（Southwark Theatre）的演出活动，置大陆会议称此类娱乐活动"太过懒散、放荡、像征公序良俗的整体堕落"、并建议各州将其全面禁绝的事实于不顾。阿诺德还给那些有效忠派嫌疑的人派发通行证，满足他们前往纽约走亲访友的愿望。阿诺德甚至还大胆地在一场舞会上身着暗红色军装①，这使一位年轻的小姐兴奋地大叫道："嘿！我看到了，有些动物确定无疑地披上了狮皮。"——这位小姐的父亲因为与英国人

---

① 暗红色军装是当时英军的装束。

美国革命时期的纽约城。

华盛顿在纽约；1776 年 7 月，查尔斯·威尔逊·皮尔绘。在下一个月的中旬，将有超过 400 艘英军舰船集结在斯塔滕岛东岸外海。

亨利·诺克斯将军；查尔斯·威尔逊·皮尔绘。1778 年，本尼迪克特·阿诺德正是将手放在诺克斯所持的《圣经》上，向美利坚合众国宣誓效忠。

约瑟夫·里德，华盛顿在长岛战役中的副官长；查尔斯·威尔逊·皮尔绘。1776年秋天与华盛顿交恶后，里德成为宾夕法尼亚州立法机构最高行政委员会的主席，他在任时极具争议。

纳撒尼尔·格林；约翰·特朗贝尔绘。尽管格林要为华盛顿堡和李堡的沦陷承担很大责任，但他最终用事实证明自己是华盛顿手下最值得信任的将军。

约翰·沙利文将军；理查德·莫雷尔·施塔伊格绘。沙利文于长岛战役中被俘，后来全程参与了1777年的费城战役。1780年领兵对抗易洛魁人是他陆军少将军旅生涯的终结篇。

伊斯雷尔·普特南将军；多米尼克·法布朗尼乌斯绘。长岛战役前仅仅数天，华盛顿任命普特南为布鲁克林高地美军的指挥官，这个职位可是个烫手山芋。

威廉·亚历山大将军，也被称为斯特林勋爵；巴斯·奥蒂斯绘。被俘之前的斯特林在长岛战役中奋勇作战。第二年，斯特林向华盛顿透露了"康威密谋"里一些最初的预谋。

乔治·杰曼；纳撒尼尔·霍恩绘。作为国务大臣，在美国革命的大部分时间里他都督导着英国一方的战事。

威廉·豪将军，1776年长岛战役中的英军统帅；他也参加了1777年的费城战役。

海军上将理查德·豪；詹姆斯·沃特森绘。豪上将是威廉·豪的兄长，他对于在1776年说服北美叛变者们进行谈判并与其达成和平协定充满信心。

1776 年 7 月，海军上将理查德·豪的旗舰"雄鹰"号（远处张开风帆自纽约海峡来航者）抵达斯塔滕岛时的情景；阿基巴尔德·罗伯森绘制。

亨利·克林顿将军；约翰·斯玛特绘。克林顿提出的包抄战术使英军赢得了长岛战役，他最终于 1778 年接过了英军指挥权。

查尔斯·康沃利斯将军；托马斯·盖恩斯堡绘。康沃利斯曾在第二次特伦顿之战中被华盛顿的智计击败，但在之后的 1777 年秋季，他享受了带兵进入费城的殊荣。

英军轻步兵速写；菲利普·詹姆斯·德·洛瑟堡绘。

一名英军掷弹兵速写；洛瑟堡绘。
（右上）

美国革命期间缴获的一项黑森佣兵头饰帽；它酷似一名英军掷弹兵所戴的头盔。这种专为黑森佣兵设计的头饰帽看起来更高，对敌人更具震慑力。

1776 年 9 月英军入侵曼哈顿岛时基普湾（今天的东 35 号大街）的速写；阿基巴尔德·罗布森绘。

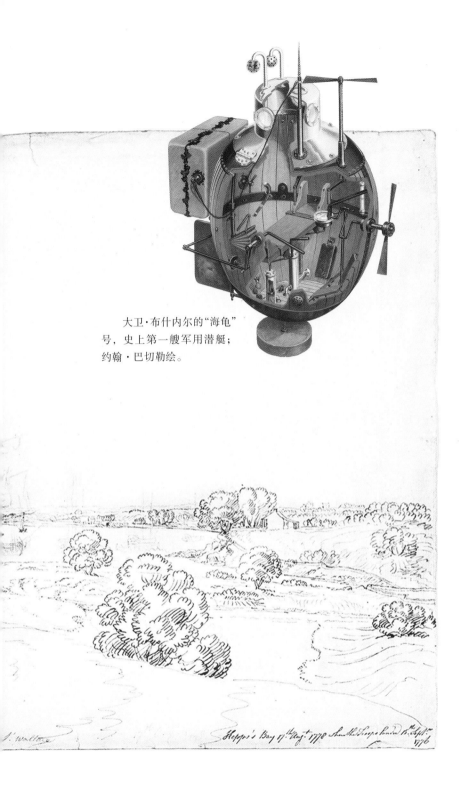

大卫·布什内尔的"海龟"号，史上第一艘军用潜艇；约翰·巴切勒绘。

GOD BLEſS OUR

Capt Seth Warner

Capt David Hawley
Royal Savage

Commdr. B. Arnold

NEW ENGLAND VEſſELS at VALCURE BAY ⚓ Commander B. A

Revenge	Washington	Philadelphia	Congreſs	Royal Savage
Connecticut	Providence	Jerſey	New haven	Spitfire

1776 年秋季聚集在尚普兰湖瓦库尔湾的美军舰队；查尔斯·兰道尔绘制。（左上）

瓦库尔湾的英军舰队；兰道尔绘制。（右上）

另一幅兰道尔的绘画作品；本图再现了阿诺德和其他美军军官的剪影，以及在瓦库尔岛战役中奋战的美军舰船的素描图。（下）

亨利·吉尔德作品；本图描绘了阿诺德如何将美军舰队开进瓦库尔湾，并迫使英军舰队逆风作战。

本尼迪克特·阿诺德;
皮埃尔·恩热·杜·希米
蒂耶尔绘。

这幅 A.卡西迪绘制的肖像的主人公据推测是本尼迪克特·阿诺德。确实，鼻子和多肉的下巴同另一幅杜·希米蒂耶尔的作品颇为相像。这是一个从来不知自我否定为何物的人。

盖伊·卡尔顿将军;马贝尔·默瑟绘。作为驻加拿大英军统帅，卡尔顿于1776年发动了一场对泰孔德罗加堡并不成功的攻击。

第一次特伦顿之战，黑森佣兵上校约翰·拉尔向美军投降；约翰·特朗布尔绘。华盛顿和麾下军官们在图左。

一幅陆军少将查尔斯·李的漫画肖像；A.H.里基尔绘。在于新泽西州巴斯金里奇被英军俘虏之前，查尔斯·李曾经以华盛顿最高调批评者的面目出现。

特伦顿的阿松平克溪桥，1789 年；第二次特伦顿战争期间华盛顿与康沃利斯对峙时，这座石拱桥尚不存在。

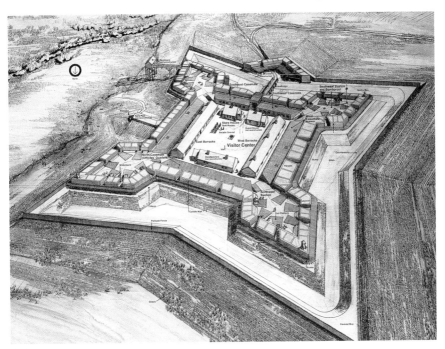

一名艺术家对斯坦维克斯堡的演绎；这座堡垒位处莫霍克河上游附近，今纽约州罗马市。

尽管菲利普·舒伊勒将军（图）为准备萨拉托加之役做了诸多前期准备工作，但用舒伊勒本人的话说，他的死对头霍雷肖·盖茨注定要"收割我的劳动果实"。

彼得·甘斯沃特上校；他于斯坦维克斯堡被围期间统率守军。

霍雷肖·盖茨将军；查尔斯·威尔逊·皮尔绘。取得萨拉托加大捷之后，盖茨开始深深介入富有争议的"康威密谋"之中。三年之后，盖茨在坎登战役中惨败。

詹姆斯·威尔金森少校；查尔斯·威尔逊·皮尔绘。萨拉托加之役期间，威尔金森挑起了本尼迪克特·阿诺德和霍雷肖·盖茨之间的失和。紧接着，威尔金森也对"康威密谋"的预谋有所贡献。

理查德·瓦里克；拉尔夫·埃尔绘。萨拉托加之役期间，瓦里克在本尼迪克特·阿诺德的军事团队服役。1780 年阿诺德执掌西点要塞时，瓦里克重新加入阿诺德团队。

丹尼尔·摩根上校；查尔斯·威尔逊·皮尔绘。魁北克和萨拉托加两场战斗中，摩根的弗吉尼亚步兵团都曾与本尼迪克特·阿诺德并肩作战。

本杰明·林肯；查尔斯·威尔逊·皮尔绘。林肯是其中一名晋升到本尼迪克特·阿诺德头上的陆军少将。他富有合作精神，人缘颇佳，在贝米斯高地之战中被任命为副司令。和阿诺德一样，他也在战斗中大腿受伤。

英军将领约翰·伯戈因；约书亚·雷诺德爵士绘。伯戈因曾宣称，若不是本尼迪克特·阿诺德，他本可以赢得萨拉托加之役。

当时北美殖民地最大的城市——费城，1768 年；乔治·西普绘。

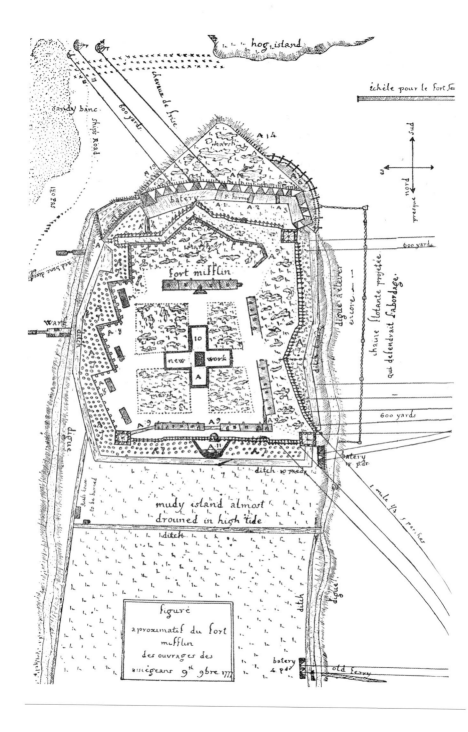

hog island

échèle pour le fort 5᎖

sandy banc

ships Road

150 Pas

600 yards

cheveaux de frize

presque nord

sud

A 14
D.batterie
A 10
A 6

batery
F. forme
A 1
A 2
A 5

600 yards

fort mifflin

digue a river encore

chaine flotante projetée qui défendrait l'abordage

Wart

A 8

10
new   work
A
marsh

600 yards

A 9

A 11

batery 10 pdr

1 mile 1/4 5 par hrs

ditch 10 meds

mudy island almost
drouned in high tide

sheds house
to be burned

ditch

ditch

digue

figuré
aproximatif du fort
mifflin
des ouvrages des
assiégeans 9th 9bre 1777

batery
4 pdr

old ferry

日耳曼敦之役，华盛顿夺取英军占领下的克利夫登石制别墅的失败尝试。

米弗林堡地图；弗朗索瓦·德·弗勒里绘。本地图标示了英军炮兵阵地和战舰位置，以及堡垒左侧的一排"拒马"工事。

华盛顿在福吉谷越冬期间的指挥部。

约翰·劳伦斯,华盛顿在福吉谷越冬期间弥足珍贵的副官。

亚历山大·汉密尔顿;威廉·J. 威弗尔绘。1776 年参加纽约战役和新泽西战役之后,汉密尔顿成为华盛顿军事团队里的一名重要成员。

　　德·拉法耶特侯爵；查尔斯·威尔逊·皮尔绘。拉法耶特初晤华盛顿时只有 19 岁，他将成为美军总司令某种意义上的干儿子。

　　亨利·劳伦斯，大陆会议主席；V.格林·梅佐廷绘。1778 年冬季，老劳伦斯和其子之间的通信为华盛顿提供了情报，为华盛顿提供了击败"康威密谋"所需的必要支持。

　　托马斯·米弗林夫妇像，约翰·辛莱顿·科普利绘。据亨利·劳伦斯声言，在 1778 年冬季，米弗林是"康威密谋"的中心人物。

　　爱尔兰出生的法国将军托马斯·康威，他本人成为以他命名的那个"康威密谋"的核心成员。

大卫·布什内尔以 50 只填满火药的漂浮木桶尝试炸沉费城的英军舰队，但没有成功。这次行动被诙谐地称为"火药桶之战"。

蒙茅斯之战；阿隆索·查佩尔绘。这场战斗发生于 1778 年夏季酷暑时节，它也是 1781 年约克镇围城之前，华盛顿在战场上的最后一次表现。

约翰·安德烈少校绘制的素描图，图中有三名人物——包括一位经常被误认为女性的骑士。这场"大联欢"盛装演出举办于英军占领费城的最后数周里。

本尼迪克特·阿诺德未来的妻子佩吉·席本；约翰·安德烈少校绘。本图绘制于 1777 ～ 1778 年英军占领费城期间。

I _Benedict Arnold Major General_
do acknowledge the UNITED STATES of AME-
RICA to be Free, Independent and Sovereign States, and
declare that the people thereof owe no allegiance or obe-
dience to George the Third, King of Great-Britain; and I
renounce, refuse and abjure any allegiance or obedience to
him; and I do _Swear_ that I will, to the ut-
most of my power, support, maintain and defend the said
United States against the said King George the Third, his
heirs and successors, and his or their abettors, assistants and
adherents, and will serve the said United States in the office of
Major General which I now hold, with
fidelity, according to the best of my skill and understanding.

Sworn before me this
30th May 1778 at the
Artillery Park Valley Forge

B Arnold

H Knox B G Cler

本尼迪克特·阿诺德的宣誓效忠书；签署于 1778 年 5 月 30 日，福吉谷。

大卫·萨里斯伯里·弗兰克斯少校，本尼迪克特·阿诺德驻防费城和西点时的一名副官。

约翰·卡德瓦拉德将军；他曾于第二次特伦顿之战中在华盛顿军中供职。他是一名政治保守主义者，曾在阿诺德任费城军事长官期间力挺这位漩涡中的将军。

皮埃尔·奥赞所绘素描图；1778年夏季，德斯坦伯爵统率之法国舰队于桑迪胡克外海下锚。远远亦可望见英国海军编队于纽约海峡一线下锚。

哈德逊河上的西点要塞全景图；皮埃尔·查尔斯·朗凡特绘于本尼迪克特·阿诺德叛
变期间。

桅杆折断的"朗格多克"号素描图，奥赞绘；德斯坦的这艘旗舰曾于1778年大风暴中
遭到皇家海军"声望"号开火袭击。

274.9.19. 75.8.175. 240.8.13. 8 24.9.2q² , a 158.8.15 . without . 174.9.32 . 02. 239.9.13
145.8.24ing me that. J. 300.8.11 ——— was 181.8.18. term for the 148.8.28
58.8.34. and that he 198.9.23 a 117.9.36, 61.8.35 in the 240.8.23. of my
148.8.37 &c &c &c ——— on the 264.8.22. 147.9.22 J. 12.8.11 ed. a
158.8.15 to you expressing my 238.9.19 and 105.9.145. viz: that the
114.8.11ing 203.8.28. he 236.9.8 ω pursuant to 66.8.ning (out that J
300.8.11 ——— 234.9.9. 266.9.36 me my 207.9.26. 179.9.14. at a 62.8.14
264.9.19. 201.8.32 259.9.ω to be 190.8.180 to me or my 130.8.2. 293. in Case
of 165.8.95 and as soon as that shall 128.8.24 . ——— 112.9.19. 201.8.92 J
259.9.32 pt. 19.8.24. to be 234.9.108 to me for 158.9.32 in 158 9 29 , of
the 190.8.18 and 98.8.2q J. 119.32 up for my 236.8.28. at they
shall 80.9.13 ——— of J. 198.9.34 . 185.8.31 a 197.8.8 of 66.8.22 n
by which J. 300.8.11 ——— 236.9.35. 200.9.19. 192.9.36. 235.8.14 of
158.9.16. 198.9.33 the 120.8.07 &c &c, 279.8.25 . 264.9.19. 201.8.32 9
260.9.83 J think will be a Cheap purchase for an 180.9.F c. afew
174.8.8, 159.8.93 at the same time J 222.9.92 a 184.9.19. 207.5.32 J
to be 190.8.180 my 14.9.18 ——— J. 105.9.12 A. 117.9.36. and 106.8.12
19.8.37 ——— the 274.8.24 J 236.8.36 of 114.9.11. —
158.9.16. 108.9.95 ——— 193.5.10. 148.8.33 with an 782.8.45
that you can 61.8.94 in 15.9.9.94. 177.8.12 to 19.8.8. 150.9.201
148.9.28. J. 236.9.35. 158.8.34 to 185.8.30 JF. 9.19 117.8.5
J ——— 9, 15.9.33 the 1489.28 in my 201.9.9 . —— 283.8.11
J have the pleasure of 294.9.18 . 19.8.36 ———
152.9.14 . —— 114.9.26 ———
to the 259.9.11 of my 158.8.14 . of the
264.8.12 147.9.22 J did not add 239.9.12

172.9.10 c

Inclosed in a cover addressed to Mr. Anderson.

Two days since I received a letter without date or Signature,
informing me that S. Henry — was obliged to me for the intelligence
communicated, and that he placed a full confidence in the sincerity
of my intentions, &c. &c. — On the 13th Instant I addressed a letter
to you expressing my Sentiments and expectations, viz, that
the following Preliminaries be settled previous to cöoperating.—
first, that S. Henry secure to me my property, valued at ten thou=
=sand pounds Sterling, to be paid to me or my Heirs in case of
Loss; and, as soon as that ~~happens~~ shall happen, — hundred
pounds per annum to be secured to me for life, in lieu of the
pay and emoluments I give up, for my Services as they shall
deserve — If I point out a plan of cöoperation by which S.H.
shall possess himself of West Point, the Garrison, &c. &c. &c. twenty
thousand pounds Sterling I think will be a cheap purchase for
an object of so much importance. At the same time I request
a thousand pounds to be paid my Agent — I expect a full
and explicit answer — the 20th I set off for West Point. A
personal interview with an Officer that you can confide in
is absolutely necessary to plan matters. In the mean time
I shall communicate to our mutual friend S——y all the
intelligence in my power, until I have the pleasure of
your answer.

      Moore

July 15th

To the line of my letter of the 13th
I did not add Seven.

N.B. the postscript only relates to the manner of composing the
Cypher in the letter referred to

7 月 15 日信件的解密版。

约书亚·赫特·史密斯宅邸；此处可以监视哈德逊河的哈弗斯特罗湾。本尼迪克特·阿诺德和约翰·安德烈正是在这里商讨献出西点要塞投降英军的方案。

贝弗利·罗宾逊上校建造的宅邸；这座房子成为本尼迪克特·阿诺德出任西点要塞指挥官期间的指挥部。

罗宾逊宅邸用餐室素描图；本森·J.洛辛绘。1780年9月叛变事件之前，本尼迪克特·阿诺德和佩吉·阿诺德曾在这里招待客人。

威廉·史密斯；约翰·沃拉斯顿绘。史密斯是纽约州首席大法官，也是约书亚·赫特·史密斯的哥哥。在约翰·安德烈被三名纽约州民兵俘虏之前，正是约书亚带着他穿越了韦斯特切斯特郡的"中立地带"。

贝弗利·罗宾逊；在安德烈与阿诺德会面之前，他曾与安德烈一起待在"秃鹫"号上。

本杰明·塔尔米奇少校；约翰·特朗布尔绘。尽管塔尔米奇创建了功勋卓著的"卡尔柏圈"间谍网，但他从未怀疑过本尼迪克特·阿诺德的背叛倾向，等到发现时已经太晚了。

约翰·安德烈所绘的素描图，描绘了他如何趁夜划船前去同本尼迪克特·阿诺德会面。

1780年9月30日，本尼迪克特·阿诺德的塑像在费城游街示众。

约翰·安德烈自画像；在他于纽约州塔潘被处决前一天绘制。

　　萨拉托加国家历史公园的"长靴纪念碑"，这里距离阿诺德大腿受伤处不远。正是这次负伤将阿诺德推向了背叛的不归之路。这尊纪念碑没有提到叛徒的姓名，它将阿诺德描述为"大陆军中那位……最优秀的军人"。

通信而遭逮捕。

阿诺德还向在邦克山阵亡的英雄约瑟夫·华伦医生的儿子 223
们捐赠了 500 美元，这可能是他最为精明的举措。在阿诺德最
猛烈的抨击者当中，有一些恰恰是来自华伦医生家乡州马萨诸
塞的大陆会议代表，这些人迄今为止仍然拒绝对华伦家的遗孤
施以援手。通过给这些遗孤开出一张高额支票，阿诺德为自己
树起了一面爱国慈善家的旗帜，同时还恶作剧般地修理了一番
马萨诸塞州那些吝啬的狂热者们。阿诺德心里一定乐开了花：
因为这份送给亡友遗属的大礼而出于羞愧私下向他表示感谢的
不是别人，正是那个坚定支持霍雷肖·盖茨的老清教徒塞缪
尔·亚当斯！

随之而来的是英国商船"积极"号一案，这艘船成了宾
夕法尼亚州和大陆会议之间激烈争执的焦点。在从牙买加到纽
约的航程中，这艘船上 4 名被俘的康涅狄格水手挑起了一场血
腥的哗变，向船上的英国船员发起反抗。但就在他们将船安全
驶回康涅狄格的港口之前，两艘美国私掠船（其中一艘来自
宾夕法尼亚）却缠上来，逼迫他们航向费城。康涅狄格的水
手们辩称，鉴于他们已经在私掠船到来之前成功夺取了船只，
他们应当拿到全部赏金。就在费城当局判定哗变水手们必须与
私掠船船主们分享收益时，阿诺德拍马赶到，帮了他的康涅狄
格"乡亲"们一把，并运用他的影响力促使大陆会议推翻了
这个判决。而阿诺德选择秘而不宣的是，他为自己的介入附加
了一个条件：不管最后康涅狄格水手们能得到多少赏金，他都
会分走其数额的一半。

整个秋天，阿诺德都在享受着扮演这种肆无忌惮的挑衅者
角色的乐趣。10 月，宾州最高行政委员会秘书蒂莫西·马特

拉克（Timothy Matlack）抱怨说，他正在民兵部队担任中士的儿子受到了阿诺德副官大卫·弗兰克斯的不尊重对待。阿诺德非但没有委婉地向这位要员承诺将让弗兰克斯做出适当道歉，反而毫无悔意地坚称："当一名公民因国家需要而必须成为一名士兵时，他将失去前一种身份，只能成为后者。他不能得到比他的军衔应得的更高的待遇。"当阿诺德知悉桨帆船"魅力南希"号（就是那艘他还在福吉谷时派发通行证的船）困在新泽西埃格港（Egg Harbor）时，他命令一些军用马车前去将其货物（他现在也是一部分货物的所有者）运回费城，以为这座城市提供补给，同时狠狠赚了一笔。

但只有在阿诺德主持或是出席的诸多社交集会里，这位闻名于世的负伤战士才真正留下了他的印记。此时阿诺德站立还有困难，出席公开活动时他的身体只能局促在一把椅子里——而这更加深了他本人给公众留下的印象。当本杰明·富兰克林1岁大的孙女以她母亲所描述的"一种老式拍击"法亲吻了阿诺德面颊时，阿诺德回应说，"他将花大力气使她成为一名女教师，教年轻的小姐们如何亲吻"。阿诺德有着暗色头发、褐色眼睛和尖利的鹰钩鼻，肩章和佩剑令他威风凛然，但他架在一只便携式折凳上的那条畸形的左腿却获得了最多的关注度——特别是在一名绅士的紧身马裤和丝袜并不能引发多少想象的情形下。纽约州的大陆会议代表詹姆斯·杜阿恩给一位朋友写信说，他曾偶然听到，"我们认识的两位小姐热烈争论着阿诺德的这条伤腿。"佩吉·席本的例子无疑表明了身上留有战伤的本尼迪克特·阿诺德是性感的。

阿诺德以他特有的热情疯狂地追求着佩吉。"爱神丘比特给了我们的小将军……一处伤口，它要比所有英国人可能造成的伤口更深重。"玛丽·莫里斯（Mary Morris）向她的金融家丈夫罗伯特（Robert）报告道。佩吉的父亲爱德华·佩吉给他自己的父亲写信说："我最年幼的女儿正被一名将军追求……这场婚事能否成功？它要取决于情势。"对这一情势究竟是什么，老佩吉语焉不详，但这或许与阿诺德的战伤有关。"目前，那条跛腿是唯一的障碍，"佩吉的新姐夫爱德华·伯德（Edward Burd）在那个冬天写道，"但是，对于一位将之作为唯一障碍，并已被说服、相信它将迅速康复的小姐而言，她是不可能回头了；不管条件有多么公开明确，看来订婚已势在必行。"

一如预期，阿诺德对他最终康复的前景颇为乐观。"我们无论如何也希望（这条腿）将完好如初，"伯德继续说，"尽管在康复所需时间的问题上，我并不像他那样乐观。但是，这条腿将比另一条腿短上那么几英寸，并且会畸形。"10月中旬，阿诺德已经开始试着第一次在没有人搀扶的情况下行走。根据一份报告说："在一只高跟鞋和手杖的帮助下，他开始在地板上单足蹦跳，很大程度上扔掉了他的拐杖。"

我们没有佩吉本人在求爱期间的记录。但根据佩吉家族口耳相传的记载，正如我们从佩吉未来的行为中可以看出的那样，她是一名情绪过于紧张的人（一名朋友描述她"高度敏感"）。在某个时刻，她的父亲明显以直截了当的拒绝回应阿诺德的索求，这似乎在佩吉身上触发了后来使她闻名的那种装腔作势的情绪宣泄，而根据一份记载称，这最终使佩吉的父亲"勉强"同意了这桩婚事。

在年龄和出身背景上，本尼迪克特·阿诺德和佩吉·席本有着惊人的差异，但这两人之间的相同之处看起来也比预想的

225

要多。激情似火、容易冲动、才智过人，在一个走向癫狂的世界里，他们志趣相投。不过，爱德华·席本对他幼女的这位求婚者持保留态度的原因也不难理解。的确，在他费城军事长官的任上，阿诺德的一些行为十分令人困扰。他疯狂地追逐财富，刻意地以敌对之姿漠视这座城市的激进派当权者。事实上，阿诺德正在悬崖边上起舞。而就在那年冬天，华盛顿的前任副官、费城律师约瑟夫·里德将出手把阿诺德推下悬崖。

第九章　冷血毒牙

约瑟夫·里德乍一看不太像是一名宾夕法尼亚激进宪政主义者的领袖。里德是一名在伦敦接受教育的律师，娶了一位英国妻子。在革命之前，里德曾经被誉为费城最佳且最具雄心的律师之一，但他与费城社会的上流阶层关系并不融洽。里德虔诚的妻子曾抱怨说，一名佩吉·席本的亲戚曾经指控她"偷偷摸摸"，还宣称"宗教经常是用来遮掩不良行径的外套"。

才华横溢、性情多变而又心直口快的里德常常与他最亲近的朋友和助手们反目成仇，这几乎已成为一种恶习。在1776年冬天因与查尔斯·李秘密通信导致自己与华盛顿关系破裂之后，里德出任了多个公职，他总是办公室里最不知疲倦、最具机智、但也最爱评头论足的人。正如一名曾在里德任副官期间听到针对他的诸多抱怨的新英格兰牧师威廉·戈登（William Gordon）在给华盛顿的信中所说，里德"更擅长造成分歧，而非达成团结"。

随后，在1778年秋天，里德从大陆会议宾州代表一职退任，以协助宾州的首席检察官以叛国罪起诉23名有效忠派嫌疑的人员。对里德这种相信只有自己才拥有足够的正直品质和能力、可以在这场善恶之战中揪出罪人的人而言，这是一份绝佳的工作。鉴于许多被控与英军勾结的嫌疑人都来自费城的上流阶层，检察官的职位允许里德恐吓这个曾不甚待见他妻子的小群体。这也使里德成为一名最为狂热而无情的爱国者。

可是，宾州留给里德发挥的事证并不算多，除了指控富裕的贵格派教徒亚伯拉罕·卡莱尔（Abraham Carlisle）和约翰·罗伯茨（John Roberts）两案外，他几乎输掉了所有诉讼。两人都是备受尊重的贵格派成员，而且正如一些美军士兵们所佐证的，罗伯茨曾经勇敢地营救了英占期间费城被囚禁的人。但里德在审讯他们时出示的证据显示，他们也以多种方式协助了英军的行动。两人被判处死刑。

人们很难相信两人正在威胁宾州的安全和自由，数千名市民联名请愿要求宽恕他们。但在1778年11月4日，卡莱尔和罗伯茨还是在费城的广场上被处以绞刑——里德带着一种冷峻的满足感观看了此次公开行刑。他在给纳撒尼尔·格林的一封信中坚持认为，如果不用这些人杀鸡儆猴的话，美国的自由事业定将受到损失。"前所未知的素性就像暴风雨后的昆虫一样暴露在光天化日之下，"里德在行刑次日如此写道，"此次判决公开表明：背叛，对美国利益的不忠，甚至直接与英国同流合污，却被公然称作'判断失误'，以求草草了事。"里德在这封给格林的信中也透露了这些贵格派教徒们必须被绞死的原因：他们太富有了。在这场将费城一分两半的"阶层之战"里，里德清楚地宣示了他将站在哪一边。

毫不奇怪的是，包括刚刚在7月4日向托马斯·康威发起决斗的约翰·卡德瓦拉德将军在内，一部分富裕的费城人有着非常不同的看法：与其冷血无情地控告这些罪行，为何不能让这座城市在战火蹂躏之后开始恢复？根据威廉·豪的秘书安布罗斯·塞尔（Ambrose Serle）于英军撤离费城前所作的一番发言中的说法，这种看法极有见地。"对于大陆会议而言，"塞尔认为，"如果他们知道自身使命的话，他们只需做一件事就好了，那就是发布一份大赦令。这样我们就将被永远逐出这块大陆。"如果塞尔是对的，那么像约瑟夫·里德这样的强硬派爱国者实际上是在迫使那些犹犹豫豫的效忠派分子更加积极地投入英国人的怀抱，从而延长这场战争。

里德和卡德瓦拉德这两位昔日旧友现在开始互相厌恶，而本尼迪克特·阿诺德则成了最后的试金石。在卡德瓦拉德看来，阿诺德对激进派当权者的挑战为费城带来了一些必要的平衡。"任何一位有着开明想法的人都会对他的做法表示十分肯定，"卡德瓦拉德坚持说。但对于里德而言，阿诺德可恶至极。用里德的话说，在一场由阿诺德主持、明显旨在抗议绞死贵格派教徒的聚会上，"前天晚上的公众娱乐活动中，不仅仅有托利党（或是效忠派）的女眷出席，甚至连那些被宾州禁止入境者的妻女也在场。这些禁止入境者数量可观，他们目前正在纽约，和敌人们在一起。实情就是如此。"他气急败坏地向纳撒尼尔·格林抱怨。也许使里德更加愤怒的是，他和妻子刚刚移居到阿诺德隔壁的一间房子，却并没有收到这场聚会的邀请函。

12月，里德已经成为宾州最高行政委员会主席，这使他成为宾州最有权力的人，而宾州也是全美最重要的州之一。一开始，里德竞逐这个职位有一个冠冕堂皇的借口——建构一个激进派和保守派之间的联盟。但很快事态变得明朗起来：两者之间任何类型的妥协都是不可容忍的。像卡德瓦拉德这样的保守派爱国者，像罗伯特·莫里斯这样的富裕商人，还有像宾夕法尼亚律师罗伯特·威尔逊（在1778年的秋天，他为许多遭到里德指控的效忠派辩护），他们都成了里德的敌人。

不止如此，在里德看来，就连大陆会议和大陆军也成了敌人。作为宾州最高行政委员会主席，他坚持认为当宾州与这个国家的全国政府有所冲突时，始终保持优先的必须是宾州的利益，而非整个美利坚合众国的最佳利益。这场充满敌意的斗争愈演愈烈，而费城正处于这场斗争的中心。这场斗争牵扯到了几乎所有与"如何创建一个运转良好的民主共和国"相关的新议题，这些难题直到 1787 年制宪会议时才开始得到解决。在这场令人焦虑的剧变中，里德看到了一个控告本尼迪克特·阿诺德的绝好机会。阿诺德做事不计后果，这使他成为一个易于下手（恐怕也的确难称清白）的目标，里德可以借控诉阿诺德狠狠地展示一下他们宾州的政治影响力。对阿诺德而言，这将是一次使他颇为困惑和愤怒的体验，并将使他质疑自己为之奉献良多的革命事业。

229　　但接下来一个月多一点的时间里，在这对冤家有机会摊牌之前，他们被迫暂时将彼此之间的恩怨放在一边，并保持最佳的行为举止。这是因为乔治·华盛顿和玛莎·华盛顿夫妇就要到费城了。

　　1779 年 1 月，华盛顿颇不情愿地将大陆军新的越冬军营选在了新泽西的米德尔布鲁克（Middlebrook），自己到费城小住，在那里他可以与大陆会议的代表们会面，商讨后续作战的军事计划。华盛顿夫妇发现他们身处走马灯式的节庆社交之中，这些活动正是由那些此刻焦头烂额的老一辈费城上流阶层人士举办的。他们将大陆军总司令的出席视为奢华享乐的借口——自从约翰·安德烈的大联欢之后，费城还没举行过这种盛典。令费城的见闻在华盛顿无比反感：这里过于奢侈的晚宴和舞会与大陆军经受的艰困形成了反差，但更重要的是，大陆会议无力处理当下最紧迫的问题。革命期间的美国政府没有独立的行政部门也没有征税的权力（这项权力被各州保留），无法提供进行这场战争所需的领导能力。大陆会议代表们可以辩论或通过决议，却没有推动重大政策调整的权力。早在 1777 年 11 月，大陆会议就已起草了一部《邦联条例》，这份文件创设了一项制度，使这个国家的立法机构可以更有效地指挥战争、从事外交活动。不幸的是，这些条款最早也要等到 1781 年才能获得各州的批准。现在，大陆会议依旧困在老一套的派系斗争之中，无力作出决断。

与此同时，大陆会议又陷入了一场发生在两位长期不和的驻法公使——康涅狄格的希拉斯·迪恩（Silas Deane）和弗吉尼亚的亚瑟·李之间的派系斗争中，形势几乎倒退回了像前一年盖茨与舒伊勒之争时一样令人失望的境地。这场争执的一大牺牲品就是大陆会议主席亨利·劳伦斯。他在挫败感中辞职，并将领袖地位转交给了纽约人约翰·杰伊。

"党派纷争和私人争执成了这一天的主要事务，"华盛顿向弗吉尼亚的一名朋友抱怨，"然而，当下国家的当务之急——数额庞大且不断增长的债务，崩溃的财政，紧缩的银根，以及低迷的信用……——反而成了次要的考量，并且一天天、一周周地拖延下去，好像我们的事业前景已经无比光明似的……然而，一次集会、一次音乐会、一次晚宴或是一次餐会，都将花费三四百镑。这些活动不仅会使在职的人们离开职守，也会妨碍他们思考公务，尽管与此同时您军中的一大批军官们正因现实所迫辞去军职，而更为高尚的那些选择留守的军人……正陷入确定无疑的贫困和匮乏之中。"

对于阿诺德与宾州和大陆议会官员们之间急转直下的糟糕

230

关系，华盛顿并没有表示多少同情。当阿诺德抱怨他在战争委员会那儿的遭遇时，华盛顿回应："我从未听说、也没有意愿去了解您与战争委员会那些绅士们之间关系紧张的缘由。我最真诚的盼望是，这些不快不会被涉事双方升高到公共事件的地步。毕竟，相较于敌军的行动，我更担心我们自己人之间的纠纷。"

我们无从确证华盛顿有多了解阿诺德的敛财计划，但华盛顿向他弗吉尼亚的朋友强调，他对阿诺德热烈追逐的这种生活方式极其不以为然。"懒惰、放荡和奢华似乎在费城的大部分人那里快速蔓延，"他写道，"投机倒把、侵吞公款、对财富永不餍足的贪欲看起来已经凌驾于其他一切考量之上。"很清楚，华盛顿此时更倾向于约瑟夫·里德，而非本尼迪克特·阿诺德。

当华盛顿于 1 月末回到米德尔布鲁克的大陆军司令部时，阿诺德正在做离开大陆军的准备。不同于宾夕法尼亚州，纽约州对瓦库尔岛、斯坦维克斯堡和萨拉托加的英雄阿诺德颇为优待。像菲利普·舒伊勒和约翰·杰伊这样的军官都鼓励阿诺德成为一名地主，接管效忠派菲利普·斯基恩（Philip Skene）在尚普兰湖南端斯基内斯镇刚刚被纽约州没收的大片土地。迄今为止，阿诺德在费城的交易和营生并没有得到预想中的回报。退出大陆军并成为一名纽约州地主，这也许正是阿诺德获取他渴慕已久的财富和名声的一个途径，也符合佩吉及其家族的期望。这样做还有另一个好处，那就是使阿诺德得以远离费城日甚一日的不快纷争。

231   2 月初，阿诺德决定踏上前往纽约州的旅途。但在之前，他得先去新泽西的大陆军司令部拜访华盛顿。就在此时，里德已经启动了对阿诺德军事长官任上行为的一项调查。为了防止阿诺德在因其罪行移送法办之前逃到纽约州，里德匆忙整理出了一个含有八项指控的清单，其中大部分都基于传言而非真凭实据。里德的许多指控不厌其烦地列出鸡毛蒜皮的小事（其中包括对一名民兵不礼貌；更青睐效忠派而非爱国者），他似乎更热衷于败坏阿诺德的名声，而非真心将他当作一名罪犯移交司法。事实上，阿诺德在一些更严重的指控上是有罪的（比如在抵达费城时非法采买货物，以及利用他的影响力、以参与分赃为条件为康涅狄格船员们在"积极"号一案中求得更好的裁决结果），但这并不能改变里德掌握的证据不足以对阿诺德发起有效指控的事实。阿诺德对此心知肚明，他也向华盛顿和大陆军军官们抱怨了自己的遭遇。

华盛顿在很大程度上和纳撒尼尔·格林一样，他同时与里德和卡德瓦拉德定期通信，但拒绝在费城的激进派和保守派之间选边站。阿诺德过往的争议广为人知，华盛顿如果回顾历史，就不应该任命他为军事长官，因为这个职位恰恰需要阿诺德并不具备的人际交往技巧。华盛顿也知悉，里德并不是一个像他自诩的那样坚定的爱国者。前一年，一则有关里德的喧嚣谣言曾经在大陆军军官中广为传扬。据约翰·卡德瓦拉德说，1776 年 12 月，里德曾经对战争进程深感绝望。在华盛顿发动特伦顿战役的当晚，里德决定住在黑森人占领的新泽西一户人家，一旦美军战败，他就可以好整以暇地投降英军。在卡德瓦拉德看来，那个曾经差一点背叛美国的约瑟夫·里德现在却道貌岸然地以相同的罪名控告贵格派教徒和其他费城人，真是莫大的伪善。华盛顿很有可能听到了卡德瓦拉德立场的某些描述，也可能因此对里德的控告内容半信

半疑。但是，这并未改变里德仍是宾州最高行政委员会主席
的事实。这就要求华盛顿给予这位脾气暴躁的前任副官以更
高级别的礼遇，即便他本人或许德不配位。

1779 年 2 月 8 日，阿诺德在米德尔布鲁克的大陆军司令
部给佩吉写了一封信。"我得到了华盛顿将军和大陆军军官们
最高级别的礼遇，"阿诺德向佩吉保证，"他们激烈地声讨了
里德先生及其委员会对我的恶意伤害。"阿诺德宣称，司令部
一致认为他应当对这些指控置之不理，继续前往纽约州的旅
程。尽管如此，他仍然决心回到费城。这不仅仅是为了洗刷他
的名声，更因为他对佩吉昼思夜想。"6 天时间，没能听到亲
爱的佩吉的音讯，这是不可忍受的，"他写道，"老天！如果
我继续我的旅程，那么我将经历多么大的伤痛啊！——为了几
亩薄田，就丧失了幸福！我几乎要祝福那些可恶的人了……正是
他们使我必须回来。"

阿诺德相信自己将最终占上风，宣称那些"粗暴的攻
击……并不能伤到我一丝半点"。但他也承认，自己感到了某
种厌世情结。"我对我的旅途感到由衷的疲倦，甚至对人性也
是如此。我每天都发现，人与人之间有着如此之多的卑鄙行径
与忘恩负义，我几乎也成了相同的物种，对此我深觉有愧。我
可以毫无悔意地离开这块是非之域，这里并不适合像我亲爱的
佩吉那样极少数优雅、慷慨的灵魂，你依旧保持着创世之初造
物主赋予人类的鲜活形象，你的一颦一笑闪烁着仁慈和善良，
使周遭的一切都洋溢于幸福之中。"阿诺德不但全盘否认了自
己在这场麻烦里背负的一切指控，也深深地坠入了爱河。

即便婚期将近，刚刚回到费城的阿诺德还是很快遭到了宾

州最高行政委员会近乎马不停蹄的攻击。就在大陆会议有机会听取宾州对阿诺德的指控之前，里德指控大陆会议代表们偏袒阿诺德。鉴于宾州行政委员会并不打算提供所需的证据——大概是因为他们根本没有任何证据——受命调查这些指控的大陆会议委员会别无选择，只能站在阿诺德这一边。这番裁决引发了宾州这边火山爆发般的愤怒回应，他们威胁撤回宾州民兵，以及大批属于宾州所有的马车——这些马车对华盛顿大陆军的后勤至关重要。这番突破底线的政治威慑使大陆会议别无选择，只能先将委员会的报告搁置一边，把针对阿诺德指控转交给华盛顿的军事法庭解决。

233

不少大陆会议代表开始怀疑里德这番调查背后想要达成的意图。阿诺德并非圣人，但迄今为止，里德也没能拿出他曾宣称拥有的那些足以毁灭阿诺德的证据。至少有一名大陆会议代表已经开始对这位宾州最高行政委员会主席的动机作出了最坏的揣测。

作为一名爱国者、费城人，大陆会议秘书查尔斯·汤姆森（Charles Thomson）一度把里德视为朋友。但也仅此而已。里德拒绝拿出任何合理的证据，同时又持续攻击大陆会议的主权和清誉，这使汤姆森不禁怀疑，这位老朋友是不是要尝试摧毁这个构成了美利坚合众国立国之本的政治机构？其实，里德有没有可能是一个叛徒？

前一个夏天，里德曾与一名代表英国议和使团的女士接触。这名女士允诺，只要里德愿意协助使团说服大陆会议，就付给他一万英镑。一份费城报纸登出了里德的公开信，他在信中声明，自己愤怒地拒绝了这项提议。但他是不是真的拒绝了？在英格兰本土，一名使团成员刚刚向议会保证，宣称他们正在开展的秘密工作将摧毁美国政府，这些"盘外招"也许比用军事手段打败华盛顿更能行之有效地终结这场战争。这是不是就是里德的真实目的？

汤姆森在3月21日致信里德说：

> 一个问题浮现了。我们设想一个可能：合众国某州的行政委员会及其主席正在使用一些盘外招——他们这一连串行为，可能要追求什么……？难道不是要动用他们手中的权力，尽一切可能分裂人民？难道不是要败坏美国最高权力机构的声誉，然后再削弱它的权威和分量？难道不是要毒化人民的思想，并且用不实的说法和出版物误导人民、使他们反对大陆会议？难道不是在抓住一切机会和大陆会议争吵，并努力使别的州争吵起来，特别是让他们的立法机构也卷入纷争？难道不是费心费力地毁坏大陆军将官们……的声誉，即便连不受他们影响的本州军官也不放过，并且特别针对那些因勇气和精神品质而出类拔萃的人；如果他们无法实现贬低军官们军旅生涯的意图的话，就用"根据某些报道或说法"这样冠冕堂皇的托词接着向军官们？他们是不是还……将军队纪律贬低为自由人的耻辱，从而使他们本州的居民对从军敬而远之……最终使他们那里的防务废弛，以让敌人如入无人之境，随心所欲地发起侵略，等等。

没有证据表明里德确实致力于从事旨在推翻大陆会议的背叛活动。但正如汤姆森用雄辩的语气明示的，里德的狂热近乎偏执，他对阿诺德的穷追猛打的确已经威胁到大陆会议的存续。阿诺德最后成了最高级别的叛徒，最终也只有阿诺德一人能对自己的行为负责。可是，我们不禁怀疑，如果没有里德和宾州当局对阿诺德那疯狂无情的政治迫害，他是否还会背叛自己的国家。

　　而在此时，阿诺德正急需用钱。他那些投资项目的收益并不足以维持他现下铺张的生活方式。现在，阿诺德既卷入了一场争议，又辞去了军事长官一职，他已不再是从前那个富有吸引力的投资伙伴，因此难以招揽到新的生意。阿诺德曾向爱德华·席本保证，他将在结婚之前先献给他女儿"一处住所"，并以此证明自己拥有佩吉父亲所要求的经济能力。于是在3月份，阿诺德用从法国船运经纪人让·霍尔克（Jean Holker）处借来的12000英镑和一笔数目可观的抵押贷款买下了"快乐山庄"（Mount Pleasant）。这栋宅邸地处舒伊尔基尔河畔，占地足有96英亩，曾被约翰·亚当斯赞美为"宾夕法尼亚州最雅致的住处"。然而，接下来却有一个问题。尽管从严格意义上讲阿诺德已经为佩吉买下了一栋宅邸，但是他们还无法入住，因为阿诺德需要向现在的房客收取租金，以偿还贷款。

235

　　阿诺德被里德纠缠不休，也被可怕沉重的债务压得喘不过气。但不论如何，他最终赢得了爱德华·席本对婚事的认可，这使他感到满意。1779年4月8日，阿诺德和席本在席本家的宅邸举行了一场小型的婚礼。阿诺德终成正果，得到了期盼已久的娇妻，第二天早晨，他就得意地向几位朋友吹嘘他的床上功夫——至少传闻如此，而这正好被英语流利的法军少将沙特吕侯爵（Marquis de Chastellux）在一年后访问费城时所听到了。

但这个故事并非完全没有根据，阿诺德后来写给罗伯特·豪（Robert Howe）将军的信里对此有所揭示。在这封信里阿诺德承认，作为一名鳏夫，他已经"享受了生命中那份还算酣畅的欢愉"。那些他乐于提及的"声色愉悦之事"里，还没有一次可以和他与佩吉的"所感所享"相提并论。看起来，阿诺德显然想让全世界都知道，即便遭受了如此之多的挫折与沮丧，能够成为佩吉·席本的丈夫仍是一件无比幸福的事。

然而，就在结婚几周以后，阿诺德发现自己无暇沉湎于床第之欢。通过一系列深文周纳的阴谋和威胁，里德不仅仅在阿诺德头上强加了一场军事法庭审讯，还在试图拖延诉讼程序，以便收集更多的证据。不仅如此，他还叫来了一名华盛顿的前任副官作证。事态发展至此，麻烦越来越大——阿诺德对这名副官知道什么事情一无所知。鉴于未来可能有更新、也许更具毁灭性的秘闻遭到曝光，而自己受到的伤害也看不到终结的迹象，阿诺德开始意识到，自己真的已经惹上了一个大麻烦。

更糟糕的是，阿诺德左腿的康复速度并未如他预期的那么快。曾在萨拉托加战役中左腿受伤的本杰明·林肯早已康复并重返战场，成为大陆军南方军的指挥官，与此同时，阿诺德却被扔进了费城的狼群之中。就在阿诺德身上的压力持续增长时（他的饮酒量也毫无疑问地增长了），他的右腿罹患了痛风，这使他无法走路。之前阿诺德不是没有经历过这种艰难时刻，但过去的每一次他都有能力做些什么以实现奇迹般的康复。但这一回，在债务和纷争的重重围困之下，双腿无力的阿诺德还能做什么？他不具备一丁点像华盛顿那样的耐心，没有默默等待困境过去的能力。阿诺德必须像往常一样主动袭击他的敌人，用出其不意的一击重新证明自己。在 4 月末到 5 月初的某个时刻，阿诺德开始设想一个鲁莽大胆的举动，这一举动所带来的风险将令他此前所有惊人的逃生和复出战史相形见绌。

如果过去的 9 个月教会了阿诺德什么，那就是他为之献出除生命外的一切的这个国家轻易便会分崩离析。大陆会议并没有征税权，所以无法解决现下的经济问题，这个国家的货币则行将沦为废纸。这酿成了严重的通胀，使价格管制成为费城激进宪政主义者们的当务之急，但这些管制又与一开始激发了这场革命的经济自由原则相违背。大陆会议与其说是一个全国政府，不如说是一个无力的空壳子，它的背后是十三个各行其是的州，它们只为自身谋求最大利益。而事实上，或许可以说，现在宾州主席约瑟夫·里德要比所有大陆会议代表加在一起的影响力还大——我们只要看一看这个冬天和春天里德对代表们颐指气使的劲头就够了。如果像约瑟夫·里德这样的人将成为美国新领导人之一的话，阿诺德便是一个不想身处其中的人。

里德以及大部分美国民众对大陆军投射的那股敌意尤其令阿诺德感到恼火。因为没有人愿意为本州边界以外的事务支付分文，国家常备军制度也面临着日甚一日的冷漠和怀疑。现在随着法国加入战争，公众普遍相信战争已经胜利了：就让那些外国人打仗吧，也许借助州民兵们的力量，所有事情都会搞定。

事实上，阿诺德在费城面临的问题确实是一个全国性潮流的症候——越来越多的美国人将阿诺德这样的大陆军军官视为见钱眼开的危险佣兵，与黑森雇佣兵和英国正规军无甚区别，而地方上的民兵则被认为是爱国理念的真正化身。实际上，这些民兵与其说是为了自由而与英国人作战，倒不如说是地方官

237

员们雇用的凶悍打手，用来恐吓地方居民之中被怀疑不忠于他们的人。在费城，宾州民兵就已开始成为宪政主义者的得力武装他们将效忠派赶出家园，并干扰保守派共和主义者的会议，而像阿诺德和卡德瓦拉德这样的大陆军军官几乎被默认为少数富人的卫道士。在这个恶劣且一触即发的舆论环境里，阶级议题威胁着要将这场一度感召人们共同追求国家独立的革命，转化为卑鄙无情、最终走向自我毁灭的内战。

这个国家的独立战争演变成了丑陋的内部争斗，而费城绝不是孤例。在英占纽约的北方，沿哈德逊河一线有一片 20 英里宽的长条地带，以"中立区"（The Neutral ground）之名为人所知。在这里，爱国者和效忠派分别组成"剥皮工"和"牛仔"两大帮派，将韦斯特切斯特县变成了一处法纪荡然的荒徼之地。

同样的事情还发生在康涅狄格、长岛和新泽西，像中立区一样的状况如潮汐涨落一般时断时续地出现在每个州海岸线的海湾和河口处。不同于"剥皮工"和"牛仔"们的呼朋引类，这些海岸边的不幸城镇经常遭受一船船爱国者和效忠派难民们的洗劫，一轮轮维京海盗一般的突袭看起来无有竟时，史称"捕鲸船战争"。

在纽约州和宾夕法尼亚州的边境线一带，情况更为糟糕。一系列新近发生的印第安人袭击事件促使华盛顿制定了一个夏季作战计划，他派约翰·沙利文将军率军对抗敌对的易洛魁部落。华盛顿给沙利文下的指令直截了当，令人震惊："将他们的定居点全部摧毁、彻底拔除，抓到尽可能多的战俘，不分年龄，也不分性别。"就在大英帝国将他们的注意力转向法国人和西印度群岛时，美国人正在将注意力转向毁灭另一批北美居民。

1779 年春天阿诺德开始相信，美国独立的实验已经失败了。战争已经历时四年之久，是时候请英国人回来，重建北美殖民地一度享有的那个秩序井然、和平富足的自由社会了。然而，这必须建立在英国人赢得战争的前提上。西班牙正蠢蠢欲动加入法国一方作战，当年夏天，集结在英吉利海峡的法西联合舰队令整个不列颠屏住呼吸。这场迫在眉睫的入侵并未发生，但它并不能改变一个事实，那就是比起一年以前的威廉·豪，现在亨利·克林顿驻扎在纽约的军队已经显著减少。英国的领导人们受到更加急迫的局势困扰，无法集中精力于北美的战争。就像进入决胜轮的两名头晕眼花的斗士一样，英美双方都已摇摇欲坠。没有人可以预料，当这场战争进入终局时，哪一方可以继续站稳脚跟。

4 月下旬，阿诺德认定，自己或许就是那个打破平衡的人。就阿诺德自己所知，英国人对他能力的评价要比他自己的同胞来得更高。就在此时的伦敦，伯戈因正在议会面前声嘶力竭地为自己辩护。他宣称，如果不是阿诺德，他的军队早就在萨拉托加之战中击败盖茨了。这年二月，纽约报纸《保皇宪报》（*Royal Gazette*）以同情的语调提到了阿诺德在费城的宣誓："阿诺德将军在此之前曾被称为另一个汉尼拔。他在为大陆会议尽职时丢了一条腿，但是大陆会议却认为他并不适合继续进一步挥洒他的军事长才，并听任他惨遭宾州当局冷血毒牙的蹂躏。"是的，也许阿诺德是时候转而为英国人效力了。

人们通常把背叛的想法归结于阿诺德本人，但我们有理由怀疑，阿诺德叛变的决定来源于佩吉。时间当然是佩吉嫌疑的最大来源，因为阿诺德正是在婚后不久发生了变化。阿诺德早已怨望满腹、愤恨难耐，但即便如此他仍然承认，这场革命使他声名鹊起，从在纽黑文地区小有名气的人士变成斐声全国乃至世界的战争明星。与此相对，佩吉一开始就将革命视为一场灾难。这场革命不仅在一开始就迫使她的家庭逃出费城，还将她的父亲从之前那位令人尊崇的人物变成了卑躬屈膝的滑稽角色。可在英军占领费城的那几个月天赐的好时光里，生活是多么不同！像约翰·安德烈那样高贵而满怀善意的绅士军官们与这座城市的名媛们一同起舞，并在大联欢中将她们打扮得宛若天仙。随着佩吉在情感和生活上逐渐亲近阿诺德，她的怒火也被点燃。她开始讨厌这个再度控制费城，现在又意欲将阿诺德置于死地的革命政府。

阿诺德曾经在与霍雷肖·盖茨闹矛盾时宣称"没有人"可以影响他做决定。但正如他年轻的副官们在萨拉托加所证实的，他其实很容易受身边人的意见影响。的确，阿诺德在费城期间的诸多麻烦或许都可归因于他卷入了一个愤愤不平的保守派群体。阿诺德与佩吉结缡，意味着自己与一名有效忠派倾向的年轻女性紧密联结，而一如阿诺德的求爱历程所揭示的，佩吉知道如何得到她想要的东西。当她父亲一开始拒绝她与阿诺德结婚时，她就展示过她那表面的脆弱——哭闹也好，歇斯底里也罢——巧妙地操纵她父亲的情绪，令他害怕自己再不同意就有可能让感情纤细的女儿受到什么不可挽回的伤害，只好从其所好。佩吉已经在他父亲身上得到了她想要的，而在与阿诺德结婚之后，她就将故技重施，让同样宽纵她的丈夫乖乖就范。

约翰·亚当斯深知一名宠溺妻子的丈夫若要违拗妻子将有

多么困难。他曾经目睹宾夕法尼亚的爱国者约翰·迪金森（John Dickinson）屈从于妻子的压力，从势所必然的独立事业中退缩。"如果……我的妻子也向我表达了这番情绪，"亚当斯写道，"那么，即便这些情绪并未使我彻底气馁、叛离革命，也将使我确定无疑地成为世上最悲惨的男人。"亚当斯是幸运的，他的妻子和她几乎所有家族成员都支持亚当斯的政治立场。但阿诺德此刻的处境完全不同。佩吉非但没有唤起他心中那爱国主义的善良天使，反倒催发了那些自从蒙特利尔初次涉险以来就一直在他耳边絮叨不休的恶魔之声。

考虑到阿诺德人生的最终去向，我们很容易假定，他在1779 年 5 月初第一次向英国人发出试探时就已经下定决心走上背叛之路。但正如后续事件揭示的那样，实情并非如此。阿诺德在自己国家的遭遇令他火冒三丈，在佩吉的劝诱下他也逐渐接近叛国，但即便如此，阿诺德依旧对华盛顿报以真心实意的忠诚。

当 5 月 5 日阿诺德给大陆军总司令写了一封歇斯底里式的信函时，一切都到了危急关头。这封信的动因表面上源于审讯阿诺德的军事法庭从 5 月推迟到 7 月，但其真正的意义在于表达了阿诺德对自己即将屈服于妻子劝诱的恐惧。"如果阁下您认为我有罪，"阿诺德写道，"看在上帝的份上，就让我立即受审吧，如果有罪，就处决我。"

在这个关键时刻，阿诺德最企盼的就是一个明确的结果。如果阿诺德得到军事法庭撑腰并无罪开释的话，也许他就能抵御佩吉颇具诱惑力的提议。然而，约瑟夫·里德却竭力将军事法庭的开庭时间尽量往后推。在这段悬而未决的时间里，阿诺德的立场正处在高度的危险当中，他极有可能将叛国视

240

为将他的国家从毁于革命政府的风险中解救出来的途径，而非是对那些他一度视为神圣的事业的背叛。在 100 年前的英国革命中，克伦威尔爱将乔治·蒙克（George Monck）的背叛为查理二世的复辟提供了便利。查理二世满怀谢意地给了蒙克一系列奖赏，其中就包括一块北美的广阔土地，那些土地最终成为北卡罗来纳和南卡罗来纳。此时，阿诺德考虑用"蒙克"的笔名同英国人打交道，这个名字无疑将触动约翰·安德烈，亦即佩吉建议阿诺德接触的英国军官。不过，阿诺德仍然对是否放弃他已经付出了如此之多的革命事业心存疑虑。

纵观阿诺德的整个抗争历程，华盛顿始终是他的支持者。在 5 月 5 日这封倾诉痛苦的信件中，阿诺德也向华盛顿提出了警告：既然这种事能发生在阿诺德身上，那么也会发生在华盛顿身上。"阁下，我乞求您考虑一下：一些狡诈无良的当权者将会曲解最为清白无瑕的行为，并煽动民怨针对于您，将您置于与我现在相同的不快境地。我已经牺牲了我的财富，献出了我的鲜血，并在为国效力后成了一个瘸子。我未曾料到，同胞们给了我这番不领情的回报；但既然大陆会议将忘恩负义铸成了通用货币，我就必须收下它。我希望，长期以来功勋卓著的阁下，将不至于收到同样的货币。"

通过对金钱的提及，阿诺德也无意中透露了自己走上叛变歧途的真正原因。如果阿诺德能够正确处理谈判事务的话，变身叛徒将是一件暴利生意。阿诺德不仅会令自己正在负担的债务一笔勾销，还会从英国人那里弄来一个头衔，保障他余生富裕而自足。

瓦库尔岛战役之前，阿诺德曾向霍雷肖·盖茨抱怨过种种对他撤离加拿大期间行为的不公正指控。当时的那些指控无一得到证实，但现在，在 1779 年春天，阿诺德正在一步步地使之前针对他的一句尤为无稽的揣测成为可怕的谶言。"金钱就是这个人的上帝，"约翰·布朗上校曾在两年之前坚称，"为了得到足够的金钱，他或许会牺牲他的国家。"

阿诺德和英国人之间的接触，即将给他的敌人带来极大的满足感，让他们相信自己一开始就看透了他。阿诺德本可以像美国内战开始时的罗伯特·E. 李（Robert Edward Lee）① 一样，直接宣布变节易帜就好。但阿诺德即将向世人表明，他的第一要务还是挣钱。

---

① 美国内战时期著名将领，1861 年美国内战爆发时退出合众国军队，加入南方的邦联军。

第十章　裂谷

　　　　英军占领纽约已经三年了。和原先相比，现在的纽约已面目全非——它是效忠派的避难所，牟利者的黑市，赤贫者和绝望者的邋遢驿站，这些人像吸附在岩石上的藤壶一样盘踞在曼哈顿岛的南端。1776 年 9 月英军占领纽约后不久，一场大火便摧毁了相当一部分城区，在狭长的焦土地带之上，许多较为贫穷的居民们就住在杂乱无章的帐篷和棚屋里。而在东河对岸布鲁克林的瓦拉波特湾，一艘艘更为荒陋的监狱船则为美国战俘们安排了两条出路：要么在这个恶臭丛生的浮动鬼蜮之中慢慢死去，要么加入英国海军。娼妓本就是纽约的常态，但现在有了这么一大批百无聊赖、郁郁寡欢的士兵入驻，卖春业迎来了空前的繁盛。

　　英国人也许是敌人，但不同于美国的大陆币，英国人的货币却能保值。所谓"伦敦贸易"很快便应运而生，而无比讽刺的是，这一贸易的主角恰恰是来自新泽西、长岛和康涅狄格的前爱国者，他们发挥在走私这一行的长才，躲过当局检查，将货物运抵英占纽约，以赚取英镑。而在费城，一种不法的木材贸易也滋生起来，一些船长和他们的船员沿特拉华河南下前往波士顿，但这一切只是为了被英国人"俘虏"。一旦他们的货物被没收并在纽约出售（船长和船员们会拿到相应的补偿金），英国当局会很乐意以交换俘虏的形式还这些水手们以自由。一旦回到费城，这些美国水手们便故技重施。甚至在一位船长成功地完成了五次纽约之旅之后，宾州最高行政委员会才意识到他反复被俘的情况并非出于偶然。

每一天，都有一股由效忠派、爱国者、自由的奴隶、逃兵、商人和贸易者组成的汹涌人潮在这座城市里来来往往，这为间谍活动提供了绝佳的环境。1779 年 5 月 10 日，一名英国出生的费城人、售卖陶器和精品瓷器的杂货铺老板约瑟夫·斯坦斯伯里（Joseph Stansbury）登门拜访了位处纽约市中心的约翰·安德烈寓所。斯坦斯伯里不仅是一名深受富人青睐的店主，还是一名业余诗人。他的许多诗作都以匿名发表，这些诗作坚定表达了他对英国的忠诚。斯坦斯伯里和席本家族是老相识。毫无疑问，正是佩吉鼓励他的丈夫和斯坦斯伯里联系，并托他给约翰·安德烈捎去口信。

斯坦斯伯里和阿诺德可能是在费城的将军府完成了会晤的。阿诺德告诉这位陶器商人，他想探知转投英军的可能性。但在一开始，阿诺德需要确认两件事：第一，英国是否准备坚持这场战争？第二，他为英军卖命能换来多少钱？

接下来的几个星期，斯坦斯伯里在效忠派牧师兼诗友乔纳森·奥德尔（Jonathan Odell）和信使约翰·拉通（John Ratoon）的帮助下建立了与英军的通信渠道，这一渠道从新泽西一直延伸到纽约。结果证明，阿诺德选取的时机相当好。安德烈刚刚接掌英军的情报工作，他急于使阿诺德确信，英军并不准备放弃北美殖民地。"我们从没想过放弃北美殖民地，"安德烈给阿诺德写信说，"恰恰相反，我们会拿出强力手段，一举实现我们的目标。"安德烈试图使阿诺德确信，英国的回报将是"慷慨大方"的。例如，安德烈曾承诺，如果阿诺德可以帮助英军"击败为数众多的大陆军士兵的话，那么这个国家的慷慨大度甚至将超过阿诺德本人最乐观的想象"。此外，如果"他奋勇战斗却失败了但最终逃出生天的话，对他损失的补偿将与他遭受伤损的缘由紧密挂钩。他也将获得与他的表现相称的荣誉。"

244

安德烈提出了一些阿诺德可以协助英军的办法——比如偷取书信、透露美军弹药库方位等，还列出了他在未来通信中将要使用的密码。首先，阿诺德得向安德烈提供一本"巨著"，以为密码引注之用［布莱克斯通的《英格兰法律评论》（*Commentaries on the Laws of England*）是他最初的选择，但最后换成了拜利的《通用英语词源词典》（*Universal Etymological English Dictionary*），这本书便于以字母排序查找单词］。安德烈密信中的每一个单词都将标注在这本书里，以三个数字指代，"第一个是页码数，第二个是行数，第三个则是单词数"。

另一个传递密信的办法则是使用隐形墨水，有两种墨水供阿诺德选择——一种墨水要靠液体化合物显影，另一种则要靠加热。每种墨水的用法都由密信纸张页头的字母指示。"*F* 是指用火，"安德烈指示说，"*A*，则是酸液。"为了掩饰通信的真正主题，安德烈建议把内容伪装成"以一名老妇人的身体状况为主题"。安德烈也建议佩吉加入通信行列，给他写信"谈谈那场大联欢和其他杂事"，但也要在字里行间使用隐形墨水传递情报。

对于安德烈乃至亨利·克林顿向他展示的诱人利益，阿诺德看起来颇为满意。但旧习不改的阿诺德立即得寸进尺，向英军总司令提出了不尽合理、几近羞辱的要求。"我认为北美和大不列颠的利益是不可分割的，"他在下一封密信中说，"有鉴于此，亨利爵士将可以调用我的才智和执行力。"不过，这一切承诺的履行必须以阿诺德对英军目的的知情为前提。"如果没有彼此间的信任，合作将是不可能的。"阿诺德坚称。

阿诺德随即给克林顿开列了一个美军动向的细目清单：华盛顿正在计划，一旦春季牧草长成，他就调动军队前往哈德逊河。迄今为止，这位美军司令依旧无法给予林肯将军所需的支持，帮助他防守南卡罗来纳州的查尔斯顿："他们需要武器、弹药和士兵……在突发状况下，3000 或 4000 名民兵已经是他们能够集结的最大兵力了。"阿诺德也透露了有关德斯坦的消息。德斯坦一整个冬天都在西印度群岛："法国舰队接到了在条件允许时重返北美大陆的命令，"他写道，"他们很大程度上要依赖于从这里得到的给养。一艘原本装备 64 门炮的法国运输船和一艘 28 门炮的外国船每天都要来这里寻求补给。"

但阿诺德还有一个附加条件，他已不满足于英方对于补偿问题含糊其词的保证。"当机会来临的时候，我就会合作；但因为我的生命和一切都在承担风险，我希望贵方能提供一些稳定的保障。我这儿的财产要得到确保，我的收益则要和风险、已付出的努力挂钩。"此外，阿诺德还引述阿狄生悲剧《加图》（*Cato*）的一番话，作为略显夸饰的回应："我不会承诺胜利；胜利将是我应得的。"他也想让安德烈知道："阿诺德夫人向您致以特别的敬意。"在把这封密信发往纽约之后，阿诺德就开始着手准备米德尔布鲁克大陆军司令部的军法审判。

纳撒尼尔·格林向阿诺德发出了邀请，让他到自己的指挥部来。阿诺德抵达后向格林出示了一封前任驻法公使希拉斯·迪恩的信件。那个冬天迪恩本人也牵涉进了一场纷争，且在当

245

年相当长的一段时间里都借住在阿诺德的费城官邸。"这封信
将由阿诺德将军转交于您，"迪恩写道，"他的双腿不敷使用
并为他长久地造成痛苦，但与之相比，一些善妒的小人对他人
格的中伤更令他感到折磨……没有任何理由可以劝阻他尝试踏
上这段旅程，即便虚弱而跛行的他有时甚至举步维艰。"

迪恩就里德对阿诺德的态度表达了"最强烈的愤慨"，随
后动情地陈说道："过去 10 个月，在阿诺德所经受的所有苦
痛里，我都是那个同情他的旁观者。在此期间，美国的利益似
乎一直都是他心里最关切的事，也是他的首要愿望。"

毫无疑问，阿诺德知道迪恩信件的内容，他刻意在向英国
人泄露珍贵的军事机密。几个星期之后才把这封信放到纳撒尼
尔·格林的手里，他的狡猾可见一斑。阿诺德不仅背叛了自己
的国家，也背叛了两位最亲近朋友的信任。

246　　　当然了，阿诺德本人并不这么看。阿诺德那自恋般的傲慢
曾让他在战场上无惧最凶险的危机现在则让他成了一名一等一
的叛徒。阿诺德从未担忧他的行事后果。在阿诺德本人看来，
自己做的所有事情至少都是情有可原的，他的人格中没有负罪
感的概念。在做出至少会令其他人感到犹豫或纠结（如果不
是后悔）的行径时，阿诺德却展现出一往无前的坚定——按
照他的定义，对他最好的事情，对其他人也是最好的。

正如华盛顿在春天与阿诺德的信件来往中所表明的那样，
鉴于阿诺德即将接受军事法庭审判，他作为大陆军总司令必
须尽可能以客观态度对待诉讼程序。用华盛顿自己的话说，
如果他不这么做——例如在一场官方诉讼程序中表露私人的
同情心——那就将使他"丧失我本人的人格"。华盛顿在此提
到了人格，这正触及了他本人与阿诺德的本质差异。华盛顿的

是非观超脱于他本人私利的冲动需求之外。华盛顿在乎规则，纵使大陆会议在战争的最后四年将华盛顿的生活弄得痛苦不堪，他还是能找到他所认定对大陆军和这个国家两全其美的办法，同时又不致冲撞文官政府的至上权威。如果华盛顿像 17 世纪英国革命中的克伦威尔那样铤而走险、自封为军队和国家之主的话，那就将使他"丧失人格"。

与此相对，对阿诺德来说，规则从来都是用来打破的。革命前作为商人的阿诺德这么做了，革命时担任费城军事长官的阿诺德也这么做了。阿诺德在这一点上并非特立独行——在他之前和之后，许多杰出的美国人都曾游走于利己和利他之间的灰色地带，但阿诺德在行事时带有一种上帝般的我行我素，这令他与众不同。阿诺德对一名像华盛顿一样的人物满怀尊敬，但到头来，只有他本人才是自己这出人生大戏的主角。阿诺德做事随心所欲，他并非是"丧失了他的人格"，而是迷失于自己的人格。刚刚抵达米德尔布鲁克，阿诺德就出现在司令部。用华盛顿的话说，这是"不请自来"。

大陆军总司令颇为不悦。阿诺德罔顾华盛顿对他"当面向自己陈说清白之举的不恰当性"的警告，大声咒骂"那些他认为参与迫害了自己的人"，最终遭到了华盛顿自称的"斥责"。对阿诺德而言，这一定是一个令人困惑但又意义重大的时刻。这一场面表明，隐藏在华盛顿那一向温和节制外表之下的意志力，绝不在阿诺德本人之下。

1779 年春天，仍然蜷缩在纽约的英军司令亨利·克林顿已经开始把满怀期待的目光投向了沿哈德逊河北上约 60 英里处的西点（West Point）。如果克林顿可以控制这条河流 S 形弯曲地带周围的防御工事群，同时再在纽约和这些工事之间增设一系列据点的话，他就能有效地封锁大陆军所仰赖的跨哈德逊河货物流通。这将令伯戈因自加拿大南下的战略目的以一种更可行的方式得到实现。如果克林顿能够拿下西点，他也许就有办法赢得这场战争。

几周以前，阿诺德曾告诉他，华盛顿正在计划率军向哈德逊河移动。尽管克林顿并没有沿河一路北上夺取西点所需的船只和兵员，但向在对华盛顿的军事计划有所了解之后克林顿可以一面等着敌人的下一步动向，一面夺取纽约以北 50 英里、西点以南 11 英里、位于哈德逊河西岸的斯托尼岬（Stony Point）诸要塞和东岸与之相望的威尔普朗克岬（Verplanck's Point）。在这哈德逊河上相对较窄之处，有一处国王渡口（King's Ferry），这是新英格兰地区和中部各州间贸易的必由之路。克林顿若能拿下那些护卫渡口的要塞，他就将迫使美国人在过河时向北绕行 11 英里。一旦克林顿在国王渡口站住脚跟，他就可以从容等待夏季增援部队的到来，然后再攻打西点。

5 月 30 日克林顿率领 6000 人的军队和一支超过 200 艘舰船的舰队沿哈德逊河北上，没太费力就拿下了斯托尼岬乏人看守的要塞，以及相对而言不那么重要的威尔普朗克岬堡垒。对阿诺德而言颇为不幸的是，英军沿河北上的消息恰好在他军事法庭开庭的那天传到了华盛顿的司令部。华盛顿别无选择，只得叫停了军事法庭，并拔营整兵，率军进入西点和英军新占据点之间的地带。

阿诺德没有返回费城，而是选择去往临近的新泽西莫里斯顿"静观其变"。但随着哈德逊河的夏季战斗降温为一场僵局，而华盛顿也将注意力转向在西点督导大陆军将当地的零星

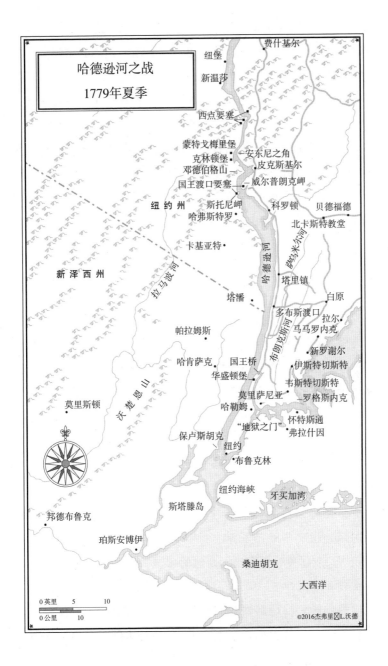

哈德逊河之战
1779年夏季

费什基尔
纽堡
新温莎
西点要塞
蒙特戈梅里堡
克林顿堡 — 安东尼之角
邓德伯格山 — 皮克斯基尔
国王渡口要塞 — 威尔普朗克岬
纽约州
斯托尼岬 — 科罗顿 — 贝德福德
哈弗斯特罗
北卡斯特教堂
卡基亚特
新泽西州
拉马诚河
哈德逊河
克罗米尔河
塔里镇
塔潘 — 白原
多布斯渡口 — 拉尔
马马罗内克
帕拉姆斯
布朗克斯河
新罗谢尔
哈肯萨克 — 国王桥 — 伊斯特切斯特
华盛顿堡 — 韦斯特切斯特
沃楚恩山 — 莫里萨尼亚 — 罗格斯内克
哈勒姆
怀特斯通
莫里斯顿 — "地狱之门" — 弗拉什因
保卢斯胡克 — 纽约
布鲁克林
纽约海峡 — 牙买加湾
斯塔滕岛
邦德布鲁克
珀斯安博伊
桑迪胡克
大西洋

0 英里 5 10
0 公里 10

©2016杰弗里⊠L.沃德

工事改建为坚不可摧的要塞防御体系，阿诺德开始意识到，他的军法审讯在短时间内不可能进行了。他必须回到费城，回到佩吉那里。

阿诺德此时已经收到了约翰·安德烈的第二封密信。就像军事法庭之前的华盛顿一样，克林顿也对阿诺德要与他平起平坐的姿态颇为不悦，他也向阿诺德表示了和之前华盛顿同等的斥责之意。安德烈告诉阿诺德，他的司令"想要通知您，他不能在目前战斗中表露他的意图，也看不出向您透露这些信息的必要性，更看不出他若不这么做会如何伤害到我方的诚意"。此时此刻的责任不在英国人那里，而是在阿诺德身上，他必须为英国人找到那"漂亮的一招"，以让英国人有机会"使这个濒临毁灭的伪政权加速灭亡……并迅速结束我们同胞的苦痛"。

安德烈坚称，阿诺德需要做的就是在华盛顿麾下掌握"明确的指挥权"。如果他能策动 5000 到 6000 名士兵投降的话，克林顿将乐于用"两倍之多的畿尼金币"来回报他——哪怕就阿诺德的标准而言，这也不是个小数字。

但是克林顿深知，阿诺德现在有伤，难以带兵作战。站在英国人的立场来看，不管他本人承认与否，这名美国将军的价值已大打折扣。克林顿也不准备向阿诺德做出赏金的保证，以防阿诺德明确地将其视为应得之物。阿诺德在费城的满城风雨进一步降低了他的利用价值。"不管这名军官有多少价值，"克林顿后来写道，"他的状况……都使他不再那么值得关注。"

一向脸皮薄的阿诺德对此反应很大。7 月 11 日斯坦斯伯里报告说，安德烈的前一封信件"并不符合阿诺德的期待"。

不仅如此，"阿诺德认为，（安德烈的）信件惜墨如金、对他的请求殊少关注，并因此认定这位绅士对这件事的态度非常冷淡"。阿诺德并没有附加什么信息，而是给了斯坦斯伯里一张佩吉的购物清单，上面写着形形色色的衣物和缎带。阿诺德是在嘲讽安德烈吗？——这位英军军官一度为佩吉制作了一件礼服。

7 月将尽时，安德烈寄来了一封几乎以道歉的语气写就的信。"我认为我们的慷慨大度必须在深思熟虑之后方可释出，因此我们说了那些话，"他写道，"我对一切仍然存在的犹豫深表歉意。"8 月初，斯坦斯伯里从阿诺德那里得到了一封口信。阿诺德在口信里坚持说，尽管"他渴望为国而战，加速结束这场不愉快的冲突"——根据阿诺德自我参照的逻辑，成为叛徒与为国效力并无抵触——"但那样的话，他自己就对家庭不公。他将使自己身临险境，牺牲（至少是潜在的）稳定而寻求风险。"换句话说，安德烈迄今为止仍然未能满足阿诺德金钱上的要求。

8 月 16 日，安德烈直接向佩吉发出了请求。"若能在此为您效力，那将使我非常高兴，"他写道，"您知道，那场大联欢使我彻底成了一名女帽制贩商。如果您的帽饰尚未收集完毕的话，我会很乐意提供帽绳、针线、帽纱，并希望您能从这些细碎的服务中看到我继续为您效劳的热忱。"圆滑的间谍语言背后是安德烈的洞见：如果他想要在与阿诺德的通信取得什么结果的话，佩吉必须参与其中。

根据一份记录，佩吉后来宣称，唯有"通过大力劝说和不懈坚持"，她才最终成功促使丈夫背叛。佩吉无疑也清楚阿诺德的敏感焦躁，这就要求她付出极大的关怀。在未来谈判可

250

能实现建设性进展之前，她的丈夫需要先冷静。

克林顿袭击西点的作战计划能否实行取决于从英格兰来的增援舰队是否赶到。但直到 7 月，许诺中的舰船和兵员仍未到达，这将克林顿部拖入了危险的时节。如果克林顿的兵力不足以拿下西点，那么他或许可以让纽约州总督威廉·特莱恩对康涅狄格海岸发动一场突袭，以引诱华盛顿军的一部离开哈德逊河。结果，即便特莱恩发起的"焦土战"（war of desolation）之残暴甚至震动了克林顿，但后者却拒绝上钩。美军日渐扩充的情报网告诉华盛顿，受制于特莱恩的兵力需求，英军在斯托尼岬要塞的驻军已大为削弱，他因此决定采取行动。

251　　7 月 16 日，因其易于失控的脾气而得名"疯子安东尼"（Mad Anthony）的费城将军韦恩（Wayne）对斯托尼岬岩壁般的墙垣发动了一场夜袭。第一名闯进这座要塞的人是弗朗索瓦·德·弗勒里（Fransois de Fleury）中校，这名法国工程师两年前也曾在米弗林堡奋勇作战。当夜凌晨 2 时许，韦恩给华盛顿送去了一封简短但是充满了他典型的戏剧性气质的便条。"要塞和驻军……都已落入我们的手中，"他写道，"我们的官兵都像决心追求自由的男人一样战斗。"

　　一个月后，弗吉尼亚上校、"轻骑兵哈里"（Light Horse Harry）亨利·李（Henry Lee）也对位于新泽西州保卢斯胡克（Paulus Hook）的英军据点发动了一场同样英勇的袭击，这里与纽约隔河相望。尽管这两次军事行动的战略价值不大，但它们都证明了美军的战力不可小觑，这对克林顿而言无疑颇为令人丧气，而更让他感到挫败的则是来自英格兰的增援许诺至今仍未落实。夏天将尽时，寸功未立的克林顿已极尽沮丧，甚至决定递交辞呈。"他噙着泪水向我口述，"一名军官回忆道，"他说自己在军务的重压之下，已感到异常，觉得自己无法称职。"而就在克林顿伤心绝望的同时，华盛顿开始筹划他在战争中最为大胆的一次行动。9月13日华盛顿向法国海军准将德斯坦递交了一份军事计划，此时德斯坦刚开始从西印度群岛出发率舰北上，华盛顿希望法国舰队可以支持美军对纽约市的一场夹击。这一回，美国人将为法国舰队提供前一年曾经求而不得的港湾领航员，使他们得以"立即进入港口"并袭击英军的三大战略据点：斯塔滕岛、纽约和上哈德逊河。与此同时，大陆军将从北面袭击曼哈顿岛。"我自作主张抛出这些线索，供阁下您参阅，"华盛顿写道，"请允许我恳求您尽快同意，并在回信中附上一份阁下您的战略意图。"法国驻美大使康拉德 - 亚历山大·杰拉德（Conrad-Alexandre Gérard）曾经要求华盛顿不要过度依赖法国舰队，但这并未阻止华盛顿继续筹划一次针对纽约的美法联合攻势。10月初，华盛顿还没从德斯坦那里得到只言片语，但他还是在对法国舰队的具体方位缺乏头绪的情况下继续增兵，集结了一支包括 10000 名民兵在内的庞大军队。

252

华盛顿显然觉察到了英军的弱势。就在华盛顿集结此次军事行动所需的兵员和补给时，克林顿也开始集中兵力，将哈德逊河和罗得岛纽波特的英军撤回纽约。但事实上，华盛顿并没有推进这次军事行动的可靠基础条件。时间一周一周流逝，德斯坦依旧杳无音信，华盛顿也一点点地丧失了希望。

人们很难想象，是什么激发了华盛顿这番渺茫而全然不切实际的企盼。去年秋天拉法耶特回了法国，这意味着几乎一年的时间里，华盛顿身边都没有这位年轻将军的陪伴——9月时华盛顿向一位法国军官自认，他对拉法耶特"视如己出"。这个月月底，华盛顿给拉法耶特写了一封信，在信中流露出了异常的真情实感。华盛顿在信中要求他的这位朋友给他的妻子捎去消息，尽管华盛顿尚未见过拉法耶特夫人。

> 请告诉她……我的内心易受哪怕是最细微的热情打动，而那些关于她的最为美好的念想也已经极大地感染了我。请她一定要谨慎地把住火炬，以免我的心被爱火焚烧；而您则是那位煽风点火的人（译注：指拉法耶特向华盛顿介绍自己的妻子）。听到您的话后，我在这里再一次认为，对于这一风险我并无不安。我的妻子还很年轻；您正在长大，且与您的妻子远隔大西洋。这些都是实情。但是我的好朋友，须知任何距离都无法使焦灼的爱人长久分离，这份爱情甚至能重唤古时的奇迹。唉！但您岂不承认，圣书记载的所有奇迹里都没有出现这样的例证：一名年轻女人会对一个老男人流露真挚的偏爱之意。这恐怕与我的原则大为冲突，因此我无法奢望与您竞争，但在您的鼓动之下，我愿忝列那颗无价之宝的拥趸之一。

不管华盛顿的幻想对象是一名年轻朋友的妻子，还是一名法国海军统帅奇迹般的出现，他显然需要某种精神庇护所，以从这场正在进入第五个年头的战争的艰困现实中逃离。

253　　终于，到11月中旬，华盛顿不得不放弃在秋天进攻纽约的愿望。此时华盛顿得悉，德斯坦还在佐治亚州海岸线外逗留。"我们已经等太久了。从法国舰队初次抵达佐治亚时，我们就在焦虑不安地企盼他们会出现在保卢斯胡克……"11月

10 日，华盛顿给继子约翰·帕克·库斯蒂斯（John Parke Custis）写信说，"我们开始担忧，大地是不是发生了什么剧烈的地震，在这里和佐治亚州之间造成了一条无法跨越的裂谷……正如这种灾祸是最为光怪陆离的一样，南面的军事行动也陷入了最为莫名其妙的沉寂。"

五天后华盛顿才得悉，德斯坦在协助本杰明·林肯对英军占领的萨凡纳（Savannah）发起了一场未遂的进攻后，已经率舰踏上了返回法国之路。

1779 年 10 月 4 日，费城激进宪政主义者和保守共和主义者之间日趋升级的对立终于升级为暴力事件。当天早晨，数百名民兵决定围捕那些"出逃效忠派"的配偶和子女和其他"不受欢迎的人"，并将他们驱逐出城。一些政界领袖，比如已成为里德盟友的艺术家查理·威尔逊·皮尔（Charles Wilson Peale）曾试图劝阻那些日趋愤怒的武装市民闯入民宅、将打击对象拖到街头，然而民兵们对此充耳不闻。"在此情况下，和一大批狂热的爱国者讲道理，"皮尔写道，"徒劳无功"。

民兵们的行动始于逮捕贵格派教徒乔纳森·德林克（Jonathan Drinker），他们在德林克动身离开贵格派教友年会时抓到了他，并押着德林克等人在费城的街道上游行。对于任何曾在革命开始时待在波士顿的人而言，这都是个熟悉的场景：一群盛怒之下的公民走上街头要求公道。但是，他们的矛头并非指向英王，而是在威胁自己的同胞。这个在革命中诞生的国家因对权力的不信任而揭竿而起，却也在同样的不信任中面临灭亡的危机。

詹姆斯·威尔逊律师和一些保守派朋友们（其中有几名大陆军军官）听闻民兵们正在冲着他们而来，很快就把威尔

254

逊家的房门堵了起来。一开始，民兵队伍在走过核桃街（Walnut Street）和第三大道（Third Street）拐角处的威尔逊居所后就继续前进了，似乎这场冲突会得到避免。然而，就在最后一排民兵走过时，罗伯特·坎贝尔（Robert Campbell）上校打开了楼上的一扇窗户，并和一些民兵发生了口角。不知是谁打响第一枪之后，一阵弹雨接踵而至，将坎贝尔射杀。很快，民兵们就包围了这座房子，并开始攻打大门。

这种戏剧性的遭遇战似乎正需要本尼迪克特·阿诺德的出场。也许阿诺德本应像里奇菲尔德之战那样，统领威尔逊等人顽强抗争，让那些最激烈的批评者也不得不承认他对国家事业拥有不容质疑的价值。甚至有一些阿诺德的传记作家坚持认为，阿诺德当时一定就在那里，率领着重重围困之中的保守派奋勇抵抗一群激进派民兵，保卫他们的天赋人权。

但阿诺德并没有在这场造成多名民兵死伤，史称为"威尔逊堡垒之战"（Battle of Fort Wilson）的事件中成为主角。恰恰相反，早已辞去费城军事长官职务的阿诺德在这件事情上扮演的角色几乎微不足道。当阿诺德乘马车（对一名赶来救援的将军而言，这可不是什么有英雄气概的登场方式）来到冲突现场时，一切已为时已晚。约瑟夫·里德早已骑马走入民兵队伍中，挥舞着手枪命令他们解散。当阿诺德最终抵达现场时，他不得不在他人搀扶下走出马车、进入威尔逊住处，他大声宣称"你们的主席已经煽动了一场连他自己也无法平息的暴乱"，但不幸的是，骚动此时的确已经平息，而在阿诺德提着两把手枪蹒跚着走向二楼窗户时，他已经无事可做了。

让阿诺德倍感屈辱的是，在这一期间，阿诺德的马车周围聚拢了一大群愤怒的费城人，他们用石块袭击马车，一度迫使车夫驾车落荒而逃。第二天，阿诺德向大陆会议抱怨他遭到了袭击，"一群目无法纪的暴徒恶棍们威胁着我的生命"。有鉴于"宾州当局并没有为一名诚实的人提供他预想中的任何保护"，阿诺德要求大陆会议为他配备一支由"20 名士兵和一位优秀军官"组成的卫队。阿诺德喋喋不休地向代表们提醒自己过去的赫赫战功："我觉得这个要求不应该被拒绝。尤其是对于一名曾为保卫他的国家的自由而屡屡上阵、频频流血的人而言。"结果，大陆会议非但没有为阿诺德提供保护，反而痛斥阿诺德对宾州当局名誉的中伤，并驳回了阿诺德的请求。

10 月 13 日，就在丈夫与大陆会议间屈辱的交涉过去一周以后，佩吉终于回复了约翰·安德烈 8 月 16 日的请求。"阿诺德夫人向安德烈上校致以最高的敬意，"她写道，"他的礼貌、友善都令她极为受用，对此她谨致谢忱。"几乎沉寂了两个月的阿诺德似乎终于决定要重启他和安德烈的通信。为了使英国人确信这一信息，佩吉补充道："阿诺德夫人恳请安德烈上校相信，她对他的友情与敬重并不会被时间或意外事件削弱。"

在耐心等待丈夫回心转意的同时，佩吉还成功利用了费城恶化的局势。在费城的大陆军士兵和宾夕法尼亚民兵在大街小巷间厮杀（约瑟夫·里德将死亡轻描淡写地描述为"偶尔泛滥的自由"）的当下，阿诺德决定把赌注押在英国人那边。

12 月 3 日，阿诺德向斯坦斯伯里递交了一长串情报——华盛顿的军队就要进入越冬营地；大陆会议正在向荷兰寻求财政援助；查尔斯顿的美军兵力依旧捉襟见肘。阿诺德在信中还附上了他向英国人提出的一个问题："告诉我你们是否想在美军之中有一位能派上用场的内应，又会为他的工作付什么价钱?"

阿诺德的军事法庭已经被推迟到了这个月的月末。如果审讯结果不利的话，阿诺德就有可能遭遇查尔斯·李将军的相同命运，被暂停军职，甚至踢出军队。哪怕对阿诺德的指控只有一项成立，华盛顿也不大可能愿意授予阿诺德关键的指挥权，这样一来他便无法像英国人要求的那样获得一手的情报源。

这为阿诺德在军法审判前的准备工作平添了一分新的紧迫感。他不能只使自己无罪开释，还必须在这场诉讼中赢得完全胜利。他作为叛徒的前景全系于此。

第十一章　垂死者之痛

1779 年 12 月，大陆军开始在新泽西的莫里斯顿宿营越 冬。三年前在特伦顿之役和普林斯顿之役取胜后，华盛顿也曾将此地作为大陆军的行动基地。莫里斯顿为沃楚恩群山（Watchung Mountains）与沼泽湿地所包围，事实证明，在可能到来的最糟糕的冬季里，莫里斯顿将是最佳的宿营地。

1778 年大陆军驻扎福吉谷的经历经常被视为美国革命中最为经典的一段求生故事，但事实上那年的冬天格外温暖，不可与 1780 年同日而语。1779 年 11 月下旬，一场暴风雪不期而至，地表积雪深达 9 英寸。很快，又有一场相同规模的暴雪于 12 月上旬来袭，而这只是序幕而已。从 12 月 28 日到 1 月 7 日的 10 天之内，又有三场暴风雪裹挟着狂风和低温接踵而至，连续袭击着北美东海岸。到 1 月的第 2 周里，地表的积雪已经达到了 4 英尺，有些雪堆的厚度甚至超过了 11 英尺。

1780 年 1 月后来成了美国东部气象记录里最冷的一个月。在费城，特拉华河于 12 月 21 日结冰，直到 3 月 4 日才解冻，封冻时间长达 75 天；纽约的冰封时间则达到了前所未闻的 5 周，英国人借此得以乘雪橇前往布鲁克林和斯塔滕岛。尽管华盛顿曾经指望利用冰桥发动一场袭击，但在这番气象条件下， 军队根本无法移动。

除此之外，华盛顿的军队也不在战斗状态。美军在莫里斯顿的约基谷（Jockey Hollow）搭建了1100多间木屋，那位无役不与的约瑟夫·普拉姆·马丁正好是宿营士兵的一员。这块盆地山丘环绕，森林茂盛，是通往莫里斯顿的咽喉要道。在这里，美军的8个旅都被指派了各自的"山丘"。来自康涅狄格的两个旅队被分到一处靠近效忠派人士彼得·肯布尔（Peter Kemble）宅邸的地点宿营，这里"被认为更加便利"。

根据马丁的回忆，1780年1月"冷得足以把人一劈两半"。连续四天降雪后，本已粮饷不济的军队更是失去了获取额外食物的途径。"这是饥饿的顶点，"马丁写道，"我们真的是忍饥挨饿；我可以认真地讲，整整四天四夜我都水米未进，只啃了一小块黑色桦树皮——如果那也能算食物的话。我看到一些士兵把旧鞋烤熟了吃……如果这还不是'受苦'的话，我觉得没有什么能当得上'受苦'这个名字了。"

由于英军沿哈德逊河北侵，本应在6月开庭的阿诺德军事法庭推迟了。直到华盛顿和大陆军进驻莫里斯顿新营地之后的12月23日，这场审讯终于在斯普林街（Spring Street）和沃特街（Water Street）交界拐角处的迪克旅馆（Dickerson's Tavern）重开。一个月以来，末日灾难般的恶劣天气使这场军法审讯不断延期、休庭，直至1月21日，庭审才走到了尾声，终于轮到阿诺德作总结辩词了。

在军旅生活中，军事法庭就像例行公事一样稀松平常。当一名军官的行为引起他人怀疑，军事法庭就将决定其到底是无罪开释，还是在诉讼不利于被告人的情况下背负遭受判决的耻辱。1月21日，阿诺德决定洗刷自己所背负的哪怕是最微小的指控，在迪克逊旅馆的那个冷冽冬日里，他满腔激愤地表现出了自己最为清高的一面。

　　阿诺德在开场白中描述了自己是如何"牺牲了一大笔可观的财富"为国效力的。"我在美国革命事业里的分量之特别，"他继续说，"早已为敌我双方所公认。在这场战争里，我已把我的时间、我的财产和我的人格献给了我的国家。"在宣读了包括华盛顿那封肩章之礼的附信在内的另外几份证言之后，阿诺德发问："在博得了一些小名声之后，在赢得了一些一言千金之人宝贵的夸赞之后，我怎么会做出那种明显与爱国者或军人身份不符的行为？" 258

　　的确，这正是阿诺德曾经的功绩，但现在的阿诺德也确实正在向英国人提供关键的军事情报，这一罪行比这场审讯中控告他的一切罪名都要黑暗得多，但这毫不妨碍他雄辩滔滔、满怀激情地展开自我辩护。阿诺德热情洋溢的辩词展现了一个男人全然的大无畏精神，足以令听者的心神为之激荡。

　　对于每一项指控，阿诺德都进行了令人信服的自辩，声称其根本不值一驳。然而，却有一项例外。在阿诺德刚刚担任费城军事长官的日子里，如果他曾经下令禁止别人购买货物，而他本人却为了一己私利囤积物资的话，他就确实犯下了罪行。"如果这项指控确有其事，"阿诺德坚称，"我在尊贵的法庭面前表示忏悔，我是最为可耻的人；我将因此耻辱而一辈子蒙羞：我滥用了手中重大而备受信任的职权，只为满足最为狭隘的廉价私利。我为保卫国家所流的鲜血也不足以洗刷这一污点。"与阿诺德已经做过且至今仍在筹划的事相比，费城购货这件事的严重性远为逊色，而他对这一小过错的严厉斥责使他的雄辩之姿几可与在萨拉托加摧毁敌营的豪勇相提并论。阿诺德不仅仅是在嘲弄他的军法官，他也嘲弄了上帝和神明，他像撒旦一样淋漓尽致地展现了一种无所畏惧的傲慢。

　　但阿诺德并未到此为止。他不仅坚称自己的清白无可指摘，还攻击了控告者的品行。阿诺德以里德之道还治里德之身，使用同样的影射和暗讽策略，援引了两年前约翰·卡德瓦拉德广为散播的关于里德的谣言。"当美国的事业陷入低谷时，"阿诺德宣称，"当我们杰出的统帅正在穿过新泽西向后退却时，我并没有卑鄙地向战友们提议抛弃统帅、投奔敌人，为了一己安全牺牲国家的事业。我可以保证，自己从未对统帅阳奉阴违，一边享受他阳光一般的恩泽，一边在背地里对他极尽轻蔑，百般诋毁。而'根据目前的指控与猜测'，某位宾州行政委员会的实权人物恐怕无法心安理得地发下同等的誓言。"

259

　　阿诺德暗示，里德曾在 1776 年的冬天筹划背叛。阿诺德涉险进入的伪善之境，只能以登峰造极来形容。正如莎士比亚笔下在暴风雨中的荒野里发怒的李尔王那样，阿诺德也是"所受之罪，甚于其罪"（more sinned against than sinning），他出于对自己的诚实近乎自欺欺人的信念，指控他的政敌以他自己即将犯下的罪行。

　　阿诺德的军事法庭合议庭由北卡罗来纳人罗伯特·豪领衔，亨利·诺克斯也在其中——正是他在福吉谷端举《圣经》、使阿诺德手按《圣经》宣誓效忠美利坚合众国。合议庭并没有使阿诺德彻底脱罪，但还是解除了几乎所有针对阿诺德的指控。对于向"魅力南希"号派发通行证的问题，合议庭认定，阿诺德"无权发证"。此外，尽管阿诺德对政府公有马车的私用严格说来并无不法之处，但合议庭还是将其裁定为"不正当和不谨慎之举"，判处阿诺德受严厉谴责一次。

　　对阿诺德的指控并未全数解除，这令他一如预期地暴怒不已。"一次严厉谴责,"他向希拉斯·迪恩抱怨,"谴责什么?"然而,这并未阻挡阿诺德请求迪恩将法庭的诉讼记录翻译成法语,这样就能在巴黎出版。阿诺德为自己的总结辩词自豪不已,他想要全世界都知道自己是如何令人信服地回答了那些批评者们。

与此同时,费城的公众舆论开始摆向阿诺德的一边。2月3日,那个在过去一年里像围捕猎物一样对阿诺德穷追不舍的宾州最高行政委员会发布了一份相当于撤回声明的官方公告:"我们认为对公众谈论的议题不闻不问并不适当。军事法庭的判决即将给阿诺德将军留下一份受谴责的记录,我们注意到了他对国家的尽职尽责,以及他为此承受的伤痛,这些都令我们深为感佩,这抹消了我们心中任何与此相反的情绪。因此,我们在此发出请求,希望大陆会议可以很愉快地解除这份将引发公众不满的判决,并最大程度地照顾这位英勇无惧军官的感受。"

在上一年里,阿诺德曾像避雷针一样承受了许多因大陆会议和宾州最高行政委员会之间的权力斗争而引发的愤怒和焦虑。在军事法庭的判决出炉时,这些怒火已基本平息了,连约瑟夫·里德似乎也已经承认这位萨拉托加的英雄因一个本质上只关乎州权的问题受到了不必要的伤害。但对阿诺德而言不幸的是,大陆会议并不愿接受宾州行政委员会的宽恕请求。

在审判结束后,阿诺德花了数月时间都在尝试与大陆会议达成协议,商讨如何补偿他远征魁北克之后在加拿大期间的个人花费。出于他一贯缺乏谨慎的性格,阿诺德对几乎所有参与这一过程的代表都作出了"心怀私怨且滥用个人影响"的指控,正如他在人生中多次做的那样,阿诺德又一次向那些决定

260

他未来命运的关键人物挑起了自我毁灭性的争吵。因此在阿诺德的判决送交大陆会议之后，代表们以压倒性多数投票批准了对他的严厉谴责。

3月，佩吉为阿诺德生下了一名男婴。此时阿诺德的家庭已更为壮大，他的妹妹汉娜和他前一段婚姻留下的幼子加入其中（长子和次子正在马里兰的学校上学），而家庭开销也随之高企，他比以往的任何时候都渴望金钱。阿诺德向新任法国大使德·拉·卢塞恩爵士（chevalier de la Luzeme）请求贷款，却遭到了轻蔑的拒绝，这迫使阿诺德将他的家庭挪出舒适的豪宅，搬到一座由佩吉父亲所有的小得多的房子里暂住。显然，阿诺德在婚前严重虚报了自己的总资产。

经济上的挫败又一次令阿诺德将视线转向海洋。3月，他给华盛顿写了好几封信，请求华盛顿同意他率领一支舰队，带上数百名大陆军士兵，从康涅狄格的新伦敦（New London）起航。我们难以确定阿诺德的这次远航的目的究竟什么。他是在计划劫持自己统率的舰船向英军投降，还是想最后拼一把，让自己重新成为美国海军的军官？不管阿诺德想干什么，华盛顿都坚称自己没有足够的兵力支撑这次远征，让阿诺德不得不打消了主意。

4月16日，华盛顿终于签署了那份延宕已久的谴责令。华盛顿认为，阿诺德给"魅力南希"号签发通行证的行为"无论从军方还是文官政府角度看，都尤为应当受到谴责"。而在"马车的问题"上，华盛顿重复了军事法庭判决的措辞，认为阿诺德所为是"不正当和不谨慎之举"。鉴于大陆会议已经决策批准了谴责令，华盛顿只不过是例行公事而已。不过华盛顿也做了一件分外之事：他给阿诺德写了一封附在谴责令后的私人信件。华盛顿写道：

> 纵使过错的阴影有损于我们所建殊勋的光泽，我们的职业仍是百业之中最为纯粹的。公众的欢心是如此的难以获取，以至于最微不足道的轻率之举都将夺走他们对我们的爱戴。我之所以签发谴责令，就是因为您忘记了，正因为您本人曾令我们的顽敌望而生畏，您在面对同胞们时的举止也应保持高度的审慎与节制。您最近展现的高贵品质，已使您位居我们最有价值的指挥官之列。在我的职权范围内，我将尽可能地助您重获在国内的名声。

毫无疑问，这是华盛顿发自肺腑的建议。但是，让阿诺德变得"审慎且节制"的建议未免忽视了阿诺德的秉性。华盛顿是史上最复杂、也最具自制力的人物之一，他有能力依据形势的需要节制自己的行为，但阿诺德却不能。

在审视这位极具争议的陆军少将时，华盛顿看走了眼，这也许是出于他的一厢情愿：此时的华盛顿比之前任何时候都更需要精力充沛的得力大将，而且这样的人才多多益善。华盛顿还有可能对阿诺德心怀一种喜爱甚至羡慕，这位将军常常在战场上展现出种种英雄气概，而如果华盛顿再年轻那么几岁且不必承担大陆军总司令的繁剧职责的话，他自己或许也能施展这些英雄壮举。无论如何，华盛顿许诺了将在自己的权限内为阿诺德赋予任何后者想要的职位，这对阿诺德而言是最大的好消息。4 月下旬，阿诺德便知道自己想要什么了：西点的指挥权。

去年夏天克林顿夺取了国王渡口周边的一系列工事。作为回应，华盛顿亲自督导了对国王渡口以北 11 英里处西点要塞的修缮与扩建。华盛顿将西点改造成了全美最庞大也是最为重要的要塞，而讽刺的是，华盛顿也由此创造了一个美国前所未有的重大破绽：这处军事据点是如此关键，以至于它一旦落入敌人之手，就将有可能意味着战争的结束。驻守西点的陆军少将手下掌控的这一整套防御工事体系不仅仅是北面哈德逊河和尚普兰湖的战略"锁钥"，也是控扼南面西点与英占纽约之间诸多小型美军据点的咽喉。而因为西点郊外的乡间住宅足以供阿诺德家人使用，当阿诺德向世人表露他真正的效忠对象时，佩吉和他们的新生儿就可以与阿诺德同在。对一名叛徒而言，西点是绝佳的驻防地。

我们无法确知阿诺德究竟是在何时萌生了举西点要塞投降英军的念头，但那一定是在阿诺德得知他未能得到海军指挥权之后。起初阿诺德向华盛顿请求暂离军队，但在 4 月中旬他又想要回来了。那个冬天的大部分时间里，菲利普·舒伊勒都待在费城，在这期间，阿诺德开始请求舒伊勒帮他争取到西点的指挥权。这时的舒伊勒已被任命为一个国会委员会的主席，受命与华盛顿商谈军队事务。4 月 28 日，舒伊勒带着对阿诺德的承诺来到莫里斯顿的司令部，他将在大陆军总司令面前为阿诺德美言。

5 月下旬，没有听到任何消息的阿诺德开始失去耐心。"从您抵达军营以来，我还无福从您那里听到只言片语，"他于 5 月 25 日写信给舒伊勒说，"因而也无从知晓，谁将统率北哈德逊河的军队。"最终，舒伊勒于 6 月 2 日提笔回复了阿诺德，为他带去了好消息。首先，华盛顿依旧赏识阿诺德。"他愿做一切令您乐于接受的事，"舒伊勒写道，"他不厌其烦地谈到了您的能力、您的价值和您的苦难，以及您对您的国家理所应当的诉求。他还暗示，一旦他的作战计划付诸实施，他就会在适当时机考虑您……如果西点的指挥权交付于您，那会是一种荣耀；如果战场上有一个师的兵力，那么您就要依照自身情况决定自己是否会因这一重任而感到疲劳。"这对阿诺德而言已经够了。在他看来，西点的指挥权已经是自己的了——至少他是这么和英国人说的。

5 月份，阿诺德恢复了同纽约英军的联络。不巧的是，现在约翰·安德烈和亨利·克林顿正在纽约以南 750 英里之外围攻查尔斯顿，克林顿已将纽约英军的指挥权交予了克尼普豪森。这位黑森籍将军对阿诺德重燃的叛国意愿颇感兴趣；事实上，克尼普豪森认为自己得到的消息是如此重要，以至于在克林顿回来之前，自己不能做出任何具体的承诺。前一年里，这种拖延可能足以使阿诺德愤而退出；现在，阿诺德似乎完全不缺乏等待的耐心。

6 月初，阿诺德离开费城前往康涅狄格，打算在那里处理一些私人事务，其中包括出售他在纽黑文的房子。但首先，他必须在莫里斯顿的司令部稍作停留。此时阿诺德已经使用了新的化名"摩尔先生"（Mr. Moore）与英国人联络。6 月 12 日，就在他准备离开莫里斯顿北行之时，阿诺德给克尼普豪森写了一封信说："摩尔先生预期将在他回去时得到西点的指挥权。"

尽管字里行间自信满满，但阿诺德此时一定已经清楚，华盛顿并不能够向他保证任何事情。

在大陆军总司令华盛顿看来，1780 年的暮春是战争中最

263

糟糕的几个月。冬天已经足够糟糕了，而进入 5 月大陆军已濒临崩溃。整个春天，大陆军士兵的口粮配给已难以果腹，到 5 月 21 日，军需供应彻底中断了。"士兵们现在的状况已不堪忍受，"约瑟夫·普拉姆·马丁写道，"他们无法继续坚持了。除了饿死或者解散队伍各自回家之外，他们看不到别的出路。这是个沉重的问题，大家都不敢设想。他们都是真正的爱国者；他们热爱自己的国家，也已经为美国的事业经受了死亡之外的一切苦痛；现在，历经了如此极端的艰困之后，放弃一切未免太过可惜，但就此饿死也未尝不是如此。究竟该怎么办？"

264　　这个国家除大陆军以外的其余部分并未忍受极度匮乏的折磨。在美国的大部分地区，北美人民都享受着战争刺激下的经济繁荣。这些公民也许享受着非凡的景气，但他们并不准备与艰难挣扎的美国政府和那支处境之难更甚于政府的大陆军分享自己的所得。无力增税的大陆会议曾经被迫依靠印发货币来满足战争开支的需求，但在滥发纸币五年之后，这些钞票几乎已一钱不值。在劝说各州征集所需税收以支援军队的尝试失败后，大陆会议已经没有多少选择。1780 年春天，一切都开始走向恐怖而悲惨的停滞。就在大陆会议为如何重组军需处的问题争执不休时，大陆军的普通士兵正在饥饿中死去。

　　绝望之中的华盛顿和约瑟夫·里德接触，希望能说动这位宾州最高行政当局主席设法帮帮他。"我向您保证，我军艰困危难的真实程度足以令您的所有设想都黯然失色，"华盛顿写道，"我军所有战斗序列和军事行动都已中止运作；除非我们能建立一套与一直以来的旧制截然不同的后勤制度并推广到全国各州，否则我们的军务就将立即陷入万劫不复的绝望境地。

我亲爱的先生，如果您能亲临现场，目睹我们面临的重重困难的话，您就能了解我们如何连最为普通的公职都无法履行；您也就能确信，信中的这些表述并无夸张，一切都令我们恐惧。其实，我几乎已经不抱希望。"

5月25日，莫里斯顿的大陆军士兵终于决定铤而走险。"这里的军队衣不蔽体，食不果腹，"马丁写道，"然而……他们的国家无动于衷，还指望这支军队在因极度饥饿而昏倒后再立下彪炳功勋……我们的忍耐已经达到了人类的极限，我们认为再忍下去是愚蠢的。"当晚，马丁所在旅（来自康涅狄格的两个旅之一）的士兵在检阅场久久逗留，"像狂犬一样吠叫"。休息号吹响之后，他们跑到另一个康涅狄格旅那里，吹响横笛、战鼓齐鸣，鼓励他们的新英格兰同袍加入他们。在所有劝服他们回营休息的努力都告失败之后，华盛顿的军官们意识到，自己正在面对的是一场哗变。

黄昏时分，临近康涅狄格旅营地的宾州士兵们接到命令，被部署在叛乱的新英格兰部队周围。尽管被称为大陆军（the Continental Army），但美军实际上只是一个由团和旅组成的大杂烩，这些部队优先效忠的对象并非是他们的国家（country）而是家乡各州。鉴于这个国家不同区域之间的社会和文化差异，来自新英格兰的士兵们都将中部各州的战友们视为异类。在纽约州白原驻扎的某个时刻，马丁和一些康涅狄格战友们发现自己正在和来自宾州的士兵们一同服役——"这两批人，"他写道，"在风俗和仪节上截然相反，就像光明和黑暗一样。所以我们之间并没有什么善意可言。"

然而就在那个晚上，就在莫里斯顿约基谷的检阅场，来自康涅狄格和宾夕法尼亚的两支军队却开始意识到，苦难将他们彼此联结到了一起。宾州士兵们在询问"扬基佬那里怎么了"之后，开始考虑加入哗变、而非镇压他们。"让我们加入他们，"马丁回忆自己听到宾州人如是说，"他们都是好战友，他们不打算在这里像傻子一样坐以待毙。"

在某个时刻，一名来自宾州的军官直接向康涅狄格士兵们讲话。包括军官在内，他们全军都在挨饿。"在上个冬天，你们康州士兵已经用坚忍、耐心和英勇为自己赢得了不朽的荣誉，"他向士兵们保证，"现在你们却竞相摆脱这项荣誉。"最终，这位军官成功劝服士兵们重返营房，食物也开始滚滚而来。"我们的骚动最终对我们带来了好处，"马丁写道，"我们后来直接获得了军粮。有那么一段时间，我们没有足够的理由抱怨了。"

康涅狄格两旅团哗变数天后，华盛顿承认："（这场骚动）给我造成的担忧超过了迄今为止的所有事情。我将此事作为重中之重，因为我知道，此时此刻我们根本没有任何办法为军队发饷，除了动用大陆议会的纸币；但发饷需要动用的金额过于庞大……更何况滥发这些纸币将造成贬值。我将动用职权范围内所有可能的手段……维护秩序，并更好地为公众利益服务；但在日积月累的压力和随处可见的种种窘境之下，我们的工作将陷入极端困难之中。"

康涅狄格哗变的五天之后，华盛顿收到了坏消息：大陆军遭到了独立战争中最令人震惊的一场挫败，查尔斯顿落入了英军之手。本杰明·林肯没有在机会尚存时放弃城市，他接受本地公民们的请愿推迟了撤退。结果，他和几乎全部5500名士兵都成了战俘。第二天也就是5月31日，华盛顿向来自弗吉尼亚的一名律师、在大陆会议中工作的约瑟夫·琼斯（Joseph

Jones）承认，他担心"我们的事业已经失败了"。

一个曾以惊人的决心和意志发动革命的国家，现在却丧失了斗志。随着大陆军孤零零地凋零、覆灭，这个新生的国家将很快瓦解为一群争吵不休的主权邦，或者如华盛顿向琼斯说的那样，"我看到一个头脑逐渐分成了十三个"。

一切问题归根结底都在于钱。因为不愿被大不列颠强行征税，北美人民发动了一场革命；而现在，他们却将因为不愿为一支军队支付粮饷而毁弃自己在《独立宣言》许下的庄严承诺。

25 岁的陆军中尉埃比尼泽·亨廷顿（Ebenezer Huntington）来自阿诺德的出生地，康涅狄格的诺维奇。战争开始时，他也曾满怀理想主义和爱国自豪感。但现在，用他自己的话说，埃比尼泽已经"羞于"以一名美国人自居。他在给康涅狄格家中兄弟的信中写道：

> 肆虐于这个国家的卑鄙愚行简直难以名状……。你们为何要容忍敌军在这块大陆上立足呢？你们本可以阻止这一情况发生。将你的同胞派往战场，相信自己是美国人，不必迷信法国人将解救你的鬼话，为自己而战……对于一名军人而言，这些想法都是虑之过深了。如果你不相信自己是自由的，你便不配成为自由人（freemen），……我厌恶我的同胞们。我希望对外宣称自己并非出生在美国……大陆军在这个国度受到的侮辱和轻慢简直无法形容。不能再这样下去了。他们已经忍无可忍。我满怀冲动写下这些；事实上我已经几乎无法免于这种冲动了。我衣衫褴褛……今天我只吃了一块没放盐的牛肉；自去年 12 月以来，我

267

就再没领过军饷。战友们（在给家乡的信里）怨声连连，将一切都归罪于我们怯懦的同胞——在我们最需要他们的帮助时，他们却捂紧了自己的钱包。他们宁可让全世界完蛋，也不愿分给他们的军队一美元。

本尼迪克特·阿诺德对此极表赞同。在他和英国人的一次通信中，他将美国的艰难现状比喻为"垂死者之痛，剧烈，但不会持久"。晚年的阿诺德坚称，自己之所以叛国投敌，是因为他开始相信"我们的事业无望了；我认为我们永远无法成功，我这么做是为了防止更多的流血"。阿诺德并无资格用利他主义来包装他的行为，但正如埃比尼泽·亨廷顿所明言的那样，阿诺德绝非是唯一一个对革命事业感到幻灭的大陆军军官。

在去康涅狄格的路上，阿诺德决定先于西点稍作停留。阿诺德向英国人坦承自己从未见过如此之美的地方。除了取悦女性的场合之外，阿诺德并非是那种沉溺于诗性激情的人。但就连阿诺德这种不露声色气质的人，也为这一段哈德逊河的慑人美景所触动。哈德逊河绝不仅仅是一条水道而已，它曾被誉为"穿山之河"（River of Mountains），是这块大陆的一条裂口。10亿年前，火成岩和变质岩铸就了哈德逊高地（Hundson Highlands）的原型——一条从斯托尼岬向北延伸、直抵上游11英里之多，并将西点包括在内的山脊。距今100万年前，一座冰川切开了一条既深且宽的河道——哪怕它位处山脊之顶。直到14万到18万年前冰川消退，哈德逊河的主要地形结构就此形成。

哈德逊河以其壮丽与悠长令美国东部其他所有河流都黯然
失色。哈德逊河流域广达 13000 平方英里，流经纽约、新泽 268
西、康涅狄格、马萨诸塞和佛蒙特等州。这条河仅凭其巨大的
径流量（春天时高达每秒 40 万加仑①）就在新泽西沿岸制造
了一股远及 150 英里的洋流。但既然哈德逊河可以对周遭的海
洋有所作用，那么海洋本身也会对哈德逊河带来难以平息的影
响。从纽约港到特洛伊（Troy），总长 315 英里的哈德逊河几乎
有一半的河道都受潮汐作用，这意味着它在退潮时顺势南下，
在涨潮时逆势北上。河流充盈的峡谷点缀于哈德逊高地的万山
之间，古老未知的力量在这个地方进行着一场亘古不变的拉锯
战。而在西点，华盛顿和他的工兵们修筑了一座规模逼人的要
塞，足以与这处堪称"帝国之门"的要道相匹配。

西点位于哈德逊河的 S 形弯曲处，环绕在周围的崎岖高地
给修筑防御工事、保卫河流提供了天然便利，却也造就了一种
特别的挑战。河流两侧的两处要塞——东面"宪法岛"
（Constitution Island）上的一系列堡垒和西面的"阿诺德堡"
（Fort Arnold，这名字恰如其分）——控制着这条河流。但是，
它们都被自身后方的制高点控制着。这就要求美军修筑一系列
连锁的防御工事，复杂的防御体系像拼图一样嵌入了周围的山
峰。英军曾经将大炮设法运上了那看似不可到达的山丘顶部，
从而在一天之内就拿下了泰孔德罗加堡。一念及此，华盛顿就
坚持让工兵们遍筑堡垒，不给英军任何可乘之机。在哈德逊河
西岸控扼阿诺德堡的普特南堡（Fort Putnam），华盛顿下令修
筑了 6 座额外的堡垒。其中最高的一座位处岩石山（Rocky

___

① 1 加仑约合 3.79 升。

Hill）顶（就是所谓的 4 号堡垒），下临哈德逊河，高达惊人的 800 英尺。

似乎是觉得这种宛如阿那萨吉遗迹（Anasazi）① 一般的堡垒群犹嫌不足，美国人还在哈德逊河 S 形弯曲部的最南端修筑了一根长达 500 码、横跨两岸的锁链。这根锁链由 1200 条粗达 2.25 英寸的铁条紧密结成，重达 65 吨，并由一系列木筏撑持着。由于周遭的群山足以将一阵狂风驯服得如猫爪般无力，这一水域本就对帆船航行大为不利，更不用说碰到这种航行中的拦路虎了。这根铁索水障兼具象征与实际效果，它横卧河中，向敌人发出了明确无误的信号：你们必须停在这里。

但是，阿诺德那冷酷干练的双眼很快便看出，西点也有它的漏洞。6 月 16 日，罗伯特·豪（他曾经是审判阿诺德的军事法庭庭长）带着阿诺德将西点的防御工事巡视了一遍。之后，阿诺德向英国人递交了一份报告，（为防这封信落入他人之手）以一名美军军官的口吻记载了他的所见所闻。华盛顿用短短九个月时间将西点打造得坚不可摧，但阿诺德却将其描述为一座充满重大破绽的要塞。阿诺德表示，他"对堡垒和守军都颇为失望。这里只有 1500 名士兵，尚且不到应有守军的一半"。此外，4 号堡垒有一处关键弱点。"我听说，英国人可以在下游 3 英里处登陆，那里有一条好路能让他们把重炮运上岩石山。届时这座只有 7 英尺或 10 英尺高的堡垒将可悲地沦陷，一小群士兵就足以拿下它。"阿诺德对横跨哈德逊河的铁链也无甚信心。"我相信，横卧河中的锚链或铁索并不可靠。借着强风和潮汐，

---

① 古代印第安部族名，即古普韦布洛人，曾在北美西南部留下极为复杂的岩窟建筑群，后神秘消失。

只要一艘满载的大船就能冲破这些铁索。"

三年前，就在伯戈因即将遭逢萨拉托加之败时，亨利·克林顿曾经成功拿下了克林顿堡（Fort Clinton）。这座堡垒位处斯托尼岬和西点之间的哈德逊河西岸，克林顿轻而易举攻克了它，以敷衍的心态减轻了北面伯戈因的压力。得知伯戈因战败后，克林顿率军撤回了纽约，他也借此获得了在哈德逊高地作战的宝贵经验——阿诺德描述的攻击计划与克林顿一度用以攻打克林顿堡的那一套颇为相似。

但是，英国人若要抓住这一良机，必先完成两件事：克林顿需要从查尔斯顿返回，阿诺德也得先使自己得到西点指挥官的任命。

在实施他期盼已久的哈德逊河兵变之前，阿诺德先后去了哈特福德（Hartford）和纽黑文，尝试将他的股份变现。佩吉本人则继续持有他们婚约里的费城部分股份。来自纽约州的罗伯特·利文斯顿（Robert Livingston）是一名有影响力的大陆会议代表，一封出于利文斯顿之手的信件将足以劝说华盛顿把西点的指挥权交给阿诺德。

所有史料都记载，佩吉在男性眼中魅力非凡。一年之后，当佩吉和阿诺德已经移居伦敦时，一名见多识广的英军军官将佩吉形容为"英格兰最漂亮的女人"。1780年，就在阿诺德前往西点和康涅狄格的那几周里，佩吉在大陆会议代表利文斯顿那里耗费了太多精力以至于在阿诺德的妹妹汉娜看来逾越了妻子的本分。在一封给阿诺德的信里，汉娜报告说，在阿诺德不在的几周时间里，佩吉和利文斯顿"经常幽会……并无数次互送情书"。汉娜表示，对阿诺德的妻子而言，利文斯顿是

"一名危险的同伴"。

佩吉并没有对丈夫不忠；她只是在做自己必须做的事，也就是保证利文斯顿写信支持她的丈夫。6月22日，利文斯顿给华盛顿去了一封信，他信中作出了一个可疑的论断，主张纽约州的安全有赖于西点指挥官的更迭，而阿诺德正是那位足以守卫这座缺兵少将的堡垒的军官。利文斯顿突然对一处并未受到敌人直接威胁的阵地大感兴趣，这显然令华盛顿大为困惑，他在一周以后的回信里坚持说："我现在毫不担心西点的阵地会有危险。"华盛顿礼貌地回应，他目前还没有任何理由换下西点的现任指挥官罗伯特·豪。现在，随着克林顿从查尔斯顿返回，华盛顿需要担忧更重要的事情。

查尔斯顿的胜利给了克林顿希望，让他认为北美的胜利已是他掌心之物。他不再有辞职的念头了。在和安德烈于6月初返航纽约之后，克林顿制定了在美军有机会离开莫里斯顿之前袭击华盛顿疲敝之师的军事计划。不幸的是，就在克林顿率军从南方北返之前，克尼普豪森将军已经对美国人发动了一场袭击。据安德烈报告，新泽西民兵展现了令克尼普豪森始料未及的惊人力量，克尼普豪森手下的伤亡人数比克林顿围攻查尔斯顿期间的伤亡总人数还要多。

271   但克林顿很快发现，一个更为诱人的机会已经呈现在他眼前。又一次，阿诺德有兴趣为英军效劳。这一回，他手中有了一张具体的筹码：西点的要塞。但这还不是全部。罗尚博伯爵（Comete de Rochambeau）已经取代了德斯坦的职位，率领着4000名士兵和一支战舰组成的舰队开往北美。这支舰队由查理-亨利-路易·达尔萨克·德·特尔奈（Charles-Henri-

Louis d'Arsac de Ternay）统率。阿诺德在最近一次通信中向英国人报告说，法国舰队将直指纽波特。如果克林顿可以在纳拉甘希特湾（Narragansett Bay）布下陷阱对付新来的法军的话，他也许就能赢得这几个月以来的第二场辉煌胜利。

但是，克林顿首先得确认这些情报确实是阿诺德本人向英军提供的。安德烈派出的几位间谍都报告说，正如阿诺德在一次通信中声称的那样，他正在旅行穿越康涅狄格。这让克林顿认定阿诺德提供的情报可信，他集结了一支由 6000 名英军士兵组成的军队，准备对纽波特发动袭击。

拉法耶特于 5 月 10 日抵达莫里斯顿，第一个为华盛顿带去了罗尚博即将率舰抵达的消息。"我已抵达这里，我亲爱的将军，"重返美洲之后的拉法耶特满怀欣悦地给华盛顿写了第一封信，"我处于愉悦之中，自感我已经重新成为您所关爱的一名士兵。"在那之后发生了康涅狄格团的哗变和查尔斯顿的失守，但在 6 月中旬，美法联合攻打纽约的梦想在华盛顿心中重燃。

然而，华盛顿的乐观又一次落空了。抵达纽波特之后的罗尚博坚称，他的军队在长途跋涉横穿大西洋之后需要时间休整；正如他的前任德斯坦一样，法国海军上将特尔奈也对率领舰队涉险进攻纽约颇为犹豫——特别是考虑到当来自不列颠本土的增援到达后，英国人将获得明显的制海权。雪上加霜的是，罗尚博并没有带来他所承诺的军服和装备，而这正是近乎衣不蔽体的美军急需之物。到了 7 月中旬华盛顿得悉，克林顿正在率军进击纽波特。

华盛顿的回应也许尽是恐惧乃至恐慌。他自己的军队正驻扎在哈德逊河西岸，食不果腹，缺少武器；罗得岛的法国人即

272 将遭受攻击，而他对此却无计可施。在夏季结束之前，战争也许就结束了。华盛顿无法将他麾下的军队开往纽波特，但如果他攻打纽约的英国守军呢？由于英军分兵攻打纽波特，纽约城内的敌军现在减少到了 6000 人（华盛顿误认为这个数字接近 8000 人）。若能得到民兵的支援，华盛顿就将从国王渡口渡过哈德逊河，挥军向南对纽约发动一场攻击。纵使他不能成功拿下这座城市，他也将攻其必救，迫使克林顿放弃进攻纽波特法军的计划。

　　如果华盛顿对纽约的袭击有任何成功希望的话，他就需要干练的指挥官。纳撒尼尔·格林将指挥这支军队的右翼。但是左翼呢？纵使舒伊勒、利文斯顿（不用提阿诺德本人了）都力主让阿诺德出任西点指挥官，但华盛顿对这位萨拉托加的英雄有着更高的期望。

　　时间来到 7 月末，阿诺德已将所有赌注都押到了西点的赌局之上。阿诺德知无不言，这令亨利·克林顿对此主意极表热情。不幸的是，旅途之中的阿诺德与英军的联系颇为困难，他与纽约互通音信的唯一途径便是通过费城的约瑟夫·斯坦斯伯里。佩吉早已成为阿诺德和安德烈之间传递消息的管道，而在得知阿诺德行踪不定时，佩吉往往只能先将消息按住数周，由此造成的延迟有时几乎长达一整月，令阿诺德十分苦恼，而华盛顿的行踪也同样难以确定。7 月末，英国人和美军司令都没给阿诺德留下一句准话，但这并未阻止阿诺德大步推进他的计划。阿诺德早已认定，他将取代罗伯特·豪成为西点指挥官，而英国人也将从自己利益出发，根据阿诺德的后续贡献给予他一笔丰厚的回报。

　　阿诺德在费城稍作停留时告知大陆会议，自己即将重返军队、履行职务，因此需要预支一笔 25000 元大陆币的费用（令人惊讶的是，大陆会议足额支付了），然后离开费城，前往纽约州哈德逊河西岸的卡基亚特（Kakiat）。如果一切按计划顺利进行的话，佩吉和他们的婴儿很快就将一同前来，和阿诺德在西点要塞附近的新居团聚。 273

7月31日，阿诺德和华盛顿在一座可以俯瞰哈德逊河的高地会面，此时华盛顿的军队正在他们眼皮底下渡河前往威尔普朗克岬。这位大陆军总司令满脑子里想的都是他袭击纽约的准备工作。这天他给罗尚博写信说："我能向您提供帮助的唯一做法就是出兵威胁纽约，甚至是袭击纽约——如果那里剩下的英军兵力不出我预计范围的话。我正在调动力量，敦促我军全速行进，以期实现此目标。"在给此时在华盛顿和法军统帅之间担任信使的拉法耶特的信中，他写道："我忙得团团转，手头上有一大堆事务需要安排、准备。"

也许华盛顿此时无心分神，但在看到阿诺德的腿终于恢复到足以骑马时，他无疑欣慰不已。华盛顿后来回忆，阿诺德询问他"是不是曾想给我安排什么活计"。而这位美军统帅为阿诺德带去了一个他自认为绝好的消息。华盛顿不愿让阿诺德到西点屈才，而是派他在进攻纽约时统领大陆军的左翼部队——华盛顿称这个职位为"荣耀之职"（post of honor）。

阿诺德以一种完全出乎意料的方式回应了华盛顿。"听到这个消息后，"华盛顿回忆道，"他面色大变，显得颇为痛苦；对于这一任命，他既未感谢，也未表示任何愉悦之情，他甚至张不开嘴。"华盛顿后来承认"在阿诺德的背叛大白于世之前，我曾对阿诺德有着极大好感"。阿诺德的异常反应没有引起总司令的任何怀疑。不仅如此，这似乎还唤起了华盛顿的真诚关切。对于当天哈德逊河的华盛顿而言，阿诺德看起来只是一位信心不足的伤者，还没准备好好把握这个他给予的绝佳机会。对于阿诺德的动机，华盛顿没有丝毫猜疑这不由得令我们好奇，就在阿诺德最为敬重的那个人建议他花时间考虑清楚时，阿诺德是不是至少有那么一丝羞愧之意。"我请求他接下来去我的军营，"华盛顿回忆说，"在那里恢复振作一下。我将很快再到那里和他会面。"

阿诺德照着总司令的建议做了。在司令部，阿诺德把华盛顿信任的副官滕奇·蒂尔曼（Tench Tilghman）叫到一旁，向他表示了对自己即将指挥大陆军左翼一事的"强烈惶恐"。阿诺德宣称，"他的腿……不允许他长时间坐在马背上；他还暗示，他对掌管西点有着强烈的渴望"。

最终华盛顿抵达了司令部，蒂尔曼报告了他和阿诺德的谈话内容。"我对此不置一词，"华盛顿回忆道，"但是，（阿诺德）的行为触动了我，既古怪又莫名其妙。"华盛顿显然下了决心：为了阿诺德和大陆军的共同利益，阿诺德理应先把他的疑虑放在一边，接过左翼军指挥官的职务。尽管阿诺德的大腿在魁北克受了膝盖以下的伤、在萨拉托加又受了膝盖以上的伤，他仍然是华盛顿手下最优秀的将军之一。在 8 月 1 日华盛顿发布的总命令中，阿诺德位列左翼军司令。

数天以后，在 130 英里以南的费城，刚刚在财务官罗伯特·莫里斯家中用过餐的佩吉·阿诺德接到了一个消息。从华盛顿大陆军那里赶来的一名客人告诉佩吉，她的丈夫将不会成为西点的指挥官，而是"另有任用，担任一个全然不同但是更具荣誉的指挥官职位"。

与哈德逊河河岸边的阿诺德颇为相似的是，大出所料的佩吉一时对此反应不及。一份史料记载，"这个消息对她打击甚大，使她歇斯底里了一番"。此时，阿诺德副官大卫·弗兰克斯已经逐渐适应了佩吉"身体不适导致的突然发作，通常还伴有神经质的衰弱。发病时，她还会念念有词，以各种语言将脑中念及的一切事情都吐露而出"。多年以后，佩吉向她父亲描述这些情感宣泄时说："我脑中有一团乱麻。我敢说，这感觉酷似一位酩酊大醉的人。"用弗兰克斯的话说，为了防止佩吉出状况，阿诺德的家人和随员们"和她说话时颇多顾忌，有她在场时也谨言慎言"。

然而，莫里斯宅邸里的交谈内容却超出了弗兰克斯的掌控，所有安慰佩吉的尝试都"无济于事"。佩吉和阿诺德已结婚 16 个月，还生了一个孩子。她本已和焦躁的丈夫一同经历了一系列艰苦的谈判，他们的经济福利似乎已经愈来愈仰赖于谈判成果。现在的佩吉正濒临崩溃边缘。

*

但佩吉无须担忧。克林顿最终没能令他的英军同僚、海军上将马里奥特·阿布特诺特（Mariot Arbuthnot）相信远征纽波特的作战计划值得兴师动众。当克林顿意识到自己将无法得到必需的海上支援时，他叫停了这次行动。克林顿和安德烈刚刚驾船到达长岛的亨廷顿（Huntington），就迅速带着 6000 名士兵返回了纽约。当华盛顿得悉英军撤回纽约后，他也叫停了计划中的那场进攻。

华盛顿在 8 月 3 日发布的总命令中有一句附言："陆军少将阿诺德将负责指挥西点的守军。"

第十二章 突变

阿诺德抵达了他在哈德逊河东岸的指挥部。这里是今天纽
约州的加里森（Garrison），位处西点下游 1 英里多的地方。此
时，阿诺德左腿的伤情已经好转了许多，在一只特制红色高跟
鞋的帮助下，他已经可以丢掉手杖行动了，但还不能行走太
远。幸运的是，根据阿诺德写给西点前任指挥官罗伯特·豪将
军的信件描述，河边的新居对一名"无行动能力者"而言是
绝佳之地。这栋房子位处陡峭的河岸之上，为两座树木葱郁的
高耸山峰夹峙，最初由效忠派人士贝弗利·罗宾逊（Beverly
Robinson）修建。它有着俯瞰哈德逊河的绝佳视角，还有自己
的码头。阿诺德只需骑行一小段距离就能抵达河边，然后迈着
沉重的脚步登上正在待命的驳船。这艘驳船有八名桨手，并由
一位舵手掌舵。

一坐上船，阿诺德就可以享受自萨拉托加受伤以来从未有
过的舒适与便利。轻舟划过波光粼粼的哈德逊河水面，两侧都
是绿树覆盖的山峰，现在的阿诺德得以在哈德逊河的上下游快
速穿梭，尤其是在顺流航行的时候。阿诺德主要负责位置稍北
的西点要塞，但他也要负责一系列岸边小堡垒的防务，这些小
得多的堡垒一字排开，向南延伸 30 英里以上，直至哈德逊河
东岸的多布斯渡口（Dobbs Ferry）。

阿诺德可以轻而易举地在美国控制的哈德逊河河段内航行，

278　但他暂时还没有可靠的渠道以和英占纽约之间收发信息。这意味着，纵使阿诺德现在已经是西点的指挥官，他也无法确知亨利·克林顿是否接受了他献出要塞的投降条件。8月的头几周里，所有迹象都显示阿诺德正在孤独中举棋不定。佩吉正在费城，阿诺德无人可以信赖，这就意味着他无时无刻都要保持警惕。除了几名随从，阿诺德还有两名副官，他们是曾在费城辅佐他的大卫·弗兰克斯和年轻的纽约人理查德·瓦里克，他曾鼓动阿诺德在萨拉托加和霍雷肖·盖茨对着干。弗兰克斯曾在费城容忍了阿诺德的可疑行径，但瓦里克对此的态度就远没有那么放纵了。

此时的阿诺德正处于人生中极端复杂的关键节点，他与英国人的秘密通信需要私密空间，但这在拥挤不堪的罗宾逊宅邸内几乎无处可寻。囿于空间不足，瓦里克被迫睡在阿诺德的办公室里，这位好管闲事的副手几乎总是待在阿诺德近旁。当瓦里克抵达阿诺德的指挥部时，这位将军已经聚集了一大批政府货物，并将它们保管在一个紧锁的房间里。阿诺德认为大陆会议仍然欠他一笔钱，因此对把这些军需品私自变卖为现金感到心安理得。然而，瓦里克则将这一种行径视为是对政府信任的背叛，并不止一次出面干预了阿诺德私卖军需品的行动。但对阿诺德而言，瓦里克最烦人的地方还是在于他干扰了自己建立与纽约之间通讯管道的图谋。

根据华盛顿的军令，阿诺德坐镇西点的一大职责便是"收集一切关于敌军动向的情报"，这对一名叛徒而言简直是量身定做的大好机会。如果阿诺德能弄清华盛顿等美军军官在纽约安插的间谍身份的话，他就能为英国人提供这一极为关键的情报。但是，当阿诺德向罗伯特·豪和拉法耶特将军询问他们在纽约的联络人时，两人都拒绝向他透露联络人的身份，他们的理由也合情合理，毕竟知晓间谍身份的人越少越好是谍报战的一大原则。阿诺德大胆地向那些发誓绝不泄露线人身份的军官询问间谍的名字，便只是在用他那标志性的鲁莽和粗暴的方式盘问自己无权知晓的信息。阿诺德必须建立他自己的间谍网，而这一工作本身就给了他一个绝佳机会，掩盖他与纽约的安德烈·克林顿建立联络的真实企图。

279

约书亚·赫特·史密斯（Joshua Hett Smith）是罗伯特·豪给阿诺德提供的一位联络人。史密斯是一名政治立场并不明确的 31 岁律师，他的哥哥威廉则已经站到了英国人一边，正出任纽约的大法官。在城内一批亲友的帮助下，小史密斯显然已在某些方面为阿诺德的前任出了大力。小史密斯还住在哈德逊河西岸一栋位置紧要的房子里，这里是斯托尼岬和威尔普朗克岬之间东西向的咽喉要道，北距国王渡口仅两英里，大体上位居西点到多布斯渡口的中点位置。小史密斯极为崇拜这位萨拉托加的英雄（他说"我愿为这位绅士尽职尽责，因为我尊崇他的人格"），而随后几周内的事态发展证明，小史密斯也许就是阿诺德需要的那个人。不幸的是，阿诺德的副官理查德·瓦里克却越来越强烈地反对阿诺德和小史密斯之间的接触，他坚持质疑小史密斯的"道德和政治人格"。更有甚者，瓦里克和弗兰克斯很快就成了密友，阿诺德也一定听到过他的两位副官在他背后窃窃私语，出言不逊。

进入 8 月的第三周，阿诺德开始感受到积累在自己肩头的重压。尽管阿诺德在官方通信里极力渲染了一番自己忠于职守捍卫哈德逊河的形象，但和阿诺德共事的人不久就发现，阿诺德的心不在焉简直到了不可理喻的地步。据负责西点炮兵的塞巴斯蒂安·鲍曼（Sebastian Bauman）说，阿诺德"就西点的地形优势和最薄弱环节都做了一番调查之后，对这里的认知依旧是少得可怜。对我而言，似乎在阿诺德掌管西点的那一刻起，他就不知所措。我敢向您保证这一点"。正如经常在面对工作压力时出现的那样，阿诺德的那条好腿也开始因痛风而作痛，这迫使他削减了每天督导西点的时间。在给妹妹汉娜的信里，阿诺德极尽专横刻薄之能事，以至于汉娜将他形容为"乖戾性格的集大成者"。

终于，阿诺德在8月24日收到了佩吉从费城寄来的一包信件，其中就有他翘首以盼的安德烈来信。这位英军谍报长官愉快地告诉阿诺德，克林顿已经同意了他的投降条款，特别是如果阿诺德能保证在西点陷落同时也俘虏3000名美军士兵的话。阿诺德起初的设想是减少要塞的防守兵力，但现在他改变了主意，着手筹划另一个一箭双雕的计划：尽可能少地完成要塞外部建筑所需的修缮和改进工作，同时保证在英军进攻当天有足够多的美军士兵部署在要塞之中或周边。

9月初，阿诺德得悉美军在南方又吃了一次大败仗。丢掉查尔斯顿以后，大陆会议决定任命霍雷肖·盖茨为新任南方军司令。对于已经因为协同"康威阴谋"而名声受损的盖茨本人而言，这可是一个取得像他在萨拉托加一度据为己有的胜利，从而证明自己的良机。

8月16日在南卡罗来纳的坎登（Camden），盖茨经受了独立战争中美军最血腥、最耻辱的一场大败，900名美军士兵伤亡，1000人被俘，难掩恐慌的盖茨骑马狂奔180英里之后才停止了奔逃。

阿诺德几乎毫不掩饰自己对这件事的情绪。"这对那位英雄来说真是不幸的遭遇，"他写信给纳撒尼尔·格林说，"也许会给他的名誉带来不可磨灭的污点和耻辱。也许去翻旧账评断他的人格是不对的，但我还是忍不住说，他这一次的行为绝没有超出我在大多数情况下对他的预料或期望值。"

盖茨在坎登的惨败和本杰明·林肯在查尔斯顿同样惊人的大败都给了阿诺德满足感：迄今为止，他在萨拉托加的两位上级军官终于被证明，没有阿诺德他们是无法取胜的。拜林肯和盖茨所赐，美国的战事前景从未如此黯淡，阿诺德也将好整以暇地最大限度从中逐利。

阿诺德从未找到一个向纽约寄信的可靠途径。但在 9 月初，阿诺德说服了某位麦卡锡夫人（Mrs. McCarthy）代他向那座城市传递密信，并最终设法交到安德烈手中。此时，这位英军谍报长官已被任命为克林顿的副官长。对于一名年仅 30 岁的军官来说，这是一个惊人的晋升。在一封寄给英格兰家人的信里安德烈承认："回顾这次骤然高升时，我很难不觉得头晕目眩。"通常而言英军中的副官长是中校军衔，但是安德烈最近才被提名为少校——安德烈是如此年轻而又缺少人脉，这次晋升因此在伦敦的将校之间引发了不少牢骚。对于安德烈而言，拿下西点的成功将向全世界证明自己配得上克林顿迄今为止给予他的一切信任，也将使他摆脱类似阿诺德那样的个人财政窘境。

此前一年德斯坦的舰队攻占了英属加勒比的格拉纳达（Grenada）岛，这是他在北美取得的少数胜利之一，而英国在当地的产业也是安德烈家庭收入的一大来源。作为结果，安德

281

烈的"生活方式"有了剧烈的变化,他"所有的美梦都破灭了"。但如果他能在拿下西点的行动中发挥不可或缺的作用,那么他也能获得王室的垂青,从而在未来衣食无忧。

作为一名学者和绅士,安德烈有着文雅的举止和仪态,但他文雅的外表之下隐藏着一颗也许是比阿诺德还要残忍冷酷的野心。过去一年里,安德烈以克林顿关键左右手的身份而闻名。但在此之前,安德烈曾积极参与过这场战争中两次最为骇人听闻的屠杀。1777 年 9 月 20 日夜间,他曾经和绰号"无燧石"(No Flint)的查尔斯·格雷将军一起出现在宾夕法尼亚的泡利。当晚,英军的突袭令安东尼·韦恩统率的美军猝不及防。用安德烈褒扬的语气说,英军"端着刺刀,抓住了所有敌人;我们追上了逃兵的大部队,刺倒了无数人;我们还用刺刀指着他们的臀部,直到局面稳妥时才命令他们停下来"。"这是最为血腥的一次行动,"他向自己的母亲夸耀道,"以及,我相信这将极大地震慑到他们。"

一年之后在新泽西的老塔潘(Old Tappan),格雷和安德烈再一次打了弗吉尼亚人乔治·拜勒(George Baylor)一个措手不及,当时他统率的美军龙骑兵正在几座谷仓里睡觉。正如后来的考古证据所确认的,许多死者都是上身中刀——这显示,他们最有可能是在屈膝求饶时遭到了英军的杀戮。就连当地的效忠派也为这场屠杀所震骇。用纽约法官托马斯·琼斯(Thomas Jones)的话说,拜勒手下士兵遇屠一事"与一名英国将军的荣耀或是尊严均不匹配,也是对军人名誉的污辱。"从此后几周的事情来看,我们或许很容易将安德烈描绘为阿诺德两面三刀密谋的不知情受害者,但从许多更基本的方面来看,安德烈和阿诺德可谓一丘之貉。

　　阿诺德在给安德烈的信中建议他伪装为一位名叫"约翰·安德森"（John Anderson）、因情报工作需要与阿诺德结识的纽约人。在这个假身份的掩护下，安德烈将向一座美军据点汇报情报——除了哈德逊河沿岸的要塞，美军还有一系列前哨据点分布于"中立地带"北缘、哈德逊河东岸的韦斯特切斯特县——安德烈和阿诺德便可以在此安排一场会面。为了准备这场会面，阿诺德已经给这些据点的美军指挥官写信，告诉他们准备迎接一个名叫约翰·安德森的人从纽约来访，并在这位线人抵达时向阿诺德通报。

　　尽管这个计划对于阿诺德而言显得颇为简单直接，但却给安德烈埋下了巨大风险。战争初期安德烈曾经有一年多时间做了美军的战俘，大部分时间他都被关押在宾夕法尼亚的卡莱尔。被俘期间安德烈认识了不少美军军官，直到在一次战俘交换中重获自由。同样，也有大批美军军官在纽约做战俘时认识了安德烈。如果安德烈在美军战区内被认出并遭到逮捕，他十有八九将会以间谍罪遭到处决。因此，克林顿拒绝让他所信任的副官乔装打扮，涉险穿越美军防线。如果安德烈要和阿诺德会面的话，他只能穿上英军军服前往。

　　从军人身着的军服来辨识其效忠对象是一项古老的战争传统。打出白旗宣告休战则是另外一项——通常用一面旗子就够了。在这面旗子的保护之下，一名身着军服的敌方军人将免受攻击，并获得和一名对方代表讲话的机会。通常而言，休战旗是用于交涉投降事宜的，但它也提供了商谈更私人事务的机会。比如，萨拉托加战役后，有一名英军军官曾受了重伤并被美军俘房，他的妻子便得到许可，举着休战旗穿越美军防线和丈夫相聚。

休战旗并不能被用来制造对敌军的军事优势，但是，对休战旗的滥用经常发生。特伦顿战役之前，一名美军军官曾经靠283 近新泽西的黑森佣兵前哨站，宣称是为了找机会投降英军，但是后来黑森指挥官坚称，他实际上是在美军按计划发动袭击之前探查英军兵力的部署情况。这是对战争规则的违反，但克林顿认定这是最安全的方式——在一面休战旗的庇荫之下，阿诺德和安德烈便有机会商谈英军接下来对西点的进攻计划。

阿诺德用作指挥部的这座房子是由贝弗利·罗宾逊所建，罗宾逊本人现在正在纽约，在一个效忠派团里出任上校。罗宾逊宣称，他盼望讨论一番他在哈德逊河沿岸财产的问题（这个策略他之前也用过，当时是为了尝试探知伊斯雷尔·帕特南将军是否会有兴趣倒戈来投）。罗宾逊举着休战旗出现在哈德逊河东岸的多布斯渡口，这在"中立地带"是安全的。将与罗宾逊随行的不是别人，正是约翰·安德烈少校——他不会如阿诺德所愿以约翰·安德森的平民面貌示人，但会依克林顿的命令以他的自身面目出现。困难在于，如何将这一变动通知阿诺德。

安德烈决定直接给美军最前哨的部队指挥官、即率兵驻扎在纽约州北堡（North Castle）的埃里沙·谢尔顿上校（Elisha Sheldon）写信。安德烈起草的这封信可谓是暧昧笔法和欺骗的杰作，并最终通过谢尔顿传到了阿诺德的手中。安德烈以约翰·安德森的名义解释，他将无法"像朋友们（也即阿诺德）曾建议的那样……扮演一名神秘人物"。取而代之的是，在9月11日星期一中午，一名"与我本人到场并无二致"的英国军官将现身多布斯渡口。换句话说，9月11日来到多布斯渡口的将是约翰·安德烈少校，而非约翰·

安德森。

阿诺德对此并不乐意。在一封措辞谨慎的回信中阿诺德抗议说："您必须清楚，我的状况将不允许我与这样一名军官会面，或是与他有任何私下的联系。"然而，这并未阻止阿诺德在约定时间里，乘着他的驳船前往多布斯渡口。

这天早晨，英军炮艇游弋在多布斯渡口附近的哈德逊河河沿——这些炮艇与阿诺德曾在瓦库尔岛见到的那些一模一样。哈德逊河东半边的水域堪称是水上的"中立地带"，这片水域也见证了大陆军与英军几乎片刻不停的遭遇战。很明显，这些炮艇的指挥官们对于几名英军军官想要与一名显要的美军军官会面一事并不知情，因为其中一艘炮艇向阿诺德的驳船开火了。险些丧命的阿诺德被迫逃到河流西岸的安全地带。这一天接下来的时间里，阿诺德都在无望地等待着。他希望，大概已在东岸等候的安德烈和罗宾逊可以意识到发生了什么，并且冒险渡河来见。

事件发生时，二等兵约瑟夫·普拉姆·马丁（短短几个月前大陆军康涅狄格团哗变的参与者）正在多布斯渡口驻防。马丁自小在纽黑文附近长大，他在战争前就见过阿诺德。后来马丁宣称，他"从未对阿诺德有过太好的观感"。9 月 11 日，也许阿诺德正在哈德逊河西岸焦虑不安地消磨时间时，马丁撞见了这位美国将军。"我在距多布斯渡口不远的路上碰到了他，"马丁回忆，"他当时正在观察情况，检查道路。我觉得他正在做什么居心不良的打算。我们在一个道路交叉口碰面。我看到他停下来，端坐马匹之上，似乎是在细致入微地调查每一条道路。我不由得注意到他，觉得他一个人出现在这冷清的地方很奇怪。他看起来就是有罪的，也许撒旦已经全然占据了

284

他，从那一刻起他已成了犹大。"

当天下午 3 点，阿诺德放弃了与安德烈的相会。他调转马头沿河北归，回到了罗宾逊宅邸。阿诺德是一位闻名于世的冒险者，但这一回他差一点就被打死在河里。之后的阿诺德似乎认定，现在该轮到安德烈亲身涉险了。下一回他们尝试会面时，就该是安德烈前来见他了。

9 月 14 日，英国海军上将乔治·罗德尼（George Rodney）抵达了新泽西的桑迪胡克，并带来了一支由 12 艘战列舰和 4 艘护卫舰组成的舰队。不同于阿布特诺特上将，罗德尼素来以技艺娴熟、作战英勇闻名。英军在查尔斯顿和坎登取胜之后，罗德尼热于协助克林顿继续作战，争取在纽约取得更为关键的胜利。

直到当时，克林顿和安德烈都对他们与阿诺德的通信高度保密。现在，他们决定使罗德尼也参与到这个秘密中来，要他
285　沿哈德逊河北上展开两栖登陆作战。克林顿相信，这将戏剧性地结束战争。克林顿对纽约大法官威廉·史密斯（William Smith）神秘兮兮地预言："这场叛乱将以一场意料之外的突变告终。"

"在这一刻，"克林顿后来写道，"我们必须让长期以来与（本尼迪克特·阿诺德）之间进行的假名通信有所落实了。"在持续两周小心谨慎而又半心关意地安排会面的尝试之后，现在终于到了安德烈与阿诺德见面的时候了。

9 月 16 日，皇家海军一艘装有 16 门炮的单桅纵帆战舰"秃鹫"号（Vulture）在哈德逊河河岸下锚，进入了约书亚·

赫特·史密斯家的视线范围。史密斯家俯视着哈弗斯特罗湾
（Haverstraw Bay），这片广阔的潮汐河湾位处北面的国王渡口
和南面的特勒岬（Teller Point）之间，而"秃鹫"号正是在哈
德逊河西岸的特勒岬下锚。这艘新来的船以一种啄食尸体的鸟
类命名，对这名年轻的律师而言，不管这是不是一个不祥之
兆，他都不由得将这艘英国船的下锚视为是一种挑衅——它离
自己的家实在是太近了。

两天前，在史密斯家中，阿诺德和妻子佩吉相会了。佩吉
和 6 个月大的儿子爱德华刚刚从费城赶来。阿诺德一家在史密
斯宅邸重逢的一幕一定温情脉脉，但这仍无法阻止这位佩吉的
丈夫开始着手办自己的正事。就在阿诺德一家坐在将军的驳船
里前往罗宾逊宅邸时，史密斯已经承诺将他的房子用作阿诺德
和一名纽约线人的秘密会面场所。作出这番承诺之后，史密斯
将把他的妻子和他们的侄子送到哈德逊河上游 25 英里的费什
基尔（Fishkill）那里，在一名朋友的家中"短暂度假"。将他
们送到费什基尔后，史密斯就将返回，为阿诺德与那位身份不
明的纽约人会面提供便利——他极有可能就在"秃鹫"号上。

史密斯显然对阿诺德的背叛倾向浑然不觉。迄今为止在史
密斯看来，阿诺德是在做和前任罗伯特·豪一样的事情——发
展在纽约的联络人。同样的，人们禁不住好奇，为何一名以律
师自称的人可以如此之迟钝或是容易受骗，以至于阿诺德越发
古怪的行为竟然没有引发他的怀疑。这个轻率无知的人，心满 286
意足地相信一切自己所听到的东西，史密斯就像一位文艺复兴
时代喜剧中的人物，但他即将发现自己身处一幕希腊悲剧
之中。

9 月 17 日白天，阿诺德正在他的指挥部接待满座的高朋。就在此时，他收到了来自罗宾逊宅邸原主的一个讯息。贝弗利·罗宾逊正是"秃鹫"号船上乘客的一员，他想要在休战旗的庇荫之下和阿诺德商谈一些私人事务。

阿诺德别无选择，他只能将这封信的内容披露给那些围坐在桌子旁的人们。他的康涅狄格老朋友约翰·兰姆（John Lamb）此时正好也在西点要塞充任一名指挥官，他迫使阿诺德承诺在接触这位效忠派上校之前先征询华盛顿的意见。

正如此后所发生的那样，华盛顿计划在这天的稍晚时分从国王渡口渡过哈德逊河，前往康涅狄格的哈特福德与罗尚博将军和海军上将特尔奈会面。当天下午阿诺德沿着哈德逊河南下，在华盛顿继续前往哈特福德之前，先和这位大陆军总司令会面。不出所料，即便阿诺德与罗宾逊计划中的会晤丝毫不牵涉军事事务，华盛顿还是坚持让阿诺德在与这位效忠派上校会晤之前先知会纽约州的行政当局。随着此事在表面上的解决，华盛顿和他包括军官、士兵在内约 50 人组成的随员团（包括亚历山大·汉密尔顿，亨利·诺克斯和拉法耶特）继续前往哈特福德。这是阿诺德和华盛顿最后一次相见。

回到指挥部的阿诺德立即起草了一份给罗宾逊的回信。据一名法国官员称，后来在阿诺德的文件集里发现了一封来自罗宾逊的冗长、无日期的信件，大概写于阿诺德最初萌生叛意的时候。罗宾逊在信中写到，为了结束这场战争，"有必要让英国处于绝对上风，以使其有条件在和解条款的制定中占据主导地位"。这将同时符合双方的最大利益，并保证"不会有不必要的牺牲"。根据罗宾逊的观点，"唯有阿诺德将军足以克服这些如此巨大的障碍"。

　　人们也许会认为，阿诺德会尝试掩盖他和罗宾逊曾有旧交的事实。但事实并非如此。据那位对阿诺德心怀不满的副官理查德·瓦里克说，阿诺德写给罗宾逊的回信的最初手稿"与其说是写给敌人的不如说是写给朋友的"。等到瓦里克重写一遍，将信件变成一份语气更正式、更强硬的文件之后，他才允许阿诺德将它寄出。

287

　　这名副官不知道的是，最终寄给罗宾逊的那个邮袋里还装了第二封信。"我将在20日周三晚上派遣一个人……登上'秃鹫'号，"阿诺德写道，"并为他提供了一条船和一面休战旗。他的保密性和荣誉感值得你们信赖，你们的事务……将继续高度保密……我建议'秃鹫'号在约定时间之前都应停在原地。"

　　但事情还不止于此。华盛顿在渡过哈德逊河前往哈特福德时曾经告知阿诺德，他计划在返程时督导西点的防御工事。阿诺德在给罗宾逊信件的附言中写道："我预计，华盛顿阁下将于周六晚上之后在这里寄宿。在他到来之前，你们可以和我沟通一切你们想要沟通的事务。"阿诺德的用意一目了然。如果克林顿想要在华盛顿不在的时候袭击西点的话（这样华盛顿就无法干扰阿诺德献出西点投降），他们就需要在未来几天内进攻西点。然而，如果他们想抓住机会，在一举拿下美国最重要的要塞的同时俘虏大陆军总司令的话，他们就应该在9月23日周六晚上进攻。

　　阿诺德一度企盼于9月20日晚上与贝弗利·罗宾逊会晤。但是，答应航向"秃鹫"号的约书亚·赫特·史密斯直到第二天晚上都没能找到一条船只。这时，史密斯发现了划桨的塞缪尔·卡洪和约瑟夫·卡洪（Samuel & Joseph Cahoon）两兄弟。一旦他们驾船将史密斯送往"秃鹫"号再接来罗宾逊（阿诺德宣称，罗宾逊想知道自己能否"得到一纸赦免令，并拿回对自己房屋的产权"）的话，他们就将把这位效忠派上校送往哈德逊河西岸预先准备的会面地点，阿诺德将在那里等候。一切似乎都已各就各位，但正如史密斯和阿诺德很快就要意识到的那样，卡洪兄弟有着别的想法。

288　　　姑且不论在夜色掩护下航向一艘英国船多么令人生疑，卡洪兄弟本来也不想这么做。在骑马前往罗宾逊宅邸并为阿诺德和史密斯带去消息之前，塞缪尔熬了一整个通宵，现在他已经精疲力竭了。当他的弟弟约瑟夫得知他们将划船前往一艘英国船时，约瑟夫说他担心被美军巡逻船射杀。就连塞缪尔的妻子也掺和了这件事，她告诉两兄弟说，他们不应该去。尽管卡洪兄弟是史密斯土地上的佃农，他显然没有办法劝说他们再多做任何事情。最为讽刺的是，阿诺德告诉两兄弟说，如果他们拒绝前往，他就会将他们视为是"心怀不满"的人。这一招效果并不明显。阿诺德又说，如果他们不去做那些"国家大陆会议利益所需之事"的话，他就将"立即收押"他们。

　　当卡洪兄弟愁眉苦脸地坐在史密斯家门廊的屋檐下时，这名律师带着两杯朗姆酒出来了，此时已过晚上 11 点。朗姆酒一在两兄弟身上起到预期效果，阿诺德就向他们只要照着请求做，就能各得 50 磅面粉。交易达成了。

　　随着史密斯把住船舷的船舵，卡洪兄弟用力拖拉裹着羊毛的船桨，一行人启程并消失在夜色之中。当史密斯向"秃鹫"号上的哨兵打招呼时，时间已接近午夜十二时半了。他将卡洪兄弟留在小船上，自己爬上了"秃鹫"号甲板。从甲板上下来后，史密斯立即发现自己面前站着三个人："秃鹫"号船长安德鲁·萨瑟兰（Andrew Sutherland）；贝弗利·罗宾逊上校；还有约翰·安德烈少校。他穿着暗红色的军官外套，身披蓝色斗篷的大氅，以约翰·安德森的名义被介绍给史密斯。

阿诺德已交给史密斯一封信，要他带给罗宾逊。阿诺德在信中解释，他将为他们的会晤着手安排"一个安全地点"。阿诺德的这封信还附上了史密斯本人的通行证、卡洪兄弟的通行证，以及"约翰·安德森先生"和两名仆人的通行证。阿诺德在这些通行证外还附上了一张纸片，上面写着"古斯塔沃斯（阿诺德的一个化名）致约翰·安德烈"的字样，以确认自己的身份。罗宾逊和安德烈拿着这些文件进入了另外一间舱室，商讨下一步的对策。

单从这封信上看，似乎阿诺德是想要与罗宾逊会面。但正如安德烈指出的那样，这位美国将军只为安德烈本人提供了通行证。"周详地考虑到所有情况，"罗宾逊后来写道，"安德烈少校认为他独自前去是最妥当的。同时，我们二人的名字都不会出现在任何一份文件上。似乎对他而言（的确也对我而言），阿诺德想要见的是他。我于是便呈请留守，接着安德烈少校和史密斯就一同离开了。"

但正如后来史密斯才意识到的那样，阿诺德想要会见的人不是安德烈，而是罗宾逊。这位美国将军为安德烈/安德森提供了一张通行证，却在疏忽中漏掉了罗宾逊的那张。阿诺德无意中造就的误会，使一名野心勃勃的年轻军官自告奋勇投身到了这场谈判之中，尽管想打交道的另有其人。

回到船长室的罗宾逊向史密斯解释，他正在病中，因此不能登岸。但"安德森先生可以解决一切问题",并将和史密斯一同前去与阿诺德会面。在史密斯看来,安德森是一位和他本人差不多的公民,只不过他的手中掌握着与阿诺德和大陆军利益攸关的情报。

就在史密斯和安德烈于凌晨一点划船靠岸时,海潮开始倒灌入河。"从他年轻的面容和柔和的举止来看,"史密斯写道,"对我而言,安德森先生似乎还不够资格在此刻处理这样的军国大事;他的本性似乎为恻隐之心所占据着。"史密斯把安德烈当成一个异常敏感而富于同情心的人,在接下来的几天还将有其他人对安德烈产生类似的印象。安德烈曾侍奉过诸多形形色色的上级军官——从热情慷慨的威廉·豪,到多疑多躁的亨利·克林顿——他早已锻炼出了一套变色龙一样的本事:如果谁能对他有用处,他就向此人献媚邀宠。可是,他还尚未见到本尼迪克特·阿诺德将军。

史密斯第一个登岸,当他向阿诺德解释与其会面的将是安德烈而非罗宾逊的时候,阿诺德显得"颇为激动,对没有见到罗宾逊上校极感失望,大为懊恼"。安德烈是佩吉的蓝颜旧识,阿诺德也许觉得,就如此重大的谈判而言,安德烈缺乏必要的庄重。与之相对,罗宾逊是华盛顿的旧友,也许阿诺德也已将他视为叛变路上的同道中人。据史密斯描述,历经漫漫长夜、直到次日黎明,阿诺德"都未能从安德森先生刚踏上岸带给他的震撼不安中缓过神来"。安德烈坚持亲自与阿诺德会面,这一决定引发的一系列事件将给他们都带来灾难性后果。

阿诺德与安德烈在临近长丁香沟(Long Clove Gap)的一片杉树林中交谈。长丁香沟位处哈德逊河西岸高低石山(High and Low Tor）那锯齿状山峰的夹峙之间。时间本就是深夜，两座山峰和周遭树木的叠影更令他们的身处之地黑暗万分，以至于两人很难看清彼此的身影。夜色之中，只有二人的白色马裤和安德烈的白顶军靴依稀可辨。安德烈以一名英军军官和知识分子的文雅口气讲话；而阿诺德的语言即便在一名美国人听来也是粗蛮不堪。他们要谈的话题很多，但阿诺德首先想知道，如果他没能交出西点的话，英军将如何报偿他。在阿诺德一开始的信件里，他坚持要价10000英镑，但克林顿只同意给他6000镑。考虑到自己所冒的风险，阿诺德认为这些钱并不够，他必须得到更高的价格。安德烈解释说，他职权有限，无法做出这项保证。但安德烈承诺，他将说服克林顿：即便他们的计划出了问题，阿诺德也将得到10000镑。

显然，这番说辞已经足够满足阿诺德了。接着，他们开始讨论英国人拿下西点的细节。阿诺德将尽力把工事内的3000名美军士兵打散成小队，名义上派他们离开要塞与敌人接战，实则是为了削弱防守西点的兵力，让英军可以乘虚而入。两人还研究了一番英军应当采取的进攻路线。安德烈后来宣称，他将率领一支大军在西点要塞下游的一块台地登陆，然后挥军登山，居高临下袭击西点。也许，安德烈将以美军防御最脆弱的四号堡垒作为进攻的突破口。

两人谈了近三个小时，然后被史密斯打断。阿诺德坚持让他和卡洪兄弟一起留在船里，这令这位律师颇为恼火。史密斯向哈德逊河对岸望去，曙光开始渐渐布满天空，黎明正在降临；如果史密斯和卡洪兄弟想在哈德逊河两岸哨兵发现他们的行动之前将安德烈安全送回"秃鹫"号的话，他们就必须立即动身。阿诺德让史密斯叫醒无疑还在沉睡之中的两兄弟，和

291

他们谈谈。正如两兄弟指出的那样，随着漫涌的潮水倒灌而来，想要划船前往"秃鹫"号将难比登天。特别是他们的公务船太过笨重庞大，对区区两名桨手而言实在困难。他们没有足够时间在太阳升起之前把船划回"秃鹫"号那里。

史密斯告知阿诺德和安德烈，卡洪兄弟对冒险行船疑虑重重。但在闻讯后，两名军官都没有太过不安。在最终达成结论之前，阿诺德和安德烈还有太多事务有待讨论。此外，阿诺德也要与安德烈一起审议一些文件，而这只能在白天借着日光进行。他们将骑马前往 4 英里以北的史密斯宅邸，在那里继续会谈终日。之后，安德烈将在下一个晚上划船返抵"秃鹫"号。

就在史密斯和卡洪兄弟移船沿河北上的同时，阿诺德和安德烈策马前往史密斯宅邸。他们出发不久就碰上了一处美军岗哨，这显然让安德烈大为吃惊。阿诺德报出了通关密语，两位骑手随即穿过了美军防线。现在，身着英军军服的安德烈已经身处敌军领土了。

当阿诺德和安德烈抵达史密斯宅邸时，旭日正在东面山峰之间若隐若现。两人抵达后不久，一发炮弹从哈德逊河对岸特勒岬的尖端破空而出，声彻两岸。一艘英军单桅纵帆战船出现在离他阵地如此之近的地方，这令国王渡口指挥官、美军上校詹姆斯·利文斯顿的愤怒与日俱增。头天晚上，利文斯顿自作主张将一门小炮（可能还有一门榴弹炮）搬到了特勒岬，部署在一些临时修建的防御工事背后。黎明时分，美军开始向英舰开火。此时此刻，潮水奔涌而来、开始改换河道，这意味着：事实上哈德逊河已经没有顺逆流之分了。由于此时没有起风此后的两个小时里，"秃鹫"号只能坐以待毙。

"六发炮弹击中了我们的船体，"贝弗利·罗宾逊写道，

"一发打中了船的水线，更多的则击中了风帆、索具和甲板上的小艇。两枚打中了我们甲板：一枚整个落在甲板上，且临近　　292横桅索。"最终，潮水转向了；哈德逊河重流入海，"秃鹫"号也航出了视线范围。

而在史密斯宅邸，现在的安德烈少校大概正在这座房子视野较好的二楼窗前，眼睁睁地看着这条本应助他载誉回到安全地带的舰船消失在河流下游。

第十三章　无暇懊悔

293　　史密斯和卡洪兄弟花了好几个小时才把那条公务船划回史密斯宅邸附近的溪流。哈弗斯特罗湾西岸的水流在这里碎为片片逆涡流。纵使有海潮涌入，三人还是经常陷入与水流的对抗之中。经过"围着逆涡流打转的艰辛努力"，三人才抵达这条溪流。此时特勒岬的大炮已向"秃鹫"号开炮了。对此，史密斯的眼神看起来就像是"着了火"一样。如果史密斯和卡洪兄弟在当天早晨尝试将阿诺德的线人送回英军单桅纵帆战船的话，他们多半就会被美军的炮弹炸成碎片。虽然从未公开承认，但从史密斯后来的行为来看，他似已暗下决心，绝不再涉险走水路。

　　在史密斯和卡洪兄弟返回宅邸的同时，阿诺德暂时中止了与安德烈的讨论，正走向户外厕所。"他一瘸一拐地走着，"约瑟夫·卡洪回忆，"身着一件蓝色外套、白色马裤。"史密斯看到安德烈在楼上脱下了他的斗篷，露出了英军军官的军服。这令史密斯感到惊讶，阿诺德则以安德烈的化名表示，安德森只是一名纽约的美国公民，他之所以借来这身军服，只不过是"出于虚荣或是自大，从一名认识的英军军官那里借来的罢了。"也许这套说辞难以服人，但史密斯却似乎相信了。

294　　结果，"秃鹫"号只向哈德逊河下游航行了仅仅几英里，就在纽约州的奥西宁（Ossining）停泊下锚。这艘船最后还是回到了特勒岬附近的原初位置，但那时阿诺德已向安德烈提起了走陆路回到纽约的可能性。最安全的路线就是从国王渡口渡河而去（这里正如其名，有常设的渡船服务），再弃舟登岸，穿越哈德逊河东岸的"中立地带"前往白原，最终返抵曼哈顿岛。

安德烈后来宣称，自己当即就对此建议表示了反对，因为这需要他换下他的军服。作为一名副官长，安德烈的地位过高，让他无法从事这种基层的间谍行为。和叛国者一样，间谍是要被处以绞刑的，克林顿也曾明令禁止安德烈在与阿诺德面对面商谈时身着平民服饰。然而，安德烈早已将统帅立下的这一规定破坏殆尽：他同意将阿诺德给他的文件（其中包括西点要塞的简图，以及对火炮和守军的介绍）藏在他的白顶军靴里，"放在我的袜子和脚之间"。安德烈正在将自己一点一滴地拖入他明知不符合自己最佳利益的行动之中。

阿诺德似乎对于让这位年轻的英军军官直面风险一事保持了全然冷漠的态度。就像不到四年前阿诺德登上最后一条船离开圣琼斯时曾经下令枪杀的那些马匹一样，安德烈也不过是阿诺德荣耀之路上的垫脚石罢了。当然了，从安德烈的立场来看，阿诺德也是如此。但区别在于，在这番尔虞我诈的较量中，安德烈并不是专横冷酷的阿诺德的对手。安德烈并没有坚守他的立场、坚持身着他的军服乘船回到"秃鹫"号，而是让自己落入了阿诺德的掌控之中，采取了仅仅在头一天夜里还不可想象的行动。

史密斯有一件镶着金箔纽扣的酒红色外套，安德烈穿着正合身。他还有一顶同样老旧的绒布圆顶礼帽，其下沿足以将安德烈的脸庞遮掩于阴影之中。事实上，如果这位副官长一定要走陆路的话，他是可以乔装改扮一番的。

上午 10 点左右，阿诺德说他得回到罗宾逊宅邸的指挥部，坐镇于那里的副官们一定反对他在史密斯宅邸的这一次过夜。颇受弗兰克斯和瓦里克欢迎的佩吉充当了丈夫和副官之间的缓冲，但这不能改变一个事实：阿诺德得逆流北归了。

此刻的阿诺德仍然对于和安德烈而非罗宾逊会面耿耿于怀。在阿诺德眼里，安德烈只不过是一名代理人罢了。阿诺德急不可耐地要摆脱安德烈，也毫不犹豫地将安德烈交给一位迄今为止远非可靠的人来保护。从未以在意细节著称的阿诺德本该尽一切努力保证这位英国谍报长官安全返回纽约，但他的粗心大意却似有意为之。的确，阿诺德在这一关键时刻的行为很令人费解。人们不由得好奇，是不是嫉妒心让阿诺德想要与这位佩吉的年轻英俊的朋友保持距离。

为防万一，阿诺德交给史密斯和安德烈几份无论走哪条路都需要的文书。如果安德烈最终选择穿过中立地带回去并被一名美军哨兵拦住的话，这张文书（上面写着："特许约翰·安德森先生穿越岗哨前往白原或是他所选取的更南的地方。他正在我的指挥下执行公务。B. 阿诺德，陆军少将。"）将保证他安全通过。如果安德烈是被英国人拦住，那就最好不过了。从阿诺德的立场来看，西点的投降计划现在已经准备就绪了。一旦安德烈回到纽约，早已整装待发的英国军队就会趁着下一波海潮沿哈德逊河汹涌而来。

史密斯后来辩称自己差不多一整天都因病卧床，无法走水路把安德烈送回"秃鹫"号。可是，这番疾病并未阻止他陪同安德烈走了一段远为艰辛的陆路，进入中立地带。似乎除了害怕美军炮弹以外，真正促使史密斯决定走陆路的原因在于，他需要去哈德逊河东岸的费什基尔去接妻子。既然史密斯不论如何都得过河，带着安德烈走陆路便成了较为容易的那个选项。这样一来，他也就不需要与犹豫不决的卡洪兄弟再来一轮恼人的谈判了。

安德烈漫长无趣的一天都在等待黑夜中度过。"我努力逗他开心，"史密斯写道，"我向他展示从我房子高处向外望去的景色。从宏阔的哈弗斯特罗湾到哈德逊河对岸，一派景致尽收眼底；他则朝着'秃鹫'号的方向不安地张望，大声感叹自己在船上就好了。我尽心尽力地安慰他，向他描绘抵达'秃鹫'号下游的白原或纽约的前景……这时候的他似乎颇为畏缩，不想多谈，并小心翼翼地避免被任何楼下经过房子的人看到。"

黄昏时分，史密斯决定出发前往约 2 英里以北的国王渡口。一名非洲裔黑奴陪着安德烈和史密斯一起出发，三人都骑着马。当夜史密斯精神充沛，这对任何一个据称终日卧病的人来说都是惊人的。到达斯托尼岬时，史密斯开始谈论仅仅一年以前的事情：安东尼·韦恩是如何从英国人手里把这座要塞夺下来的。史密斯如此观察："我发现我的同行者对此颇为消极，他吝于发表意见，几乎不置一词。"没什么好奇怪的。当格雷和安德烈率军在泡利进行大屠杀时，韦恩正是当时的美军指挥官。而在不久以前，韦恩还在安德烈创作的幽默民谣"追获奶牛"（The Cow Chase）里成为主角，这首民谣嘲讽韦恩在新泽西州布尔渡口（Bull's Ferry）想要俘虏一队效忠派士兵的失败尝试。颇为巧合的是，这首诗即将于第二天刊登在纽约市的效忠派报纸《保皇宪报》（Royal Gazette）上。我们不

296

禁好奇，就在史密斯提到安东尼·韦恩的时候，进入安德烈脑
海的会不会是这首诗的终章：

> 现在我完成了我的诗篇，
> 颤栗着将它呈予诸君。
> 唯恐韦恩这驱赶战士的牛羊倌，
> 将永远追逐我这作诗的人。

当他们骑马下山、前往国王渡口时，路遇一处灯火通明的
军营，几名美军军官正在轮流享用一大碗朗姆酒。不知怎的，
史密斯似已沉迷于一种想法：他正在护送一名神秘要人，此人
对于美国事业至关重要。史密斯让安德烈和随从继续赶往渡
口，他本人则下马同士兵们共饮朗姆酒。史密斯要求将酒碗重
新斟满。他一饮而尽，接着向威廉·库里（William Cooley）
上尉发话了。"未来三星期内，"他预言，"我们就能打到纽约
了！"史密斯激情异常的表态多少使人有些困惑。库里表示异
议，"先生，我可一点也不知情。"史密斯则笑着回话："那就
三个月吧！"再次痛饮一杯后，史密斯纵身上马，追赶渡口的
安德烈。

他们开始渡河，但史密斯的玩笑话还在持续。史密斯在船
头和船夫大开玩笑，向船夫允诺"如果他们快划过河的话，
将奖励一些重振他们士气的东西"。此时的安德烈却伫立于渡
船船尾，一言不发。渡船在威尔普朗克岬靠岸后（史密斯给
了船夫8美元），他们直奔詹姆斯·利文斯顿上校的军营——
正是他在早上从特勒岬向"秃鹫"号开炮。史密斯又一次下
马与美军交谈，安德烈则继续前行。利文斯顿曾在史密斯的哥

哥那里做过法务助手，他邀请两名旅行者共进晚餐。但是史密斯指出，他们正在执行一项对于阿诺德将军极为重要的使命，必须接着赶路。

很快，他们就一路向南，来到了混乱不堪的中立地带深处。也许，对这里更合适的称呼应该是"争夺地带"（Contested Ground）。尽管仍被视为美国领土，但在这里已经有可能碰见来自交战任何一方的士兵。目无法纪的团伙们各自成派，如果自认为爱国者的话就叫"剥皮工"（Skinners）；如果他们是忠诚者的话就叫"牛仔"（Cowboys），他们定期洗劫住宅和农场，令韦斯特切斯特县全境成为一片荒原。历经五年兵燹后，绝大多数本地居民都逃到了东面的康涅狄格或是北面的皮克斯基尔（Peekskill）。仍然留守家园的那些人早已被盗匪们一刻不停的劫掠夺取了几乎所有的人道尊严。"看起来，恐惧是（他们）唯一的情绪，"一名旅行者写道，"意志的力量似乎已经离他们而去了。"这里就是华盛顿·伊尔文（Washington Irving）小说《瑞普·范·温克》（*Rip Van Winkle*）和《无头骑士》（*Headless Horseman*）里那个石块遍地、森林茂盛的乡间，一度精耕细作的田地杂草丛生，树上的苹果自行腐烂，而约翰·安德烈少校必须穿过这片惊悚之地。

在走了差不多 8 英里后，安德烈一行被一支由埃比尼泽尔·博伊德（Ebenezer Boyd）统率的巡逻队拦了下来。博伊德想要知道他们为何在夜间远行，盘问他们从哪里来，要去哪里。"我告诉了他我的身份，我们有阿诺德将军下发的通行证……我们正在执行具有重大意义的公务，"史密斯记载道。博伊德让二人跟着他去到附近的一间房子里，在那里他们可以借下光，阅读史密斯的通行证。"安德森先生看起来颇为惶怵，" 298

史密斯回忆，"但我鼓励他说，我们的文书能把我们带到这个国家境内的任何目的地。"

博伊德逐份查阅着史密斯的文书，并对这些人连夜出行的目的产生了疑惑。史密斯尽了最大努力回应这位军官的问题，但他显然也很享受这番神秘使命，博伊德在和史密斯的交谈中告诉他，就在他们行进路线的前方附近，刚刚有一伙"牛仔"侵入。博伊德强烈建议他们先退到一座房子里，在那里他们可以找到地方暂避一夜。

鉴于为效忠派"牛仔"所俘获也许能在事实上让他更快地返回纽约，安德烈倾向于继续前行。然而，史密斯却认定，他们应当采纳上尉的建议。结果在当天晚上，两人同榻而眠。"同伴所展现出来的辗转反侧和思绪焦虑，常常干扰到了我，"史密斯回忆，"当他看到新一天的第一缕曙光时，就喊来我的仆人备马离开。"

当他们开始在雾蒙蒙的曙光下策马前行时，史密斯就从安德烈憔悴枯槁的面容中看出，"他夜里压根就没合过眼"。但随着一步步接近纽约，这位年轻人的精神就开始愈发饱满了。"我现在有理由相信我的旅伴并非常人，"史密斯回忆说，"大大异于我初晤时想象的那个人物。"

自以为距离安全返回只有几个小时路程的安德烈开始变得张扬起来，同史密斯侃侃而谈，炫耀自己的博学。"他既提到了马尔斯（代指战争）也谈到了缪斯（代指艺术，科学）……如音乐，绘画，诗歌，都是他的所好，"史密斯回忆道。安德烈暴露了他是一名英军军官的事实——他表达了希望这场战争以一场与法国人"在开阔战场的公正之战"后结束、而非终结于同华盛顿大陆军交锋的心愿。此时，史密斯应该已对安德烈的真实身份心知肚明，但不知史密斯是认为再大做文章已经太晚、还是对哪一方最终会在战争中获胜不甚关心，他似乎没有对安德烈的立场表示任何疑虑。为了确保旅伴不致对一路护送并协助自己南下的行动感到后悔，安德烈向史密斯保证一些促成两国政府协议和平的"手段正在酝酿之中"。

就在安德烈说得天花乱坠时，他们在不知不觉中遇到了一位独自骑马北来的美国军官。在史密斯看来这次会面无足轻重，后来他甚至根本没在回忆里提到他们骑马穿越中立地带时的这次相遇。但对安德烈而言就大不一样了，这名军官的现身使他大为惊恐。因为他认识这个人。

塞缪尔·布莱奇利·韦伯（Samuel Blachley Webb）上校是华盛顿的前任副官，他曾被英军俘虏，并在纽约战俘营里度过了超过一年半的时间。现在他得到了假释，以便访问康涅狄格的家人。安德烈作为英军副官长的身份几乎不可能不在韦伯面前败露，然而此时的安德烈与纽约时期那位光鲜亮丽的军官相比已是天壤之别了。他衣衫褴褛，许多天都没有沐浴，也没有刮胡子，脸上生出了厚厚的胡碴。正如一名美军军官后来形容他的那样，安德烈是"一副落魄绅士"的模样。韦伯盯住安德烈的脸看了看，一言不发，继续策马向北而去。

安德烈后来承认，这次相遇"让他的汗毛直竖"。可是，史密斯却丝毫没有觉察到他的旅伴差点遇到了灭顶之灾。总之，这次惊魂倒有可能给安德烈平添了几分解脱和愉悦，他的长篇大论在这之后并无减色。

在以"畅谈之乐和天气之佳消磨时间之余"，史密斯不知不觉已经来到了横跨科罗顿河（Croton River）的桥梁，这里标志着美军控制区的最南端。史密斯已经预先告知过安德烈，

299

他将在过桥之前折返而归。当然，当天早晨安德烈如此兴高采烈，大概也是因为自己即将把三心二意的史密斯后来抛在身后了。

就在过桥之前，他们来到一间房子。这间房子的主人是一位老妇人，她刚刚在"牛仔"们的突袭中几乎失去了自己的一切财产。这些恶棍只给她留下了一头奶牛，两位旅行者在这里享用了加了牛奶的玉米粥，这也是他们从前一天早晨以来的第一顿饭。

待到二人再回身上马时，分别的时候到了。史密斯回忆说，安德烈"大为感动"，并给了他一块金表，"作为回忆他的一份纪念品"。史密斯礼貌地拒绝了这份礼物，然后二人就此别过，各奔前路。

300

据说沿哈德逊河通向塔利镇（Tarrytown）的那条路上充斥着"牛仔"。有鉴于此，史密斯曾经提醒安德烈，前往白原要走内陆路线。听到这个，安德烈当然要反其道而行之。对安德烈而言，"牛仔"才是他的朋友。

安德烈纵马疾驰在老邮路（Old Post Road）上，这里距离联结曼哈顿的国王桥只有 15 英里。前方有一座桥，桥下的小溪便是所谓的克拉克斯基尔溪（Clark's Kill），此外还有一棵高达 111 英尺、树干周长达 24 英尺的鹅掌楸，这棵树枝繁叶茂，形貌奇特，遮蔽于道路上空。突然，一名身着黑森猎兵绿红色外套的大个子男人从阴影里冲出。他举起火枪，招呼安德烈停下。

是时候了。安德烈终于遇到了这边的自己人。他看到还有两位同样端着火枪的人从右侧栅栏里冲出来。"我的朋友们，"

安德烈说得很客气，"我希望你们属于我们的阵营。"

"什么阵营？"这位黑森人问道。

"南边那个。"安德烈说。他是在指英占纽约。

"我们也是，"大个子士兵使安德烈确信；"我的服饰说明了一切。"

安德烈的脸上写满了如释重负的喜悦。"我是一名英军军官，"他说，"我刚刚北上，在乡下执行了特殊公务。我不希望在这里耽搁哪怕一分钟。"安德烈一边说着，一边扬了扬他要赠给约书亚·史密斯的那块金表。大个子黑森人的话却让安德烈如坠深渊。"我们是美国人，"他满面笑容地说。

原来，安德烈恰恰是和三名纽约州民兵不期而遇了。三位民兵刚刚受命巡逻这条道路，防范像安德烈这样的可疑人员。这名身着黑森外套的大个子叫约翰·鲍尔丁（John Paulding），几天前他才从纽约的英军监狱逃出来，一名亲美人士送了他一套黑森军服作为乔装打扮之用。鲍尔丁一路狂奔逃到哈德逊河岸边，于当晚划着一条小船抵达了安全地带。现在，鲍尔丁和他的连队一起在中立地带巡逻。当天早晨和鲍尔丁一起出现在老邮路的还有伊萨克·范·瓦特（Isaac Van Wart）和亚伯拉罕·威廉姆斯（Abraham Williams）。就在不远处，另一批 4 名纽约民兵组成的巡逻队正在监视着一条向东的路。

安德烈作为诗人和艺术家的才能还说得过去，但他并非一个好演员。在费城和纽约上演的业余戏剧里，安德烈常常被安排出演无足轻重的小角色。此刻的安德烈脸色泛红，接着发出了一声最沮丧的苦笑。"上帝保佑吾魂，"安德烈默念，"这年头肉体凡躯为了活下来只能不择手段。"他拿出了阿诺德的通

301

行证。鲍尔丁是三位民兵中唯一识字的，他检查了这张通行证。

"你们最好放我走，否则你们将自找麻烦，"安德烈警告，"你们拦住我，也就是在妨碍阿诺德将军的军务。我准备前去多布斯渡口与一个人会面，再把情报交给他。"

鲍尔丁告诉同袍，这张通行证看起来是真的。但此刻他们还是好奇：既然这位约翰·安德森告诉他们说他是一名英军军官，那么他又为何如此显摆一块金表？只有极少数美军军官买得起这种名贵配饰。他们最好再搜查一下他。

他们将安德烈带到路西侧的浓密树林里，小心翼翼地将身后的篱笆放回原位——这样路过的行人就不会察觉有任何异状发生。他们命令安德烈脱下了外套，威廉姆斯小心地搜查着。安德烈后来抱怨说，他们贪婪地扯掉他的马甲，只为了搜刮钱财。然而，根据纽约州法律，像鲍尔丁、威廉姆斯或范·瓦特这样的民兵可以依法没收一切英军士兵或是效忠派俘虏身上的财产，并作为战利品据为己有。假若安德烈的身份正如他一开始所说的那样，他们的行为便完全有法可依。不幸的是，威廉姆斯并未发现任何足以质疑安德烈通行证合法性的物品——直到他们让安德烈脱下他的军靴。

他们在军靴中一无所获。但是据范·瓦特说，这位俘虏的两只袜子底部都可疑地下垂着，里面塞着三封未启封的信件。鲍尔丁快速地看了一眼这些信件后，大声叫道："他是个间谍！"

他们押着安德烈前往12英里外约翰·詹姆森（John Jameson）中校的指挥部。詹姆森刚刚接替埃里沙·谢尔顿，成为中立地带前哨阵地的美军指挥官。在他们出发前，安德烈尝试贿赂三位民兵以求释放，他许诺将给他们"所提出任意数额的金钱，或是任意数量的纺织品"。"不，看在上帝的份上，"鲍尔丁回答，"如果您要给我们 1 万英镑的话，您就不应该挪动一步。"安德烈深知，这个数额恰恰就是两夜以前阿诺德所要求的西点献降计划失败后的报偿。然而，此时计划的失败已与阿诺德丝毫无关，约翰·安德烈少校则要负全责。

早晨 5 时 30 分左右，他们抵达了詹姆森在北堡（North Castle）的指挥部。阿诺德曾给美军前哨阵地的军官们打过招呼，要他们准备迎接一位来自纽约的约翰·安德森先生。但对于民兵们而言，安德森刚刚是在南下纽约的路上被抓获的，他私藏在身边的文件事关西点要塞的安全，这也颇为麻烦。但是，这些证据是否足以指控詹姆森的上级阿诺德是一名叛徒？安德森也许是一个双面间谍，为了个人利益同时为两军供职。詹姆森向指挥部的其他军官咨询了一番后，决定采取当下最稳妥的处理方式：将安德森押送给阿诺德，再附上一封解释信；同时将没收的文件寄给华盛顿，他大概正在从哈特福德回来的路上，此刻应该在丹伯里附近。如果阿诺德确实是一名叛徒，那么事情就相对简单，只要在阿诺德南行穿过中立地带时俘虏他就成了（詹姆森后来解释说，他从没想过一艘英国军舰会如此接近阿诺德的驳船）。

我们无从得知安德烈本人多大程度参与了这场关乎他去向的讨论。考虑到安德烈那惊人的交际魅力，我们有理由怀疑是他关于自己正在和阿诺德为美国的最高利益效力的说辞诱使了詹姆森送他去罗宾逊宅邸。当天晚上，陆军中尉所罗门·艾伦（Solomon Allen）率领 4 名康涅狄格民兵，押送着安德烈前往阿诺德的指挥部。

当晚的晚些时候，大陆军第 2 轻龙骑兵团的本杰明·塔尔米奇（Benjamin Tallmadge）少校抵达了詹姆森的指挥部。塔尔米奇和他的士兵们经常与英军和效忠派"牛仔"们在中立地带作战，他们刚刚完成了一次劫掠行动，从白原回来。只有 26 岁的塔尔米奇是美军间谍网的领导者，几乎只有华盛顿才认识他。过去一年里，他对建设所谓的"卡尔柏圈"（Culper Ring）出力甚大，透过常驻纽约和长岛的特工们，这个间谍网已经提供了极有价值的情报。不同于詹姆森，塔尔米奇久谙间谍之道。在听说俘虏了约翰·安德森一事后，塔尔米奇疑心顿起。后来他曾暗示说自己曾建议詹姆森立即率领龙骑兵团直取罗宾逊宅邸逮捕阿诺德。但无论塔尔米奇是否说过这一番话，他最后成功地说服了詹姆斯让其相信将安德森押往阿诺德指挥部的决定是错误的，他应当下令追回俘虏。为免在证据不充分的情况下过早质疑阿诺德的忠诚，他们决定佯称这一地区遭受了"牛仔"袭击，有必要将战俘召回到北堡。他们还将再一次派出艾伦中尉前去传话，把安德森被俘的消息告知阿诺德。但是，他们能在安德森抵达罗宾逊宅邸之前拦住他吗？

阿诺德正在为驯服他那两名恼人的副官大伤脑筋。前一天，约书亚·赫特·史密斯回到了阿诺德的指挥部，并稍作逗留。史密斯刚刚才将约翰·安德森送到远至中立地带的美军前哨防线——史密斯后来写道，阿诺德接到这个消息后感到"极为满意"。阿诺德的家人们刚刚准备坐下来吃一顿以腌鳕鱼为主菜的午餐，阿诺德也邀请了史密斯入席。然而这顿饭的进展并不愉快。

席间，佩吉询问是否要加一点黄油。仆人告诉佩吉，黄油已经用完了。阿诺德发话了，"上帝保佑，我忘了在费城买的油了，那是咸鱼的好配料。"

仆人将费城的油端上桌后，阿诺德说这些油花了他 80 美元。史密斯不怀好意地回话说："80 便士①，"这是在讽刺 1 美元大陆币顶多值 1 便士。理查德·瓦里克反驳道："这并非实情，史密斯先生。"很快，史密斯和瓦里克之间便爆发了一场口角，弗兰克斯也迅速加入其中。佩吉看到，她的丈夫变得"极为愤怒"，她"祈求这场争论可以结束，它带给了她极大痛苦"。

瓦里克重重地跺了一脚，愤而离席。这顿饭结束后，史密斯就前去费什基尔和妻子团聚，留下阿诺德在指挥部独自面对他的两位副官。"哪怕我邀请魔鬼和我用餐，"他用强烈的威胁口吻说道，"我家里的绅士们也应当对他以礼相待。"

安德烈和押送他的卫兵们刚刚才走过皮克斯基尔，就被一名詹姆森和塔尔米奇派出的信使拦住，让他们返回北堡。早晨 8 点，他们将安德烈移送南塞勒姆（South Salem）的另一个美军据点，这里被认为比北堡更安全。此时，几天都未合眼的安德烈面色枯槁，心力交瘁。现在，遭到收押的安德烈自知，他逃跑的机会已经为零了——特别是考虑到华盛顿将很快收到从他身上缴获的那些文件。

安德烈深知，他距离成功实现策略只差毫厘，这也许将结

304

①　英国货币单位，18 世纪 1 英镑等于 240 便士。

束整场战争。这一点加重了他的痛苦。如果他没有向身着黑森军服的民兵打招呼、并自报家门是英国军人的话——他深恨，自己绝对是无需做这些的——西点要塞几乎一定会落入英军之手。计划失败并不能归咎于阿诺德；这是安德烈的错。

毫无疑问，安德烈知道这一点——这番领悟一定使他深为蒙羞。安德烈的任务很快就变了：他现在要将自己包装为一名富于荣誉感的英军军官，而非一名工于心计的间谍，他和北美人民一样遭到了本尼迪克特·阿诺德的背叛。安德烈日甚一日地玩弄着义愤之情，意在引起那些在他生命最后日子里关押他的美军军官的注意。他将自己扮演成一名年轻、几乎好得难以置信的受害者。如果安德烈这张牌打得好的话，他也许就得以误导易受影响的美国人民（在他刚刚发表的民谣里，安德烈曾居高临下地将他们称为"那些生于粪土的部落民"），赢得他们足够多的情感共鸣以求获释。为了启动这一进程，安德烈决定给乔治·华盛顿写信。

当天早晨，负责就地看守安德烈的陆军中尉约书亚·金命令他的理发师给这位囚犯进行急需的剃须，并梳理他那长长的黑发。此刻安德烈的头发扎成了辫子，还带有一条长长的黑色绥带。"当我们把绥带从他头发上取下时，"金回忆，"我发现305它上面抹满了粉末。"在 18 世纪，这种所谓的塞浦路斯粉（Cyprus powder）产自一种颗粒状有香味的石蕊（reindeer moss），经常被用来洒在绅士的头发里。金现在知道了，"我看管的绝非普通人。"

剃须完毕、换上新衣后的安德烈询问，他是否能在窗外的庭院里放放风，金是否也能陪同他。很快，两名军官就在几个卫兵在场的情况下，在草地上来回踱步。金回忆说，安德烈一度向他倾诉。"他说他将来某一天必须交到一位密友，而且他深知，没有比我更合适的人：看起来，我已经和一名身陷困苦的陌生人交上了朋友。就在他做出这番表示之后，他告诉了我他的身份，并向我做了一番简短的自我介绍。"

当天下午3点左右，安德烈要了一副纸笔。坐在一张板条后背的摇椅里，他开始给乔治·华盛顿写信。

我下文将要说到的事情与我本人有关，我以正当理由寻求释放；我因太过单纯，被人两面三刀所陷害，才自陷囹圄。

我祈愿能说服阁下：既不是我思维性情的转变、也不是我对自身安全的焦虑，最终促使了我提笔给您写信；原因仅仅在于，我要将自己从一项诋毁中解救出来，这一诋毁指责我人格卑劣，背信弃义、自私自利；但这种行径与驱策我的那些人生准则并不相容，也与我的身份地位大相径庭。

我在这里要为我的名节发声，而不是为了祈求安全。

身处贵方羁押之下的鄙人是约翰·安德烈少校，英军副官长。

安德烈接着解释自己是怎样"同意与某人在两军阵地之外的某处会面，此人约定把情报交给我，"以及，事情是如何在阿诺德（他并未直呼其名）的坚持之下全盘搞砸的。"违逆我的意愿，背离先前契约——在我事先不知情的情形之下，我被带到了贵方的某处据点。阁下大可以设想一下我在这种情境之下的感受，也可以想象第二天夜里我被拒绝解送回程时，我

306

心里的忿懑之情又会是多么严重。现在我成了一名战俘，我不得不筹划逃脱之事。"安德烈紧接着描述了一番他被俘时的场景。"因此……我是遭遇了背叛，陷入了恶劣境地……在您的阵地上，被一名乔装打扮的敌人俘虏。"安德烈如此写道。

信的末尾，安德烈向华盛顿发出了一个呼吁。

> 我已经自己亮明了身份：我是一名英军军官。赌上我作为一名军官兼绅士的荣誉，我保证除此之外自己别无隐瞒。
>
> 对于我必须向阁下提出的请求，我自觉已表达得足够清楚：不管您将对我做出何等严酷的处理，如果您体面地对待我的话，那么尽管我现在身陷不幸境地，我的名声仍将不会遭到任何玷污。除了为吾王尽职之外，我没有别的动机；此前之所以冒名改扮也非我所愿。

这封信件堪称是一番极尽辞藻之能事的演出，特别是考虑到它的写作情境的话。亚历山大·汉密尔顿后来称赞安德烈的信件"措辞体面而不傲慢，极力辩解而不谄媚"。然而，汉密尔顿在做出这番评论时也已受到了安德烈巧言的魅惑。汉密尔顿没能记下、或者选择遗忘的是这封信的末段，安德烈在这里提到了南卡罗来纳查尔斯顿的美军战俘："我自作主张在这里提一下查尔斯顿一些绅士们的情况。他们中有一些人得到了假释，但其他人仍在我军的严密看管之下。他们都卷入了一场针对我军的阴谋之中。尽管他们的情况和我不尽相同，但这些俘虏可用来交换我。否则，我所经受的待遇或许也将加诸于他们身上。"安德烈在这里做出了厚颜无耻的威胁，他也背叛了他迄今为止的所有说辞。也许他是在声称要努力维护他的名誉，但他实际上只是企图拯救自己的生命。从军事角度而言，安德烈在此时暴露自己的身份毫无必要。事实上，安德烈给华盛顿的这封信是一番并无必要的提前供述，这和他先前向被他误认作黑森佣兵的民兵作出的那番供述一样，是个尴尬的错误。

真正使安德烈大为光火的事实是：他栽在了三位美国农夫 307
手里。正如前一天和卡洪兄弟之间打交道一样，这三位美国民兵拒绝听从比他们身份高的上流人士。在这个国度里，不管他们的受教育程度有多差，低等阶层的人们明显有着他们自身的主见。这个国家从一场看似永不终结的战争中破茧而出，普通公民们最终将决定她的命运——不管上阶层们是否承认这一点。

给华盛顿写信之后不久，安德烈捏造了一番喜剧般的说辞，将俘虏他的人描述成滑稽可笑的乡巴佬。接下来的日子里安德烈宣称，鲍尔丁、威廉姆斯和范·瓦特不过是土匪强盗罢了，他们真正在意的是他的钱财——他的最新密友本杰明·塔尔米奇后来重申了这一说辞，根本不顾民兵们自身出具的证据。但是，之所以贬低三名民兵的功绩，塔尔米奇有他自身的理由。

约翰·安德烈的被俘显示，华盛顿和塔尔米奇一手打造的谍报网存在着显著的大漏洞。尽管"卡尔柏圈"无孔不入、成熟老练，阿诺德却成功地骗过了华盛顿的间谍长官。塔尔米奇后来承认，他"从未怀疑阿诺德缺乏爱国心和政治原则性"。塔尔米奇需要将阿诺德阴谋的败露归因于坚持让安德烈从陆路返回的人而非安德烈本人，而贬低那些俘虏安德烈的人正好可以使他达到这个目的。通过对那些低人一等的民兵们的诽谤中伤，塔尔米奇也得以巩固他与安德烈之间在精神上日甚一日的亲近感。安德烈似乎拥有着一名年轻美军军官梦寐以求的所有尊贵和威严。对于塔尔米奇和金、以及他们越来越多的同袍而言，讨好安德烈、痛斥阿诺德成了他们使自己与这位曾为英雄的叛国军官保持距离的方式。

负责将安德烈身上缴获的文件送给华盛顿的通信兵得到的消息是，大陆军总司令正从哈特福德原路返回，即那条穿行丹伯里的所谓"下路"（lower road）。然而，华盛顿已经决定在回程时于西点稍作停留，并走了一条更靠北的不同路线，途中要经过纽约州的费什基尔。这名通信兵完全扑了个空——他涉险前往丹伯里，却并没有发现华盛顿的踪迹。最后，他折返到了南塞勒姆的美军阵地，安德烈刚刚写的那封信也被放入了这件包裹。很快，这名通信兵再次出发了——这一回是前往罗宾逊宅邸，华盛顿阁下将在那里与阿诺德会面。

同时，詹姆森中校给阿诺德的信件也被安德烈的去而复返所耽搁，此时尚未投递。虽然安德烈被俘已经超过两天，阿诺德和华盛顿依旧没有听到这件事的只言片语——他们都将在9月25日周五这一天的数小时内，各自收到这一讯息。

华盛顿和随员们当天早晨很早就离开了费什基尔，这样他们就可以在阿诺德的指挥部吃早餐。一行人就要抵达哈德逊河东岸宪法岛（Constitution Island）上的防御工事时，华盛顿突然走上右侧的一条路。"将军，"据传拉法耶特在此时说，"您的方向走错了。您知道阿诺德夫人正在为我们准备早餐，而您走的那条路偏离了方向。""噢，"华盛顿笑着回话，"我知道，你们年轻人都喜欢阿诺德夫人，希望尽快跑到她那里。你们去和她共进早餐吧，顺便告诉她不用等我。我必须先骑马南下，检查哈德逊河这一侧的堡垒。我很快就会前去和你们会合。"

尽管华盛顿这么说，但所有的将官们都认为陪同总司令巡视宪法岛是义不容辞。华盛顿已经派出了一位仆人，向阿诺德通报他们即将抵达的消息；为了使阿诺德得悉这次推迟，华盛顿又派出了塞缪尔·肖（Samuel Shaw）和詹姆斯·麦克亨利（James McHenry）两名副官，直奔罗宾逊宅邸。

结果，副官和仆人在同一时间抵达了阿诺德的指挥部。尽管佩吉还在他们楼上的卧室里，阿诺德还是敦请他们吃早餐。艾伦中尉在哈德逊河东岸历经两天的来回跋涉（第一次是押送安德烈，现在这一次仅仅是给阿诺德传话）后终于抵达了罗宾逊宅邸。我们尚不清楚，艾伦抵达之时，阿诺德是否正在和这些副官和仆人们在一起：他们要么同桌共餐，要么在房内别处晤谈。阿诺德拆阅了詹姆森寄来的信件，很快他就得知：安德烈已经被俘，华盛顿要么已经收到了他给安德烈的那些文件，要么即将收到。

一直以来，阿诺德在枪林弹雨中都有着上佳发挥。但是这一次——这项既能为他带来经济独立、也能为他带来永久荣耀的计划却失败了——哪怕对阿诺德而言，这个打击也太过沉重。此时的阿诺德尽管已暴露出了"极大的惶惑"，他仍然小心翼翼地要艾伦先就此讯息对所有人保密，然后等待他本人的回复。

阿诺德在楼上卧室里找到了佩吉，告诉了她已发生的事态。没人知道他们之间发生了什么，但他们一定为此事流下了绝望的泪水，并想出了应急方案。为了留出抵达英占纽约安全地带的时间，阿诺德需要佩吉的协助。华盛顿随时都将抵达这里吃早餐，并接着渡河巡视西点。从华盛顿副官的行为来看，大陆军总司令还没有对阿诺德的叛国行径有所怀疑。佩吉必须得保证拖住华盛顿，越久越好。佩吉也许再也见不到她的丈夫

309

了，但至少在下一个小时里她必须浑若无事，以免露出破绽。一年多以来，佩吉的歇斯底里式发作早已成了阿诺德家里的保留节目；大卫·弗兰克斯可以作证，它们是一股排山倒海、似乎是势不可挡的力量。然而，在下一个小时里，佩吉必须设法抑制她自己——她丈夫的生死存亡有赖于此。

卧室门砰砰作响，这是弗兰克斯来了。用他副官的话说，华盛顿"就在附近了"。阿诺德急忙跌跌撞撞地从卧室里冲了出来，让弗兰克斯备马。他还让弗兰克斯告诉华盛顿自己正在赶往西点要塞、准备华盛顿的到访，"并将在一个小时左右回来"。阿诺德侧身上马。他没有选取通往河岸的那条蜿蜒曲折、崎岖不平的路径，而是"纵马疾驰，几乎从悬崖跃下"，并直接抵达了渡口，那里的驳船已经等候多时了。

阿诺德告诉舵手，他有一个口信必须要传给"秃鹫"号上打着休战旗的贝弗利·罗宾逊先生。他必须尽快地到达那里，再尽快地回来——这样他就能在华盛顿视察西点之后再和他会面。正如他四年之前在临近泰孔德罗加的尚普兰湖水面上遭遇英军舰船追逐时的那样，阿诺德向他的水手们许以重赏：如果他们及时将他载个来回的话，他就奖励他们两桶朗姆酒。

他们沿河而下——此时两侧山峰都开始染上了红黄紫相间的秋色。阿诺德持续观察着身后的水面，然而并没有追击者的踪迹。阿诺德苦心孤诣打造的计划已经失败了，但他确信，他本人还有许多好处可以给英国人，他们无疑也会非常乐意见到他。阿诺德恐怕并未特别担忧约翰·安德烈的安危——在他看来，安德烈不过是战争中普通的牺牲者罢了。我们只能好奇阿诺德有没有想过他的同袍战友和所有美国同胞们将对他的叛国作何反应。阿诺德行动的全部前提是，献出西点投降将使这场革命无疾而终，大英帝国也将愉快地重获统一。作为这场回天大计的推动者，阿诺德将成为一度四分五裂的北美的拯救者而载誉史册。但是，现在即便英国能成功赢得战争，阿诺德也将永远被贴上"叛徒"的标签。

阿诺德能否意识到，挞伐之声和义愤之情将在这个国家的全境爆发，就像哈德逊河上的暴风雨一样排山倒海涌来，并抹去阿诺德一度作为美国最大胆、最勇猛战场将军的一切英雄事迹。他一定已经想到，佩吉和他们的幼子现在已经深陷自己敌人的领土。如果佩吉成功说服他们，让他们相信自己并未参与阿诺德的行动的话，华盛顿肯定会放佩吉出来，让她与阿诺德在纽约团聚。

很快，阿诺德的驳船就来到了"秃鹫"号旁边。阿诺德把他充做休战旗的手帕放回口袋里，然后爬上了"秃鹫"号的一侧。一开始，罗宾逊和萨瑟兰船长至少是乐于见到他的。但阿诺德接着解释说，安德烈已在从陆路前往纽约的途中被俘。英军军官们一开始的宽心变成了忧心，紧接着则是愤怒。为什么安德烈不能在他离舰时用过的那面休战旗的庇佑之下回到"秃鹫"号呢？为什么安德烈必须得换下他的军服？克林顿将会怎么说？

可是，这时候的阿诺德先得对付他驳船上的船员。阿诺德将他的舵手叫到萨瑟兰的舱室里，并在那里宣布：他和其他舵手现在都是战俘了。阿诺德对他忠诚的船夫竟如此卑鄙残忍，这令罗宾逊和萨瑟兰都大为惊恐。在"秃鹫"号返回纽约途中，7名船员都以假释的名义得到了释放。

背叛和自杀一样，是最为自我中心的行为。阿诺德在和过去告别之后解缆启航，并且再也没有未来。这一刻，在上帝创造的这个星球上，他是最孤独的人。

在阿诺德不辞而别半小时后，华盛顿抵达了罗宾逊宅邸。

311 他匆匆吃了一顿早餐，然后和除汉密尔顿（他此刻正留在阿诺德的指挥部，无疑是在整理华盛顿的通信）之外的其他军官们一起登上一艘等候多时的驳船，前往西点要塞同阿诺德会合。

但是，要塞指挥官约翰·兰姆上校却颇为尴尬地解释（他并不知道华盛顿阁下即将抵达，因此未能按预期鸣响礼炮），阿诺德已经有两天没来过西点了。这并未阻止华盛顿继续巡视要塞。直到下午4点，华盛顿才终于回到阿诺德的指挥部。华盛顿抵达罗宾逊宅邸时，汉密尔顿告诉他有一些文件刚刚抵达。很快，阿诺德给安德烈的那些文件、安德烈给华盛顿的那封信件……这些文书都一览无余地展露在华盛顿的面前了。几分钟里，华盛顿便了解了阿诺德叛国的全部事实——他是如何密谋将西点要塞出卖给英国人，并在约6个小时之前顺流而下投敌而去。显然，阿诺德正在前往纽约的路上。至少，华盛顿得努力在阿诺德逃到英占区之前抓住他。

几分钟内，汉密尔顿就策马疾驰奔向威尔普朗克岬，希望能抓住一线希望在阿诺德之前抵达那里。汉密尔顿衔命离开后，华盛顿把亨利·诺克斯和拉法耶特叫进了屋子，并向大家解释了一切——他一度认为大陆军最好的将军之一，竟密谋献出西点要塞投降英军。华盛顿有着信任他人的天性，阿诺德所做的一切都是他难以想象的。

他们勠力创建的这个国家是一个共和国——它并非由国王或皇帝统治；它的统治源于统治者和被统治者之间的相互认

可。阿诺德不仅背叛了华盛顿，更背叛了他曾宣誓保护的所有
美国公民。共和国有赖于人们固有的美德，因此极度脆弱。如
果有一名身居显位的人美德尽失，共和的一切就将毁于一旦。
就在真相大白之后，华盛顿的面容写满了悲伤、愤怒和震惊。
他转向拉法耶特，问："我们现在还能信任谁？"

此时，佩吉·阿诺德的情绪在推迟几个小时之后终于爆
发，进入了歇斯底里的发作期——这显然是预有安排的。据理
查德·瓦里克说，佩吉从她的房间里冲出来，"头发散乱，垂
在脖颈之前；她身着睡衣和其他几件衣物。哪怕是阿诺德家中
的男子也极少见到她这番穿着，对许多陌生人而言更是罕
见"。

瓦里克刚刚被高烧折磨了好几天，此刻正卧病在床。"我
听到一声尖叫朝我袭来，"几天后他写信给妹妹说，"我从床
上跳起来，上楼，碰到了这位可怜的女士。她胡言乱语，如痴
似狂。"佩吉抓住瓦里克的手，"怒视着他"，并问道："瓦里
克上校，你是否已经下令让我的孩子去死？"佩吉接着双膝下
跪，央求他"饶她无辜的孩子的一命"。很快，大卫·弗兰克
斯和威廉·尤斯蒂斯（William Eustis）进入了房间。尤斯蒂斯
曾是阿诺德的医生，也算是罗宾逊宅邸的常客了。三人一起将
佩吉架回了她的床上，她此时已"彻底疯狂"。当佩吉坚称
"她在此地已经没有一个朋友"时，瓦里克告诉她不必担心；
除了已经在场的三人以外，她的丈夫也将很快从西点要塞回
来。"不，"佩吉哭着说，"阿诺德将军不会再回来了，他已经
远走高飞了；他再也不会回来了。"佩吉一边望着天花板一边
大声说，鬼神已将阿诺德带到天上，并且"将滚烫的烙铁置

312

于他的头顶"。

这番戏剧化的表演继续了一个多小时，直至华盛顿显然已经回到了这座房子里。在这个关键时刻，佩吉无疑已经意识到，扰乱大陆军总司令心神才是最符合她丈夫利益的做法。她告诉瓦里克，"有一块滚烫的烙铁悬在她的头上，没有人能拿开它——除了华盛顿将军。她想要见到华盛顿将军。"

瓦里克忠实地按照佩吉的要求照做了。很快，刚刚得知佩吉丈夫叛情的华盛顿来到了她的身边。瓦里克宣布，华盛顿将军就在她的面前。佩吉却说，"不，这不是他。"就在华盛顿尝试使佩吉确信他的在场时，佩吉坚称，"这不是华盛顿将军；这正是那个协助瓦里克上校置我孩子于死地的那个人。"

佩吉显然已经认定，精神失常是她最好的防御手段。整个晚上直至第二天早晨，她成功地说服了所有见到她的人：阿诺德的叛变已使她失魂落魄，这也意味着她无须回答任何问题。就连一向头脑清醒、目光如炬的亚历山大·汉密尔顿也被彻底说服了。"她经受的伤痛颇为令人动容，"他在给未婚妻的信中写道，"我希望我本人可以成为她的哥哥，以成为她的保护者。"

313 　　第二天，看起来佩吉终于恢复了她的意识。人们询问说，下一步她打算去哪里——是阿诺德所在的纽约，还是她家人所在的费城？尽管我们并不清楚佩吉做出选择时的情况，但她还是选择了自己的家人。在她丈夫叛逃事发两天后的 9 月 27 日，佩吉、她的孩子和大卫·弗兰克斯一起启程前往费城。

在回家的路上，一行人曾在新泽西一名妇女居所处暂住，这名妇女是一名坚定不移的效忠派。据说，佩吉最终是屏退左右，袒露了心声。"她心力交瘁，她一直在逢场作戏……她付出了极大努力……从未止歇，最后才使这位将军接受了献出西点投降的叛变计划。"如果这段记载属实的话（没有理由怀疑它是假的），那么佩吉已经花了不止一年的时间说服她的丈夫叛国，并在叛变计划失败后迫使阿诺德前往纽约。显然，阿诺德并非家中唯一的叛国者。

9月25日晚，汉密尔顿从威尔普朗克岬回来了。他出发的时候已经太晚，所以没能追上阿诺德。但汉密尔顿已经提醒纳撒尼尔·格林下达开拔令，将军队部署在哈德逊河西岸以防英军决定按计划进攻。当晚，华盛顿收到了两封来自"秃鹫"号的信件，这艘船此时已航向纽约：一封来自贝弗利·罗宾逊，另一封则来自本尼迪克特·阿诺德。

阿诺德直到最后都对叛变毫无歉意。"我的内心深信自己端行正直，"他写道。"哪怕被举世非议，它也不作辩解。自从大英帝国和北美殖民地之间令人不快的争斗爆发以来，迄今为止我的所作所为都是出于对我国的大爱原则，也正是这同一条爱国原则驱使我做出了现下的行为。尽管它看起来与这个世界有多么不谐，但世界极少评断一个人的行为是否适当。"这是一篇谎话连连的辩护词。就在阿诺德逃跑前的那个月，他曾写信给纳撒尼尔·格林等人，讨论就大陆会议拒绝为大陆军军官提供适当补偿发起请愿一事。阿诺德曾在信中建议1000名大陆军军官向费城进军，进行"一场激烈动人但体面合宜的悼念仪式，喊出他们的诉求，请求立刻还他们以公道……如果军队讨不到公道的话，他们将不得不解散离职，让这个国家暴露在敌人的暴行面前。"在阿诺德看来，大陆会议才是北美当下灾难的渊薮，人们必须做些什么才能拯救这个国家。在阿诺

314

德的观念里，背叛也是抗议的一种形式，就像进军费城一样。考虑到大陆会议造成的混乱，背叛便具备了全然的合法性。如果公众无法领会他这一番看似利己实则利他的行动的真义，那也不是他阿诺德的过错。

阿诺德无意为自己求取同情（"国家负我太甚，所以我已不指望其对我心怀感激，"他写道），但是他要说说他妻子的事情。"阁下的人道情怀世所共知，我不禁请求阁下保护阿诺德夫人免于一切侮辱和伤害。我的国家一次错误的复仇，就将为她招致这番侮辱和伤害。万方有罪，罪只在我一人；她就像天使一样清白无辜、品行良善，无力作恶。"阿诺德还在附言里坚称，他的副官和约书亚·史密斯等人"对我所经手的任何他们有理由相信是对公众有害的交易行为都不知情"。

罗宾逊给华盛顿的信件则讨论了安德烈少校的命运。安德烈后来在罗宾逊宅邸被拘押了一段时间，然后被解送西点监狱，最终移送到了 34 英里以南、位处纽约州塔潘（Tappan）的大陆军军部。罗宾逊上校告诉华盛顿，据阿诺德说，安德烈是在休战旗的保护下离开"秃鹫"号的——这是对一项神圣的军事惯例明目张胆的滥用，罗宾逊却无视了这个事实。紧接着，罗宾逊引述亨利·克林顿的原话为安德烈辩护：考虑到安德烈离开"秃鹫"号时的情境，"除非是对休战旗做出了极大滥用，否则您不能拘押他——这将与所有国家的战争惯例相悖"。

罗宾逊和克林顿有所不知的是在安德烈本人给华盛顿的信件里，他做出了一番截然相反的抗辩：鉴于本尼迪克特·阿诺德已经带着他穿越了敌军防线，安德烈在理论上已成为一名战俘。作为战俘，他之后为逃跑所做的一切——包括换下他的军服——都有正当理由。换句话说，一切都应归咎于阿诺德，安德烈应当重获自由，但这番抗辩比罗宾逊和克林顿的说辞还要荒唐可笑。而在几天之后，安德烈又进一步削弱了自己抗辩的说服力。来到塔潘后，他向一个纳撒尼尔·格林主事的调查委员会承认，"自己不可能在出发前得出能在休战旗庇护之下上岸的结论"。

315

他们正处在一场剧烈战争当中，这场战争已使数千名英美士兵丧生。然而，在1780年秋季的那几天里，独立战争已经落到了对军事礼仪细节的争辩之中，而这一切争辩都关乎一名军官的生命。这名军官似乎决心以身殉节，为一名被荣誉感所约束的英国绅士念兹在兹的那些原则和理念而牺牲。

华盛顿透过几个不同的渠道告知克林顿，唯一能使他释放安德烈的条件就是交换阿诺德。就这个条件而言，不管克林顿在个人层面上有多么起心动念，他还是向幕僚们承认，"我们不应放弃一名投诚者"。华盛顿别无选择，只能处决安德烈少校。

阿诺德获得了自由，并被任命为英军陆军准将。但是，这并未阻止阿诺德成为一名更加孤立、愈发悲情的人物。关押在塔潘的安德烈现在则被一批崇拜他的美军军官们簇拥着。在10月的某几天里，安德烈几乎成了以他为崇拜对象的狂热拥趸们的领袖。一个又一个美军军官跑到关押安德烈的小石屋牢房里朝圣，向这位头发光洁、眼神深邃、象牙色皮肤的英俊男孩致敬。他已被判处死刑，将因本尼迪克特·阿诺德的罪孽而死去。"他的卓越理解力因教育程度和旅行见闻而大为提升，他的身上集合了别具一格的优雅仪态和独到思维，人格令人愉悦，"汉密尔顿给朋友约翰·劳伦斯（John Laurens）写信说，"他的志趣高尚，令人敬重。他性格中柔韧的部分平衡了他的激情。"在与汉密尔顿谈话时，安德烈的眼泪夺眶而出，他声情并茂地描述了自己对英军总司令的愧疚之情。"克林顿对我关怀备至，"安德烈说道，"他从不吝惜宽厚和蔼。我对他还有许多未尽的职责；一想到他将感到自责，我对他的敬爱之情就如千钧在胸。"很快，安德烈就提笔给克林顿写了一封信，表达了如出一辙的情绪。安德烈在信中还坚称，"是不幸而非过失"使他被俘。

一切获释的希望都已灰飞烟灭了。意识到这一点的安德烈再一次提笔给华盛顿写信。这一回他的主题是死刑的方式。军人会被行刑队枪决；间谍则要忍受绞刑的耻辱，直至绞死。安德烈在信中表示，他希望华盛顿能允许他尽量有尊严地死去（并尽量减少痛苦）。"使我超脱于死亡恐怖之上的，乃是将生命献给对荣誉之追求的意识，这番意识不会因任何行动褪色，我也绝无悔意，"安德烈写道，"我相信，在这个严峻的时刻，我向阁下您提出的这番请求将不会被拒绝，它将抚慰我最后的余生。对一名战士的同情心肯定将促使阁下您和军事法庭接受我提出的死法，照顾一名满怀荣誉之人的感情。"

但是华盛顿早已打定决心不与安德烈会面，他也拒绝让步。阿诺德的所作所为已经动摇了这个国家本已摇摇欲坠的立国之基。时局需要杀伐决断的举措来此昭告国人，这个创业甫半的新国家绝不容忍背叛。华盛顿的这个决定几乎令汉密尔顿与他反目，因为后者认为这是一个"过于铁石心肠且毫无必要的决定"。但在最后，华盛顿还是决定不接受这名战俘的请求。

约瑟夫·普拉姆·马丁到塔潘探望了安德烈，并将他形容为"一个有趣的人物"。和很多对安德烈的说辞有所共鸣的美军军官不同，马丁以为，这位英军副官长和殉道圣徒相比还是差了点，特别是考虑到四年之前英军入侵纽约期间他的前科。"有关（安德烈）的事情，可说的太多了，"马丁写道，"但他毕竟是个凡人。他没有比英勇的内森·黑尔（Nathan Heil）上尉更好，也不具备他那样的资质。然而英军统帅却以间谍罪处决了黑尔上尉……他未经像样的审讯，也得不到一本《圣经》，最后时刻并未有牧师陪同……我们对安德烈则百般迁就，他所有的请求我们都合理满足了。"对马丁而言，华盛顿将安德烈判处绞刑的决定是完全正当的。

行刑时间本来定在 10 月 1 日，但与克林顿最后时刻的通讯往来将行刑日期推迟到了第二天中午。10 月 2 日早晨，安德烈得知了自己的确切死期。曾在萨拉托加之战之后的奥尔巴尼看护阿诺德的詹姆斯·撒切尔医生当天正在塔潘，据他回忆，当时的安德烈"毫不激动"。安德烈已经决心泰然赴死，这也是他的许多美国拥趸所热盼的。

317

此时，安德烈的仆人彼得（Peter）从纽约赶来，带来了他主人的军服。当天早晨进入牢房为安德烈穿衣时，这位忠仆泪流满面。"离开我吧，直至你展现出更多的男子气概"，而安德烈则坚持自己剃须、穿衣，并拒绝协助。早餐用毕后，安德烈脱帽置于面前的桌上，并做出宣告："先生们，我准备好了，随时等着你们。"

撒切尔描述了安德烈走出牢房时的情景。大批士兵列队相送，一群乌压压的民众也聚集起来；除了华盛顿阁下和他的幕僚，我们几乎所有的将校都在马背上恭候；哀伤和忧郁笼罩了全军上下，场面哀婉动人。"

众目睽睽之下，安德烈在一左一右两名军官的押送下缓步而出。撒切尔回忆，安德烈"看起来已意识到了他所展现的尊贵仪态，……他的面容保留着自足自得的笑容；他向认识的几名绅士一一鞠躬致意，这些人也不无敬意地回礼"。

队列缓步朝着死亡行军的终章行进。他们眼前出现了一座小山，安德烈也第一次看到了绞刑架：两根巨大、交叠的木桩支撑着一条差不多一样大的横档。华盛顿已经决定，最好不把他所决策的刑罚方式事先告知安德烈。根据撒切尔的说法，突然意识到自己将被绞死的安德烈"不情不愿，开始退缩，脚步略有停顿"。"先生，为何有这番情绪？"一名侍从询问。"我坦然接受我的死亡，"安德烈解释道，"但是我憎恶这种死法。"当安德烈在绞刑架前止步时，撒切尔注意到他用脚踩在一块圆石头上使其来回滚动，同时捂住嘴巴，显得如鲠在喉，"就像是尝试吞咽似的"。

一辆装着一具黑色棺材的大马车已在绞架之下就位。但就在安德烈尝试迈步走上大马车时，他的双腿发软了；安德烈抓住马车尾板，才成功地爬了上去。撒切尔注意到"在这一刻他似乎畏缩了，但他又立即昂首挺胸，语气坚定地说'这将只不过是瞬间痛楚罢了'"。安德烈从口袋里取出一条白色手帕，并在脱帽之后用这块丝绸布料蒙住了双眼。撒切尔写道："（安德烈）意志坚定，完美无缺。不仅仅是他的仆人们，就连围观的人们也心神激荡，泪流满面。"

318

一名在押的效忠派同意充任安德烈的刽子手，条件是美军允诺给他自由。为了隐匿身份，他用煤灰把脸涂黑，并尝试把绞索套在安德烈的头上。但是，当安德烈看到这名刽子手双手被煤灰弄得肮脏不堪时，他拒绝刽子手继续行事。安德烈告诉他："拿开你的黑手。"安德烈要一切自理。"他把绞索套在头上，"撒切尔写道，"再自己动手将绞索调到脖子上，不靠这名笨拙刽子手的任何协助。"典狱长宣布，如果安德烈愿意，他可以发表讲话。安德烈拿开眼前的手帕并开口说："我祈求您做我的目击者，见证我像一个英勇的男人一样接受我的命运。"

这些话使当天聚集的人们大为感动。有些人因此想起了美国人内森·黑尔在同一情境之下所说的话："我唯一的遗憾是，我只有一次生命献给我的祖国。"黑尔表达了他对美利坚合众国的忠诚；但安德烈心中所想的只有他自己的荣誉。

手帕重新蒙住了安德烈的双眼，他的双手也被反绑肘后。行刑令下达，马匹疾驰，牵引着马车从安德烈脚下急速抽离。马车突然移动，绞索骤然一松，造就了一名目击者口中所称的"最可怖的一次晃动"。撒切尔宣称，安德烈几乎是立即死亡了，在场的另一位医生则有着不同看法。"安德烈是一名个子矮小的男人，"他写道，"他似乎很难将绞索拉直。他的双腿晃动不止，以至于刽子手受命握住他的双腿，并将它们扳直。"

半小时之后，人们从绞刑架取下了安德烈的尸体，准备将他安葬于附近的墓地。一名目击者回忆，安德烈"头严重偏向一边，这一定是绞索套住脖颈的方式所带来的后果。他的脸部似乎高度肿胀，显著发黑，像一大团坏疽。看在眼里的这一幕场景，的确令人震惊"。

当天下午，大概在处决安德烈的同一时间，华盛顿收到了

亨利·克林顿寄来的一包信件。克林顿在最后一刻尝试使华盛
顿回心转意。这些信件中还有本尼迪克特·阿诺德的另一封
信。此时此刻的阿诺德已经清楚，此前被他贬斥为一个不称职
下属的那位英军少校已经夺走了他自以为在纽约所能获得的所
有关注度。事实上，宠溺安德烈的克林顿很难掩饰他对这位叛
将的反感之情，因为正是阿诺德将克林顿所珍视的门徒弃于不
顾。就在克林顿等人夜以继日为营救安德烈而努力时，阿诺德
意识到，与大家一起群策群力才是符合自己最大利益的做法。
因此，他给华盛顿写了这封信。

在这封信里，除了强调安德烈受休战旗保护这一惯常的理
由之外，阿诺德还附上了一个针对华盛顿等人的严重人身威
胁。阿诺德扬言，如果安德烈被处以极刑的话，"我将重思一
切系我一身的职责和荣誉，动用我手中所有可能的权力，报复
阁下军中那些不受欢迎的人。如此一来，对万国公法和休战旗
的尊重才能得到更好的理解和遵守。如果阁下对这番警告视若
无睹的话，如果安德烈不幸罹难的话，我恳请天地为证，对于
因此而招致的血流成河景象，阁下您将负起应有的责任"。我
们难以确定，阿诺德的怒火具体针对了哪些个人，但一旦安德
烈遭到处决，阿诺德保证将发动一场报复作战，制造一场空前
的杀戮。

客居纽约的阿诺德形同放逐，唯有深不见底的自傲抚慰着
他。和他的妻子一样，阿诺德以他自身独有的粗暴方式，渐渐
变得歇斯底里起来。与此相对，华盛顿的精神境界则凌驾于许
多因阿诺德变节而陷入愤怒与猜疑的美军将官之上。（阿诺
德）"如此黑暗，如此可鄙，"纳撒尼尔·格林怒吼，"无人爱
他，人尽憎之。他曾是国家偶像，现在千夫所指。""我们都

大吃一惊，"亚历山大·斯卡梅尔（Alexander Scammell）回忆，"人们都窥视自己的邻居，担忧其是否在盘算着什么变节图谋；唉，我们都陷入了互相猜忌的境地。"或者正如亨利·诺克斯向他的朋友格林承认的那样，"我无法将阿诺德抛诸脑后"。

毫无疑问，华盛顿也感受到了所有上述情绪，甚或还更多。然而，那个在长岛战役时情绪冲动作出灾难性表现的华盛顿早已不见踪影，四年之后的此时此刻，华盛顿已经学会了从长计议。现在的华盛顿很清楚，单独的一场战斗无足轻重，不管它打得有多漂亮。赢得一场战争、创建一个国家需要时间。 320
本尼迪克特·阿诺德的背叛当然是一个打击，但是，一盘散沙、纪律荡然、缺钱少粮的美利坚合众国毕竟已经在长达五年的严酷斗争中存活了下来。"这次事件带给我的遗憾和屈辱一样多，"华盛顿在给法军总司令罗尚博伯爵的信中写道，"但是，任何一个国家的成长都少不了叛徒。倒不如说，在当下的革命环境里，目前的叛徒人数小于预期，我们只发现了寥寥数名变节者，这反而比出现叛徒一事本身更值得令人好奇了。"

对于本尼迪克特·阿诺德，华盛顿也不抱幻想。处决安德烈之后不久，约翰·劳伦斯曾在给华盛顿的信中坚称，这名叛徒现在一定正饱受"一座精神地狱"的折磨。华盛顿却不同意这一点。阿诺德的自恋心理格外强烈，这意味着他并没有后悔的能力。正如华盛顿给劳伦斯的回信所说的，"他想要那种感觉！……只要他的能力还足以支持他继续追求那卑鄙的目标，他便无暇懊悔。"

这番领悟未免来得太晚，近乎危险；但是，华盛顿现在总算认清了这位手下的真面目。

尾声 叛徒之国

对于费城市民而言，本尼迪克特·阿诺德的背叛可谓是对他们的公然侮辱。这一事件最终证明了约瑟夫·里德的判断从一开始就是正确的，这位宾州最高行政委员会主席得意地签发命令，没收了阿诺德的文件和财产。"尽管我们没有找到他叛变的直接证据，"《宾夕法尼亚晚邮报》（*Pensylvania Packet*）报道，"但这些文件披露了他在公职任上卑鄙下作、出卖灵魂的卑污人格。一如大家所愿：这与我们的新世界无法相谐。"

9月30日，人们在费城艺术家查尔斯·威尔逊·皮尔的协助之下编排了一场大游行，爱国者们以此回敬安德烈的大联欢。两匹马拉着一辆运货马车，座位上安置着一尊与真人一样大小的阿诺德塑像。这尊塑像的头部有两张面孔，并且可以转动。"阿诺德"的一只手里拿着一封魔鬼寄来的信，告诉他现在可以自缢了；另一只手上则拿着一副黑色面具。笼罩在双面阿诺德之上的则是魔鬼别西卜（Beelzebub），他一只手拿着一包黄金，另一只手拿着一把草叉。宾州民兵和大陆军士兵们在火枪枪口里插上蜡烛，高奏着《放逐曲》（*Rogue's March*），一路护送着这辆运货马车穿越了费城的街巷。人们在当晚将阿诺德的塑像付之一炬，这场游行也华丽收场。

阿诺德，这位瓦库尔岛和萨拉托加的战士曾经鼓舞了美国。但作为一名叛徒，他也成功地刺激了这个国家。就在美国

人民似乎不知不觉坠入绝望和冷漠之时，阿诺德的叛变打醒了
他们，使他们意识到：独立战争如果输了，那么输家就是他们
自己。

*

北美人民在一次对英国的不忠行动中创建了美利坚合众　　322
国。不管《独立宣言》是如何的雄辩滔滔，不管它怎样努力
地证成北美叛乱的合法性，一种残留的负罪感始终笼罩在美国
建国的情境之中。是阿诺德改变了一切。讽刺的是，正是威胁
要毁掉这个新生共和国的阿诺德用自己的背叛给这个"叛徒
之国"（nation of traitors）送上了最大的礼物：一段建国神话。
北美人民早已将乔治·华盛顿奉若神明，但只凭一个英雄还不
足以将他们统合在一起。现在，他们有了一位世所鄙薄的大反
派——本尼迪克特·阿诺德。北美人民终于知道了自己为何而
战，又在与什么样的敌人作战。美国的建国故事终于可以挥别
"与母国分离"的叙事，并开始聚焦于"13 个前殖民地凝聚为
一个国家"的进程。

正如阿诺德所强调的，美国的真正敌人并非大英帝国，而
是那些营营碌碌的美国人，他们旨在削弱北美同胞彼此间的忠
诚，不管他是约瑟夫·里德，还是本尼迪克特·阿诺德。约瑟
夫·里德心心念念的是提升他自己州的利益，为此不惜以美国
整体的利益为代价；阿诺德则待价而沽，将自己的忠心出卖给
开价最高的竞标者。由自私自利的机会主义假扮的爱国主义，
才是美国未来最大危险的来源。这个国家正处于创建初期的脆
弱阶段，人们必须设法增强而非破坏现有的政府机构。大陆会
议远非完美，但它却是未来某天建成一个伟大国家的开端。

阿诺德的叛变也警告美国人民，他们将自身利益置于他们新生国家之上的行为已经是多么接近于背叛这场革命了。本尼迪克特·阿诺德，这个名字已经成为背叛美利坚合众国人民这一极恶罪行的代名词。

异见催生了美国，但正如阿诺德所证明的（叛变之后的阿诺德很快就在一篇演说中宣称，"这个国家所有公民个人的决定……都免于一切常规束缚"），异见也足以摧毁美国。为了继续美国这场"试验"，人们必须设法找到某种途径，在政治自由与维持政治稳定的要求之间达成平衡。

但为了实现这一点，必须先赢得独立战争。随后几个月里，大陆会议的主流意见开始越来越少地回应激进派对道德纯洁性与牺牲的诉求，同时转向更具实用主义与财政思维的施政方针，给华盛顿提供击败英军所需的资源。在宾夕法尼亚，改变也已开始。阿诺德塑像被付之一炬后还不到两个星期，许多州议会中的宪政主义者惨遭落选，共和主义者增强了对州政府的控制。激进派对阿诺德的判断也许是对的，但他们无法使政府运转起来。至于共和主义者是否更善于解决而非助长宾州的问题则有待考察。

佩吉·阿诺德在费城不受欢迎。她丈夫的文件里有一封佩吉的信（她在信中对法国大使拉·卢塞恩出言不逊，也对费城社会的几名女性成员语多冒犯），这更使得同情她的人寥寥无几。人们还发现了一封约翰·安德烈给佩吉的信，安德烈在信中自称是佩吉的"女帽制贩商"。宾州最高行政委员会坚持认为，佩吉若继续留在费城将给这座城市乃至这个国家带来风险。他们要求将佩吉驱逐到纽约。

此时，佩吉的歇斯底里症候已逐渐退去。用她姐夫爱德华·"大马"·伯德（Edward "Neddy" Burd）的话说："她陷入了一种恍恍惚惚的状态，尚未从中恢复过来，六天以来她都没有落泪……她窝在自己的卧室里，几乎总是卧床不起。对我而言，她内心的宁静似已片甲不存了。"佩吉的父亲担心，回到阿诺德身边将使佩吉"身败名裂，她无论在此世还是身后的福祉都因他（阿诺德）的所作所为而陷入危险"。但在最后，老席本别无选择，只能陪着女儿去了新泽西的保卢斯胡克（Paulus Hook）。佩吉在这里登船前往纽约，和她等候多时的丈夫相聚。短短数周之后，佩吉就怀上了他们的第二个孩子。

事实证明，新附英军的阿诺德仍将是一个危险的对手。未来一年之内，阿诺德把他对华盛顿作出的威胁落到实处。或许可以说，在一场堪与泡利和老塔潘两战相媲美的大屠杀里，阿诺德将为约翰·安德烈的死亡复仇。

1780 年秋天，约瑟夫·普拉姆·马丁的大陆军军旅生涯已经有所改善。他被选入新组建的工兵和矿工兵团（Corps of Sappers and Miners），该部队由军用潜艇"海龟"号的发明者大卫·布什内尔负责指挥。华盛顿坚信，如果要把英军困在曼哈顿岛南端的话，大陆军必须先学会包围战术这项复杂的技能。布什内尔麾下的士兵精通挖掘壕沟、修筑道路、部署或是拆除爆炸物等工程技术。"所有军官都被要求熟习科学技术，"马丁回忆称，"且我们希望这支部队尽可能由聪明的年轻人组成，尽管我们之中的一些人大感技艺未臻完美。"

马丁很快就发现，布什内尔的怪异性格使他成为一名很难对付的长官。随后的几个月里马丁还发现，他必须处理布什内尔和士兵们之间频频发生的争执。对于马丁而言，这番挑战与他之前所面对的大不相同，也需要更多才智。尽管马丁在一开始"对于自己是否全然胜任……有一些犹疑"，但这并未阻止他尽力而为。

不同于本尼迪克特·阿诺德，马丁早已将自己托付于国家要求的义务，纵使"美国未能尽到对我的承诺"，他也尽职尽责，不改初衷。最后，马丁坚信："这就像是一名忠诚坚定的丈夫和一名放荡不忠的妻子。但是我宽恕了她，希望她在未来做得更好。"

阿诺德的副官理查德·瓦里克和大卫·弗兰克斯，还有那单纯得惊人的约书亚·赫特·史密斯都对自己指挥官的叛变毫不知情，然而这并不妨碍纽约州当局将史密斯收押。史密斯最终越狱，并逃往英格兰。

随着阿诺德在一定程度上独自策划了这次叛逃的案情水落石出，华盛顿决定"惩一儆百"。华盛顿与驻扎在新泽西的骑兵军官亨利·李一起筹谋，制定了一项秘密军事计划：在阿诺德纽约的家中将其绑架，再押送他渡过哈德逊河回来。华盛顿还坚持要抓活的。

在威廉·史密斯法官的帮助下，阿诺德向北美人民发布了一篇演说。阿诺德在演说中将他的叛变归咎于他对大陆会议的幻灭和对同法国结盟的疑虑。阿诺德指控法国"假惺惺地宣示对人类自由的推崇，同时却使本国人民处于臣服和束缚之中"。阿诺德对法国社会不公的批评也许有其道理，但这篇演说却似乎在北美人民之中引发了与他的意图截然相反的效果。

同时，阿诺德招募效忠派团的进展也不顺利。克林顿并没有让阿诺德在纽约郁郁寡欢，他决定派阿诺德领军远征弗吉尼亚。

阿诺德麾下有一名新招募的士兵名唤约翰·钱普（John Champe）。这名大陆军逃兵声称，正是阿诺德将军的榜样激励了他，使他本人自作主张加入了英军。阿诺德有所不知，钱普是亨利·李征募的一位间谍，他的目标是绑架阿诺德。钱普花了好几个星期跟踪阿诺德，知道阿诺德有在每天深夜时分散步的习惯。阿诺德总是在他家中的空地上来回踱步，去过外屋厕所才回房休息。

12 月 11 日早晨，钱普卸去了环绕阿诺德庭院栅栏的一块木板，意欲在当夜制服阿诺德，并将他拖到河边等候已久的一艘小舟上。不幸的是，12 月 11 日后来成了阿诺德军团开拔的日子，他们在这一天开始远征弗吉尼亚。钱普与浑然不知自己差点就要和安德烈遭到同样下场的阿诺德就这样向南进发，他们将很快来到独立战争的主战场。

在与霍雷肖·盖茨之间经历了一番灾难性的龃龉之后，大陆会议决定提名华盛顿手下那名在他眼里最富才华的将军统率大陆军的南方部队。四年前华盛顿堡的沦陷几乎使纳撒尼尔·格林的军旅生涯提前结束；而在那一年后的布兰迪维因撤退中，格林则发挥神勇，堪称光耀夺目，使一场磕磕绊绊的战斗免于沦为一场灾难。当大陆军在福吉谷忍饥挨饿时，格林又慨然接过了吃力不讨好的军需处长之职。格林有创造力、值得信赖，但不同于拉法耶特，他没能成为大陆军总司令的密友。在华盛顿这位苛刻的长官麾下，格林曾在两年前的某个时刻因感到不受尊重、过度劳累而威胁辞职。可是到了现在，格林终于得到了他孜孜以求的大好机会。

然而时局却非常不妙。阿诺德的叛变已经带来了一种连锁
326 效应——政府的领导人们总算开始致力于为华盛顿提供他作战
所需的支持——但在这个国家得以自救之前，有一个切实的危
险足以夺走一切。康沃利斯爵士正在扩大查尔斯顿和坎登两场
胜利的战果，威胁着要将整个南方收入囊中。正如被选入格林
麾下服役的亨利·李意识到的那样，这位新任指挥官已被置于
一个几乎无力回天的位置。美国距离灭顶之灾只差一场败仗。
倘若再来一次大败，"那么詹姆士河以南的国土……就将归于
尘土灰烬，"李预言道。"这番惨剧再加上绝望，将令我们无
法坚持下去……（迫使）我们再度被母国吞并。"形式是如此
严峻，以至于华盛顿拒绝了格林同妻子凯蒂（Caty）和孩子们
作短暂道别的请求。

格林曾经督导了对约翰·安德烈的审判，并随即取代阿诺
德成为西点要塞指挥官。10 月 21 日早晨，纳撒尼尔·格林给
凯蒂写了一封道别信，随即踏上了南征的漫漫羁旅。

致 谢

我要感谢的人很多，其中最重要的一位就是我的母亲，已 327
故的玛丽安娜·D. 菲尔布里克。她毕生对本尼迪克特·阿诺
德的痴迷使这本书的写作更像是义不容辞。对于本尼迪克特·
阿诺德在萨拉托加之战中的负伤状况，《约瑟夫·华伦医生》
的作者塞缪尔·福尔曼博士则提供了早些时候的洞见和建议，
他在医学方面的专业研究使我获益匪浅。下一位是佛蒙特州弗
金斯尚普兰湖海事博物馆的执行理事埃里克·蒂乔努克，他带
着我游历了尚普兰湖和瓦库尔岛，给了我极大帮助。2014 年
在"殖民地威廉斯堡"①，我有幸参与了布鲁斯·温特主办的
第三届美国革命年会，并从爱德华·G. 伦格尔、詹姆斯·克
尔比·马丁、安德鲁·奥肖内西、格伦·威廉姆斯、托德·安
德尔里克、唐·哈吉斯特、大卫·马特恩的报告中收获颇丰。
纽约港高中的水产项目理事詹姆斯·L. 纳尔逊、"十亿牡蛎计
划"理事彼得·马林诺夫斯基带着我的家人们对纽约港进行
了一番富有启示性的探索，包括环绕斯塔滕岛和曼哈顿岛的航
行；万分感谢布拉德·伯恩哈姆提供船只。在布鲁克林高地逗
留的一个半月使我对纽约和布鲁克林在独立战争中扮演的重要
角色有了更深的认识；感谢我的孙女莉迪亚·菲尔布里克·麦

---

① 美国保留殖民地时代风貌的露天历史博物馆。

克阿德。她于长岛战役纪念日的前一天出生在纽约大学朗格因医疗中心，这里位处曼哈顿岛临近基普湾的一侧。莉迪亚不仅给了我在布鲁克林逗留一段时间的动力，在她出生的医院房间里我还对东河进行了全景鸟瞰。非常感谢哈里·卡朋特、迪拉德·克尔比，特别是费恩·温特沃斯。我在新泽西莫里斯顿的实地考察多亏了他们三人，他们对我极具启发和教益；同样感谢莫里斯顿三处历史遗迹的工作人员：华盛顿指挥部博物馆、舒伊勒－汉密尔顿宅邸，以及约基谷营地。感谢库尔特·威尔布兰斯和道格拉斯·布拉德伯恩，他们为我造访乔治·华盛顿

328　的弗农山庄和弗雷德·W. 史密斯国家图书馆提供了便利。在密歇根州安娜堡的威廉·L. 克莱门茨图书馆，J. 凯文·格拉法格尼诺、布莱恩·杜尼根和切尼·乔皮尔雷帮助我浏览了亨利·克林顿文件集，以及许多其他文献资源。在国会图书馆手稿阅览室里，杰夫·福兰尼瑞给了我了难以忘怀的帮助，带我浏览那些珍贵无伦的文献宝藏。在纽约历史学会，则有瓦莱里·帕利的鼎力相助。我同样要感谢纽约公共图书馆、宾夕法尼亚州档案局、纽黑文博物馆、马萨诸塞州历史学会和西点博物馆的雇员们。当然，还有如下历史遗迹的工作人员：福吉谷、米弗林堡、泰孔德罗加堡、萨拉托加战场、布兰迪维因战场，以及泡利战场。

我要感谢审读我的手稿并给予评论的人们，他们有阿特·科恩、理查德·邓肯、彼得·戈夫、詹妮弗·菲尔布里克·麦克阿德尔、托马斯·麦克吉雷、詹姆斯·克尔比·马丁、布鲁斯·米勒、詹姆斯·L. 纳尔逊、塞缪尔·菲尔布里克、托马斯·菲尔布里克、巴内特·谢克特。非常感谢我的儿子伊森·菲尔布里克，以及他的丈夫威尔·德维特。他们二人倾听、评

论了我第一章的初稿。

和我之前的四本书一样，我的研究生迈克尔·希尔一如既往参与其中。过去三年里他的研究和写作给我提供了极大帮助。詹妮·保尔奇为取得书中图片的使用许可而费心费力。杰弗里·沃德则一如往常地在地图工作中扮演要角。

在维京出版社，我有幸再一次与无出其右的温迪·沃尔夫共事，我已在热盼我们一起合作的第七本书付梓了。我还要万分感谢布莱恩·塔特、安德里亚·舒尔茨、阿米·希尔、卡罗林·科尔伯恩、林德赛·普雷维特、克里斯汀·马特岑、布鲁斯·吉尔福德斯、佐治亚·伯博德纳、卡特·史塔克、莉迪亚·希尔特，以及玛丽·斯通。我同样要感谢卡特琳·科特、约翰·法根、帕特里克·诺兰，以及企鹅出版社的路易斯·布拉夫曼。感谢贾森·拉米雷斯的书籍护封设计。

我同样要感谢我的经纪人斯图亚特·克里切夫斯基。过去17年间，我三生有幸地有他作为我的朋友和文学顾问。我也要感谢他的同事们：沙纳·科亨、罗斯·哈里斯，以及大卫·戈尔。感谢国际创新管理伙伴（ICM Partners）经纪公司里奇·格林的热情付出和卓越洞见。非常感谢坦德姆文学社的梅格汉·沃克，他帮助我在我的网站和社交媒体上与千千万万读者们建立了联系。

最后，我要特别感谢我的妻子梅丽莎和所有家人。感谢他们的耐心和支持。

注　释

缩略词

　　AA5——《美国档案》（*American Archives*）第 5 版系列，彼得·福尔斯编；

　　COS——《1776 年之战》（*Campaign of 1776*），亨利·约翰斯通编；

　　DAR——《美国革命文件集》（*Documents of the American Revolution*），K·G. 戴维斯编；

　　JCC——《大陆会议日报》（*Journals of the Continental Congress*），的沃辛顿·乔恩赛·福特等编；

　　LCJR——《约瑟夫·里德的生活和通信》（*Life and Correspondence of Joseph Reed*），W·B. 里德编；

　　LDC——《大陆会议代表书信集》（*Letters of Delegates to Congress*），保罗·史密斯编；

　　LOC——国会图书馆（Library of Congress）

　　MHS——马萨诸塞州历史学会（Massachusetts Historical Society）

　　NA——国家档案馆（National Archives）

　　NDAR——《美国革命海军文件集》（*Naval Documents of the American Revolution*），威廉·贝尔·克拉克编；

　　NEHGR——《新英格兰历史与谱系登记簿》（*New England Historical and Genealogical Register*）

　　NYHS——纽约历史学会（New-York Historical Society）

　　NYPL——纽约公共图书馆（New York Public Library）

　　PGW——《乔治·华盛顿文件集：革命战争系列》（*The Papers of George Washington：Revolutionary War Series*），费兰德·蔡斯等编；

　　PNG——《纳撒尼尔·格林将军文件集》（*Papers of General Nathanael Greene*），理查德·休曼、登尼斯·M. 康拉德编；

　　WGW——《乔治·华盛顿选集》（*Writings of George Washington*），约翰·菲茨帕特里克编；

　　WMQ——《威廉玛丽季刊》（*William and Mary Quarterly*）

　　我已经调整了引用文字的拼写和标点，以增强在现代读者中的可读性——在以下引用的部分资料来源里，编辑们已经带我完成了一些此类工作。

前言　断层线

约翰·夏伊（John Shy）于《武装人民何其多》（*People Numerous and Armed*）里写到"美国革命战争的基本史实并不美好，特别是在畅快热烈的第一年过后"（第 23 页）。查尔斯·帕特里克·内梅耶尔（Charles Patrick Neimeyer）在《北美走向战争》（*America Goes to War*）一书中说，"后代历史学家们称颂一位神化版本的战士"（第 26 页）。有关查尔斯·汤姆森对大陆会议活动的未刊记载，我借助于博伊德·斯坦利·施伦瑟（Boyd Stanley Schlenther）的传记《查尔斯·汤姆森：一名爱国者的事业》（*Charles Thomson：A Patriot's Pursuit*）。书中收入了约翰·杰伊的声言，"世上没有人比您本人更熟稔于……美国革命的史实"；以及汤普森"不揭下这层面纱"的决定（第 202～205 页）。承蒙大卫·马特恩（David Mattern）向我手示这条资料。

第一章　恐惧与混乱之魔

有关华盛顿近卫队以及对他们"英俊匀称，光鲜整洁"的描述，我参考了卡洛斯·戈德弗雷（Carlos Godfrey）的《总司令近卫队》（*Commander-in-chief's Guard*）一书（第 19 页）。有关托马斯·希基的审判和处决，我要感谢布莱恩·卡索（Brian Carso）的《现在我们还能相信谁?》（*Who Can We Trust Now?*）一书，该书详述了大陆会议对托马斯·希基定罪议题的回应。大陆会议通过了一项决议案，"将背叛定义为对殖民地的不忠"。如此便创造了"一篇事实上的《独立宣言》；时间远在大陆会议通过正式《宣言》的数周之前"（第 58～59 页）。丹尼尔·麦克库尔汀（Daniel McCurtin）对英军舰队抵达的记述，见于道格拉斯·弗里曼（Douglas Freeman）的《华盛顿》（*Washington*）一书（4：127）。本书也记述了斯塔滕岛高地上飘扬信号旗之事。弗兰西斯·德拉克（Francis Drake）《亨利·诺克斯的生活和通信》（*Life and Correspondence of Henry Knox*）一书（第 28 页）收入了诺克斯给弟弟威廉·诺克斯的信件，记述了他和露西 7 月 11 日见到英军舰队抵达时的情景。*LCJR*（1：215－216）收入了约瑟夫·里德给妻子的信件，描述了 1776 年 8 月 9 日他见到"乌压压舰队"时的惊讶，英军舰队如何像"从天而降"一样到来。有关黑森佣兵对英军的重要性，见于大卫·哈克特·

费希尔（David Hacket Fischer）《华盛顿的十字路口》（*Washington's crossing*）一书（第 51 ~ 65 页）。杰曼带给豪将军"对这次精湛、果决行动的彻底惊愕"，此一说法见于皮尔斯·麦克西（Piers Mackesy）的《为北美而战》（*War for America*）一书（第 70 页）。爱德华·吉本（Edward Gibbon）声称杰曼"希望在北美重新征服德意志"，此说法见于安德鲁·奥肖内西（Andrew O'Shaughnessy）《丢掉北美的人》（*Men Who Lost America*）一书（第 175 页），杰曼对豪将军即将发动"一场决定性的战争，毕其功于一役结束叛乱"的预想也见于此书（第 177 页）。本杰明·富兰克林给理查德·豪的信件里提到"大英帝国那名贵的陶瓷花瓶"，此信引自大卫·西雷特（David Syrett）《海军上将豪勋爵》（*Admiral Lord Howe*）一书（第 52 页）。

查尔斯·威尔逊·皮尔 1776 年所作的华盛顿画像收藏于布鲁克林美术博物馆。约瑟夫·里德对华盛顿"荣誉之心"的描述见于 1776 年 8 月 4 日致佩蒂特先生的信（*LCJR*，1：213）。本杰明·拉什对华盛顿拥有"一目了然的士兵形象"的描述见于理查德·布鲁克希瑟（Richard Brookhiser）《建国国父》（*Founding Father*）一书（第 114 页）。我要感谢巴内特·谢克特的提醒，他在《乔治·华盛顿的美国》（*George Washington's America*）一书（第 133 ~ 135 页）一书中提到了华盛顿的大胆计划：对斯塔滕岛的英军发动一场先发制人的进攻；华盛顿于 1776 年 7 月 10 日致约翰·汉考克的信中提到"惨烈哀伤的胜利"（*PGW*，5：258 – 261）。有关纳撒尼尔·格林"重流感"的记载，见于格林 1776 年 8 月 15 日致华盛顿的信（*PGW*，6：30）。

菲利普·费西安（Philip Fithian）对"砰！砰！"号炮声的记述见于他的《日记》（*Journal*）1776 年 8 月 22 日，第 215 页。英军入侵长岛期间，安布罗斯·塞尔对如画风景的记述见其《日记》（*Journal*）第 71 ~ 73 页。霍拉斯·沃波尔对豪氏兄弟木讷寡言的评论，见于奥肖内西盖尔的《丢掉北美的人》（*Men Who Lost America*）一书第 88 页。亨利·克林顿自称"害羞婊子"之语，见于威廉·威尔科克斯（William Willcox）《一名将军的画像》（*Portrait of a General*）一书第 44 页。费希尔在《华盛顿的十字路口》（*Washington's Crossing*）一书中评述了这次军事法庭，斯马尔伍德和另一些美军军官因此在布鲁克林之役时滞留纽约。本书也提到了大陆军的重整，沙利文的记载说，士兵们"在长岛西部来回徘徊"（第 91 ~ 93 页）。华盛顿于 1776 年 8 月 25 日致普特南信里谈到"一支训练有素的军队和一群暴民之别"（*PGW*，6：126 – 128）。克林顿在他的美国革命回忆录里描述了他制定长岛之战战斗计划的过程，以及他是如何将其推销给豪将军的。此回忆录以《北美叛乱》（*American Rebellion*）之名出版，见于密歇根州安娜堡的威廉·L. 克莱门茨图书馆，由威廉·威尔科克斯编辑，第 40～44 页。有关斯特林抵抗格兰特的相关内容，我引用了 *COS* 第 168 页的记载。迈尔·史蒂芬逊《爱国者诸战役》（*Patriot Battles*）一书第 239 页描述了斯特林及其马里兰民兵们蒙受的损失。富兰克林·埃利斯（Franklin Ellis）、塞缪尔·埃文斯（Samuel Evans）在 1776 年 9 月 3 日的一封信中援引詹姆斯·钱伯斯（James Chambers）中校的话说，斯特林"像一头狼一样"战斗，此信见于《兰开夏县史》（*History of Lancaster County*）第 47 页。华盛顿对斯特林手下"英勇同袍"牺牲的哀怜之语见于乔治·希尔（George Scheer）和休·兰金（Hugh Rankin）合著的《叛乱者和红衣军》（*Rebels and Redcoats*）第 168 页。豪将军宣称，他的士兵们"或已拿下这座堡垒"。此语见于他 1776 年 9 月 3 日致杰曼之信，收入托马斯·菲尔德（Thomas Field）《长岛之战》（*Battle of Long Island*）第 380 页。帕特南"豪将军要么是我们的朋友，要么就不是将军"的评论，见于约瑟夫·埃利斯的《革命之夏》（*Revolutionary Summer*）① 一书第 119 页。

亚历山大·格雷顿（Alexander Graydon）"无情大雨"的评述见于 *COS* 第 210 页。我对华盛顿如何决策撤过东河、以及撤退如何完成的叙述要大大依赖于 *COS* 第 212～214 页的记载。谢克特在《争夺纽约之战》（*Battle for New York*）第 165 页中叙述，华盛顿在撤退中曾威胁要弄沉一艘过度拥挤的船只。塔尔米奇对这场大雾的描述见于 *COS* 第 222～224 页。费西安勉强相信军队撤退，相关记载见于他的《日记》（*Journal*）第 221 页，1776 年 8 月 30 日。格林对撤退"我读到、或听到过……最有成效的撤退"的描述，引自 *COS* 第 224 页。

华盛顿对自己"完全不适合"提笔的记载，见于他 1776 年 8 月 31 日给约翰·汉考克的信件，引自 *PGW* 第 6 卷第 177 页。华盛顿提及康涅狄格民兵时"士气低落，难以管教，不耐烦重回行伍"的评语，以及他对缺少一支常备军就会导致"我们的自由肯定会有极大危险——如果不是完全输掉它的话"的预言，均见于 1776 年 9 月 2 日致约翰·汉考克的信件，收入 *PGW* 第 6 卷第 199 页。丹尼尔·布罗德海德（Daniel

① 此书已由社会科学文献出版社翻译出版。

Brodhead）"从人们开始理解战争艺术以来，任何军队都没有过如此差劲的军事指挥"的愤激之语见于 *COS* 第 65 页。约翰·哈斯利特（John Haslet）对华盛顿"肩负着太过艰巨的任务，协助他的人绝大多数都是毛孩子"的评述则见于 *COS* 第 52 页。戴夫·帕尔默在《乔治·华盛顿的军事天才》（*George Washington's Military Genius*）中提到，"战争中华盛顿的一大战略失策便是他将全部军队投入纽约防御的决策"（第 131 页）。约瑟夫·里德"作茧自缚……在这块弹丸之地"的文字见于他 1776 年 9 月 2 日致妻子信；而他在 1776 年 9 月 6 日"我们的牺牲"之信也写给妻子，引自 *LCJR* 第 1 卷第 230～231 页。埃利斯在《革命之夏》里也引用了约瑟夫·里德 1776 年 9 月 6 日写给妻子的信件。里德在信中宣称，"在这纷扰紧张的时刻，华盛顿正准备杀身成仁"（第 139 页）。华盛顿于 1776 年 9 月 30 日致伦德·华盛顿信中写到自己正身处"郁郁寡欢、矛盾分裂的情绪"之中，并详细筹划着弗农山庄的翻修工作。此信引自 *PGW* 第 6 卷第 440～443 页。尽管这封信写于纽约撤退两周之后，它却明确地展现了华盛顿那绝望而又好斗的情绪，这与长岛之战后他的感受一模一样。

约翰·亚当斯对本杰明·拉什的耳语，曾为托马斯·麦克吉雷在《结束这场革命》（*Stop the Revolution*）一书中所引用。根据该书记载，亚当斯还给沙利文贴上了"诱饵"（第 130～131 页）的标签，并对理查德·豪上将做出了"马基雅维利式谋略"的评估（第 139 页）。我对"海龟"号炸毁豪上将旗舰不成功尝试的记述参考了菲尔普斯·斯托克（Phelps Stoke）《曼哈顿岛图像志》（*Iconography of Manhattan Island*）第 5 卷第 997～998 页，以及林肯·迪亚曼特（Lincoln Diamant）的《锁住哈德逊河》（*Chaining the Hudson*）第 20～30 页。有关英国海军三等舰的记载，见于帕特里克·奥布莱恩（Patrick O'Brian）《战争之人》（*Men-of-War*）一书第 13～28 页。我对豪上将在"雄鹰"号舱室的记述，一部分取材于弗里德里希·姆恩奇豪森（Friedrich von Muenchhausen）《在豪将军这边》（*At General Howe's Side*）一书第 21 页对威廉·豪在"不列颠尼亚"号上的司令部的描述。约翰·亚当斯在他《约翰·亚当斯自传和日记》（*Diary and Autobiography of John Adams*）一书的《自传》（*Autobiography*）部分描述了富兰克林和豪上将之间的交谈。安布罗斯·塞尔对这次会面的精炼记述见于他的《日记》（*Journal*）第 106 页。纳撒尔·格林 1777 年 9 月 5 日致华盛顿信见于 *PGW* 第 6 卷第 222～224 页。华盛顿在 1777 年 9 月 8 日致约翰·汉考克信中将纽约形容为"北国锁钥"，他在信中也讨论了"华盛顿山（Mount Washington）上坚固阵地的落成……对岸新泽西用于辅助的路障也已做成"，见 *PGW* 第 6 卷第 249～250 页。

约瑟夫·普拉姆·马丁有关英军袭击基普湾的记载见于《平凡之勇》（*Ordinary Courage*）一书，后来也收入他的《纪事录》（*Narrative*）第 23～24 页。安布罗斯·塞尔在他的《日记》第 104 页写到了"不停息的……炮声大作"。本杰明·特朗布尔在他《日记》第 193～195 页里写到了这次袭击。菲利普·费西安在他《日记》第 235 页记录了他朋友斯蒂芬·兰尼（Stephen Ranney）的口述，"霰弹在他周围密集爆炸，就像是一个人……扔出了满手的小石头一样"。约瑟夫·普拉姆·马丁并非唯一一对烈酒有兴趣的美军士兵——英军中尉洛夫图斯·克里夫（Loftus Cliffe）的证言可以作证。克里夫报告说，"长岛之战结束后，所有伤亡的敌军士兵都散发着朗姆酒的恶臭味"；克里夫还补充说，"他们的食堂仍然留有十足的酒气，甚至他们的军官也是这样以酒壮胆"。这些证言见于他日记的手稿，今日存于密歇根州安娜堡的威廉·L.克莱门茨图书馆。斯托克《曼哈顿岛图像志》一书还包括了一份记录，记述豪将军曾希望在魁北克之役周年入侵纽约（5：1010）。洛夫图斯·克里夫还在日记里提到了豪将军"不会做出无节制的牺牲，哪怕是一名士兵的手指"的决心。

华盛顿在 1776 年 9 月 16 日致约翰·汉考克信中描述了他是如何以"最快速度"向基普湾飞驰的，此信见于 *PGW* 第 6 卷第 313～314 页。塞缪尔·帕森（Samuel Parson）有关华盛顿发出"守住防护墙！""守住玉米地！"命令的证言，见于 *COS* 第二部分第 93 页。约瑟夫·普拉姆·马丁"恐惧和混乱之魔"的说法见于他的《纪事录》（*Narrative*）第 25 页。斯托克《曼哈顿岛图像志》收录了威廉·希思对华盛顿长叹"我就是和这些人并肩作战保卫美国吗？"的记述；此书也收录了纳撒尼尔·格林有关华盛顿"觅死"的记载，以及詹姆斯·撒切尔对华盛顿坐骑的描写——华盛顿的战马被"他的一名副官"拨转了马头（5：1014）。隆恩·切尔诺夫（Ron Chernow）引述托马斯·杰弗逊和古文诺·莫里斯（Gouverneur Morris）的证言，记述了华盛顿的激情之火和他控制这些激情的尝试，见《华盛顿》（*Washington*）第 xix 页。亨利·诺克斯对华盛顿在詹姆斯·帕特森面前"超自然"般在场的描述，见于他 1776 年 7 月 22 日致露西·诺克斯的信件，引自 *NYHS*。有关豪将军在罗伯特·穆雷家中逗留的持平记述，见于谢克特《争夺纽约之战》第 189～190 页。

第二章 蚊子舰队

检视本尼迪克特·阿诺德和霍雷肖·盖茨之间 1776 年夏秋两季的通信（*NDAR* 第 6 卷），我们就足以追踪其舰队在尚普兰湖南北穿梭的路线。尚普兰湖向北流入黎塞留河，并最终进入圣劳伦斯湾。有鉴于此，向北航行严格地说是顺湖而下。但这么介绍会带来显而易见的混乱（考虑到我们绝大多数人都把北方视为"上游"方向），因此我将把向北航行写成溯湖北上，向南写成顺湖南下。威廉·迪格比在他的《日记》里对群狼猎鹿的嗥叫声和"遮天蔽日的旅鸽"的描述见詹姆斯·巴克斯特（James Baxter）编《英军从北面入侵》（*British Invasion from the North*）一书第 154 页。阿诺德在 1776 年 9 月 7 日致霍雷肖·盖茨信中提到，他的一些士兵是如何"在战友们准备好之前就违抗命令登岸……并被一队野蛮人袭击"的。6 名美军士兵遇袭身亡，3 人受伤。阿诺德信件见 NDAR 第 6 卷第 734 页。有关美军在斯基内斯镇的造船工作，尼尔·斯托尔特（Neil Stout）在"美国海军之诞生"一文中有所记述；以及威廉·福勒（William Fowler）《风帆下的叛乱者》（*Rebels under Sail*）第 166～174 页；以及詹姆斯·纳尔逊（James Nelson）《本尼迪克特·阿诺德的海军》（*Benedict Arnold's Navy*）第 227～256 页。有关英美两军舰队的情况我也参考了约翰·米拉尔（John Millar）《殖民地和革命时期的北美舰船》（*American Ships of the Colonial and Revolutionary Periods*）一书。保罗·纳尔逊（Paul Nelson）在"盖伊·卡尔顿对抗本尼迪克特·阿诺德"一文里也记述了 1776 年 9 月 6 日卡尔顿在得知美军舰船实力后建造"不屈"号的决策过程（第 355 页）。英军面临的最新挑战是黎塞留河的尚布利瀑布，这条瀑布迫使他们将所有舰船的龙骨和木料都改从陆路拖运，并集中在圣琼斯。关于阿诺德如何使美军舰队实力为敌人所知，巴伊泽·威尔（Bayze Well）在他 1776 年 9 月 4 日～6 日的日记中有所披露。据威尔描述，阿诺德命令他的舰队在湖面上排成一道"战斗队形"，并在两天后命令舰队以炮声向新抵达的"新泽西"号贡多拉和单桅纵帆船"李"号致敬，礼炮"有条不紊地鸣响"（第 275～276 页）。爱德华·奥斯勒在"瓦库尔岛之战"一文中记述了建造"不屈"号的过程。"森林里早晨长出来的树木，晚上之前就成了船的一部分。"（第 164 页）查尔斯·道格拉斯于 1776 年 9 月 23 日的一封信中写道，"不屈"号将如何"给我们带来尚普兰湖的控制权"（*NDAR*，6：951）。阿诺德 1776 年 9 月 18 日致盖茨信中提到"风季"的来临，见 *NDAR* 第 6 卷，884 页。1776 年夏秋两季驻防在泰孔德罗加堡的约翰·格林伍德提到"蚊子舰队，恰如其名"，见《约翰·格林伍德革命生涯》（*Revolutionary Services of John Greenwood*）第 37 页。

约翰·贝尔（John Bell）2013 年 7 月 26 日发表于个人博客《波士顿 1775》（*Boston 1775*）上的"本尼迪克特·阿诺德有多高?"一文引用了塞缪尔·唐宁（Samuel Downing）对阿诺德的观察，"他的身板没有一处浪费"；同样，里克斯牧师也曾断言，阿诺德是一名"最有成就的优雅滑冰者"（*http://boston1775.blogspot.com/2013/07/how - tall - was - benedict - arnold.html*）。我对阿诺德早期平民生活、瓦库尔岛革命战争之前经历的记述主要依靠克拉雷·布兰特（Clare Brandt）《镜中之人》（*Man in the Mirror*）第 9~85 页；以及詹姆斯·克尔比·马丁《本尼迪克特·阿诺德》第 11~222 页；詹姆斯·纳尔逊《本尼迪克特·阿诺德的海军》第 3~226 页。布兰特引用了阿诺德波士顿屠杀之后的盛怒之语（第 15 页）；纳尔逊记述了阿诺德对詹姆斯·伊顿的羞辱（第 60 页），以及阿诺德给希拉斯·迪恩的信件。阿诺德在这封信中提到，他将把自己的丧妻之痛深埋于"公共灾难"之中（第 72 页）。

詹姆斯·威尔金森于他的《回忆录》（*Memoirs*）第 1 章第 55 页谈到了阿诺德是如何坚持成为最后一个离开圣琼斯的美国人的。拉塞尔·贝里克（Russell Bellico）《群山之中的风帆和蒸汽》（第 139 页）引述了霍雷肖·盖茨相信阿诺德将把"生命和精力献给造船厂"的说法。詹姆斯·威尔金森于 1776 年 8 月 5 日致理查德·瓦里克信中形容阿诺德"无畏，慷慨，友善，直率，诚实"，见 *NDAR* 第 6 卷，第 61 页。在同一封信中他也借机评论了一番阿诺德的批评者们："是不是那些洋洋自得于制定大陆会议条款的人们借机诋毁阿诺德的声誉，并且更加以此为乐呢？正是阿诺德亲蹈绝险、排除万难，为革命事业浴血奋战。他们对此只不过是碍手碍脚罢了。"威尔金森在这里做出了一个令人震惊的精准预测，阿诺德即将在萨拉托加之战中面临此境。正是在萨拉托加之战时威尔金森决定，他在未来最好还是将自己托付于阿诺德的新天敌霍雷肖·盖茨手下为上。威尔金森从此成为阿诺德最为猛烈的一名批评者。詹姆斯·克尔比·马丁《本尼迪克特·阿诺德》第 230 页引述了刘易斯·毕比医生的愿望："有些人想……用一盎司的弹丸让阳光射进他的脑袋"。詹姆斯·威尔金森在他的《回忆录》里对摩西·哈岑的军事法庭有一番详细叙述，并直接引用了记录的证词；他也引述了 1776 年 9 月 2 日盖茨致约翰·汉克克信。盖茨在信中委婉地提到，阿诺德的"脾气或许会导致他距离'端庄得体'的精确边界稍远了一些"（第 1 卷第

70～74 页）。巴伊泽·威尔《日记》第 272 页 1776 年 8 月 29 日条记载，阿诺德的军官们在尚普兰湖东岸、菲利斯湾稍北处的巴顿莫尔德湾享受了一场"最为文雅的烤猪宴"。

汉娜·阿诺德 1776 年 8 月 5 日和 9 月 1 日的信件提到了阿诺德的幼子黑尔和他正在沉没的贸易船，也揭示了一个事实：阿诺德现在是"一位破产商人"。阿诺德将这些信件留在了他之前的旗舰"皇家猎人"号上，并最终落入了敌人之手。今天，这些文件依然保存在加拿大魁北克的档案馆里，并以《美国革命文件集》的名义登载于《魁北克拉瓦尔大学学报》（*Revue de l'Université Laval*，*Québec 2*，*no. 7*），1948 年 3 月，第 644 页、746 页。詹姆斯·克尔比·马丁引述了塞缪尔·蔡斯致阿诺德的信件，信中写道，"您最好的朋友并不是您的同胞们"（《本尼迪克特·阿诺德》第 233 页）。有关霍雷肖·盖茨的信息我参考了保罗·纳尔逊《霍雷肖·盖茨将军》一书第 3～6 页。盖茨对新英格兰民兵的评述见于拙著《邦克山》第 242 页。有关盖茨－舒伊勒之争，可见纳尔逊著作第 58～73 页，以及乔纳森·罗西耶《美国革命指挥权政治》（*Politics of Command in the American Revolution*）第 101～134 页。

阿诺德写到，这是多么的"残忍"，当被控为"一名窃贼和劫匪之时……我却无权发出自辩之声"。这些文字见于 1776 年 9 月 7 日他致盖茨的信件（*NDAR*，6：735）。盖茨 1776 年 9 月 11 日致菲利普·舒伊勒信中提到"这股喷涌不息的诽谤逆流"（*AA5*，2：294－295）。盖茨于 1776 年 8 月 7 日下达给阿诺德的命令中坚称，"我们现在要打的是一场防御战"（*NDAR*，第 3 卷，第 95 页）。盖茨在 1776 年 9 月 5 日致阿诺德信中写道，"湖泊风向如你所愿"（载《美国革命文件集》，*Revue de l'Université Laval*，*Québec 2*，*no. 4*，1947 年 12 月，第 839 页）。阿诺德 1776 年 9 月 15 日在信中告诉盖茨，"我计划转移到瓦库尔岛"（*NDAR*，6：837）。19 世纪时，温斯洛夫·沃特森拜访了威廉·海伊的宅邸，并在那里俯瞰瓦库尔湾，采访了海伊健在的女儿——后来的埃尔莫尔夫人，战争时她仅有两岁。采访记见于沃特森的《王冠岬诸要塞和泰孔德罗加堡》第 199～200 页。据奥斯卡·布雷登伯格于《美军尚普兰湖舰队，1775～1777》第 253 页所记，阿诺德早在 1775 年远征圣琼斯途中就拜访过瓦库尔岛背向的海伊宅邸，很明显，他已熟知这块区域。阿诺德在 1776 年 9 月 21 日致盖茨信中提到，他曾派出两艘船只绕过瓦库尔岛，也曾训练士兵们"熟习他们的枪支"（*NDAR*，6：926）。盖茨在 1776 年 9 月 23 日信中使阿诺德确信"活着的人里，没有人为您和您船队的福祉更感忧虑的了……除了我自己"（*NDAR*，6：962）。巴伊泽·威尔在1776 年 10 月 1 日的《日记》（第 282 页）中写道，他看见"群山上的雪花"。阿诺德在 1776 年 10 月 1 日致盖茨的信中，对纽约沦陷有所回应（*NDAR*，6：1117）。阿诺德在信中极表忧虑，担心英军舰队将是"可畏的"（*NDAR*，6：1197 页）；盖茨于 1776 年 10 月 12 日给阿诺德的回信中提到了他的"无敌舰队"（*NDAR*，6：1237 页）。

陆军中尉迪格比写道，他们"在大陆心脏地带"看到一艘三桅横帆船后的"目眩一视"（《日记》第 153 页）。迪格比还在 1776 年 10 月 10日（第 157）条日记中写道对卡尔顿的批评，"他以身犯险，远离舰队战线"。乔治·鲍施（George Pausch）在 1776 年 10 月 11 日《日记》（第 82 页）中记述了"华丽吉祥之风"。罗伯特·诺克斯医生曾记载他初次见到阿诺德舰队船只时的情形，见于 J. 罗伯特·马吉雷（J. Robert Maguire）《罗伯特·诺克斯医生的瓦库尔岛战役实录》（后来被称为"诺克斯纪事"）第 148 页。约翰·布拉腾在《贡多拉"费城"号和尚普兰湖之战》（*Gondola and the Battle of Lake Champlain*）一书中预计，英军舰队"已经位处海峡中段了，其位置距瓦库尔岛南端有两英里"（第 58 页）。大卫·沃特布里在 1776 年 10 月 24 日致约翰·汉考克信中提到他在战前与阿诺德的会面（*AA5*，2：1224）。"皇家野人"号上的奥斯卡·布雷登伯格引述了美军船员的声言"上帝庇佑……这是一艘三桅横帆船"，也引述了阿诺德的哀叹"他们都是海军士兵"（第 147 ~148 页）。贝里克在《群山之中的风帆和蒸汽》书中写道，阿诺德的美军舰队上有 500 名"旱鸭子"（第 150 页）。

阿诺德在 1776 年 10 月 12 日致盖茨信里的战争报告中评述了"皇家野人"号的"糟糕指挥"（*NDAR*，6：1235）。乔治·鲍施在其《日记》中记述了战斗是如何迅速变得"极为炽烈"的（第 82 页，1776 年 10 月11 日条）。阿诺德于 1776 年 9 月 7 日致盖茨信中写道，他已经准备要"将贡多拉自船头和两侧固定捆扎起来，以此防止敌军登陆，并阻滞小型炮火"（*NDAR*，6：734）。鲍施在他的《日记》中记述，美军船只是如何从弥漫的炮火硝烟中消失并"缓一口气"的（1776 年 10 月 11 日条，第 82 页）。阿诺德于 1776 年 10 月 12 日致盖茨信中写道，他是如何以"良好执行力"将大炮装上"议会"号的（*NDAR*，6：1235）。在《给普林格船长的公开信》（*Open Letter to Captain Pringle*）中，约翰·施朗克（"不屈"号船长）、约翰·史塔克（"玛利亚"号船长）和爱德华·朗克罗夫特（"投诚者"号）都分别提出了对普林格的指控——"对战斗意兴阑珊"(第18页)。有关"卡尔顿"号遭美舰击穿的情况,我主要参考了爱德华·奥斯勒的《瓦库尔岛之战》(*Battle of Valcour*)一书第164页,以及阿尔弗雷德·萨耶尔·马汉《1776年尚普兰湖水战》一书第154页。亚希尔·斯特瓦特记述了美军炮弹是如何"一次又一次击穿""卡尔顿"号的,见他日记1776年10月11日条,载于唐纳德·威克曼《尚普兰湖最悬而未决时刻》第92页。罗伯特·诺克斯医生在《诺克斯纪事录》第148页里记述了他与卡尔顿将军在一枚美军炮弹飞越头顶后的交谈。在《群山之中的风帆和蒸汽》一书第143页,贝里克列出了英军炮艇的名号,并对其做出了一番出色的描述。

陆军中尉约翰·恩伊斯在他的《日记》第19页评了英军炮艇是如何"承受(敌军)全部火力"的。鲍施也在1776年10月11日的日记(第82~83页)中记述,在"卡尔顿"号中弹后,战斗是如何变得"极其危险"的,以及"叛乱者们的炮弹打得很好"。有关英军和德籍炮艇在这场战斗中扮演角色的详细情况,可参见道格拉斯·库比逊《火炮从未赢得更多荣誉》第54~65页。阿诺德在1776年10月12日致盖茨信提及美洲原住民武装的枪弹如何"一刻不停"地倾泻到了瓦库尔岛上和尚普兰湖西岸(*NDAR*,6:1235)。温斯洛夫·沃特森(许多年后和海伊夫人已成年女儿交谈的那个人)记述了这名年轻母亲和印第安武装之间的接触,见《王冠岬诸要塞和泰孔德罗加堡》第199~200页。亚希尔·斯特瓦特记述了美国医生们是如何"切除了许多断肢残腿"的,见威克曼《尚普兰湖最悬而未决时刻》第92页,斯特瓦特《日记》1776年10月11日条。鲍施记述了英军炮艇炸毁的状况,以及他如何将大部分船员救出生天,见鲍施《日记》第83~84页。马汉在《1776年尚普兰湖水战》第155页记述了"不屈"号如何高效地在日暮时分终结了战局——"五门舷侧炮整齐划一地静默下来"。贝里克则描述在"费城"号船头,"人们发现一枚24磅的炮弹嵌入外板"(《群山之中的风帆和蒸汽》,第153页)。有关人们如何营救"费城"号、"费城"号如何最终成为美国国立博物馆美国历史部分中心藏品、并成为尚普兰湖海事博物馆复制品原型的过程,见于布拉腾的《贡多拉"费城"号》第74~164页。

阿诺德曾在1776年10月12日致盖茨信中提及他舰队所遭逢的毁灭性打击(*NDAR*,6:1235)。詹姆斯·威尔金森对这场战斗的记述依据他和詹姆斯·库辛的访谈而成,库辛是"议会"号上的一名水兵班长。战斗结束后,威尔金森在战争委员会的报告说,"一些(舰船)……正在变动航向躲开瓦库尔岛，通过这条狭窄的水道。但是阿诺德决定尝试从敌舰战线中开辟一条道路”，这一记载见于威尔金森《回忆录》（1∶90），他也在书中描述了舰队的夜间撤离。阿诺德从加拿大撤退期间，威尔金森曾是他的副官。威尔金森记述了阿诺德是如何坚持让他在阿诺德登船离开圣琼斯之前射杀其坐骑的（《回忆录》1∶55）。阿诺德在1776年10月12日致盖茨信中提到了他舰队的"幸运撤离"（NDAR，6∶1235）。在1776年10月12日、15日致伯戈因信中，卡尔顿写出了他的"大失颜面"——当他意识到敌人已经撤离时。同时，卡尔顿也承认敌军的"超人勤勉"（NDAR，6∶1272）。普林格在1776年10月15日致海军大臣菲利普·斯蒂芬斯（Philip Stephens）信中记述了"当晚极低的能见度"（AA5，2∶1070）。里德赛尔《回忆录》第71~72页可见里德赛尔将军对本场战役的记述、卡尔顿对阿诺德撤退的愤愤反应，这些内容都来自一名曾经历战斗的英军军官的二手复述。沃特森在《王冠岬诸要塞和泰孔德罗加堡》第199页还转述了一段传说——10月12日早晨卡尔顿一开始发现阿诺德逃跑并追击时，湖面依旧弥漫着大雾。在东面，就在格兰德岛南端稍南处，卡尔顿看到一条形如敌军舰船之物，他于是命令"玛利亚"号上的士兵们向其开火。结果证明，这只是几块树木蓊郁的岩石罢了。不管这个传说是否属实，今天在佛蒙特索斯黑罗（South Hero）镇有一座小岛被命名为"卡尔顿战利品"。

贝里克在《群山之中的蒸汽和风帆》一书中引述了威格斯沃斯的说法——阿诺德告知他，要他"为了舰队停航"。本书也记述了威格斯沃斯的决策过程，"继续航行、尽一切可能拯救'特朗布尔'号桨帆船是我的天职"（第155页）。亚希尔·斯特瓦特在他《日记》1776年10月13日条（载威克曼《尚普兰湖最悬而未决时刻》第94页）写到，阿诺德是如何命令"进取"号"尽我们一切可能全速行进"。沃特伯里有关他自己投降的记载，见于他1776年10月24日致约翰·汉考克信（AA5，2∶1224）。詹姆斯·威尔金森引述库辛中士的话，将沃特伯里的投降视为一种"卑劣行径"（《回忆录》，1∶91）。在他们的《致普林格船长公开信》中，施朗克、史塔克和朗克罗夫特记述了普林格是如何降低风帆，并以此减速靠近"议会"号的，公开信也指控普林格使舰船"相距甚远……比任何由真正勇气所激励的军官应当做到的……都更远"（第19页）。阿诺德在1776年10月15日致菲利普·舒伊勒信中提及了"议会"号事实上的背水一战（NDAR，6∶1276）。普林格在1776年10

月 15 日致斯蒂芬斯信中写到，阿诺德当时"大大得益于岸上刮来的风"（*AA5*，2：1070）。

威尔金森《回忆录》第 1 章第 91 页引述了库辛中士关于阿诺德如何命令水兵们占据高地、监视沿岸船只的回忆。关于戈德史密斯令人心痛的死亡，我们要感谢尚普兰湖海事博物馆创建人亚特·柯亨出示的斯奎尔·菲利斯的记载。柯亨发掘了这份档案，并在 1987 年以《史上未知事件》（*Incident Not Known to History*）之名发表，第 109～110 页。直到柯亨的文章出版，我们才有幸得知罗伯特·诺克斯医生的记载。诺克斯曾在"玛利亚"号执行看护任务，他报告说，阿诺德曾"点燃了（这五艘船），连带焚毁了里面的伤病士兵"，见《诺克斯纪事录》第 148 页。显然，本书将阿诺德置于绝对的阴暗面。阿诺德于 1776 年 10 月 15 日致舒伊勒信中写道，他曾"极度疲倦和不适"（*NDAR*，6：1275）。盖茨在 1776 年 10 月 15 日致舒伊勒信中提到阿诺德"许多千钧一发的撤离"（*NDAR*，6：1277）。约翰·布拉腾引述理查德·亨利·李的话，将阿诺德描述为"火爆，激越和冲动"（《贡多拉"费城"号》第 73 页）。迪格比则写到了阿诺德那"超迈卓绝的冷静和英勇"（《日记》第 164 页）。詹姆斯·克尔比·马丁引述了德籍佣兵对阿诺德的描述，"叛乱者中最具魄力的人"（《本尼迪克特·阿诺德》第 244 页）。奥斯勒在《瓦库尔岛之战》一文中记述了珀柳尝试俘获阿诺德的行动，以及他如何拿走了阿诺德的"硬领圈和搭扣"作为纪念品（第 166 页）。《牛津英语词典》将硬领圈描述为"一种硬质的贴身领带"，并引用一个 1806 年的定义，"一名军官服饰的一部分，一般由黑色丝绸或天鹅绒组成，并围系在脖子上"。奥斯勒认为，萨拉托加之战堪称是阿诺德"大为奉献其技巧和勇气"的结果。如果"珀柳有幸追得上阿诺德的话"，那么萨拉托加之战的结果也许就将逆转。奥斯勒还补充说，就在他写作时的 1835 年，阿诺德的硬领圈和搭扣"依旧由珀柳先生的哥哥保管着。阿诺德的儿子在数年前还确认，这是他父亲撤退时的独有装束"（第 166 页）。

第三章　坚毅之心

有关本尼迪克特·阿诺德"巨大声望"的引证，安德罗·林克拉特《叛变艺术家》（*Artist in Treason*）第 20 页有所引述。威尔金森是一名彻头彻尾的负面人物，人们在他死后发现了他与西班牙政府之间的通款信件。有鉴于此，威尔金森说辞的可靠性经常成疑。必须承认，使用威尔金森《回忆录》一书必须抱有十二分谨慎。但是，任何错过威尔金森记载的美国革命历史学家都错失了一项关键史料。我认为，威尔金森的阴险天性使他成为一名特别有价值的目击者。鉴于他与阿诺德和盖茨之间的关系都以不快告终，他对这些人的记忆便不仅仅是最低级的英雄崇拜那么简单；这甚至适用于乔治·华盛顿。威尔金森并不惮于指出他所认为华盛顿阁下决策的偶尔疏忽，这使他的记录在那些 19 世纪的革命写作中几乎是卓尔不群。林克拉特《叛变艺术家》一书对威尔金森作为史料来源的价值有着一番高度评价："威尔金森经常对情报如饥似渴，他有着军人和间谍的双重身份。这给了他一种权力感。他并不在乎情报来源——流言、地图和探险家们，威尔金森都一视同仁，来者不拒……结果，在他生活的这个急剧变动的时代，威尔金森消息灵通、目光如炬，这大大得益于他的情报优势"（第 6 页）。

本杰明·拉什写到了阿诺德"意趣索然，有时不甚文雅"的谈吐（拉什《自传》第 158 页）。巴里·威尔逊援引亚历山大·汉密尔顿的描述，提到阿诺德是如何"咆哮，拍桌子"的（《本尼迪克特·阿诺德》第 10 页）。阿诺德曾于 1780 年 9 月 12 日致罗伯特·豪信中提到他的性成就，见国会图书馆《华盛顿文件集》。托马斯·哈特利述及阿诺德在王冠岬与一个女人的关系。如果她活着的话，"想要命名她的儿子为阿诺德"。哈特利此语见于他 1776 年 9 月 23 日致阿诺德信，《美国革命文件集》（ Revue de l'Université Laval, Québec 2, no. 10），1948 年 6 月，第 928 页。1832 年约西亚·萨宾在一封退休金申请信里记述，"还在魁北克时"的阿诺德"穿越岗哨线去猎艳"，见约翰·达恩编《革命回忆录》（ Revolution Remembered），第 21 页。阿诺德 1779 年 5 月 25 日给临近马里兰州哈格尔斯敦（ Hagerstown）哈德伍德学校的老师巴塞洛缪·布思写了一封信，表达了让自己儿子得到实用教育的愿望（ NEHGR，35：154，1881 年 4 月）。保罗·大卫·纳尔逊在《霍雷肖·盖茨将军》一书中引述约翰·伯戈因的话，将盖茨比喻为一名"老接生婆"（第 6 页）。有关 1775 到 1776 年间美军的演进，可参见罗伯特·怀特《大陆军》一书第 3 ~ 90 页。

约翰·埃瓦尔德"进军如此缓慢只有一个理由，那就是允许华盛顿安全、和平地越过特拉华河"的说法见于其《北美战争日记》（ Diary of the American War）第 30 页。安德鲁·奥肖内西引述具体统计数据说明 1776 年 7 月之后落入英军之手的美军装备和人员的文字见《丢掉北美的人》第 96 页。大卫·哈克特·费希尔在《华盛顿的十字路口》第 365 页断言，华盛顿在 1776 年 12 月已经损失了 90% 的士兵。华盛顿于 1776

年 12 月 18 日致塞缪尔·华盛顿信中写到"政治游戏几近登峰造极"（*PGW*，7：369－371）。查尔斯·李将军于 1776 年 9 月 24 日致约瑟夫·里德信中提到"致命的优柔寡断"（《查尔斯·李文件集》，2：305～306）。迈克尔·史蒂芬逊（Michael Stephenson）在《爱国者战争》（*Patriot Battles*）第 249 页中引用了华盛顿的话"我心中的战争"。华盛顿在 1779 年 8 月 22 日致约瑟夫·里德信中用了这句话，他在这封信中试图回击里德和查尔斯·李的意见——华盛顿堡沦陷的责任要华盛顿一人来扛。约瑟夫·里德在 1776 年 11 月 21 日信中建议查尔斯·李"去大陆会议，提出一个组建新军的计划"（《查尔斯·李文件集》，2：293～294）。华盛顿于 1776 年 11 月 30 日致里德信中解释了他拆阅 11 月 24 日李致里德信的原因（*PGW*，7：237）。隆恩·切尔诺夫引用了华盛顿 1777 年 6 月 11 日致里德信，华盛顿在信中承认"我受伤了"（《华盛顿》第 266 页）。亚瑟·莱夫科维茨（Arthur Lefkowitz）在《漫长撤退》（*Long Retreat*）一书中引用了詹姆斯·门罗对华盛顿"如此坚定、如此尊贵的仪态"的记忆（第 82 页）。托马斯·潘恩《美国危机》收入了《76 年精神》（亨利·斯蒂尔·康马杰、罗伯特·威尔逊编辑）一书，第 505～507 页。华盛顿堡沦陷后，华盛顿决定不将纳撒尼尔·格林解职，见特里·戈尔韦《华盛顿的将军们》第 102～103 页；用戈尔韦的话说，"华盛顿对格林的任用得到了 100 倍的回报"——格林于 1776 年 12 月 21 日致约翰·汉考克信中敦促大陆会议给予华盛顿"更大指挥战事的权力"（见本书第 109 页）。莱夫科维茨引用了有关亚历山大·汉密尔顿轻拍大炮"如同轻抚一匹最爱的战马一般"的描述（《漫长撤退》第 102 页）。华盛顿在 1776 年 12 月 25 日致罗伯特·莫里斯信中写道，"反思、乃至深究当下厄运的原因和责任人，这是徒劳无益的"（*PGW*，7：439－440）。

费希尔写到了豪将军和其他军官在特拉华河岸展现而出的"欧洲荣耀礼节"，并援引了姆恩奇豪森上尉对美军大炮齐射的记述。见《华盛顿的十字路口》一书第 135 页。莱夫科维茨引述了豪将军 1776 年 12 月 20 日的自承，"我现下的兵力部署实在太过分散"（《长岛撤退》第 126 页）。斯蒂芬·肯布尔有关英军士兵"荒淫残忍"行径、他对新泽西人的畏惧的记载，都见其《日记》第 98 页，1776 年 11 月 7 日条。莱夫科维茨在《漫长撤退》一书中援引了黑森军官"卑鄙粗俗的农夫"的说法，以及拉尔上校必须派出 100 多名士兵保护从特伦顿到普林斯顿的通讯线路（第 142～143 页）。史蒂芬逊在《爱国者战争》中引述了拉尔对于筑垒设防特伦顿建议的绝望回应（第 254 页）。华盛顿在 1776 年 12 月 14 日致康涅狄格州州长特朗布尔信中提到，他要尝试"对敌军兵力发起一次进攻"（*PGW*, 7：340 – 341）。詹姆斯·威尔金森在他的《回忆录》第 1 章第 103 ~ 112 页中记述，查尔斯·李被俘时他的表现。

切尔诺夫引述托马斯·杰弗逊的话，将华盛顿称为"马背上所能见到的最优雅人物"（《华盛顿》第 124 页）。乔治·库斯蒂斯《华盛顿：私人追忆和回忆录》一书写到了华盛顿的"独特步态，这种灵活轻盈的步调源于他在边疆的长期军旅生涯。这颇引人瞩目，特别是对外国人而言"，见于该书第 39 页；库斯蒂斯还在别处谈到华盛顿"抬脚落步的方式精准而稳健，有森林地带的原住民之风"（第 11 页）。奥肖内西《丢掉北美的人》一书中写到，豪将军在 1776 ~ 1777 年冬季损失了一半兵力。他还加上一句，"因小型突袭而死的士兵比正规战斗还要多"（第 103 页）。有关华盛顿赢得特拉华河控制权的那支桨帆船舰队，参见约翰·杰克逊《宾夕法尼亚海军》第 74 ~ 78 页。费希尔在《华盛顿的十字路口》中引述查尔斯·毛胡德的声明说，如果他身处华盛顿的位置，"他就将对敌军几个主要据点发起攻击……；这些据点都是如此羸弱，他也许有十足把握将其拔除"（第 326 页）。约瑟夫·里德在 1776 年 12 月 22 日致华盛顿信中宣称，"我们的事业正在加速滑向毁灭"（*PGW*, 7：414 – 416）。尽管乔治·班克罗夫特对特伦顿战役之前约瑟夫·里德奇怪可疑的行为夸大其事，但他在《约瑟夫·里德：一篇历史散文》里的说法还是有价值的。正如班克罗夫特指出的，甚至在华盛顿看到查尔斯·李寄来的那封可疑信件之前，里德就已在总司令最需要他的时候辞职了（第 22 页）；班克罗夫特也引用里德在本杰明·拉什面前的声言——他害怕美国人民"没有力量完成"这场他们已经发起的革命（第 30 页）。对于里德 12 月 22 日给华盛顿的信件，班克罗夫特写道，"里德不可能事先对此（华盛顿的作战计划）一无所知，直到战斗打响的那一刻这都不是秘密。在 22 号里德写了一封信……颇富技巧地写成。（这封信）建议（华盛顿）去做那些（里德）事先确知华盛顿准备做的事情。这封信还显示，里德也许有能力在任何突发状况后都展现他的英明无过"（第 30 页）。正如威廉·斯特里克在《里德争议》（*Reed Controversy*）一书中指出的，班克罗夫特出示的"里德秘密筹划叛变"的证据主要来自于另一个来自费城民兵的里德，这名同名上尉混淆了班克罗夫特的视线；然而，一部分包括本杰明·拉什和约翰·卡德瓦拉德在内的里德同时代人后来都质疑过里德在这一艰难时期所作所为的适当性。考虑到这一点，我们无疑就会同意班克罗夫特对里德的形容——"摇摆不定的投机者"（第 38 页）。在大陆军牧师长约瑟夫·特朗布尔看来，里德遭到同僚军官们的"一致憎恨厌恶"；见莱夫科维茨《漫长撤退》第 60 页。

事后，也许是试图洗白自己在特伦顿战前战后数周那些高度可疑的行为（他根本没参与特伦顿之战），里德整理了一份对自己极有利的时间线大事记，题为《1776～1777 冬季，特伦顿附近美军动向纪事录》。里德孙子后来利用这份文献为祖父立传，写成了整整一章的"英雄行纪"。班克罗夫特随后也讨论了一番威廉·里德写下的祖父行状，点燃了一场与威廉的笔战。尽管其文字颇具私心（这在所有以第一人称写下的记载中都不可避免），但里德的《纪事录》却是极为有用的文献，我在本章的写作中对此也有所申明。华盛顿在 1776 年 12 月 23 日致里德信中告知了他攻击特伦顿的时间，还加了一句，"看在上帝的份上，请您守口如瓶"（PGW，7：423－424）。华盛顿在 1776 年 12 月 23 日致盖茨信中写道，"考虑到您的健康状况，我不应反对您前往费城。但我希望，您的身体能允许您先去到布里斯托尔"。华盛顿说，那里"有一些指挥不灵"（第 418 页）。有关盖茨"在抗命不遵的边缘上"摇摆之事，见于费希尔《华盛顿的十字路口》第 211～212 页。詹姆斯·威尔金森对他和盖茨一起前往费城、他和华盛顿的谈话、他向华盛顿上交盖茨信件的相关记载，见其《回忆录》第 1 章第 126～128 页。

有关约翰·格林伍德参与特伦顿之战的记载（包括他饱受"奇痒"之痛）见于《约翰·格林伍德革命生涯》（*Revolutionary Services of John Greenwood*），由他孙子伊萨克编辑，第 38～44 页。我对"奇痒"的有关记载来自 C. 凯茨·威尔布尔（C. Keith Wilbur）《革命医学》（*Revolutionary Medicine*）第 18 页。唯一已知的疗法包括涂抹由猪油制成的软膏并在注入硫磺的水中洗浴。费希尔在《华盛顿的十字路口》第 219 页提到，华盛顿坐在特拉华河的新泽西一边，思考大陆军的命运。华盛顿在 1776 年 12 月 27 日致约翰·汉考克信中提及，他决定"无论如何，坚决向前"（PGW，7：454）。埃里沙·波斯特维克（Elisha Bostwick）在《华盛顿麾下的康涅狄格士兵》第 102 页记述了野战炮上临时制成的"火炬"是如何"发光闪耀"的，以及华盛顿怎样阻止战马从"倾斜滑溜的河岸"摔下、又如何以"深沉严肃的语调"劝勉士兵们。威廉·斯特里克（William Stryker）《特伦顿和普林斯顿之战》第 374 页《理查德·克罗夫·安德森上尉的备忘录》一文记述，华盛顿得知斯蒂芬在头一天单独攻打特伦顿之后，对此作了愤怒的回应。据约瑟夫·里德《纪事录》的说法，"一次真正偶发或是颇为凑巧的意外使拉尔的警戒队困惑不已。一支从泽西返回费城的侦察队落在了哨兵前线的后面，在美军真正的进攻开始前两个小时就发出了警报，并把这次意外袭击误认为正式进攻——见格兰特信件（信中警告拉尔，美军袭击迫在眉睫）。这使英军进入了一种前所未有的安全气氛——这次突袭还诱使英军裹得严严实实，刀枪入库——特别是在美军正式进攻日期极为迫近的当口"（第 398 ~ 399 页）。亦可见哈里·沃德（Harry Ward）《亚当·斯蒂芬少将和美国自由之因》（*Adam Stephen and the Cause of American Liberty*）第 151 页，以及费希尔《华盛顿的十字路口》第 231 ~ 233 页。

亨利·诺克斯在 1776 年 12 月 28 日致露西·诺克斯信中描述说，"这是一种我经常想象、却又从未见过的战争场景"（斯特里克《特伦顿和普林斯顿之战》第 371 页）。华盛顿于 1776 年 12 月 25 日下达的"总命令"写道，"一队没有大炮的美军炮兵将配备尖钉和锤子，事涉紧急时可以钉死敌军的大炮，或是将其拖离炮位使其失效"（*PGW*，7：434）。威尔金森在其《回忆录》第 1 章第 131 页中谈到了华盛顿的声言："这是我们国家光荣的一天"。约瑟夫·里德提到了华盛顿决定在特伦顿之战后撤回特拉华河的一个原因，"美军士兵们开怀畅饮，无法接受军纪管束，也无法在万一受攻时组织防御"（里德《纪事录》第 391 页）。埃里沙·波斯特维克将黑森佣兵们的辫子喻为"一只铁制长柄锅把手"，也谈到了他们是如何在抖落船只两侧冰块时"上下飞舞"的（《华盛顿麾下的康涅狄格士兵》第 102 ~ 103 页）。

约瑟夫·里德记述了在特伦顿之战后第二天渡过特拉华河驻扎在布里斯托尔的美军士兵的状况（里德《纪事录》第 395 页）。尼古拉斯·克雷斯维尔（Nicholas Cresswell）写于 1777 年 1 月 5 日的报告显示了特伦顿的新闻如何令美国人民"再一次陷入自由狂热"（《日记》第 179 页）。威尔金森写到，"特伦顿之战鼓舞了怯懦的革命之友们，并使坚定者的信心得以振奋"（威尔金森《回忆录》第 1 章第 132 页）。约瑟夫·里德并未参加华盛顿于 1776 年 12 月 27 日召开的军事会议（这场会议并未持续多久），但这并不妨碍他将耳闻之语写入自己的《纪事录》。威尔金森声称，"一些与会者……不同意这次冒险，并建议发布一条撤军命令。但是华盛顿将军等人宣称，尽管他们没有事先申请这次行动，但既然行动完成，就应当支持。命令也随之下达到军队中，准备再次渡河"

（第 397 页）。对于华盛顿重新渡过特拉华河的决策，威尔金森还在其《回忆录》（第 1 卷第 132 ~ 133 页）中给出了一个异常富有洞察力的解读："在这个多事之秋，华盛顿将军的远见卓识似乎已为他的绝好运气所蒙蔽……（而且他）确实受到一种骑士精神的感染……迈出这一步的华盛顿将自己置身于'死路一条'（cul de sac）的绝境之中。和面前的敌人相比，他所率领的军团在兵力上处于劣势……然而，华盛顿选择相信上帝。在上帝的指引和保护之下，华盛顿将自己的失误转化为夺谋（ruse de guerre），使自己从绝境中脱身。"有关华盛顿的好战天性，参见斯蒂芬逊《爱国者战争》（*Patriot Battles*）的描述："沉着、理性，乃至超脱于世，这些'灵光'环绕在华盛顿将军周围。他作为一名统帅的先天倾向……具有高度侵略性——有时近乎鲁莽。他生来就是一名战士、一位机会主义者，面临当下这种情境之时，华盛顿几乎总是会选择孤注一掷"（第 255 页）。

当华盛顿的军队即将离开新泽西时，卡德瓦拉德并未选择立即返回宾夕法尼亚一边。约瑟夫·里德写道，其中一大原因在于"如果他们就此返程、不作任何尝试的话，也许一场逃兵潮就将酝酿发酵"。鉴于华盛顿大陆军的服役期也即将期满（第 395 页），这一动机肯定也促使华盛顿作出了跟随卡德瓦拉德一起重返新泽西的决定。然而，有关华盛顿如何劝说犹犹豫豫的士兵们重新服役（这一部分我选择不作强调）的动情记载遮蔽了一个事实——绝大多数士兵都像约翰·格林伍德一样业已决定除役。格林伍德在其《革命生涯》（第 44 页）中回顾了他决定不再重新入伍的决定。威尔金森在其《回忆录》第 1 章第 133 ~ 134 页中提到了里德前往普林斯顿的侦察人物，并提供了一份华盛顿 1 月 1 日军事会议的记录。约瑟夫·里德则在其《纪事录》里提供了一份他本人对这些事件的记载。里德还补充说，当华盛顿做出在阿松平克溪南岸布置一块阵地的决定时，"我凭借对附近乡间的高度熟稔向将军提出了建议……固守这块阵地，以在这里迎击可能的来犯之敌"（第 401 页）。

约翰·埃瓦尔德提到了华盛顿攻打特伦顿后的"时势变迁"情况（《北美战争日记》第 44 页）；埃瓦尔德还写道："多诺普上校建议康沃利斯以两列纵队（进军特伦顿）……但是敌人遭到了藐视，通常我们（黑森人）会为此付出代价。"（第 50 页）威尔金森谈到了华盛顿如何下达命令"倾尽所能、尽量顽强地固守阵地"，以及他"可以辨认我们火枪枪口喷发而出的火焰"的情形（《回忆录》第 1 章第 138 页）。约翰·

豪兰德记述了石桥上美军士兵的溃退，以及华盛顿和其战马是如何在西侧围栏严阵以待的（《约翰·豪兰德：传记及回忆》第73页）。费希尔在《华盛顿的十字路口》一书引述罗伯特·毕尔的话说，"冰块大如屋宇，浮河（特拉华河）而下"（第303页）。斯蒂芬·奥尔尼称之为"我所知晓的最绝望情境"（《斯蒂芬·奥尔尼上尉传》第193页）。威尔金森将阿松平克溪桥上的防御战称为一场"革命事业的危机"（《回忆录》第1章第138页）。约瑟夫·怀特中士提到，他们是如何让敌人过桥时"到了某些地步"才开火的；他也记述了榴霰弹"发出一种骇人吱吱声"的情况，以及桥面如何"看起来像血一样殷红，那是受伤或阵亡的敌人们，以及他们的红上衣"，见其《叙事》，载于斯特里克《特伦顿和普林斯顿之战》第478~480页。威尔金森提及"我们国家的守护天使劝诫康沃利斯殿下"，也提到了威廉·厄斯金的预言"明天早晨您就再也看不到它们了"（《回忆录》第1卷第130页）。费希尔援引康沃利斯的坚持之语，"我们现在已使老狐狸安全了"（《华盛顿的十字路口》第313页）。

威尔金森在其《回忆录》第1章第139~140页记述了美军的军事会议。圣克莱尔将军在会上建议从美军战线右侧的一条路撤退，甩开英军。道格拉斯·弗里曼在《乔治·华盛顿》第4卷第345页也引用了一篇圣克莱尔的文章，文中回顾说，默瑟"迅速附议"。华盛顿则于1777年1月5日致约翰·汉考克信中提到了这个主意打动他的原因——"这将使一场撤退不露痕迹"（PGW，7：521）。斯蒂芬·奥尔尼谈到，酷寒使一度泥泞的道路变得"和路面一样硬"（《斯蒂芬·奥尔尼上校传》第196页）。威尔金森描述说，"一场灰白色的霜降临于万物之上"（《回忆录》第1章第141页）；他也谈到两军开火的烟尘"混在一起，随即升空，化为一朵美丽的云"（第1章第143页）。费希尔《华盛顿的十字路口》第333页谈到默瑟将军与英军正规军中士的遭遇战——在《普林斯顿之战》中他详述，"地表封冻，所有伤亡士兵的流血都留在了冰面"。以及，华盛顿如何劝勉士兵们，"与我们同行吧！我勇敢的战友们！"（第517~518页）。弗里曼《乔治·华盛顿》第4卷第354页援引了G. W. P. 库斯蒂斯的记载，详述了华盛顿一名副官的恐惧：华盛顿也许将在这轮齐射中死去。这名军官出于恐惧，用帽子遮住了双眼。他形容华盛顿的生命"悬若游丝"（乔治·希尔、休·兰金《叛乱者和红夹克》第249页）。威尔金森谈到了华盛顿"小伙子们，这是一次好的猎狐行动"的号召（《回忆录》第1章第145页）。华盛顿于

1777 年 1 月 5 日致约翰·汉考克信中提到了他的信念：有 800 名新兵加入，他就能拿下不伦瑞克并"终结战争"（*PGW*，7：523）；华盛顿也在信中提到了"丢掉优势的危险……就在于过度着迷"。

第四章　绞刑吏之年

　　本尼迪克特·阿诺德 1777 年 3 月 1 日致保罗·列维尔信见于《本尼迪克特·阿诺德文件集》（收入 *MHS*），詹姆斯·克尔比·马丁于《本尼迪克特·阿诺德》第 302 页中引述了这封信，查尔斯·科尔曼·塞勒斯也在《本尼迪克特·阿诺德：傲然斗士》第 141 页中引述了它。塞勒斯也引用了约翰·昆西·亚当斯日记对伊丽莎白·德布卢瓦的描述（第 141 页）。阿诺德于 1777 年 3 月 4 日致露西·诺克斯信见于《史学杂志》第 305 页。克拉雷·布兰特《镜中男人》一书提到，盖茨是阿诺德"志趣相投之人"，而舒伊勒则是"阿诺德想要成为的那种模范人物：稳如泰山、掌控自我的绅士"（第 92 页）。像阿诺德这种经济状况窘迫的美军军官，见于查尔斯·罗伊斯特（Charles Royster）《战争中的革命同胞》（*Revolutionary People at War*）第 266～268 页。罗伊斯特在书中将美军军官成为"半吊子绅士"。阿诺德在 1777 年 3 月 8 日致霍雷肖·盖茨信中提及了他对海军的兴趣（*NYHS*）；阿诺德 1777 年 3 月 8 日致菲利普·舒伊勒信（收入 *NYPL*）中有一段提到海军，维拉德·斯特恩·兰道尔于《本尼迪克特·阿诺德》一书中引述了这封信（第 329 页）。约翰·兰姆则谈到，阿诺德是如何"提供了 1000 英镑的贷款"，以及汉娜·阿诺德是如何"在金钱上日益捉襟见肘"（兰姆《回忆录》第 152～153 页）。内森·米勒则在《海洋荣耀》里讨论了革命时期美国海军赏金的话题（第 125 页）。

　　华盛顿于 1777 年 3 月 6 日致理查德·亨利·李信中形容阿诺德为"激情而明智"（*PGW*，8：523）。华盛顿在 1777 年 3 月 3 日致阿诺德信中要求后者不要做出任何"冲动之举"（*PGW*，8：493）。马丁引述了亨利·诺克斯 1777 年 3 月 23 日致弟弟威廉的信件（《本尼迪克特·阿诺德》第 505 页，信件收入马萨诸塞历史学会），诺克斯在信中说，"这最确定不过了，这将促使他离开军队"。阿诺德在 1777 年 3 月 11 日致华盛顿信中将大陆会议的行为描述为"极其礼貌地要求我辞职"（*PGW*，8：552）。阿诺德于 1777 年 3 月 25 日致霍雷肖·盖茨的一封充满感情色彩的信件收入 *NYHS*。查尔斯·科尔曼·塞勒斯引述了纳撒尼尔·格林的誓言，"义无再辱于大陆会议之理"（《本尼迪克特·阿诺德：傲然斗

士》，第 144 页）。维拉德·斯特恩·兰道尔引用了露西·诺克斯 1777
年 4 月 30 日致丈夫信，露西在信中提到一则新闻，"德布卢瓦小姐明确
拒绝倾听这位将军的心声"（《本尼迪克特·阿诺德》第 331 页）。

有关特莱恩总督在北卡罗来纳时对抗"监管者"（Regulators）的情
况可参见保罗·大卫·纳尔逊《威廉·特莱恩和帝国事业》（第 54～89
页）；纳尔逊还引述了特莱恩给杰曼的信件，特莱恩在信中谈到，特伦
顿和普林斯顿的消息令他大感"更深切的耻辱"（第 148 页）。安德鲁·
奥肖内西在《丢掉北美的人》中写道，1777 年，豪将军、伯戈因和克林
顿之间如何投下了一枚"纷争苹果"："豪将军是名义上的总司令，但在
奥尔巴尼会师的军事计划里他只是一个附属角色；为此，豪将军修正了
计划。他要拿下费城，寻机赢得与伯戈因一样多的荣耀"（第 113 页）。
理查德·凯彻姆（Richard Ketchum）于《萨拉托加》中写道，为何
1777 年开始以"绞刑吏之年"为人所知（第 79 页）。有关阿诺德尚未
竣工的滨海宅邸情况可参见巴里·威尔逊《本尼迪克特·阿诺德》第 12
页。有关美军在丹伯里的损失可参见《英军军官的丹伯里突袭记述》
（NDAR，8：456），以及马丁《本尼迪克特·阿诺德》第 317 页。有关
伍斯特的战斗"更多固执，而非技巧"、伍斯特之子"死于刺刀之下"、
阿诺德"筑就极其有利阵地"的情况均见于"英军军官记述"（NDAR，
8：456）。纳尔逊《威廉·特莱恩》（第 152 页）则引述了特莱恩对厄斯
金"毫无疑问的第一将军"的评价。

本杰明·拉什偶然听到阿诺德谈论自己"15 岁之前都是一名懦夫"
（拉什《自传》第 158 页）。阿诺德于 1776 年 1 月 6 日致妹妹汉娜信中
宣称，他"不知恐惧为何物"（威尔逊《本尼迪克特·阿诺德》第 5
页）。克里斯托弗·沃德《革命之战》（War of the Revolution）一书记述
了阿诺德射杀托利党人的情况（第 2 章第 494 页）。有关美军民兵"惊
人的鲁莽行径"的记述，见于《英军军官记录》（NDAR，8：456）。马
丁还在《本尼迪克特·阿诺德》一书中引述了英军军官的声言，"为他
的小股部队制定了最好的作战计划"（第 320 页）；马丁还引述说，阿诺
德已经"几乎将他自己完全暴露"（第 320 页）。有关陆军少校斯图亚特
在夺取美军野战炮中发挥的作用，以及美军民兵的"极大勇气"，均记
述于《英军军官记录》（NDAR，8：456）。马丁还援引了阿诺德劝勉民
兵的"不要抛弃他"之语（《本尼迪克特·阿诺德》第 320～321 页）。
《英军军官记录》（NDAR，8：457）包括了"特莱恩总督的神妙策略"
的引文。阿诺德对康涅狄格"经受了如此奇耻大辱，却毫无抵抗或相应

复仇"的抱怨，收录于托马斯·柏克 1777 年 5 月 2 日致理查德·卡斯维尔信（*LDC*，7：13）。

大陆会议于 1777 年 5 月 2 日擢升阿诺德为少将（*JCC*，7：323）。约翰·亚当斯在大陆会议的一次演说中声言，他对于那些遭到忽视、未能晋升的军官的辞职"无所畏惧"。这篇演说载于《本杰明·拉什的辩论记录》，1777 年 2 月 19 日（*LDC*，6：323 – 325）。约翰·亚当斯在 1777 年 5 月 9 日致纳撒尼尔·格林信中提到了他为阿诺德设计的一种奖牌（*LDC*，7：49）。华盛顿于 1776 年 9 月 8 日致约翰·汉考克的信中提到了他的"据点战"防御计划（*PGW*，6：249）。然而，直到 1777 年冬天，华盛顿似乎才得以全身心施展他的这项战略承诺。约瑟夫·埃利斯《乔治·华盛顿阁下》（*His Excellency George Washington*）一书写道，特伦顿和普林斯顿之战"堪称华盛顿大胆妄动之举……这场战争仍然在他掌控之中。考虑到这一点……华盛顿再未觉得有必要使麾下全军犯险，在一次战役里孤注一掷。这就好比，他已成功回应了一场决斗的挑战，现在他有本钱采用一种更倾防御的战略了。华盛顿再也不必担心他个人的荣耀和声望。他也开始意识到，赢得战争的办法就是——不要输掉它。"（第 99 页）。纳撒尼尔·格林 1777 年 3 月 24 日致华盛顿信中记述了大陆会议的回应："阁下对下一场战斗的主意似乎对大陆会议而言是标新立异"（*PGW*，8：627）。华盛顿于 1777 年 3 月 3 日致阿诺德信中建议阿诺德，不要进攻纽波特。除非，他有着"获胜的确实把握"（*PGW*，8：493）。马丁《本尼迪克特·阿诺德》一书则谈到，华盛顿曾引用英国情报报告，将阿诺德描述为"一名恶魔式的斗士"（第 324 页）。约瑟夫·里德于 1777 年 6 月 4 日致华盛顿信中提到了华盛顿"灾祸之下的耐心和平静"（*PGW*，9：606）。

有关盖茨–舒伊勒之争，以及大陆会议中两大派系之间纷争加剧的情况，可参见 H. 詹姆斯·亨德森《大陆会议中的党派政治》（第 113～116 页）一书；亨德森引述了约翰·亚当斯声称"我们州是各方瞩目的晴雨表"的吹嘘（第 110 页）。乔纳森·罗西耶也尝试论述盖茨与舒伊勒之争（《指挥权政治》第 135～153 页）。华盛顿于 1777 年 5 月 12 日致约翰·汉考克的信中描述阿诺德"活力四射、明智审慎，并且英勇不凡"（*PGW*，9：396 – 397）。战争委员会于 1777 年 5 月 23 日的报告中为阿诺德做了澄清："完全满意于……这位将军的品格和行为。那些造谣中伤是如此的残酷和无凭无据"，马丁《本尼迪克特·阿诺德》一书引用了这份报告（第 327 页）。委员会还决议赠送阿诺德一匹马，"并将为这匹马覆以华服……并以此作为标志，奖赏他在最近丹伯里战事中对抗敌军突袭的英勇奋战"（*JCC*，7：372 – 373）。约翰·亚当斯于 1777 年 5 月 22 日致妻子阿比盖尔的信中认为阿诺德"已遭到卑鄙的文字中伤和造谣毁谤"，尽管亚当斯也曾抱怨"军官们……像猫狗打架一样争吵不休"（*LDC*，7：103）。

沃德《革命之战》（1：319 – 323）一书对大陆军在莫里斯顿越冬的情况有着上乘记述；沃德也详述了华盛顿和豪将军于 1777 年 6 月间在新泽西一带的来回拉锯战（1：325 – 329）。华盛顿于 1777 年 6 月 23 日致约瑟夫·里德信则谈到，他有着"在他看来的一大伟大目标"（*PGW*，10：113 – 114）。里德又一次令华盛顿失望——他拒绝接受统率大陆军骑兵的任命。华盛顿在同一封信中告诉里德，里德的拒绝令他"极为不安"（第 114 页）。霍雷肖·盖茨在大陆会议演说的笔记文本里抱怨，他遭遇了"不相匹配的蔑视"（*LDC*，7：213）。本杰明·拉什在他的《自传》里写道，盖茨拥有"做出精准、绵密观察的才能"（第 156 页）。威廉·杜尔于 1777 年 6 月 19 日致舒伊勒信中记述，盖茨在大陆会议的证词"语无伦次，并被纷至沓来的异见打断"（*LDC*，7：228 – 229）。詹姆斯·杜阿恩也在 1777 年 6 月 18 日致舒伊勒信中详述了盖茨是如何将他指为"羞辱盖茨的始作俑者"（第 225 页）。威廉·杜尔提到，新英格兰人曾尝试"威逼恫吓"其余代表，要求他们提名盖茨为北方军司令（威廉·杜尔 1777 年 6 月 19 日致舒伊勒信，*LDC*，7：229）。马丁则于《本尼迪克特·阿诺德》中引了大陆会议于 1777 年 7 月 8 日给盖茨下达的命令（第 339 页），要求盖茨到华盛顿的司令部报到。马丁还详述了盖茨是如何违命跑回他弗吉尼亚老家的。

南希·鲁宾·斯图亚特（Nancy Rubin Stuart）于《目中无人的新娘们》（*Defiant Brides*）一书（第 31 页）中提及，露西·诺克斯和凯蒂·格林曾对阿诺德"一箱礼服"中的部分物件感兴趣。华盛顿于 1777 年 7 月 10 日致约翰·汉考克信中建议，请阿诺德"迅速开拔，前往北方军"（*PGW*，10：240）。汉考克于 1777 年 7 月 12 日致阿诺德信中表示，他将命令阿诺德"立即重整旗鼓，前往司令部"（*LDC*，7：338）。

第五章　黑暗之鹰

敌军登上糖面包山山顶的危险在美军军中早已是公开秘密。早在前一年秋天，就在年轻的约翰·特朗布尔在与霍雷肖·盖茨和他手下的"主要军官们"的会面中，他"斗胆提出这番新奇异见：我们的阵地

（泰孔德罗加）既糟糕又脆弱，所有部分都遭到了忽视"。盖茨却"奚落
了"特朗布尔，"因其提出了如此不着边际的想法"。为了证实他的观
点，特朗布尔在第二天同安东尼·韦恩、本尼迪克特·阿诺德将军登上
了山顶，"让所有人都分明看见，将一辆负重马车搬运上山并无困难"
（特朗布尔《自传》第 29 页）。其他人也将提出这一点，但由于美军没
有足够人力解决这一问题，糖面包山（也即后来的"反抗山"）依旧处
于危险之中。

伯戈因于 1777 年 7 月 11 日致杰曼的信中对联结泰孔德罗加堡和独
立山之间的锚索和桥梁有一番描述（DAR，14：136）。伯戈因《从加拿
大一侧的作战计划》收录于爱德华·巴灵顿·冯布兰克《政治和军事事
件》（第 483~486 页）。伯戈因决定通过斯基内斯镇开往哈德逊河，而
非乔治湖。有关菲利普·斯基恩在这一决策中扮演的角色，可参见多丽
丝·贝戈·莫顿《斯基内斯镇的菲利普·斯基恩》第 53~55 页，亦可
参见理查德·凯彻姆《萨拉托加》第 239~242 页。"皇家乔治"号令一
年之前的庞然大物"不屈"号黯然失色。有关这艘船的信息可参见约
翰·米拉尔《殖民地和革命期间的北美舰船》第 248~249 页。詹姆
斯·撒切尔在《军事日记》中记述了从泰孔德罗加堡到斯基内斯镇的这
段航程（第 83~84 页）。莫顿则在《斯基内斯镇的菲利普·斯基恩》一
书中记述了斯基内斯镇之战（第 52~54 页）；有关 1777 年夏天这些村
镇的状况，她也作了一番精彩描述（第 28~30 页）。拉塞尔·贝里克在
《群山之中的风帆和蒸汽》（第 172~173 页）一书中谈到了这次战役。
詹姆斯·哈登则在其《日记》（第 89 页）中提及了"皇家乔治"号的
帆桁是如何"几乎触及到两侧悬垂峭壁"的。撒切尔在《军事日记》中
写道，他倾尽全力搜集到了力所能及的医疗器械，并落荒而逃。"一名
这时赶到的军官"告知托马斯·安布雷，这场大火"仿佛要毁灭一切"。
安布雷将这番记录写入了 1777 年 7 月 14 日的一封信中（《穿越北美腹
地的旅行》第 347 页）。德籍外科医生 J. F. 瓦斯慕斯（J. F. Wasmus）
在他 7 月 8 日的《日记》中写道，美军一艘"双桅帆船……已经沉没。
但是桅杆依然可见"（第 60 页）。伯戈因于 1777 年 7 月 11 日致杰曼信
中描述了英美两军在斯基内斯镇的短暂战斗（DAR，14：137）；在另一
封给杰曼的 7 月 11 日私人信件中伯戈因写到自己"有信心实现我命令
中的所有目标"。伯戈因也在信中请求在下一个冬季能够获准返回英格
兰（14：142）。凯彻姆谈到，伯戈因曾与一位朋友在上一个圣诞节打赌
说，他将在一年之内以英雄之姿返回英格兰（《萨拉托加》第 79 页）。

安德鲁·奥肖内西引述霍拉斯·沃波尔的话，将伯戈因形容为"自大将军"（《丢掉北美的人》第 132 页）。

鲁珀特·弗诺《萨拉托加之战》一书引用了安东尼·韦恩的说法，泰孔德罗加堡"不可攻破"（第 58 页），可参见华盛顿 1777 年 7 月 15 日致菲利普·舒伊勒信（*PGW*，第 10 卷第 290 页）。凯彻姆引述约翰·亚当斯的说法，"除非我们枪决一名将军，否则我们将永远无法守住一处阵地"（《萨拉托加》第 219 页）。塞缪尔·亚当斯于 1777 年 8 月 7 日致约翰·朗敦（John Langdon）信中谈到，他无法将泰孔德罗加堡失陷归为"哪怕仅仅是出于懦弱之故。对我而言，这似乎明显满是诡计的标记，"（*LDC*，7：433 页）。对于圣克莱尔和舒伊勒曾被敌军用银制炮弹买通的说法，詹姆斯·撒切尔均称之为"极度荒谬"；而对于伯戈因拿下泰孔德罗加堡将"最终对美军有利"的说法，撒切尔也不以为然（《军事日记》第 86 页）。华盛顿于 1777 年 7 月 24 日致舒伊勒的信中预言，英军出于后勤考量而推迟行军，这将"毫无疑问……对他们致命"（*PGW*，10：397）。汤姆·刘易斯引述了德籍军官"这块多山多水的邪恶大陆"的说法（《哈德逊河》，第 133 页）。

伯戈因于 1777 年 7 月 30 日致杰曼的信中提到，美军进行了额外努力以封锁从斯基内斯镇到哈德逊河的道路。伯戈因还在信中提出了他的"逆行"理论——重回泰孔德罗加堡将减弱"敌人的恐慌"（*DAR*，第 14：153）。约翰·卢扎德（John Luzader）对于伯戈因的进军路线有一番精彩的讨论（《萨拉托加》第 76～80 页）。正如卢扎德指出的那样，若要在同一时间搭载他的士兵和火炮南下，伯戈因并没有足够的船只；然而，鉴于伯戈因已花费了数周时间将火炮运送至无法行船的水域，他将有大把时间在火炮运抵乔治湖之前运兵完毕。卢扎德也谈到，伯戈因的军队从加拿大将 138 门火炮中的 43 门成功运抵前线（第 83 页）。伯戈因在 1777 年 7 月 30 日致杰曼的第二封私人信件中声称，美国人"最终将无法伤到我"（*DAR*，14：154）。

亨利·克林顿提到，他本人和豪将军之间有着"致命诅咒"。参见《克林顿与威廉·豪爵士于 John Smith's Hand 的会谈纪要》，收入《克林顿文集》（Clinton Papers），密歇根州安娜堡威廉·L. 克莱门茨图书馆。威廉·威尔克斯提到了豪将军的固执，"他已经向伦敦提交了他的计划……并将据此行事"（《太多密谋》第 70 页）。有关 1776 年 10 月 12 日理查德·豪在大雾中穿行地狱之门、由此展现出卓越无伦航海术的情况，可参见巴内特·谢克特（Barnet Schecter）《争夺纽约之战》

（第 221~222 页）。安布罗斯·塞尔曾写到他附议威廉·豪决策时的恐惧，他们将途径切萨皮克湾抵达费城，而非特拉华河（安布罗斯·塞尔《北美日记》，第 241 页）。

伯戈因"将授权麾下的印第安武装（攻击美军）"的威胁宣言见载于丰布兰克著《政治和军事事件》第 490~492 页。瓦斯慕斯在《日记》中提到了伯戈因与新抵达的西部印第安战士们在斯基内斯镇"一座大凉亭"中的会谈（1777 年 7 月 19 日条，第 63 页）。伯戈因的原住民武装给爱德华堡的美军战士带来了彻骨的绝望，格洛弗在一封信中描述手下美军士兵为"兵力分散，困顿异常"。相关情况可参见凯彻姆《萨拉托加》第 279~280 页。舒伊勒于 1777 年 7 月 14 日致华盛顿信中提及了爱德华堡的状况，以及美军士兵的伤亡；1777 年 7 月 26~27 日信中也有论述（PGW，10：279 – 281、第 431 页）。华盛顿于 1777 年 7 月 18 日致舒伊勒信中说，阿诺德正在路上（PGW，10：323）。圣克莱尔于 1777 年 7 月 25 日致华盛顿信中提到，阿诺德曾"公开斥责从泰孔德罗加堡的撤离"（PGW，10：418 – 419）。

阿诺德于 1777 年 7 月 27 日致华盛顿信中详述了简·麦克雷遇袭身亡、被剥头皮的来龙去脉（PGW，10：434）。威廉·斯通在《伯戈因中将的战斗》（Campaign of Lieut. Gen. John Burgoyne）中引述了一份简·麦克雷死亡的记录，借一名"海伊法官"之口声称麦克雷是被美军一方误杀（第 304~305 页）；还有一份观点不同的记载认为，麦克雷因原住民武装之间的分歧而遇害（卢扎德《萨拉托加》第 86~92 页）。凯彻姆在《萨拉托加》第 287 页中写到在泰孔德罗加堡失陷、简·格雷遇害之后，新罕什布尔 10% 的适龄男子如何志愿加入美军民兵。卢扎德指出，这些新募的新兵中有许多人在简·麦克雷遇害之前就入伍了；但这并不能改变原住民暴行对美军征兵功莫大焉的事实。这些暴行甚至在泰孔德罗加堡失陷之前就已开始了，他们激起了北美人民的愤怒，点燃了民兵踊跃入伍的热情。阿诺德于 1777 年 7 月 27 日致华盛顿信中建议将丹尼尔·摩根调往北方军，并详述了令"一名出身高贵的年轻女子"遭到"射杀，剥头皮，剥光衣服，并戮尸"的"最骇人的行径"（PGW，10：434）。舒伊勒于 1777 年 8 月 1 日致华盛顿信中说，阿诺德刚刚收到一封信，这封信告诉阿诺德"他的年资不大可能得到恢复"（PGW，10：483）。阿诺德于 1777 年 7 月 27 日致华盛顿信中赞美舒伊勒说，"他做到了一个男人在当时情境之下能做到的一切"（PGW，10：434）。

约翰·亚当斯将舒伊勒称为"北方军的邪恶天使"（《查尔斯·汤普

森笔记：有关派遣盖茨指挥北方军的动议》，*LDC*，7：383）。塞缪尔·亚当斯于 1777 年 7 月 15 日致理查德·亨利·李的信中提到盖茨时，将其称为"我选定的那个人"（*LDC*，7：344）。新英格兰代表们在 1777 年 8 月 2 日与华盛顿的通讯中表达了他们提名盖茨为北方军总司令的愿望（*LDC*，7：405）。华盛顿于 1777 年 8 月 3 日致约翰·汉考克信中请求"免于做出这项任命"（*PGW*，10：492 – 493）。华盛顿于 1777 年 8 月 4 日致盖茨信中说"祝你成功"（*PGW*，10：499）。詹姆斯·洛维尔于 1777 年 8 月 8 日致威廉·沃波尔信中提到，"一项恢复（阿诺德）年资的新动议"，还提出"在君主制和共和原则之间的确是左右为难"（*LDC*，7：443）。亨利·劳伦斯在 1777 年 8 月 9 日致罗伯特·豪信中将阿诺德称之为"一名功勋卓著的老将"；在 1777 年 8 月 12 日致约翰·拉特利奇信中，劳伦斯还称大陆会议对阿诺德的处理"令人恶心"（均参见 *LDC*，7：446 – 469）。

　　有关彼得·甘斯沃尔特和斯坦维克斯堡／舒伊勒堡围城的情况，我参考了嘉文·瓦特《莫霍克谷中的叛乱》（*Rebellion in the Mohawk Valley*）一书；有关甘斯沃尔特的背景和个性，见于此书第 60 ~ 62 页。有关斯坦维克斯堡的面积和重建情况，可参见约翰·卢扎德《斯坦维克斯堡》（*Fort Stanwix*）一书第 7 ~ 22 页、第 26 ~ 37 页。斯通在《伯戈因中将的战斗》一书（第 219 页）中观察到，哪怕是美国人"都经常选择称呼"舒伊勒堡的原来名称——斯坦维克斯堡。莱昂纳德·甘斯沃尔特在致弟弟彼得的信中转达了他们父亲"要么胜利，要么死去"的请求，信件内容援引自瓦特《莫霍克谷中的叛乱》第 120 页。瓦特描述了甘斯沃尔特麾下士兵们自制旗帜的过程，并引述马里努斯·维莱特的记载，美军士兵中燃起了"兴高采烈的精神气"（第 127 页）。19 世纪曾有说法认为，飘扬在这座军事要塞上的这面旗帜事实上是星条旗的第一次亮相。但卢扎德令人信服地在《斯坦维克斯堡》一书中指出，这面旗帜毫无疑问是一面"大陆"旗，其左上角仍留有联合王国的米字旗号。纽约第三军团海军少尉威廉·科尔布拉特在斯坦维克斯堡被围期间留有一份日记，这份日记对奥里斯卡尼战后、甘斯沃尔特和圣列格之间的紧张拉锯战有着出色的记述，其中就包括了甘斯沃尔特防守堡垒以"击退一切北美之敌"的决心；亦可参见拉里·洛文塔尔所编的《围困时日》（*Days of Siege*）一书（第 36 ~ 37 页）。瓦特《莫霍克谷中的叛乱》第 205 ~ 212 页也有记述。

　　瓦斯慕斯在他的《日记》中提到，伯戈因从一枚银制镂空弹壳中收到了豪将军的来信（第 67 页）。正如皮尔斯·马克西在《为北美而战》中叙述的那样，当卡尔顿拒绝协助伯戈因时，"伯戈因的固执己见给他带来了报应……那位伯戈因曾挤到一边的将军拒绝对他施以援手"（第135 页）。伯戈因于 1777 年 8 月 6 日致杰曼的信中表示，他已经设法"保持（原住民武装）造成的恐怖，同时避免他们的残忍"（*DAR*，14：156）。在 1777 年 8 月 20 日致杰曼信的中谈到这场战斗的前景时伯戈因表示，"和我上次写信时相比已经大为黯淡"（*DAR*，14：166）。人们将里德泽尔的名字拼成"雷德·哈泽尔"之事，参见斯通《伯戈因中将的战斗》第 370 页。里德泽尔男爵夫人曾提到伯戈因的痛饮欢歌，以及她和家人们在爱德华堡附近"红房子"度过的一段时光，参见《里德泽尔男爵夫人和美国革命》（*Baroness von Riedesel and the American Revolution*）第 44~45 页、第 55~56 页，马尔文·布朗（Marvin Brown）编。里德泽尔则谈到，伯戈因希望他所派出的左翼远征军能得以阻止阿诺德"投送美军兵力对抗圣列格"，参见里德泽尔《回忆，书信和日记》（*Memoirs, and Letters and Journals*）一书，麦克斯·埃尔金（Max von Eelking）编，第 1 卷第 128 页。凯彻姆于《萨拉托加》一书中详述了当伊诺克·普尔等人晋升到史塔克头上时、史塔克决定辞职的前前后后，以及史塔克坚持"史塔克选择自己指挥自己"的过程（第 287~289页）。我对史塔克的记述要大大归功于詹姆斯·纳尔逊《本尼迪克特·阿诺德的海军》一书，书中将史塔克形容为"私掠船长的陆军版本，他时而与联邦当局合作，时而自行其是，这全要依其心境而定"（第 346页）。詹姆斯·威尔金森重印了约翰·史塔克 1777 年 8 月 22 日致舒伊勒信。史塔克在信中将本宁顿之战称之为他所见过的"最热烈"的军事行动（这也是发自一名邦克山老兵的肺腑之言），参见威尔金森《回忆录》第 1 章第 210~212 页。

瓦特在《莫霍克谷中的叛乱》（第 221~223 页）中引述了舒伊勒1777 年 8 月 13 日致阿诺德信。舒伊勒在信中命令阿诺德率领一支援军驰援斯坦维克斯堡。正如史蒂夫·达利《黑暗之鹰：小说如何成了正史》（*Dark Eagle: How Fiction Became Historical Fact*）一文的解释，似乎并没有什么史实基础可以佐证那个不厌其烦重复的说法：阿本纳吉部战士纳塔尼斯（他事实上也和阿诺德一起远征魁北克）将阿诺德称为"黑暗之鹰"。达利认为，首次将阿诺德称为"黑暗之鹰"的文献是乔治·利帕德（George Lippard）1876 年出版的充满虚构色彩的《1776 美国革命传奇》（*Legends of the American Revolution* 1776）。布鲁斯·约翰森（Bruce Johansen）《被遗忘的建国者们》（*Forgotten Founders*）第 56～118 页中辩称，"易洛魁联邦盟约"（*Iroquois Covenant Chain*）深深影响了本杰明·富兰克林等美国国父起草《独立宣言》和最终制定《美国宪法》的工作。詹姆斯·撒切尔详述了利用汉茹斯特·舒伊勒计解斯坦维克斯堡之围的主意原先是由约翰·布鲁克斯制定的（《军事日记》第89～90 页）。瓦特则详述了甘斯沃尔特于 1777 年 8 月 20～21 日期间的绝望、汉茹斯特·舒伊勒怎样说服英军麾下的易洛魁人解围而去（《莫霍克谷中的叛乱》第 246～261 页）。巴巴拉·格雷蒙特（Babara Graymont）则在《美国革命中的易洛魁人》（*Iroquois in the American Revolution*）一书中写道，"对这六个部落而言，奥里斯卡尼堪称一场极其重要的战斗，因为它标志着内战的开始"（第 142 页）；亦可参见约瑟夫·格拉特哈尔（Joseph Glatthaar）与詹姆斯·克尔比·马丁合著的《被遗忘的盟友》（*Forgotten Allies*）第 160～169 页。塞涅加战士对战事血流成河的描述见于《脱离枷锁者的战争》（*Chainbreaker's War*）第 68 页，简恩·温斯顿·阿德勒（Jeanne Winston Adler）编。圣列格在 1777 年致卡尔顿信中详述，阿诺德是如何"巧妙地使一个个信使前后相继，将临近叛乱者们的信息挨个传递"（*DAR*，14：171）。约翰·亚当斯在 1777 年 9 月 2 日致阿比盖尔信中赞美甘斯沃尔特说，他证实了"守住一块阵地是可能的"（*LDC*，7：589）。1777 年 10 月 5 日，约翰·汉考克动用他大陆会议主席的职权通知甘斯沃尔特说，"考虑到您的英勇行为，大陆会议已经愉快地将您任命为这个要塞的上校司令官"（*LDC*，8：53）。

副官长卡尔·利奥波德·鲍尔梅斯特（Carl Leopold Baurmeister）少校在一封 7 月 20 日—10 月 17 日的信中写到，英军在航往埃尔克河口的途中损失了 27 名士兵、170 匹马。此信收录于《北美的革命》（*Revolution in America*）第 98 页。斯坦维克斯堡之围解后，华盛顿于 9 月 1 日致约翰·汉考克中表示，他希望"我们不需要再对那个地区的战事有所担心了"（*PGW*，11：110），他在 1777 年 9 月 5 日发布的"一般命令"则号召"一次大胆进击"（11：147-148）。有关豪将军在布兰迪维因之战前的动向，我参考了三项资料：托马斯·麦克吉雷《费城战役》（*Philadelphia Campaign*）第 1 章第 167～200 页；塞缪尔·史密斯《布兰迪维因之战》（*Battle of Brandywine*）第 9～15 页；以及斯蒂芬·塔菲《费城战役》（*Philadelphia Compaign*）第 50～69 页。我对这场战役本身的记述也要大大归功于麦克吉雷著作第 167～260 页、史密斯著作第 9～

23 页、塔菲著作第 64 ~ 80 页，以及爱德华·伦格尔（Edward Lengel）《乔治·华盛顿将军》（*General George Washington*）第 227 ~ 242 页。据伦格尔说，"特伦顿和普林斯顿闪电般的胜利显然使华盛顿低估了敌人，并高估了他本人和大陆军在战场上创造奇迹的能力"（第 231 页）。史密斯还引述约翰·斯基·尤斯塔斯（John Skey Eustace）的记载——华盛顿和他的幕僚们是如何"嘲笑了我的智力"（第 13 页）。英军军官"那是最可怖的炮火和弹雨"之语，见于塔菲著作第 73 页。麦克吉雷引述皮克林的回忆说，华盛顿曾告诉皮克林，"这是一场彻头彻尾的溃败"（1：260）。

第六章　萨拉托加

　　正如参考文献显示的那样，前人已在萨拉托加之战上耗费了大量笔墨。在浩瀚文献中我发现了两本特别有帮助的书：理查德·凯彻姆（Richard Ketchum）的《萨拉托加》，这本书提供了详赡多样的战役背景资料；约翰·卢扎德（John Luzader）的《萨拉托加》，这本军事史著作以精辟而冷静的笔法剖析了弗里曼农场之战和贝米斯高地之战。本章中凡涉及"凯彻姆"和"卢扎德"的引文，若非另有注明，皆引自这两本书。

　　伊萨克·阿诺德在《本尼迪克特·阿诺德传》（*Life of Benedict Arnold*）中提到，阿诺德"抱持坚定信念：要么向大陆会议求取适当的军衔，要么就死在战场上"（第 164 页）。维拉德·斯特恩·兰道尔引述了舒伊勒在致盖茨信中"胜利留给您了，将军。您将收割我的工作成果"的说法（《本尼迪克特·阿诺德》第 351 页）。盖茨于 1777 年 10 月 20 日萨拉托加战后致妻儿的信中提到"我和我的扬基佬们"（*NYHS*）。凯彻姆引用迪尔本的说法，盖茨已经"使我们军务焕然一新"、蒂莫西·彼格罗夫（Timothy Bigelow）则将北方军描述为"我所待过最快乐的军营"（第 347 页）。卢扎德提到了阿诺德任命瓦里克和利文斯顿为副官的决策过程，这使他与盖茨的关系面临危险（第 211 ~ 214 页）。詹姆斯·威尔金森写道，迪尔本轻步兵的增援增强了"（摩根）团的战力和硬度，这个团正是美军的精华"（《回忆录》1：230）。卢扎德将盖茨命令所部掘壕驻防于贝米斯高地的决定描述为"美军的一大战略机变"。卢扎德认为，"伯戈因的任何选择都将迫使自己堕入盖茨之谋"（第 205 页）。安德鲁·奥肖内西则于《丢掉北美的人》一书中提到，伯戈因是如何面临"一项棘手、引发不满的选择：要么承受敌军炮火的猛烈攻击，要么对掘壕固守的敌军发动一场正面进攻"（第 154 页）。

我对伯戈因军队面临严酷荒野和北美民兵双重夹击的描写，要大大归功于英军中士罗杰·兰姆 1777 年 10 月 11 日《日记》。兰姆在《日记》中写道，"美国人……聚集在这支小小敌军周围，就像掠食的鸟群"（第 166 页）。伯戈因于 1777 年 10 月 20 日致杰曼信中提到了他的军队如何因"印第安人全数离队"而遭到削弱（DAR，14：229 页）。在同一封信中伯戈因声称"我的军令如山，这一年的时节也不容任何替代方案"，他坚持进攻贝米斯高地的美军，并描述说，他带着 30 天的军需品"以船只作桥"，于 1777 年 9 月 13、14 日渡过了哈德逊河（DAR，14：229）。卢扎德记述了英军掠食队和阿诺德部军队于 1777 年 9 月 18 日的遭遇战（第 216 页）。威尔金森《回忆录》记载了史塔克如何率军于凌晨 12：05 分离开了贝米斯高地，"他们听到了战斗打响时的声音，但没有一个人回到战场。"（1：249）

威尔金森在《回忆录》（1：236）中声称，1777 年 9 月 19 日早晨八时他接到报告说，"敌人已将大部分帐篷收起……并已渡过大溪河峡谷的冲沟，正溯高地而上逼近我们的左翼"。卢扎德讨论了一番盖茨的防御性策略和阿诺德"更具侵略性的选项"之间的分歧（第 231～234 页）。阿诺德于 1777 年 9 月 22 日致盖茨的信中写道："在 9 月 19 日敌人迫近、战事将临的当口，就在您收到提议时，我自作主张提出了我的意见，那就是我们应当主动出击、进攻敌人。您要求我派出摩根上校和轻步兵，并支援他们；我遵行了您的命令。行动结束之前，我发现有必要投入我部全部兵力协助这次进攻。"这封信重印于威尔金森《回忆录》（1：255）。就在摩根团大胆冒进、穿越弗里曼农场之后不久，威尔金森抵达战场，并同莫里斯少校、摩根均有交谈，他宣称摩根对于袭击失败造成的混乱是如此沮丧，以至于"满脸泪水，大呼小叫：'天要亡我！莫里斯少校一马当先跑在前头，在我赶上殿后之前他们就被击败了。我们的士兵四散奔逃，天知道他们去了哪里。'"（1：237-238）。凯彻姆写到，摩根的步兵团利用英军军官"标志性的银制护喉甲"锁定了目标（第 362 页）。

卢扎德写道，"他决定以新罕什布尔团支援摩根部队，于是接受了阿诺德更具侵略性的战术选择……如此一来，摩根的骚扰行动便成了一场阵地激战的前奏"（第 236 页）。威尔金森形容这场战斗"纯属偶发"，并将其比作"风暴海面上的片片海浪"。他对弗里曼农场此战的其余评论都见于《回忆录》（1：239-248）。伯戈因于 1777 年 10 月 20 日致杰曼信中描绘了这次行动的"顽强"（*DAR*，14：330）。罗杰·兰姆则在《日记》中称之为"一团持续燃烧的火焰"（第159页）。对于美军狙击手对英军军官团带来的毁灭性打击，伯戈因的记述见于其《远征情事》（*State of the Expedition*）第122页。陆军中尉威廉·迪格比在其《日记》中记述了伯戈因的英勇（第274页）。理查德·瓦里克1777年9月22日的一封信中写道，阿诺德"正在命令我军（投入战斗），同时另一个人（盖茨）则稳坐波茨医生的军帐，毁谤他的邻居……我更了解，当斯卡梅尔营士兵行军到此、询问应当率军赶往何方时，他为何宣布不再添兵了。盖茨不想蒙受营帐暴露的损失"。卢扎德引用了迪格比的这段话，第265页。

威尔金森于《回忆录》中记载，盖茨命令他将阿诺德召回大营（1：245-246）。尽管许多历史学家都确信在弗里曼农场之战期间，阿诺德在后方阵地待了很长时间（参见维拉德·华莱士的附言《阿诺德现身弗里曼农场之战了吗?》，《背叛的英雄》第326~332页）但我估计他们的证据主要仰赖于一份不准确的记载，其将1777年10月7日的战斗与9月19日战斗混淆了。引述伊诺克·普尔1777年9月20日的关键信件，足以对这些证据作一番精彩的检验。伊诺克·普尔记述了阿诺德是如何"总是势若疯虎般战斗"（参见卢扎德著作附录《阿诺德，盖茨和弗里曼农场》，第380~393页）。威尔金森记载了伯戈因如何失去了1777年9月20~21日的"绝佳机会"。他的记载主要来源于同英军少将威廉·菲利普斯战后的交谈（威尔金森《回忆录》1：250-253）。伯戈因于1777年10月20日致杰曼信中留下了贝米斯高地山顶的美军工事右翼"不可攻击"的描述，并提及了他于1777年9月21日收到的由克林顿寄来的一封密信，"向我告知了他将在10天内攻打蒙哥马利堡的意向"（*DAR*，14：231）。

华盛顿于1777年9月23日致约翰·汉考克的信中写到他如何"带着坚定的觅敌一战的意图，无论在哪里遇敌"再度渡过了舒伊尔基尔河（*PGW*，11：301）。我对"乌云之战"的描写主要参考了托马斯·麦克吉雷《费城战役》一书第1卷，他在书中引述了帕克和埃瓦尔德对这场暴雨的描写，以及诺克斯对美军火药损失的估计；麦克吉雷也记述了，英军的双皮瓣弹药盒如何防止了雨水浸湿他们的火药（第290~293页）。华盛顿于1777年10月13日致约翰·汉考克的信中提到，美军火药盒需要改进："应当在选用皮革时倍加小心……每只火药盒都应该内嵌小瓣，这样火药就会更安全，足以抵御雨水和潮湿天气"（*PGW*，10：

498－499）。

有关盖茨与阿诺德间的龃龉，可参见保罗·大卫·纳尔逊的两篇文章《盖茨－阿诺德 1777 年 9 月的争吵》《争执的遗产：盖茨，舒伊勒和阿诺德在萨拉托加，1777》。以及卢扎德著作第 257～273 页，他在书中引述舒伊勒 1777 年 9 月 20 日致瓦里克的信说，舒伊勒请求瓦里克焚毁他的信件，"以免意外落入我不希望落入的人手中，就是您提到的那人（盖茨）。"据贾雷德·斯帕克斯《本尼迪克特·阿诺德的人生与叛变》（*Life and Treason of Benedict Arnold*）所说（他曾与许多萨拉托加老兵交谈），盖茨和阿诺德之间的交恶要"归因于副官长威尔金森自以为是的插手干预。正是威尔金森直接命令阿诺德所部部分士兵回撤，并且说服了盖茨坚持这一要求，在未曾知会阿诺德的条件下将其以总命令的形式发布"（第 114～115 页）。卢扎德引述瓦里克 1777 年 9 月 21 日致舒伊勒信，提到了阿诺德和盖茨之间"矛盾的一次小激化"（第 258 页）。威尔金森在其《回忆录》（1：253－259）中讨论了一番自己在盖茨－阿诺德之争中的角色，并引述了盖茨的官方战役报告（这份报告并未提到阿诺德和美军左翼）和阿诺德 1777 年 9 月 22 日致盖茨的信件（阿诺德在信中抱怨，他受到了"司令部的冷酷对待"）。卢扎德引用了利文斯顿 1777 年 9 月 23 日致舒伊勒信件，信中提到了盖茨对阿诺德威胁辞职的回应："林肯将军将不日将抵达这里，届时他将没有差使提供给阿诺德；他将给阿诺德一张前往费城的通行证，一俟阿诺德同意即予发放"（第 261 页）。詹姆斯·克尔比·马丁《本尼迪克特·阿诺德》一书中（第 386 页）引用了盖茨 1777 年 9 月 19 日致林肯的信，盖茨在信中命令林肯加入北方军。盖茨于 1777 年 9 月 22 日致妻子伊丽莎白信中抱怨，"一位美国将军必须大包大揽，这并非一个男人可以长期撑持之事"（*NYHS*）。

卢扎德引述利文斯顿 1777 年 9 月 25 日信件，记述了普尔等将军试图缓和阿诺德和盖茨关系的不成功尝试；利文斯顿 1777 年 9 月 26 日信件也记载，阿诺德拒绝了莱昂纳德·切斯特发起的第二次妥协尝试（其中包括让利文斯顿离开军队）。阿诺德怒气冲冲地声称，"他不会牺牲一位朋友去取悦那个'泥巴脸'"（第 269～270 页）。威尔金森在其《回忆录》中详述了"一群本应袭扰我方……却转而向敌人发起复仇的奥内达印第安人"是如何抵达战场的（1：253）；他也记述，被剥夺指挥权后的"阿诺德经受了最深切的屈辱"（1：260）；并收入了阿诺德 1777 年 10 月 1 日致盖茨信件，阿诺德在信中告诉盖茨，士兵们都"渴盼行动"（1：260）。

华盛顿于 1777 年 9 月 15 日致约翰·汉考克信中抱怨了豪将军企图包抄美军右翼的"强烈倾向"（*PGW*，11：237）；而在 1777 年 9 月 23 日致汉考克信中华盛顿又写到，英国人"促使我相信他们有两大目标。一个是包抄我军右翼，另一个或许是分兵雷丁，攻取我们存量可观的军用物资"，以及"这些多变而令人疑惑的调动"使他们得以"在前一天晚上自弗拉特兰德和附近其他渡口渡过舒伊尔基尔河"（*PGW*，11：301 - 302）。詹姆斯·洛维尔于 9 月 24 日致罗伯特·特里特·潘恩（Robert Treat Paine）信中提到美军在宾夕法尼亚当地缺乏民兵支持（*LDC*，8：15）。麦克吉雷于《费城战役》一书中引述马丁·亨特（Martin Hunter）中尉的话说，豪将军斥责了日耳曼敦的轻步兵，因为他们在区区一支"侦察队"面前就撤退了。在 *PGW* 第 10 卷、第 398 页，编者引述蒂莫西·皮克林的记载说，亨利·诺克斯坚持认为"在我们殿后丢下一座城堡是有悖军事法则的"；以及约翰·埃瓦尔德的估计：大约 75 名美军士兵在进攻克利夫登一战中阵亡。华盛顿于 1777 年 10 月 5 日致本杰明·哈里森信中将日耳曼敦之败归结为"大气为一阵薄雾笼罩，并无一口可呼吸的空气。我军火炮和小型枪械的硝烟常常将我们的视线能见度限制在 30 码之内"（*PGW*，11：401）。麦克吉雷对克利夫登的致命停滞有过一番精彩动人的记述，他也提及诺克斯的炮弹如何穿过这间宅邸、落到了在另一边进攻的美军士兵头上（《费城战役》2：81 ~ 99）。

后来担任马萨诸塞州州长的约翰·布鲁克斯（John Brooks），也即那位建议阿诺德利用汉茹斯特·舒伊勒解斯坦维克斯堡之围的军官撰写了《布鲁克斯上校和班克罗夫特上校》一文。布鲁克斯在文中记述了盖茨和阿诺德在贝米斯高地之战前（1777 年 10 月 7 日）的一番辩论，以及二人在前锋哨兵的开火声首度传来时的对话。对话的参与者埃比尼泽·马顿（Ebenezer Mattoon）于 1835 年 10 月 7 日致菲利普·舒伊勒之子的信中（这封信收入了威廉·利特·斯通的《伯戈因中将的战斗》一书）将这阵枪声定位于为"英军左翼"（第 371 页）。马顿还记述了林肯和阿诺德如何一道前往勘察英军动向，以及后来林肯、盖茨和阿诺德之间的言语交锋。马顿将盖茨的解职决定称之为"严厉的斥责之举"（第 371 页）。威尔金森以他典型的自吹自擂风格说，正是他本人告知了英军在美军左翼的动向。威尔金森还引用盖茨的话说，"好吧，那么就命令摩根投入战斗"（威尔金森《回忆录》1：268）。有关本杰明·林肯患嗜睡症的记载可参见大卫·马特恩《本杰明·林肯和美国革命》

（*Benjamin Lincoln and the American Revolution*）一书；根据马特恩的说法，"一份当时文件写道：'在会谈间隙，在桌子上，或者是他本人驾驶轻便马车时，（林肯）都会鼾声如雷。'"（第 13 页）卢扎德将林肯描述为"一位大陆军和约翰·史塔克之间的诚实经纪人"（第 217 页）。马顿记述了在阿诺德遭到免职后，林肯如何取而代之并坚持阿诺德的动议，请求盖茨"派出至少三个团的兵力支援摩根和迪尔本"。马顿的说法见于斯通《伯戈因中将的战斗》一书第 372 页。

凯彻姆详述了阿诺德在遭盖茨免职后回到了他的军营，并在那里逗留许久，"举杯豪饮"（第 398～399 页）。据贾雷德·斯帕克斯《本尼迪克特·阿诺德的人生与叛变》（第 119 页）记述，"一些人将（阿诺德的）狂野鲁莽归结于醉酒，但协助盖茨将阿诺德解职的阿姆斯特朗少校确信，这并非实情。另有人说，阿诺德服用了鸦片……非比寻常的情势或许足以解释阿诺德的奇行异举：遭挫伤的自傲，愤怒，绝望，这一切交织在他身上。"威尔金森在其《回忆录》（1：273）中描述了阿诺德的"极度狂躁和暴怒"；威尔金森将阿诺德的坐骑称为"一匹深棕色、几乎全黑的马，这是莱昂纳德·切斯特的财产"（第 274 页）。J. T. 海德利（J. T. Headley）于 1813 年出版的《华盛顿和他的将军们》中将阿诺德的马匹描述为"一匹漂亮的深色西班牙母马，以邦克山的英雄华伦命名"（第 158 页），当时萨拉托加之战的参与者们还大多健在。埃德蒙·查德威克（Edmund Chadwick）关于阿诺德饮下"一满勺……朗姆酒"的记载见于威廉·利特·斯通《萨拉托加战场访问记》（*Visits to the Saratoga Battle-Grounds*）一书第 227 页。贾雷德·斯帕克斯于《本尼迪克特·阿诺德的人生与叛变》（第 117 页）、本森·洛辛（Benson Lossing）于《图绘革命现场》（*Pictorial Field-Book of the Revolution*）第 1 卷第 61 页都记载了阿姆斯特朗对阿诺德徒劳无功的追索。塞缪尔·伍德拉夫（Samuel Woodruff）形容阿诺德"更像是一个疯人，而非冷静持重的军官"（斯通《萨拉托加战场访问记》第 226 页）。伍德拉夫也证明说，阿诺德"知晓弗雷泽的带兵风格和才干，观察到了他的动向——正在统御士兵、指挥作战。阿诺德告诉摩根，'那位军官正在一座灰房子旁……必须干掉他'"（第 225～226 页）。洛辛则于《图绘革命现场》一书（第 62 页）中将射杀弗雷泽的这位枪手认定为蒂莫西·墨菲；据洛辛说，"就在这枚致命子弹击中弗雷泽之前，（弗拉泽尔的）马匹被一枚火枪子弹击中了臀部，此后又有另一枚子弹立即击穿了马耳朵背面不远处的马鬃。弗拉泽尔的副官看到了，并说到，'很明显，您已被辨识出来，并成为锁定目标；从这儿撤离，是不是对您而言是更为慎重呢？'弗雷译回答说，'我的职责禁止我逃避危险'。顷刻之间，弗雷泽就坠马了"；洛辛也提到，"弗雷泽在死之前告知他的朋友们，他看到了那个射杀他的人，那个人就在一棵树上"（第62页）。威廉·迪格比声称，弗雷泽的死亡"使这一天的命运翻转"（《日记》第287页）。

威尔金森在其《回忆录》中记述了盖茨和克拉克之间的谈话（1：269）。威尔金森还谈到，阿诺德如何不知不觉地砍下了一名美军军官的头颅，以及他如何"纵马穿越两军之间的火线，直奔左翼，毫发无损；他接着冲向敌军的右翼……（总共）有15到20名火枪兵簇拥着他，直捣敌军后方"（第1章第273页）。埃比尼泽·马顿谈到，阿诺德胯下的马匹被击毙后，他大声呼喊"冲啊！我勇敢的小伙子们！"（斯通《伯戈因中将的战斗》第375页）。亨利·迪尔本则在《萨拉托加之战纪事录》第8页中详述了阿诺德在穿过暗门进入布雷曼碉堡之后的表现，"他命令敌军士兵放下他们的武器"。迪尔本也提到了阿诺德的愿望——他希望敌人的火枪子弹"穿过我的心脏"（第9页）。

第七章　响尾蛇之咝

据威廉·斯蒂文森《战争中的伤口》（*Wounds in War*）一书，"在枪伤骨裂的情况下，子弹将骨头击碎后，碎骨对大腿主要血管造成的伤害将远远超过子弹本身"。（第247页）。詹姆斯·撒切尔则在《军事日记》中将阿诺德描述为"在厄运降临时，非常之……不耐烦"。（1777年10月12日条，第103页）。大卫·马特恩于《本杰明·林肯和美国革命》一书中援引副官们的记载说，林肯在"外科医生施予他最痛苦的手术"期间，还在与身边的人们逗趣。詹姆斯·布朗医生于1777年12月24日信中盛赞了林肯的镇定自若（*NEHGR*18（1864）：34－35）。据美国外科医生约翰·琼斯1776年出版的《伤口骨裂治疗：精炼临床评论》（*Plain Concise Practical Remarks, on the Treatment of Wounds and Fractures*）一书，当两块断骨"叠在一起时……常常造成的畸形并不能归罪于结痂部分的滋生（所谓假骨质），而应归咎于外科医生的疏忽或无知，假骨质滋生不过是他们掩盖自身不足的幌子"（第38～39页）。阿诺德于1778年3月12日致华盛顿信中表示，"假骨质在我腿中顽固地生成"（*PGW*，14：154）。路易斯·梅尔（Louis Meier）于《治疗这支军队》一书中提到了放血疗法和金鸡纳树皮疗法，这在18世纪用来对付浓疽。有关阿诺德"急躁易怒"的记载，参见布朗1777年12月24日信件（*NEHGR*18（1864）：35）。

　　理查德·凯彻姆详述了盖茨是如何将投降条约谈判搞砸的。盖茨"忽视了伯戈因的条款，只回应了他自己的要求"。盖茨最终被迫"要么接受伯戈因的条款，要么完全拒绝"（《萨拉托加》第 420 页）。大陆会议成功地否决了盖茨已经接受的那些条款（这些条款将允许伯戈因的军队返回英格兰，并将允许英国人以一支全新的北美军队取而代之）。大陆会议坚持认为，伯戈因仍在尝试保留他士兵们的一部分武器弹药，并未展现良好诚意。最终，伯戈因的军队被迁往波士顿，并最终到了弗吉尼亚，在那里成了战俘，直到战争结束；参见凯彻姆《萨拉托加》第435 ~ 436 页。凯彻姆也谈到英军投降的消息是如何遍传北美、并传到英格兰的，并引述了英王的"痛苦不堪"（第 443 ~ 445 页）。乔纳森·洛林·奥斯丁将萨拉托加捷报告知了富兰克林，并记载了他的反应。富兰克林说他"像是触电了一般"（《乔纳森·洛林·奥斯丁出使法国记》第 234 页）。阿诺德将霍雷肖·盖茨称为"世上头等的懦夫"，拉法耶特在 1778 年 2 月 18 日致亨利·劳伦斯信中引用了这句话，参考斯坦利·伊德泽尔达（Stanley Idzerda）编《拉法耶特在美国革命时代》（*Lafayette in the Age of the American Revolution*）第 2 卷第 296 页。克拉雷·布兰特引述一封 1778 年 2 月 19 日的信件，将阿诺德称为"一枚蜡烛，火焰已经烧到了底座"（《镜中男人》第 142 页）。

　　约翰·蒂利（John Tilley）《英国海军与美国革命》（*British Navy and the American Revolution*）一书对"拒马"（chevaux-de-frise）有着一番精彩的描述（第 106 ~ 114 页），蒂利也提到了豪氏兄弟在特拉华河上清除美军障碍物时遇到的困难。托马斯·麦克吉雷于《费城战役》一书（2：174）中引述了托马斯·潘恩致本杰明·富兰克林的信中将"奥古斯塔"号爆炸引发的烟柱比作"一根廊柱，从顶部开散，就像一棵树一般"的说法。威廉·豪于 1777 年 10 月 22 日致杰曼的信中请求"从这次苦不堪言的军职中抽身而去"（*DAR*，14：243）。约瑟夫·普拉姆·马丁对米弗林堡围城战的记载见于《纪事录》第 56 ~ 61 页。华盛顿于 1777 年 11 月 17 ~ 18 日致亨利·劳伦斯的信中提到了他对米弗林堡的"关切与顾虑"（*PGW*，12：292）。

　　华盛顿于 1777 年 10 月 30 日致亚历山大·汉密尔顿的信中要求他的副官说服盖茨，"如果北方军能向这里立即派出一支援军，那将善莫大焉"。（*PGW*，12：60）。汉密尔顿则于 1777 年 11 月 6 日致华盛顿的信中写到，他在与盖茨的交谈中陷入了"难以逾越的麻烦"（*PGW*，12：

141）。盖茨在 1777 年 11 月 7 日致华盛顿的信件草稿中抱怨华盛顿赋予了汉密尔顿"独裁式的权力"（*PGW*，12：154）。詹姆斯·威尔金森在其《回忆录》中描述了他从奥尔巴尼到约克的漫漫羁旅（第 330～332 页）。威尔金森还引述了盖茨 1777 年 10 月 18 日致约翰·汉考克的信，盖茨在信中："以最大的热情"推荐"这位英勇的军官前往大陆会议；并予以准将的名誉晋升，以留他继续在原职之上为大陆军效力。"（《回忆录》1：324）尽管威尔金森将迟到归罪于天气，但仍有一些他避而不谈的事实：他未来的妻子这时正在雷丁。威尔金森写到"世上最诱人的事业就是革命了"（《回忆录》1：351），同时他也记载了自己在雷丁接受托马斯·米弗林和两名大陆会议代表"细致入微的询问"（1：331）。

威尔金森引述了康威关于"布兰迪维因之战失败的 13 点原因"的说法（《回忆录》1：330）；他也提到了自己和斯特林勋爵共用"便饭"（第 1 章第 331 页）。斯特林勋爵于 1777 年 11 月 3 日致华盛顿的信中引述了威尔金森所谓康威信件中将华盛顿称为"懦弱将军"的描述（*PGW*，12：111）。斯特林在一封未署日期的信件中向华盛顿抱怨，康威曾无礼地告知他的信使说"告诉我的勋爵，我拒绝给他派驻警卫"。这封信写于 1777 年 8 月末或 9 月初（*PGW*，11：105）。华盛顿于 1778 年 1 月 4 日致盖茨的信中提到了康威的"阴谋动向"（*PGW*，13：138）。华盛顿于 1777 年 10 月 16 日致理查德·亨利·李的信件中宣称，康威的价值更多出于他"本人的臆想"，并非实情（*PGW*，11：529）。华盛顿于 1777 年 11 月 5 日致康威的信中提到，"我昨晚收到了一封信"，这封信包括了康威的贬低之语（*PGW*，12：129）。约翰·劳伦斯于 1777 年 11 月 5 日致父亲亨利的信中谈到，华盛顿及其幕僚拜访了克利夫登，此信见于劳伦斯《军中通信》（*Army Correspondence*）第 63 页。

塞缪尔·史密斯上校于 1777 年 11 月 12 日致华盛顿信中描述了"一枚炮弹如何纵贯烟囱而入、并重重击中了我的臀部，使我一度陷入昏迷"（*PGW*，12：231）。马丁在其《纪事录》中记载了弗勒里如何搜寻之字墙背后开小差的士兵（第 59 页）。弗勒里在其《日记》中宣称"敌军的炮火将永远无法拿下这座要塞"（1777 年 11 月 14 日条，收录于 *NDAR* 第 10 卷、第 490 页）。约翰·杰克逊则在《宾夕法尼亚海军》中提到，英军在 1777 年 11 月 15 日的短短 20 分钟内倾泻了 1030 枚炮弹（第 255 页）。马丁写到美军士兵"像秸秆一样被打得七零八落"，这座要塞也遭受了彻底的"孤立"（《纪事录》第 61 页）；马丁也提到，他发现自己最好的朋友阵亡了。古文诺·莫里斯于 1778 年 2 月 1 日福吉谷致约翰·

杰伊信中提到，英国人已经有多么接近"撤离费城"（*LDC*，9：4）。麦克吉雷《费城战役》一书中引述托马斯·潘恩致威廉·豪的信件，其在信中赞颂了米弗林堡守军的英勇。马丁记述了自己在米弗林堡之战后的体验，"似乎有一枚子弹飞速穿过我的脑壳"；他也提到"响尾蛇之啮"，以及历史学家们对米弗林堡之战的关注之稀缺（马丁《纪事录》第 63 页）。约翰·埃瓦尔德于《北美战争日记》第 105 页写到，1777 年 11 月 24 日有 30 艘英军舰船抵达了费城水面。

　　大陆会议任命的一个代表团于 11 月 28 日向华盛顿提议发起一场"强劲而有效"的冬季功势（*LDC*，8：329）。詹姆斯·洛维尔在 1777 年 11 月 27 日致盖茨的信件中也提出，华盛顿已经"将我们的事业拖入了一个颇为令人不快的状态"。纳撒尼尔·格林于 1777 年 12 月 3 日致华盛顿的信中警告，如果美军尝试攻击费城的英军，就将招致"一场威胁美国自由的危机"（*PGW*，12：518 – 522）。华盛顿对大陆军"不寻常艰困"的描述，见于他在进军福吉谷途中致约翰·巴尼斯特的信件（*PGW*，14：577 – 578 页，1778 年 4 月 21 日）。

　　约瑟夫·普拉姆·马丁记载了他康涅狄格老家的社区已经被打散为一个个"班"，每一个班都负责为大陆军输送一名士兵（《纪事录》第 39 ~ 41 页）。包括布兰迪维因之战被俘美军士兵国籍的那份名单，见于麦克吉雷《费城战役》第 1 章第 279 页。查尔斯·帕特里克·内梅尔于《北美走向战争》一书中引述了短语"逃亡中的自由白人"（第 160 页）。福吉谷"战士之家"的面积由 1777 年 12 月 18 日发布的军令所规定（*PGW*，12：627 – 628）。华盛顿于 1777 年 12 月 23 日致亨利·劳伦斯的信中声称大陆军将会"挨饿，解体或溃散"，并表达了他对手下军队士兵们的痛苦"感同身受"（*PGW*，13：683 – 684）。托马斯·弗莱明于《华盛顿的秘密战争》（*Washington's Secret War*）一书中谈到了大陆军士兵经受的伤害，以及他们"没有肉！"的呐喊（第 25 页）。

　　盖茨于 1777 年 12 月 8 日致华盛顿和大陆会议的信件中提到他的信件刚刚被"盗印"了（*PGW*，13：577）。詹姆斯·威尔金森宣称，当他将萨拉托加大捷的消息带给大陆会议、回到奥尔巴尼之后，盖茨抱怨说："自从您离开后，我的军营里有一名间谍。"盖茨还自信地说，"我已经拿出了一个方案，这方案足以迫使华盛顿将军放弃（汉密尔顿），并且令窃贼和收信人都名誉扫地"（《回忆录》第 1 章第 372 ~ 373 页）。詹姆斯·克莱克（James Craik）于 1778 年 1 月 6 日致华盛顿的信中告诉他，有人想要试着"强迫您辞职"（*PGW*，13：160）。亨利·劳伦斯于

1778 年 1 月 8 日致儿子的信中宣称"我们的整个体制已经陷入混乱"
(*LDC*，8：545)。亨利·劳伦斯于 1777 年 10 月 16 日开启了与他儿子的
秘密通信渠道，这天他给儿子写了一封信，信中提到了他的痛苦——他
听腻了代表们对华盛顿的贬斥之语。老劳伦斯请求儿子将华盛顿军团的
动态告知于他："我所说的都限于我们二人之间。我还有一句话：你那
些持续、独有的报告，是与你身上联结紧密的荣誉相一致的，比对父亲
的寻常职责更紧密。这些报告将大大裨益于我，以及许多相隔甚远的朋
友。"(*LDC*，8：126) 约翰·劳伦斯于 1778 年 1 月 3 日①致信父亲，提
到了"这个险恶集团"。约翰还使父亲确信，"迄今为止，我已经成功做
到了保密"(《军中通信》第 104 页)。

　　亨利·劳伦斯于 1777 年 3 月 15 日致儿子约翰信中提到了大陆会议
的绝望处境："出席者有时只有微不足道的 13 人，且从未超过 17 人"
(*LDC*，9：296)。亨利·劳伦斯提到了托马斯·米弗林等人，认为他们
正在借用爱国主义的名义以作为"他们谋求利益的借口"一样。老劳伦
斯还在 1778 年 1 月 8 日致约翰信件中说，他确信华盛顿有着"坚韧不拔
的责任感"，相信这正是美国摆脱当下困境的最佳途径 (*LDC*，8：545 -
546)。约翰·劳伦斯还在 1778 年 1 月 3 日②致父亲的信中提到，密谋集
团的诡计已经"对华盛顿将军造成了确实可见的影响"(《军中通信》
第 103 页)。纳撒尼尔·格林于 1777 年 11 月 26 日致华盛顿信中断言拉
法耶特"决心要以身涉险"。格林提到了头天晚上的一场意外：这位法
国将军率领 500 名民兵和一些来复枪兵击退了英军哨兵队 (*PGW*，12：
409)。拉法耶特于 1777 年 12 月 30 日致华盛顿信中将大陆会议中的盖茨
派称为"愚蠢之人"，他也在信中宣称自己已经"与您的命运紧紧相连"
(*PGW*，13：68 - 70)。华盛顿于 1777 年 12 月 31 日复信拉法耶特说自
己翘首以盼在未来的某个时刻与他"笑谈过往艰险和愚蠢人等"(*PGW*，
13：83 - 84)。

　　弗莱明于《华盛顿的秘密战争》(第 137 页) 中引用了伊斯雷尔·
安格尔的日记。日记中描述了华盛顿士兵们在福吉谷的伤亡状况。我要
感谢麦克吉雷为我提供大陆军 1778 年冬季福吉谷营地的细节内容。华
盛顿和幕僚于 1778 年 1 月 29 日拟就的文件提到了"我们当前军事体制

---

①　原文误作"1777 年"，当为"1778 年"。
②　同上。

的诸多缺陷"（*PGW*, 13：376 – 404）。有关华盛顿与大陆会议代表们在福吉谷的一番精彩对谈，可参见弗莱明《华盛顿的秘密战争》第 166 ~ 205 页。有关约翰·劳伦斯和亚历山大·汉密尔顿之间的友谊，可参见隆恩·切尔诺夫《亚历山大·汉密尔顿》第 94 ~ 97 页，以及格里高利·马西（Gregory Massey）《约翰·劳伦斯和美国革命》（*John Laurens and the American Revolution*）第 80 ~ 81 页。约翰·劳伦斯于 1778 年 1 月 14 日致父亲的信中提到了他的想要建立一支非裔美国人部队的计划（《军中通信》第 108 页）。约翰·劳伦斯还在 1778 年 2 月 2 日致父亲信中写道："您询问我华盛顿将军对此的意见？华盛顿将军确信，在这块大陆南部上有着许许多多的黑人族群，他们对我们而言是一大兵源，我们不应忽视。对于我提出的这一个具体方案本身，他还是表示拒绝——华盛顿认为，这项方案可能会使一个人比之前要贫穷，有些可惜。"（《军中通信》，第 117 ~ 118 页）

康威于 1777 年 12 月 31 日致华盛顿的信中将他称为"本大陆伟大的的华盛顿"的说法参见 *PGW*,13：78。华盛顿于 1778 年 1 月 4 日致盖茨信中写道："我写信是为了告知您，威尔金森上校 10 月末前往大陆会议时，曾在雷丁的斯特林勋爵那里一醉不起；这不是秘密：我曾从他（斯特林）的侍从武官那里得知、了解……康威将军曾经一度写信给您称'上天已经决心拯救您的国家；否则，她将被一名懦弱的将军和一些差劲的顾问毁于一旦'。"（*PGW*, 13：694）在 1778 年 2 月 28 日[①]致约翰·菲茨加德的信中，华盛顿将盖茨的自我辩解之举称为"最愚蠢的自相矛盾"（*PGW*, 13：694）。威尔金森写到盖茨是如何"斥责我，用最恶毒的语言……将我称为康威信件的出卖者"（《回忆录》1：384）。威尔金森于 1778 年 3 月 28 日致华盛顿信的附件中写到他如何"为了他施予我的那些伤害……找陆军少将盖茨讨说法"（*PGW*, 14：344 – 345）。对于那场流产的决斗，威尔金森在其《回忆录》中提供了另一份记录（1：388）。

盖茨于 1778 年 2 月 19 日致华盛顿信的中坚称"我没有什么派系"（*PGW*, 13：590）。弗莱明记述了拉法耶特如何要求盖茨和战争委员会成员们于 1778 年 1 月为华盛顿干杯（《华盛顿的秘密战争》第 171 ~ 172 页）。约翰·亚当斯详述亨利·诺克斯访问其布伦特里宅邸、要求

---

①　原书为"1777"，误。当作"1778"。

其效忠华盛顿的信件见于 *PGW*（13：686）。唐·希金波塔姆（Don Higginbotham）记述了丹尼尔·摩根对战争委员会成员理查德·皮特斯喋喋不休的纠缠（《丹尼尔·摩根》第 83 页）。伦德·华盛顿于 1778 年 2 月 18 日致华盛顿的信中报告了理查德·亨利·李被怀疑是"针对您的密谋集团"成员的情况（*PGW*，13：587）；伦德于 3 月 18 日致华盛顿的信中写到，约翰·帕克·库斯蒂斯"已经数次近距离接触理查德·亨利·李，并以最严肃的口吻宣布了他的清白"（*PGW*，14：221）。帕特里克·亨利于 1778 年 2 月 20 日的信件附上了一封批评华盛顿的匿名信件，这封信由本杰明·拉什寄给他（*PGW*，13：609－610）。弗莱明于《华盛顿的秘密战争》（第 169～170 页）一书中记述，大陆会议石阶上出现了一封匿名斥责华盛顿的信件手稿。华盛顿于 1778 年 2 月 28 日致约翰·菲茨加德的信中表示，"这个政治集团的阴谋诡计终将自食其果"（*PGW*，13：106）。华盛顿于 1778 年 2 月 24 日致盖茨信件中同意，一笔勾销"一切对立意见……并充耳不闻。未来情势允许时，就忘掉它"（*PGW*，13：655）。

詹姆斯·撒切尔《军事日记》记述了 1776 年 9 月未能以"海龟"号炸沉"雄鹰"之后大卫·布什内尔的活动，其中包括一次在新伦敦港（New London Harbor）炸沉"地狱犬"号的未遂尝试（正是这艘船载着豪将军、伯戈因和克林顿于 1775 年抵达北美）。撒切尔对"火药桶之战"的描述也包括了一首幽默诗歌，这首诗由一位笔名弗兰西斯·霍普金森（Francis Hopkinson）的诗人所作（第 122～124 页，第 361～362 页）。华盛顿 1778 年 1 月 5 日发布的军令派遣 50 名士兵向福特平地（Flatland Ford）的沙利文将军报到，并协助他放置火药桶（*PGW*，13：143）。哈里·廷科姆（Harry Tinckom）于《革命城市，1765～1783》（第 137 页）中描述了船员的意外，以及桶中藏有士兵的谣言。黑森人少校鲍尔梅斯特（Baurmeister）对"这些小装置一个接一个爆炸"的描述见载于《北美的革命》（*Revolution in America*）第 151 页。

华盛顿于 1778 年 1 月 20 日致阿诺德的信中询问"您是否又能健步如飞了"的文字见于 *PGW*，13：288。阿诺德 1778 年 3 月 12 日的回信见于 *PGW*（14：154）。阿诺德 1778 年致贝特西·德布卢瓦的两封信件重印于马尔科姆·德克（Malcolm Decker）《本尼迪克特·阿诺德》一书（第 285～288 页）。

纳撒尼尔·格林于 1778 年 2 月 15 日致华盛顿的信中声称"我就像

法老一样铁石心肠"的文字见于 *PGW*，13：546。有关施托伊本的信息，我受惠于保罗·洛克哈特《福吉谷的教官》（*Drillmaster of Valley Forge*）一书第 23 ~ 125 页。约翰·劳伦斯于 1778 年 2 月 28 日致父亲信中将施托伊本称为"我们所能找到的最适合出任监察长的那个人"（《军中通信》第 132 页）。约翰于 1778 年 3 月 9 日（132 页）、3 月 25 日（147 页）、4 月 1 日（152 页）、4 月 5 日（154 页）、4 月 18 日（160 页）的信件均作如是说法。约瑟夫·普拉姆·马丁将福吉谷的春天形容为"持续操练"（《纪事录》第 77 页）。约翰·劳伦斯于 1778 年 5 月 7 日致父亲的信中记述了美军庆祝与法国结盟的庆典活动（《军中通信》第 169 页）。华盛顿于 1778 年 5 月 5 日回复格林的信件见于 *PGW*（15：41），华盛顿在信中解答了格林关于自己是否应当继续收集军需物资的疑问。

第八章　燃烧山骑士

吉布森夫人关于佩吉·席本"通情达理，毫不肤浅"的说法见于刘易斯·布尔德·沃克（Lewis Burd Walker）《本尼迪克特·阿诺德之妻：玛格丽特·席本传》第 414 页。爱德华·席本于 1775 年 3 月 11 日信中表示他将"每一个私人场合……都当成荣誉的标杆所在"，这一文字为沃克在《玛格丽特·席本传》中所引用（24：422）。皮尔斯·马克西（Piers Mackesy）《为北美而战》（第 183 ~ 184 页）以数据说明了西印度群岛在经济上对英法两国的重要性。约翰·安德烈在《大联欢的细节》一书中对"大联欢"（Mischianza，也可拼作 Meschianza）作了一番详述（第 353 ~ 357 页）。

有关英军占领前后费城失序的政治氛围的记载，可参见罗伯特·布朗豪斯（Robert Brunhouse）《宾州的反革命》（*Counter-Revolution in Pennsylvania*，1776 - 1790）一书第 18 ~ 68 页，以及欧文·爱尔兰《伦理 - 宗教维度的宾州政治，1778 ~ 1779》第 423 ~ 448 页；正如爱尔兰所指出的，宾州内部的分裂有着强烈的宗教色彩，也即所谓"苏格兰及爱尔兰长老会和他们的加尔文派盟友……掌控着这个州。他们一旦掌权，就极力守护构成他们权力基础的一院制议会，颁布忠诚誓约，以打击政治和宗教中立派和爱国运动的反对者们。他们还将以安立甘为宗的费城学院换成他们自己长老会掌控的宾州大学"（第 425 页）。截然相反的是，更偏保守的阵营则是"一个异质的松散联合体，它由英格兰与苏格兰的安立甘宗、英格兰贵格派和德意志浸礼派组成"（第 427 页）。有关

"暧昧中立"这一术语的使用情况，可参见理查德·M. 杰里森（Richard M. Jellison）《社会，自由和良心》（Society, Freedom and Conscience）第 140 页。

据沃克《玛格丽特·席本》一书（24：427－428），爱德华·席本接待了"一群贵格会的显赫成员，这些人劝他说，他的女儿们身着特殊订制的土耳其服饰在公众面前亮相并不妥当。作为结果，尽管她们据说已陷入一场所谓'舞蹈狂热'之中，她们还是不得不缺席"。

华盛顿 1778 年 5 月 7 日致阿诺德的信（附有一对新肩章、一个新剑饰）见于 PGW（15：74）。阿诺德于 1778 年 5 月 30 日签署的《效忠誓词》（Oath of Allegiance）收藏于华盛顿特区的国家档案馆。阿诺德副官马修·克拉克森后来成为纽约州银行长期任职的行长；另一位副官大卫·索尔兹伯里·弗兰克斯的情况可参见奥斯卡·施特劳斯（Oscar Straus）《大卫·S. 弗兰克斯上校事业的曙光》（New Light on the Career of Colonel David S. Franks）第 101～108 页，以及詹姆斯·弗莱克斯纳（James Flexner）《叛徒亦间谍》（Traitor and the Spy）第 221～222 页。在于 1778 年 1 月 29 日致大陆会议军营委员会（Camp Committee）的报告中，华盛顿描述了大陆军军官们的经济损失（PGW, 13：377）。有关阿诺德和詹姆斯·西格罗夫的瓜葛及"魅力南希"号的情况，可参见理查德·默多克（Richard Murdock）《本尼迪克特·阿诺德和"魅力南希"号之谜》第 22～26 页。阿诺德与大卫·弗兰克斯之间的秘密协定见于约翰·菲茨加德上校撰写的阿诺德案《军事法庭笔录》（Court Martial）第 21 页。有关革命期间北美殖民地的走私风潮及其影响的记述，参见约翰·泰勒《走私者们和爱国者们》（Smugglers and Patriots）第 139～171 页。特里·戈尔韦（Terry Golway）则在《华盛顿的将军》（Washington's General）一书中谈到了纳撒尼尔·格林名下繁多的生意计划，并引用了格林的秘密商业协定。

弗莱克斯纳《叛徒亦间谍》（第 215 页）一书中详述了英军撤离前迪西莫蒂埃和安德烈在本杰明·富兰克林宅邸中的一番相遇。伊丽莎白·德林克在她《日记》（1778 年 6 月 18 日，1：77）中提及了英军的撤退和美军的进驻。华盛顿关于阿诺德执掌费城军事长官的当务之急的命令（其中引用大陆会议关于暂停商品售卖的决议）参见 PGW, 15：472。卡尔·范·多伦（Carl Van Doren）于《美国革命秘史》（Secret History of the American Revolution）一书中引用了阿诺德与米斯和韦斯特的秘密协定（第 169 页）。

　　亨利·克林顿对战火劫余的新泽西和他那"太过庞大"的辎重部队的描述都见于威廉·威尔科克斯（William Wilcox）《一名将军的肖像》第 232 页。华盛顿于 1778 年 6 月 15 日致查尔斯·李的信中将他称为"直率之泉"（*PGW*，15：406）。格林于 1778 年 6 月 24 日致华盛顿的信中敦促他对英军发动一场进攻（*PGW*，15：525 - 526）。查尔斯·李于 1778 年 6 月 25 日致华盛顿的信中宣告，他希望执掌本次进攻英军行动指挥权，而这正是他一开始拒绝的（*PGW*，15：541）。华盛顿在 1778 年 6 月 26 日的复信中提出了一个折中的方案，这个方案同时牵涉了李和拉法耶特（*PGW*，15：556）。约瑟夫·普拉姆·马丁记述了他在蒙茅斯之战中的经历（《纪事录》第 81 ~ 88 页）。约翰·劳伦斯于 1778 年 6 月 30 日的信中记述了华盛顿与李的交锋（《军中通信》第 197 页）。格林 1778 年 7 月 2 日的信件说，战争期间的华盛顿"无处不在"（*PNG*，2：451）。华盛顿在蒙茅斯时，拉法耶特断言，他从未见过"如此杰出的人才"，这段记载见于乔治·库斯蒂斯《华盛顿：私人追忆和回忆录》第 27 页。约翰·劳伦斯对这场战役关键时刻的描述，见其《军中通信》第 197 页。威尔科克斯于《一名将军的画像》（第 236 页）中引用克林顿的说法称他"几乎被酷热逼疯"。劳伦斯写到，"自由的标准"在蒙茅斯于焉种下（《军中通信》第 198 页）。查尔斯·李在 1778 年 6 月 30 致华盛顿的信中宣称，蒙茅斯之战的胜利要"全数归功"于他的撤退决定（*PGW*，15：595）。托马斯·康威于 1778 年 7 月 23 日致华盛顿信中声称他的军职生涯"行将结束"（*PGW*，16：140）。库斯蒂斯引述华盛顿在蒙茅斯之战次日晚上的话说，他躺在这里是为了思考，而非睡觉（《华盛顿：私人追忆和回忆录》第 80 页）。

　　约西亚·巴特莱特于 1778 年 7 月 13 日的信中描述了英国人在费城的恶行（*LDC*，10：268）。伊丽莎白·德林克关于一名戴"很高的帽子"的女性被一群暴民骚扰的记载见于其《日记》1778 年 7 月 4 日条，1：78。大卫·索尔兹伯里·弗兰克斯在 1778 年 7 月 4 日致华盛顿信中谈到，阿诺德"胃部遭到沉重压迫"（*PGW*，16：21）。艾利亚斯·布迪诺特发现阿诺德在出任费城军事长官的最初日子里身体不适、操劳过度，这番记载也作为证词收入阿诺德《陆军少将阿诺德案最高军事法庭诉讼记录》（*Proceedings of a General Court Martial of Major General Arnold*）第 78 页。格林则于 1778 年 7 月 25 日的一封信中记述了阿诺德如何疏远了正在费城的军官们——在一场他为费城市民举办的舞会上，阿诺德并没有邀请这些军官（*PNG*，2：470）。阿诺德在 1778 年 7 月 19 日致华盛顿信中表示了他对海军指挥权的兴趣（*PGW*，16：105）。有关阿诺德 1778 年 9 月 8 日提出的"西印度远征"动议见于 *LDC*（10：602）。

德斯坦 1778 年 7 月 8 日致华盛顿的信见于 *PGW*（16：38）；华盛顿于 1778 年 8 月 20 日致托马斯·纳尔逊信件中将法国舰队的到来称为"一次伟大、震撼的事件"（*PGW*，16：341）。我对德斯坦伯爵与豪将军在桑迪胡克遭遇战的记载，要大大归功于约翰·蒂利《英军舰队和美国革命》一书（第 142～145 页）；蒂利也颇具洞见地记述了英法舰队于纽波特的第二次遭遇战（第 147～152 页）。克里斯蒂安·迈克伯尼《罗得岛之战》（*Rhode Island Campaign*）第 126～128 页含有对那场"大风暴"及"朗格多克"号遇险情况的杰出记述。约翰·劳伦斯于 1778 年 8 月 22 日的信中将德斯坦的处境描述为"残酷处境"（《军中来信》第 220～221 页）。华盛顿则于 1778 年 8 月 20 日致托马斯·纳尔逊的信中惊奇于两年以来战事的"最奇异变迁"（*PGW*，16：341）。华盛顿还在致古文诺·莫里斯的信中谈到一个事实：英军的财政实力足以令英国在战争中将美国拖垮（*PGW*，17：254）。华盛顿还在 1778 年 11 月 14 日致亨利·劳伦斯信中的辩称"任何国家在其利益边界以外都不值得信任"（*PGW*，18：250-251）。德斯坦在 1778 年 9 月 8 日致华盛顿信中秉持"好间谍是一切的基础"的理念，并承诺说"愿意为此提供金钱酬劳"（*PGW*，16：541）。华盛顿于 1778 年 10 月 6 日致斯特林勋爵信中坚称，"任何微末之事都应在我们的情报中占有一席之地"（*PGW*，17：267）。

阿诺德于 1778 年 9 月 25 日致佩吉·席本的信件见于沃克《玛格丽特·席本传》（25：30-31）。一封阿诺德同日致爱德华·席本的信件则为卡尔·范·多伦于《美国革命秘史》中所引述（第 186 页）；范·多伦也引述了大陆会议对剧院加速所谓公序良俗全面堕落的谴责（第 185 页）。1778 年 12 月 1 日，《费城快报》（*Philadelphia Packet*）发布了一篇文章。文中提到，一名"功勋卓著的美军军官"竟胆敢身着暗红色军装，并得到了托利党小姐们的愉快回应；范·多伦也引用了这篇文章（第 180 页）。伊萨克·阿诺德引用了阿诺德于 1778 年 7 月 15 日致默西·斯科莱伊（Mercy Scollay）的信件（这封信还附有 500 美元，以援助华伦医生的大儿子）与塞缪尔·亚当斯 1779 年 12 月 20 日致埃尔布里奇·格里（Elbridge Gerry）的信，亚当斯在信中提到了他以私人的名义向阿诺德致谢，感谢他对华伦医生子女的"慷慨援手"（《阿诺德传》

第 216～217 页）。有关阿诺德帮助"积极"号上的康涅狄格水手一事，可参见 H. L. 卡森（H. L. Carson）《"积极"号私掠船案》（Case of the Sloop 'Active'）第 16 页。阿诺德 1778 年 10 月 6 日致蒂莫西·马特拉克（Timothy Matlack）的信中表示"对一名公民应有的尊重，当其成为士兵时毫无疑问应被牺牲"的文字见于阿诺德《军事法庭诉讼记录》第 26～27 页。有关阿诺德与"魅力南希"号的瓜葛，可参见理查德·默多克（Richard Murdock）《本尼迪克特·阿诺德和"魅力南希"号传奇》第 22～26 页。卡尔·范·多伦则于《美国革命秘史》一书中引用了萨拉·富兰克林·巴切（Sarah Franklin Bache）致父亲本杰明·富兰克林的信件。信中描述说，阿诺德在接受她 1 岁女儿的"一种老式拍击"之后，口出挑衅之语。詹姆斯·杜阿恩于 1779 年 1 月 3 日致菲利普·舒伊勒信中谈到，阿诺德的伤腿曾引起费城淑女们的兴趣。杜阿恩还将其与劳伦斯·斯特恩耸人听闻的记述相提并论。斯特恩关于一名寡妇对"托比叔叔的腹股沟"（同样在一场战役中受伤）感兴趣的描写见于 LDC11：405 所收录之《特里斯特拉姆·珊迪》（Tristram Shandy）。范·多伦还引用了玛丽·莫里斯的信件，信中描述了阿诺德与佩吉·席本的瓜葛（《美国革命秘史》第 187 页）。爱德华·席本于 1778 年 12 月 21 日致父亲的信中写到，"我最小的女儿正被一名将军追求"（沃克《玛格丽特·席本传》25：33）。爱德华·伯德于 1779 年 1 月 3 日信中写到，"现在，一条跛腿是唯一的障碍"（沃克著作 25：36）。伊丽莎白·蒂尔曼（Elizabeth Tilghman）于 1779 年 3 月 13 日信中将佩吉描述为一名"情感热忱"的女人，这封信收录于沃克著作（25：39）。沃克断言，就在佩吉激烈反对父亲之前的拒绝后，佩吉的父亲"勉强同意"了（第 32 页）。弗莱克斯纳于《叛徒亦间谍》一书中引述了阿诺德如何开始"在地板上单足蹦跳"的情况（第 236 页）。

第九章　冷血毒牙

有关约瑟夫·里德的背景，我参考了《约瑟夫·里德：传记及通信》（Life and Correspondence of Joseph Reed），此书由里德孙子 W. B. 里德编著；约翰·罗切《约瑟夫·里德：美国革命中的骑墙派》（A Moderate in the American Revolution）；乔治·班克罗夫特《约瑟夫·里德：一篇历史散文》（Joseph Reed：A Historical Essay）；威廉·斯特里克尔（William Stryker）《里德争议：更多事实，以及约瑟夫·里德人格记述》（Reed Controversy：Further Facts with Reference to the Character of

Joseph Reed)。革命之后里德和约翰·卡德瓦拉德之间火药味浓烈的信件来往，可参见《里德和卡德瓦拉德攻伐录》（*Reprint of the Reed and Cadwalader Pamphlets*）。此书对里德在副官长任上和担任宾州行政委员会主席期间的行为有一番精彩的审视。詹姆斯·弗莱克斯纳于《叛徒亦间谍》第 237 页中引述里德妻子的信件中对威廉·席本夫人曾说"我偷偷摸摸，宗教经常是用来遮掩不良行径的外套"的抱怨。

威廉·戈登于 1778 年 3 月 2～5 日致华盛顿的信中声称里德"更擅长造成分歧，而非促进团结"（*PGW*，14：29）；戈登也将里德描述为一名"不忠之人""干劲十足的律师"。约瑟夫·普拉姆·马丁则于其《纪事录》（第 31～32 页）中详述了哈勒姆高地之战期间里德的作为——里德不公平地指责一名中士"怯懦"，这几乎激起了一群康涅狄格士兵的哗变。陆军中将伊萨克·谢尔曼（Isaac Sherman）指控里德"下命令几乎都冲着我来"，使谢尔曼的团"陷入混乱"。接着，就在费城郊外的遭遇战期间，里德"离开军队、退出战场"（*PGW*，12：610）。彼得·梅瑟于《一种不无危险的背叛》第 326 页中详述的证言显示，罗伯茨曾在英军占领费城期间协助了数名美军战俘。约瑟夫·里德于 1778 年 11 月 5 日致纳撒尼尔·格林的信中抱怨本尼迪克特·阿诺德在绞死贵格派叛徒的前夜还在进行"公众娱乐"。里德也解释了以叛国罪绞死两名贵格派的必要性："富有、有权力（两人均是贵格派），如果我们赦免这些有钱人，那么便再也不能强颜充作穷人的榜样了。"（《查尔斯·李文件集》3：250～252）

安布罗斯·塞尔记录了他的想法：如果大陆会议颁布"一份大赦令"，那么他们就将"永远把我们逐出这块大陆"（塞尔《日记》1778年 5 月 23 日条，第 296 页）。约翰·卡德瓦拉德于 1778 年 12 月 5 日致纳撒尼尔·格林的信中写到"任何有着开明想法的人都高度肯定"阿诺德的行为（《查尔斯·李文件集》3：270～271）。克拉雷·布兰特《镜中男人》一书（第 161 页）则提到，里德曾在绞死贵格派不久前搬到阿诺德的隔壁居住。罗伯特·布朗豪斯于《宾州的反革命，1776～1790》一书中提到费城 1778～1779 年间的政治纷争："阿诺德所做的一切都为政坛的对立火上浇油，并加深了宪政主义者和保守主义者之间的鸿沟。"（第 64 页）

有关《邦联条约》、迪恩与李的纷争和其他大陆会议的勾心斗角，可参见 H. 詹姆斯·亨德森（H. James Henderson）《大陆会议中的政党政治》（*Party Politics in the Continental Congress*）一书（第 130～241

页），以及杰克·拉科夫（Jack Rakove）《国家政治的开端》（*Beginning of National Politics*）第 243～274 页。华盛顿于 1778 年 12 月 18 日～30 日致本杰明·哈里森的信中抱怨"政党纷争和个人争吵"主宰了大陆会议（*PGW*, 18：449 – 450）。华盛顿于 1778 年 12 月 13 日致阿诺德的信中表示，对于阿诺德和战争委员会之间的龃龉，自己并没有"了解这一僵局之缘起"的意愿（*PGW*, 18：399）。华盛顿关于"懒惰、放荡和奢靡之风"如何在费城风行的抱怨见于 *PGW*, 18：449 – 450。纽约大陆会议代表古文诺·莫里斯在 1779 年 1 月 26 日致乔治·克林顿州长的信中"为了某种程度上服务于我州的西部边界，并最终使过渡地带的乡间获益"推荐阿诺德（*LDC*, 11：520）。宾州最高行政委员会和大陆会议之间冲突的升级见于两个机构之间的文书来往（*LDC*, 12：27 – 180）。

卡德瓦拉德声称，约瑟夫·里德曾在特伦顿之战前夕密谋投奔英国。这一说法曾以"布鲁图斯"的笔名发表于《独立导报》（*Independent Gazetteer*），并重印于《里德和卡德瓦拉德攻伐录》（*Reprint of the Reed and Cadwalader Pamphlets*）第 7～8 页。这本书《附录》第 4 页引用了玛格丽特·莫里斯的日记。莫里斯居住于新泽西州伯灵顿，她记载了特伦顿战役期间她与一个女人的谈话。在特伦顿战役之夜，这个女人与里德和约翰·科克斯上校下榻于同一间房间。据莫里斯说，里德和科克斯"彻夜不眠，相互合计着让自身安全的最佳办法。他们决定，第二天黎明到来之时就出发前往英军军营，并带上麾下的所有士兵一起投降。但在清晨时分有快讯传来——美军取得了一场伟大的胜利……这个报告令叛乱的将军和上校高度亢奋，他们决定继续忠于美国的事业"。

阿诺德于 1779 年 2 月 8 日致佩吉·席本的信中表示"华盛顿和大陆军军官们……对里德先生和宾州当局加诸于我的罪恶行径深恶痛绝"。这段话见于拉塞尔·李（Russell Lea）对阿诺德通信颇有助益的汇编《英雄亦间谍》一书第 316～317 页。罗切于《约瑟夫·里德》（第 140～142 页）一书中提到，只要里德同意协助英国议和使团的工作，使团就支付给他一万英镑报酬。本书对里德当时面临的情境做了一番记述，并详述了一年多以后真相暴露时里德的止损措施。查尔斯·汤普森于 1779 年 3 月 21 日致约瑟夫·里德的信中质疑了里德的行事动机："是不是要败坏美国最高权力机构的声誉，然后再削弱其主权和分量？"（*LDC*, 12：219 – 222）

弗莱克斯纳于《叛徒亦间谍》一书中详述了阿诺德求购"快乐山

庄"时的整体处境，并引用了约翰·亚当斯"宾夕法尼亚最雅致住处"的赞美之词。沙斯泰吕旭尔侯爵在其《游记》（*Travels*）中称，阿诺德"在婚后第二天与同事们大谈特谈床笫之欢，粗鄙下流"（第114页）。本尼迪克特·阿诺德于1780年9月12日致罗伯特·豪信件中谈到了自己与佩吉的"声色愉悦之事"（*LOC*，华盛顿文件集）。

对于美国日渐黯淡的前景、特别是"民众的忘恩负义"如何促使阿诺德下决心叛变，可参见詹姆斯·克尔比·马丁的《作为政治抗议的本尼迪克特·阿诺德叛变》（*Benedict Arnold's Treason as Political Protest*）第71页作出的启发性分析。希拉斯·迪恩在1779年7月27日致兄弟西美昂（Simeon）的信中如是描述费城一触即发的政治形势："竞逐的双方分别是：令人尊敬、深受众望、但反对本州宪法的富裕公民；地位和名望略逊但是由合格称职的领袖们领导，并得到主席和委员会秘密支持的那批人。就算纷争或许会终结，但在此刻我说实话，整个地球上很少有比费城更不快乐的城市了。费城当下的名声堪称是其城市之名①的悖反。我希望这种状况不要再持续下去了。"这一表态见载于《宾夕法尼亚历史与传记杂志》（Pennsylvania Magazine of History and Biography17, no. 1（Apr. 1893）：348 – 349）。约翰·夏伊（John Shy）于《武装人民何其多》一书中写到民兵们如何造就了"（美国人）的政治转向机制"（第219页）。金宋博（Sung Bok Kim，中文译名系音译）于《美国革命政治化的界限》中提到了韦斯特切斯特县的"中立地带"（第868 ~ 889页）。詹姆斯·科林斯则提到了"中立地带"的水上版本（《长岛海峡捕鲸船之战》第195 ~ 201页）。华盛顿于1779年5月31日给约翰·沙利文下达的命令中写到将易洛魁人定居点"全部毁灭，彻底拔除"（*PGW*, 20：716 – 719）。

卡尔·范·多伦引用《保皇宪报》的文章，将阿诺德称为宾州立法机构"冷血毒牙"的受害者（《美国革命秘史》第193页）。伯戈因于《远征情事》中声称，是阿诺德打赢了萨拉托加战役——尽管盖茨选择龟缩不出（第17页）。约翰·亚当斯在《约翰·亚当斯：日记及自传》（*Diary and Autobiography of John Adams*）的《自传》中表示，如果他的妻子或女眷像约翰·迪金森的妻子一样反对独立的话，"那么毫无疑问，

---

① "费城"（Philadelphia）意为"兄弟之爱"（brotherly love）："philos"意为"爱"或"友谊"，"adelphos"意为"兄弟"。

即便这些情绪并未使我彻底气馁、叛离革命，那也将使我成为在世最悲惨的男人"（3：316）。阿诺德于 1779 年 5 月 5 日致华盛顿的信中写道："如果阁下您认为我有罪，看在上帝的份上，就让我立即受审吧，如果有罪，就处决我。"（PGW，20：328）詹姆斯·克尔比·马丁引用了约翰·布朗关于阿诺德"金钱就是这个人的上帝"的说法（《本尼迪克特·阿诺德》第 324 页）。

第十章　裂谷

巴内特·谢克特在《争夺纽约之战》一书中记述了英军从费城返回（纽约）的情况（第 319～320 页，第 325～326 页）。查尔斯·罗伊斯特对"与纽约城内敌军的大量贸易"的详述见于《战争中的革命同胞》第 272 页。卡尔·范·多伦于《美国革命秘史》中记述了费城和纽约之间的非法木材贸易（第 278 页）；他也谈到阿诺德如何通过约翰·斯坦斯伯里建立了自己与安德烈等人之间的通信渠道，以及对密码和隐形墨水的使用（第 196～201 页）。范·多伦《美国革命秘史》附录收录了安德烈于 1779 年 5 月 10 日致阿诺德的信（第 439～440 页），以及阿诺德于 1779 年 5 月 23 日的复信（第 441～442 页）。希拉斯·迪恩于 1779 年 5 月 29 日致纳撒尼尔·格林信则见于 NYHS。

华盛顿于 1780 年 11 月 20 日致约瑟夫·里德信中写到，在阿诺德军事法庭开庭之前，"我不能如此地丧失我本人的人格、在这一被召唤的时刻偏袒徇私"；华盛顿也谈到，他给了阿诺德一次"训斥"（WGW，20：370）。

有关 1779 年夏天英美两军在哈德逊河的军事行动，迈克尔·谢尔海默（Michael Schellhammer）《乔治·华盛顿与英军最后的哈德逊河之战》（George Washington and the Final British Campaign for the Hudson River，1779）第 77～87 页提供了有用的记载。华盛顿于 1779 年 6 月 2 日致蒂莫西·马特拉克的信中说，在其军事法庭宣告推迟之后，阿诺德已去了莫里斯顿，并在那里"静观待变"（PGW，21：20）。安德烈于 1779 年 6 月中旬给阿诺德的复信见于范·多伦《美国革命秘史》一书（第 448 页）。克林顿于 1780 年 10 月 11 日致乔治·杰曼的信中称，阿诺德在费城碰到麻烦之后，已经"不再那么惹人关注"（克林顿《北美叛乱》第 462 页）。斯坦斯伯里于 1779 年 7 月 11 日致安德烈的信中说，他之前的沟通"并不符合（阿诺德）期待"（范·多伦《美国革命秘史》第 449～450 页；阿诺德给佩吉的购物清单见于 451～452 页；安德烈 7

月末给阿诺德的复信在 453 页；斯坦斯伯里 7 月末致安德烈信载于453 ~ 454 页；阿诺德 1779 年 8 月 16 日致佩吉信载于 454 页）。有关佩吉 "通过大力劝说和不懈坚持" 以说服丈夫叛变的记载，见于《亚伦·布尔回忆录》(*Memoirs of Aaron Burr*)，马修·L. 戴维斯 (Matthew L. Davis) 编，1：219 ~ 220。有关安东尼·韦恩 (Anthony Wayne) 袭击斯托尼岬、亨利·李攻打保卢斯胡克的情况，可参见谢尔海默《乔治·华盛顿与英军最后的哈德逊河之战》(第 142 ~ 155 页；第 165 ~ 180 页)。有关 1779 年夏季令人失望的哈德逊河作战后克林顿关于自己成为 "大为改变的男人"，可参见威廉·威尔科克斯《一名将军的肖像》第 279 页。华盛顿于 1779 年 9 月 13 日致德斯坦的信中提出了关于法美两军可能对纽约发起一场联合攻击的 "一些暗示" (*PGW*, 22：409 - 410)。*PGW* 的编辑们详述了华盛顿于 1779 年秋季袭击纽约的计划 (22：594 - 623)。华盛顿于 1779 年 9 月 30 日致拉法耶特的信见于 *PGW* (22：562)。华盛顿于 1779 年 11 月 10 日致约翰·帕克·库斯蒂斯的信中描述了纽约和佐治亚州之间若隐若现的所谓 "裂谷" (*WGW*, 17：90 - 91)。

我对威尔逊堡之战的记载源于《查尔斯·威尔逊·皮尔档案》(*LCJR* 附件，2：424)，皮尔在该文献中表示 "在这种场合同一大群全情投入的爱国者们讲道理徒劳无功"；《菲利普·哈格纳纪事录》(同样收入 *LCJR*) 也记述了阿诺德的说法，"您的主席已经啸聚了一群暴徒，现在他已经无法弹压了" (2：427)；而在《1779 年威尔逊堡冲突：革命群众的个案研究》(*Fort Wilson Incident of* 1779：*A Case Study of the Revolutionary Crowd*) 中，约翰·亚历山大 (John Alexander) 引用了约瑟夫·里德轻描淡写的说法，称民兵和军官们的死亡是 "自由事业的偶然过火" (第 608 页)。范·多伦于《美国革命秘史》第 252 页中引述了阿诺德 1779 年 10 月 6 日致大陆会议的信件，阿诺德在信中请求给他派一支卫队，保护自己免于 "暴民或目无法纪的暴徒" 的伤害。佩吉·阿诺德于 1779 年 10 月 13 日致约翰·安德烈的信件也收录于《美国革命秘史》(第 455 页)；以及阿诺德于 1779 年 12 月 3 日同安德烈的联络信件 (第455 ~ 456 页)。

第十一章　垂死者之痛

我对莫里斯顿的绝大部分描写依赖于约翰·坎宁安 (John Cunningham)《悬而未决的革命》(*Uncertain Revolution*) 一书 (第 13 ~ 15 页)。有关 1779 ~ 1780 年莫里斯顿严冬的情况，可参见大卫·卢德伦

（David Ludlum）《早期北美冬季，1604～1820》（*Early American Winters*，1604－1820）第 111～117 页。坎宁安于《悬而未决的革命》中对康涅狄格旅驻地"约基谷周边"和"料想中的便利之地"的描述见于《悬而未决的革命》第 98～99 页。约瑟夫·普拉姆·马丁描写了酷寒，并在其《纪事录》中说，"这是饥饿的顶点"（第 112～113 页）。

阿诺德的结辩词载于《陆军少将阿诺德，最高军事法庭诉讼记录》第 102～133 页。阿诺德于 1780 年 3 月 22 日致希拉斯·迪恩的信中抱怨自己受到了不公的谴责。此信载于卡尔·范·多伦《美国革命秘史》第 250～251 页。卡德瓦拉德在革命之后与约瑟夫·里德进行了一场笔仗，他在小册子中透露，就阿诺德做出自辩，并在辩词中提到里德于特伦顿之战前密谋投降的流言之后，阿诺德曾"为此向我道歉，因为他不经我同意就把谣言放进了辩词里；我说，鉴于我曾提到的公序良俗，道歉是不必要的，"《里德和卡德瓦拉德攻伐录》第 36 页；卡德瓦拉德还表示，就阿诺德的审讯进行时，里德"脸红一阵白一阵，似乎是在为自己成为起诉人而道歉；里德还成了阿诺德的恭维者"。（第 36 页）伊萨克·阿诺德于《本尼迪克特·阿诺德传》中引述了宾州最高行政当局 1780 年 2 月 3 日"希望大陆会议可以很愉快地解除这份将引发公众不满的判决"的声明，并推断其"似乎是起诉者在军民对判决的义愤逼迫下作出的"（第 262～263 页）。阿诺德关于财务官员们作奸犯科、在决定他应从远征加拿大的花费中得到补偿金额时涉嫌"心怀私怨或不正当施压"的控诉见于范·多伦《美国革命秘史》第 251 页。

阿诺德于 1780 年 3 月 20 日致华盛顿的信中再次建请发起一场可能的海上远征的记录参见拉塞尔·李《英雄亦间谍》。华盛顿于 1780 年 4 月 6 日提到阿诺德受谴责的两封信件也见于此书（第 384 页；第 386～387 页）。有关西点要塞的工事情况，我参考了一份绝佳的综述，这篇综述作于 1779 年夏秋时分（*PGW*，21：189－194）；我还参考了戴夫·帕尔默（Dave Palmer）《大河和岩石》（*River and Rock*）一书第 203～217 页。范·多伦于《美国革命秘史》第 258 页中引述了阿诺德 1780 年 5 月 25 日致菲利普·舒伊勒的信。阿诺德在信中抱怨说自己还没有听说舒伊勒与华盛顿的会谈，而舒伊勒许诺和华盛顿谈谈阿诺德的事情。威廉·里德重印了舒伊勒 1780 年 6 月 2 日致阿诺德的信，舒伊勒在信中转述了华盛顿对阿诺德的高度评价（*LCJR*，2：276－277）。阿诺德于 1780 年 6 月 12 日致英军的信中说，他确信自己"有希望拿下西点的指挥权"（范·多伦《美国革命秘史》第 460 页）。

约瑟夫·普拉姆·马丁在其《纪事录》中记述了康涅狄格旅于莫里斯顿的哗变（第 118 ~ 122 页）。查尔斯·罗伊斯特则于《战争中的革命同胞》一书中讨论了独立战争引发的"巨大经济繁荣"（第 270 页）。道格拉斯·弗里曼的《乔治·华盛顿》一书收录了华盛顿 1780 年 5 月 28 日致约瑟夫·里德的信（5：166 ~ 167）。华盛顿于 1780 年 5 月 27 日致大陆会议主席信中承认，这场哗变"为我带来的忧虑超过了迄今为止的所有事情"（WGW，18：431）。华盛顿还于 1780 年 7 月 7 日致约瑟夫·琼斯的信中表达了他对"我们的事业失败"的恐惧，并写下自己看到了"一个头脑逐渐分成了十三个"（18：453）。埃比尼泽·亨廷顿于 1780 年 7 月 7 日致哥哥安德鲁的信中抱怨"这个国家正流行着卑鄙愚行"。此信收录于《美国革命期间埃比尼泽·亨廷顿书信集》（*Letters Written by Ebenezer Huntington during the American Revolution*）第 86 ~ 87 页。阿诺德于 1780 年 7 月 12 日致安德烈的信中表示"当前的战斗就像是一名垂死者的疼痛"（范·多伦《美国革命秘史》第 463 页）。阿诺德曾表示自己"相信我们的事业是无望的"（伊萨克·阿诺德《本尼迪克特·阿诺德传》第 287 页）。

汤姆·刘易斯（Tom Lewis）于《哈德逊河》（*Hudson River*）第 138 页中将这条水道称为"群山之河"。埃里克·桑德森（Eric Sanderson）于《曼哈顿》（*Manhattan*）第 87 页中提供了哈德逊河的统计数据。道格拉斯·库比森（Douglas Cubbison）对革命期间西点要塞周边的许多小防御工事有一番详细的分析，参见其《西点诸要塞：历史构造报告》（*Historic Structures Report：The Redoubts of West Point*）一书。林肯·迪亚曼特（Lincoln Diamant）《魅力哈德逊》（*Charming the Hudson*）一书中详尽地描写了这些小工事，特别是西点要塞的防御链（第 121 ~ 122 页、129 页、141 ~ 156 页）。阿诺德于 1780 年 6 月 16 日致英军信中描述了西点要塞的状况（范·多伦《美国革命秘史》第 460 ~ 461 页）。

据说，是花花公子、英军军官巴纳斯特·塔勒顿（Banastre Tarleton）将佩吉·阿诺德称为"英格兰最漂亮的女人"。此一说法收录于马克·雅各（Mark Jacob）与斯蒂芬·卡斯（Stephen Case）的《叛变美人》（*Treacherous Beauty*）第 197 页。汉娜·阿诺德于 1780 年 9 月 4 日致阿诺德的信中表示她对佩吉和罗伯特·利文斯顿之间的关系产生怀疑。这封信收录于范·多伦《美国革命秘史》第 303 ~ 304 页。利文斯顿 1780 年 6 月 22 日致华盛顿的信与华盛顿 1780 年 6 月 29 日的回信，分别收录于

李《英雄亦间谍》一书第 395~396 页、第 396~397 页。阿诺德 1780 年
7 月 12 日致安德烈的信中告知他法国人已到达纽波特。此信收录于范·
多伦《美国革命秘史》第 462~463 页。道格拉斯·弗里曼引述拉法耶
特 1780 年 4 月 27 日的一封信，信中拉法耶特宣布他返回北美（《乔治
·华盛顿》5：161）。华盛顿于 1780 年 7 月 31 日致罗尚博的信中表示：
"我能向您提供帮助的唯一做法就是出兵威胁纽约"。华盛顿还于 7 月 31
日致拉法耶特信中表示他"忙得团团转"。这两封信均收录于贾雷德·
斯帕克斯《乔治·华盛顿文集》（*Writings of George Washington*）（7：
126－127，128－129）。理查德·拉什（Richard Rush）于《华盛顿的家
庭生活》（*Washington in Domestic Life*）一书中记载了华盛顿对自己让阿
诺德统率美军左翼、而非出任西点要塞指挥官时阿诺德反常行为的回忆
（第 77~81 页）。佩吉在听到这一消息时陷入"歇斯底里症"之中的说
法见于马修·L·戴维斯编辑的《亚伦·布尔回忆录》，1：105。伊萨
克·阿诺德于《本尼迪克特·阿诺德传》第 319 页引用詹姆斯·吉布森
夫人的记载说，根据弗兰克斯的证词，佩吉"受阵发性精神失控所苦"，
阿诺德的副官们因此在"和她说话时谨言慎言"。马克·雅各布和斯蒂
芬·卡斯于《叛变美人》第 127 页引述佩吉 1801 年致其父的信说，佩
吉自称这是间歇性的"颅内紊乱"，这封信藏于宾夕法尼亚历史学会。
华盛顿 1780 年 8 月 3 日下达的一般命令收录于李《英雄亦间谍》第
407~408 页。

第十二章　突变

阿尔菲乌斯·帕克赫斯特（Alpheus Parkhurst）在 1832 年的一份退
休金申请书中描述了左脚上穿着"一只大红鞋"的阿诺德。这份申请书
收录于约翰·C. 丹恩（John C. Dann）编《追忆革命》（*Revolution
Remembered*）第 57 页。阿诺德于 1780 年 8 月 5 日致罗伯特·豪的信中
说，他设在罗宾逊宅邸的新指挥部"对一名无行动能力者而言是绝佳之
地"，这一记录参见拉塞尔·李《英雄亦间谍》第 411 页。阿诺德的叛
变败露后，他的副官理查德·瓦里克在出席一场调查法庭之后成功地洗
白了自己的声誉（以及他的同僚副官弗兰克斯）。这份法庭调查实录提
供了许多关于 1780 年 8~9 月间罗宾逊宅邸生活的有用信息。马丁夫人
是阿诺德指挥部的一位管家，她也在法庭上作证，阿诺德将军"将他
的物资放在自己的私室之内，后来又转到一间专门调拨的房间之中，除
了他本人之外不允许任何人进入"（《瓦里克调查法庭记录》第 158 页）。

据瓦里克的记录，阿诺德表示，"自1775、1776到1777年，他应得10000份配额口粮，但还没有得到足够的补偿。他将在未来弄到他所有的配额"；瓦里克也作证说，他"阻止了一切"阿诺德和一名罗宾逊船长之间的"来往"。阿诺德想向这位船长"出售一些朗姆酒"（第134/135页）。

华盛顿于1780年8月3日致阿诺德的信中命令他"拿到一切敌军动向的情报"（李《英雄亦间谍》第408页）。卡尔·范·多伦则于《美国革命秘史》中写到阿诺德获取罗伯特·豪与拉法耶特手上的间谍资源的企图（第287~288页）。有关约书亚·赫特·史密斯的信息，我所依据的是理查德·科克（Richard Koke）的《叛变帮凶》（Accomplice in Treason）一书第3~69页。史密斯于1780年8月13日致阿诺德的信中虚情假意地表示阿诺德是"一位绅士，他的名声令我敬重"（李《英雄亦间谍》第418页）。瓦里克于1780年4月24日致纽约州州长克林顿副官罗伯特·本森（Robert Benson）的信中曾询问了一番史密斯的"道德和政治人格"；本森于1780年9月19日复信说，"从他在联系中的表现看，从他自身的疏懒性格来看，我无法说服自己对这个人拿出十足信心"（《瓦里克调查法庭记录》第92~98页）。詹姆斯·弗莱克斯纳于《叛徒亦间谍》一书中引用了塞巴斯蒂安·鲍曼（Sebastian Bauman）的话，后者称阿诺德在初到西点"接过指挥权的第一时间是困惑的"；弗莱克斯纳也引用了汉娜·阿诺德称她的哥哥是"乖戾性格之集大成者"的指控（第321页）。

阿诺德于1780年8月30日致安德烈的信中说，他于8月24日收到了安德烈的上一封信件。阿诺德表示，"他敢断定，当他与您会面时，您将认同（他的提议）"（范·多伦《美国革命秘史》第470页）。阿诺德于1780年9月12日致纳撒尼尔·格林的信中愉快地提到盖茨在坎登的大败说，"这对那位英雄来说真是不幸的遭遇"，这一记录参见李《英雄亦间谍》第436页。安德烈在致家人的信中提到了他在英军中的"迅猛晋升"，此信收录于罗伯特·麦康奈尔·哈特奇（Robert McConnell Hatch）《约翰·安德烈少校》（Execute Major John André）一书第214~215页。我对安德烈阴暗面的描写，大部分要归功于约翰·埃万格里斯特·沃尔什（John Evangelist Walsh）《处决安德烈少校》（Execute Major John André）一书（第21页），这本书也提到了英军军官在泡利和老塔潘屠杀中的作为。安德烈在其《日记》9月20日条中描写了在泡利对逃亡美军士兵的刺刀杀戮（第50页）。弗莱克斯纳于《叛徒亦间谍》第

155 页引述了安德烈致其母亲的信，信中提到了泡利之事。托马斯·迪马雷斯特（Thomas Demarest）于《拜勒屠杀》（*Baylor Massacre*）第 70 ~ 76 页中提到了在老塔潘展开的考古工作。托马斯·琼斯（Thomas Jones）于《革命战争时期纽约史》（*History of New York during the Revolutionary War*）谴责了拜勒屠杀"与一名英国将军的荣耀或尊严均不契合"（1：286）。弗莱克斯纳对安德烈信中称德斯坦夺取格林纳达将意味着"我所有金色梦想的消逝"的说法之引用见于《叛徒亦间谍》第 295 页。

安德烈于 1780 年 9 月 7 日与阿诺德的通信中提到了一名军官，"这名军官与我之间用不着分彼此"。阿诺德在复信中表示，"我的处境不允许我与这样一名军官会谈，或是建立任何私人通信"（范·多伦《美国革命秘史》第 471 页）。约瑟夫·普拉姆·马丁于《纪事录》中写到，他看见阿诺德"就在多布斯渡口附近"（第 129 ~ 130 页）。亨利·克林顿对于自己如何决定令海军上将罗德尼对阿诺德变节一事知情并认定与阿诺德面谈之必要性的回忆见于其所著的《北美叛乱》第 463 页。威廉·史密斯仍记得他与克林顿的会谈，史密斯在会谈中预言这场革命将终结于"一场突变"的说法见于其《回忆录》1780 年 9 月 26 日条，2：334。

温斯洛普·萨尔根特（Winthrop Sargent）于《约翰·安德烈少校：传记及军旅生涯》（*Life and Career of Major John André*）一书中收录了贝弗利·罗宾逊寄来的信件，这封信据称是发现于阿诺德叛变后的文件集之中（第 447 ~ 449 页）。瓦里克作证时坚称他让阿诺德重写一封致罗宾逊的信，因为原稿"与其说是一名敌人写来的信，还不如说是用了朋友间的语气"（《瓦里克调查法庭记录》第 134 页）。阿诺德于 1780 年 9 月 18 日致贝弗利·罗宾逊的两封信件中相约与安德烈在"秃鹫"号上相会，并做了相关准备。阿诺德还告知罗宾逊，华盛顿将从哈特福德回来（李《英雄亦间谍》第 448 页）。

我们对 9 月 20、21 两夜间发生的事件、以及史密斯和安德烈到"中立地带"旅行的相关事件的了解，都来自《约书亚·赫特·史密斯庭讯记录》（*Record of the Trial of Joshua Hett Smith*）以及史密斯后来所写的（可靠性稍逊的）《安德烈少校致死原因纪实录》（*Authentic Narrative of the Causes Which Led to the Death of Major John André*）。史密斯作证说，他曾划船前往"秃鹫"号，并期待能找到贝弗利·罗宾逊。阿诺德曾经表示，罗宾逊想要了解"他能否获得赦免，他的地产能否归还于他"（第 73～74 页）。卡洪兄弟也都就他们关于航向"秃鹫"号的问题与阿诺德之间发生的口角作了证言（第 6～14 页）。史密斯也于《约书亚·赫特·史密斯庭讯记录》（*Trial of Joshua Hett Smith*）一书记述了为何他最终是和安德烈而非罗宾逊相会（第 74～80 页）。在 1780 年 9 月 24 日致克林顿的信中，罗宾逊记述了当时为何是安德烈而非他本人陪同史密斯前去同阿诺德会晤（范·多伦《美国革命秘史》第 474～475 页）。史密斯则于其《叙事录》（*Narrative*）中谈到了安德烈的"年轻面容，雍容礼仪"（第 20 页），以及阿诺德得知他将会晤安德烈而非罗宾逊时的"气恼"和"忧虑"（第 21～22 页）。

我对阿诺德和安德烈之间会谈内容的描写不可避免地带有猜测成分；但是，谈话内容并非全无线索。安德烈死后，阿诺德曾经大胆地向克林顿去信表示，安德烈已经向自己承诺将尽一切努力确保即便没能将西点要塞献给英军自己也能拿到 10000 英镑的全额赏金；安德烈被俘后曾与本杰明·塔尔米奇进行了大量会谈，透露了英军拿下西点要塞的计划。塔尔米奇将这些信息转述给了哈佛大学历史学家贾雷德·斯帕克斯，斯帕克斯后来将这些信息编入了《本尼迪克特·阿诺德的人生与叛变》。根据斯帕克斯的说法，一旦英军对西点发起攻击，阿诺德就将派出"一队队士兵……在敌军到来时，以迎击敌军的名义令他们从戍防地前往山间峡谷等偏远之地；他们在要塞外留驻的时候，英军就将登陆，并从不同路线进军卫戍阵地。英军将入无人之境……总的原则……是让美军守军支离破碎，并分散成一股股小队，这样便无从发挥战力，只能在毫无实效抵抗的情况下束手投降。从他变节一事败露前的行迹来看，阿诺德实际上已开始为这个阴谋铺平道路。"（第 208 页）罗宾逊于 1780 年 9 月 24 日致克林顿的信中描述了"秃鹫"号遭遇的来自特勒岬美军火炮的炮击（范·多伦《美国革命秘史》第 475 页）。

第十三章　无暇懊悔

约书亚·赫特·史密斯记述了他和卡洪兄弟划船逆着回涡流返航、沿河而上的过程，以及此时从他个人视角见到的"秃鹫"号中炮（《叙事录》第 21～22 页）。约瑟夫·卡洪则谈到阿诺德对那间"必要房子"的访问，以及他一瘸一拐的步态（《约书亚·赫特·史密斯庭讯记录》第 16 页）。阿诺德关于安德烈（化名安德森）身着英军军官军服是出于"虚荣或自傲"的可疑说辞见于史密斯《叙事录》第 23 页。有关安德烈乔装改扮的最佳记述见于纽约州民兵约翰·鲍尔丁的证词（《约书亚·

赫特·史密斯庭讯记录》第 55 页）。

史密斯在其《叙事录》中记述了安德烈如何在他宅邸二层的窗前一边望着"秃鹫"号，一边焦躁不堪地等待。史密斯还记述了自己如何未能将安德烈引入对夺取斯托尼岬之作战的讨论（第 23 ~ 24 页）。罗伯特·哈奇大量引用了安德烈"追获奶牛"一诗（《约翰·安德烈少校》第 209 ~ 211 页）。威廉·詹姆森和威廉·库里谈到了他们与史密斯在国王渡口军帐中的会谈（《约书亚·赫特·史密斯庭讯记录》第 39 ~ 42 页）。渡口船夫科内利乌斯·兰伯特（Cornelius Lambert）、兰伯特·兰伯特（Lambert Lambert）和威廉·范·瓦特（William Van Wart）证实，他们与史密斯、安德烈有过照面（《约书亚·赫特·史密斯庭讯记录》第 34 ~ 39 页）。金宋博于《美国革命政治化的界限》第 882 页引用了蒂莫西·德怀特（Timothy Dweight）的记录，其中叙述了革命对北美居民已造就的影响。史密斯叙述了他和安德烈如何被博伊德上尉率领的侦察队拦下询问（《叙事录》第 25 ~ 26 页）。史密斯还在书中写到他们二人如何同榻而眠，并在第二天继续旅程（第 27 ~ 30 页）。威廉·阿巴特（William Abbart）于《革命危机》（Crisis of the Revolution）一书中写到了他们与塞缪尔·韦伯的不期而遇，以及安德烈的"汗毛直竖"（第 22 页）；阿巴特也复述了约书亚·金在当时对安德烈的描述，他形容这位英国俘虏像是"一名落魄绅士"（第 39 页）。史密斯详述了他与安德烈的分别（《叙事录》第 29 ~ 30 页）。

约翰·罗默（John Romer）于《中立地带大事记》（Historic Sketches of the Neutral Ground）一书第 23 页中谈到了那株巨大的鹅掌楸树，正是在这棵树下，安德烈被三名民兵俘虏。在《约书亚·赫特·史密斯庭讯记录》一书中，约翰·鲍尔丁、亚伯拉罕·威廉姆斯（原稿误记作大卫·威廉姆斯）提供了一份详细的证词，记述了他们在俘虏安德烈过程中的一言一语（第 52 ~ 60 页）。阿巴特于《革命危机》一书中谈到了鲍尔丁曾为英军俘虏并因此得以身着黑森佣兵外套的过程。鲍尔丁表示，安德烈在尝试贿赂他们时，他断然拒绝，并回话说："不，看在上帝的份上，如果您要给我们 1 万畿尼的话，您就不应该挪动一步。"（《约书亚·赫特·史密斯庭讯记录》第 54 页）本杰明·塔尔米奇在 33 年之后给贾雷德·斯帕克斯的一封信中暗示说，如果让他来处理的话，他就会在阿诺德得悉安德烈被俘之前抓住这个叛徒。塔尔米奇表示："我向（陆军中校詹姆森）提出了一个方案，其执行由我本人完全负责。然而，在他认为这太危险、不好应允之后，我就不添一语了。"（莫顿·

彭尼帕克《华盛顿将军的间谍们》第 169 页)。阿诺德叛变投敌后不久，詹姆森给华盛顿写了一封信，他在信中认为，（及时抓住阿诺德的想法）也许只不过是一厢情愿和后见之明罢了，并非事实。詹姆森解释，在咨询塔尔米奇和"另一些陆军校级军官"，并确认他们都"明确地认为应在接到阁下您的回话后再行事"之后，自己才将俘获安德森的消息写信告知了阿诺德，这一说法见载于范·多伦《美国革命秘史》第 341 页。

约书亚·赫特·史密斯宣称阿诺德在得知史密斯已经伴同安德烈走到了远至中立地带美军战线之地的新闻时"大为满意"（《叙事录》第 30 页）。约翰·兰姆详述了一番阿诺德在桌前与瓦里克、史密斯等人的口角（《瓦里克庭讯记录》第 149～151 页）。瓦里克谈到了阿诺德的愤言，"如果我邀请魔鬼和我用餐的话，我家里的绅士们也应当对他以礼相待。"（《瓦里克庭讯记录》第 174～175 页）。范·多伦引述安德烈的话说，美国人是"生于粪土的部落民"（《美国革命秘史》第 321 页）。我对安德烈行为的描写同布莱恩·卡索（Brian Carso）于《现在我们还能相信谁?》中的判断一致："这是一个颇具说服力的论断……安德烈的笨拙轻率将阿诺德举西点要塞献降的努力毁于一旦，否则英国本有可能以此方式赢得这场战争"（第 160 页）。约书亚·金对他如何了解安德烈"绝非常人"、以及如何成为安德烈知心密友的描述见于阿巴特《革命危机》第 39 页。

贾雷德·斯帕克斯将安德烈于 1780 年 9 月 24 日致华盛顿的信收录于《本尼迪克特·阿诺德的人生与叛变》第 235～238 页。阿巴特于《革命危机》一书中收入了一幅照片，照片上据说就是安德烈给华盛顿写信时所坐的摇椅；阿巴特也引述了汉密尔顿对安德烈致华盛顿信件的评价，"措辞体面而不傲慢；极力辩解而不谄媚"（第 40 页）。约翰·埃万格里斯特·沃尔什于《处决安德烈少校》一书中记述了塔尔米奇如何在此后的岁月里尝试贬低那些俘虏安德烈的人（第 152～171 页）。正如莫顿·彭尼帕克于《华盛顿将军的间谍们》一书所指出的那样，塔尔米奇后来对这三位民兵的敌意也许源于一次事件——两年半之后，鲍尔丁参与了一场对效忠派分子德兰塞（Delancey）在韦斯特切斯特郡宅邸的突袭，而这是塔尔米奇所未予同意的。塔尔米奇在致历史学家贾雷德·斯帕克斯的一封信中公开承认，尽管他是华盛顿的间谍长官，"直至缴获安德烈身上的信件之前，我都对（阿诺德）可能缺少爱国心或是政治美德的风险毫无怀疑"。彭尼帕克在《华盛顿将军的间谍们》一书中引用了这封信（第 171 页）。

斯帕克斯引述了华盛顿和拉法耶特之间的对谈。大陆军总司令表示，"你们年轻人都爱上了阿诺德夫人"（《本尼迪克特·阿诺德的人生与叛变》第 240 页）。詹姆斯·弗莱克斯纳于《叛徒亦间谍》中引述一份记录说，陆军中尉阿伦带来的消息令阿诺德坠入"极大惶惑"之中（第 366 页）。弗兰克斯描述了他如何告知阿诺德华盛顿"就在附近"，以及阿诺德如何命令弗兰克斯告知华盛顿他将"在约一个小时后"从西点要塞回来（《瓦里克庭讯记录》第 130 页）。弗莱克斯纳于《叛徒亦间谍》一书中引述说，阿诺德"几乎是从悬崖跃下"（第 367 页）。斯帕克斯于《本尼迪克特·阿诺德的人生与叛变》一书中描述了阿诺德如何沿河逃走，并在登上"秃鹫"号后将他小艇上的船员逮捕。据斯帕克斯说，"本于对一种自私妄为行径的轻蔑，亨利·克林顿爵士公正地给了这些船员自由"（第 243 页）；斯帕克斯也描述了华盛顿对诺克斯和拉法耶特的发问："现在我们还能相信谁？"（第 247 页）。华盛顿本人对阿诺德顺哈德逊河而下的记录中明显包含了驳船船员们的信息，他描述这些船员为"极为聪慧的小伙子，异常优秀的军人"。这些话由华盛顿的秘书托比亚斯·李尔（Tobias Lear）记录于 1796 年，并由彭尼帕克引用于《华盛顿将军的间谍们》第 177～179 页。围绕"叛变"和"一个共和国"议题的探索性分析，可参见布莱恩·卡索《现在我们还能相信谁？》第 240 页；卡索引述了本杰明·富兰克林对阿诺德叛变事件的回应："犹大仅仅出卖了一个人，阿诺德却出卖了三百万人。犹大出卖这个人得到了 30 个银币，阿诺德的报酬平均到每一个被他出卖的人头上还不到半个便士。真是个可怜的价钱！"（第 154 页）

佩吉·阿诺德的姐夫爱德华·伯德于 1780 年 10 月 5 日致其友亚斯珀·耶慈（Jasper Yeates）的信中提供了一条证据，这条证据显示，正是佩吉成功地用她的情绪爆发拖延了时间，使她的丈夫得以安全叛逃、顺流而下："阿诺德将军在逃跑之前上楼找了她，并告诉她发生了一场变故。这迫使他赶往纽约。她立即瘫软在床上，一动不动。阿诺德离开后一个半小时里她几乎没有什么生命迹象，直到人们进到房间里帮助她恢复清醒。佩吉接着进入了一种歇斯底里状态，这番病态持续了相当长时间"（《宾夕法尼亚历史与传记杂志》，40：380～381）。理查德·瓦里克于 1780 年 10 月 1 日致妹妹简的信中对佩吉表现出的歇斯底里症状有一番详述（《瓦里克庭讯记录》第 189～193 页）。范·多伦引用了汉密尔顿致未婚妻的信件，汉密尔顿在信中写到佩吉的"伤痛是如此动容，以至于我希望成为她的哥哥"。（《美国革命秘史》第 350 页）。佩吉曾提到自己付出了"坚持不懈的极大努力"劝服她丈夫成为叛徒，这段话见于马修·L. 戴维斯编辑的《亚伦·布尔回忆录》，1：219～220。

阿诺德于 1780 年 9 月 25 日致华盛顿的信现已收录于《约翰·安德烈少校案庭讯记录》(*Minutes of a Court of Inquiry upon the Case of Major John André*) 第 18 页。阿诺德于 1780 年 8 月 23 日致纳撒尼尔·格林的信中谈到了向国会进军的可能（拉塞尔·李《英雄亦间谍》第 424 页）。爱德华·伯德写道："华盛顿将军收到阿诺德粗鲁的信件后，直接将这封信扔到地上，并义愤填膺地说：'卑鄙之人！难道他认为我是因他之故才会以人道对待阿诺德夫人的吗？不，她凌驾于阿诺德之上。我应当向她展现我权力所及的一切仁慈。'"（《宾夕法尼亚历史与传记杂志》，40：381）。贝弗利·罗宾逊于 1780 年 9 月 25 日同一天致华盛顿的信件收录于斯帕克斯《本尼迪克特·阿诺德的人生与叛变》第 250 页。华盛顿于 1780 年 9 月 30 日致克林顿的信中引述了安德烈的说法，华盛顿还说，"对我而言这不可能。我不可能认为安德烈上岸时立于一面休战旗之下"（WGW，20：104）。弗莱克斯纳于《叛徒亦间谍》一书中引用了亨利·克林顿"不应放弃一名投诚者"的说法。汉密尔顿于 1780 年 10 月 11 日致约翰·劳伦斯的信中提到了安德烈，也引述安德烈致克林顿的说法说，"加诸于我之上的并非过失，而是不幸"。（《亚历山大·汉密尔顿文件集》2：466～468）。

在《本尼迪克特·阿诺德的人生与叛变》一书里，斯帕克斯收录了安德烈 1780 年 10 月 1 日致华盛顿的信，安德烈在信中请求将其枪决而非绞死。J. E. 莫尔普戈（J. E. Morpurgo）则于《西点的叛变》(*Treason at West Point*) 一书中引述了汉密尔顿将华盛顿决定绞死安德烈一事批评为"铁石心肠的决定"的言论（第 137 页）。约瑟夫·普拉姆·马丁在其《纪事录》中比较了安德烈和纳森·黑尔之死（第 130 页）。詹姆斯·撒切尔对安德烈死亡的记载见于其《军事日记》第 222～223 页。阿巴特于《革命危机》一书中谈到安德烈劝告脸庞黝黑的刽子手说"拿开你的黑手"（第 75 页）；阿巴特了引述一位目击者的话说，安德烈身体在绞刑架上经历了一次"极为可怖的晃动"（第 76 页）。纳撒尼尔·赫斯特德（Nathaniel Husted）于《俘获安德烈百周年：纪念协会文集》(*Centennial Souvenir of the Monument Association of the Capture of John André*) 第 167 页引述一名当天在场医生的话说，安德烈"双腿晃动不止，以至于刽子手受命固定住他的双腿，并将它们扳直。"沃尔什于《处决安德烈少校》一书引述一名目击者的回忆之语说，安德烈"脸部似乎高度肿胀，明显发黑"（第 146 页）。

根据道格拉斯·弗里曼《乔治·华盛顿》一书的说法，华盛顿在处决安德烈约一个小时之后收到了那一包信件，其中就有阿诺德的威胁信。斯帕克斯于《本尼迪克特·阿诺德的人生与叛变》一书中引用了阿诺德致华盛顿的信（第 273~274 页）。查尔斯·罗伊斯特于《叛变本性》（*Nature of Treason*）一书中引述了诺克斯、格林和斯卡穆尔对阿诺德叛变的情绪性反应（第 186~187 页）。华盛顿于 1780 年 9 月 27 日致罗尚博信件中写到，"任何一个国家的成长都少不了叛徒"（*WGW*，20：97）。华盛顿还于 1780 年 10 月 13 日致约翰·劳伦斯信中表示，阿诺德"想要这种感觉"（*WGW*，20：173）。

尾声　叛徒之国

宣称不久前被查封的阿诺德文件反映着"他在公职任上卑鄙下作、出卖灵魂的卑污人格。一如大家所愿：这与我们的新世界无法相谐"的说法见于 1780 年 9 月 30 日《宾夕法尼亚晚邮报》①。1780 年 10 月 3 日版《宾夕法尼亚晚邮报》则详述了查尔斯·威尔逊·皮尔所作的等身阿诺德塑像，这尊塑像有一颗可旋转的头颅。本杰明·伊尔文《穿上主权长袍》（*Clothed in Robes of Sovereignty*）一书对费城人的反应有一番启示性的分析（第 251~260 页）。戴夫·帕尔默《乔治·华盛顿与本尼迪克特·阿诺德》一书（第 174 页）中写到，阿诺德叛变后，"对 1776 年精神的追忆，再度盛行于这块土地"。帕尔默还补充说："这是讽刺中的讽刺：本尼迪克特·阿诺德成功做到了任何旁人都做不到的事情。他使这场革命恢复了活力。"布莱恩·卡索于《现在我们还能相信谁？》第 172 页说，阿诺德的叛变成了"美国建国神话的一部分"："阿诺德不仅仅是背叛了他自己的国家而已。阿诺德的背叛，正好处在这个国家诞生的时间节点之上，这个国家的理念和原则正在呼吸它们的第一口空气。"阿诺德于 1780 年 10 月 7 日《对美国人民的演说》中声称，"这个国家任何公民个人的私人判断……免于一切传统限制"（拉塞尔·李《英雄亦间谍》第 544~546 页）。根据卡索《现在我们还能相信谁？》一书（第 1 页）的说法，"叛变的先决要件——一种不忠于主权的行为——在

---

①　原文为 "Philadelphia Packet"，误。应为《宾夕法尼亚晚邮报》（*Pennsylvania Packet*），下同。

政府架构可以容纳主权公民之间的政治论辩、辩论和不可避免的噪音时，就得以修正。异见在何种程度下超越边界沦为背叛，这是个难题。"

H. 詹姆斯·亨德森在《大陆会议中的党派政治》一书中描述了在阿诺德叛变之后的岁月里，大陆会议有了一种"不一样的情绪"——"革命的党派竞逐时代过去了，技术官僚的日子到来了……财政事务建立于商业技能的实用基础甚至是个人利益之上，而不是爱国者的抗议"（第247页）。伊尔文于《穿上主权长袍》一书中写道，就在皮尔的阿诺德塑像在费城游街示众之后不到两周，宾夕法尼亚人就投票赶走了执政的宪政主义者，他们喜爱诸如罗伯特·莫里斯这样的现代化财政改革者。在费城这个过往的激进派据点，共和派享受了一次比例约三比一的大胜。此后的四年里，宪政主义者都无法构成对共和派政府的显著挑战。"

爱德华·伯德于1780年10月5日致亚斯珀·耶慈的信中写到，佩吉"内心的宁静……似已片甲不存了"；伯德还谈到，在阿诺德叛变之前佩吉写给丈夫的信件遭到了查抄。佩吉在这封信中写到，自己身处一场外国大使的音乐会，在那里得以自由无碍地评价几位现场的女性，并对她们多所冒犯（《宾夕法尼亚历史与传记杂志》40：381）。爱德华·席本于1780年10月5日致威廉·莫尔（William Moore）信中表示，如果佩吉回到阿诺德身边，他担心女儿"哪怕在另一个世界，其福祉"也将"陷入危险"。克拉雷·布兰特于《镜中男人》一书中援引了这封信件（第239页）。考虑到佩吉和阿诺德在纽约的重聚问题，布兰特写道："她在他最需要她的时候离他而去，他是否可以最终原谅她？也许他某种程度上同情她现下的混乱状况……最后，人们必须记住，这两人之间还有着强烈的肉体吸引。"托马斯·潘恩于1780年10月17日致纳撒尼尔·格林的信中坚称"（佩吉·阿诺德）所能做的最好之事将是一场诉讼离婚。鉴于那个男人（她丈夫）已在法律上死了，她完全应当这么做"（*PNG*，6：404）。

约瑟夫·普拉姆·马丁关于自己受命加入"工兵和矿工团"的回忆与将自己的国家描述为"一名放荡不忠的妻子"的说法见于《纪事录》第216~217页。华盛顿于1780年10月20日致亨利·李的信件中表示，他意欲"给他（阿诺德）来一个公众示范"（*WGW*，20：223）。阿诺德于1780年10月7日《对美国人民的演说》中指控法国"假惺惺地公开表示对人类自由的感情"（李，《英雄亦间谍》，第544~546页）。华盛顿于1780年10月15日致大陆会议主席的一封信中谈及阿诺德的演说时表示"我不知道最该'佩服'哪一个——究竟是阿诺德将演说公之于众的自信妄为，还是敌人的那份愚蠢：他们指望炮制这样一篇演说，再签上一位如此臭名昭著人物的姓名，就能对北美诸州人民有所触动"（*WGW*，20：189）。在纽约威尔伯音乐厅（Wilbur Hall），约翰·钱普中士讲述了他几乎成功擒获阿诺德的故事（《钱普中士历险记》，第339～340页）。特里·戈尔韦于《华盛顿的将军们》一书中引述了亨利·李在1780年秋天对南部战事境况的绝望评估。纳撒尼尔·格林对执掌南方军所做的准备工作，可在通信中追溯其究竟（*PNG*，6：385–403）。

参考文献

Abbatt, William. *The Crisis of the Revolution; Being the Story of Arnold and André.* New York: William Abbatt, 1899.

Abbott, Wilbur C. *New York in the American Revolution.* Port Washington, N.Y.: Ira Friedman, 1962.

"Account of Jonathan Loring Austin's Mission to France." In *Papers of Benjamin Franklin*, edited by William Willcox et al., 25: 234–35. New Haven, Conn.: Yale University Press, 1986.

Acland, Lady Harriet. *The Acland Journal: Lady Harriet Acland and the American War.* Edited by Jennifer D. Thorp. Winchester, U.K.: Hampshire County Council, 1994.

Adair, Douglass. *Fame and the Founding Fathers.* Indianapolis: Liberty Fund/Norton, 1974.

Adams, John. *Diary and Autobiography of John Adams.* Vols. 1–4. Edited by L. H. Butterfield et al. New York: Atheneum, 1964.

Adelson, Bruce. *William Howe: British General.* Philadelphia: Chelsea House, 2002.

Adler, Jeanne Winston. *Chainbreaker's War: A Seneca Chief Remembers the American Revolution.* Delmar, N.Y.: Black Dome Press, 2002.

Adlum, John. *Memoirs of the Life of John Adlum in the Revolutionary War.* Edited by Howard Peckham. Chicago: Caxton Club, 1968.

Alden, John Richard. *General Charles Lee: Traitor or Patriot?* Baton Rouge: Louisiana State University Press, 1951.

Alderman, Clifford L. *The Dark Eagle: The Story of Benedict Arnold.* New York: Macmillan, 1976.

Alexander, John K. "The Fort Wilson Incident of 1779: A Case Study of the Revolutionary Crowd." *WMQ*, 3rd ser., 31, no. 4 (Oct. 1974): 589–612.

Allen, Thomas. *Tories: Fighting for the King in America's First Civil War.* New York: HarperCollins, 2010.

Amory, Thomas. *John Sullivan.* Boston: Wiggin and Lunt, 1868.

Anburey, Thomas. *Travels through the Interior Parts of America. In a Series of Letters. By an Officer.* London: William Lane, 1789.

Anderson, Troyer Steele. *The Command of the Howe Brothers during the American Revolution.* 1936. Reprint, Cranbury, N.J.: Scholar's Bookshelf, 2005.

André, John. *Major André's Journal: Operations of the British Army under Lieutenant Generals Sir William Howe and Sir Henry Clinton, June 1777 to November 1778.* Tarrytown, N.Y.: William Abbatt, 1930.

———. "Particulars of the Meschianza." *Gentleman's Magazine* 48 (1778): 353–57.

Andrlik, Todd. *Reporting the Revolutionary War.* Naperville, Ill.: Sourcebooks, 2012.

Armitage, David, and Michael J. Braddick, eds. *The British Atlantic World, 1500–1800.* New York: Palgrave, 2002.

Arnold, Benedict. Account Book. MSS 106. New Haven Museum and Historical Society, New Haven, Conn.

———. "Benedict Arnold's Oath of Allegiance." May 30, 1778. War Department Collection of Revolutionary War Records, 1709–1939, NA.

———. *Daybook of Financial Transactions, 1777–1779.* Revolutionary Government Papers. Division of Archives and Manuscripts. Pennsylvania Historical and Museum Commission, Harrisburg, Pa.

———. Letter to Bartholomew Booth, May 25, 1779. *NEHGR* 35 (Apr. 1881): 154.

———. Letter to Lucy Knox, Watertown, Mar. 4, 1777. *Historical Magazine,* 2nd ser., 2 (1867): 305.

———. Letter to Robert Howe, Aug. 1780. George Washington Papers, LOC.

———. Letter to Robert Howe, Sept. 12, 1780. George Washington Papers, LOC.

———. *Proceedings of a General Court Martial for the Trial of Major General Arnold.* New York: privately printed, 1865.

Arnold, Isaac N. *The Life of Benedict Arnold: His Patriotism and His Treason.* Chicago: A. C. McClurg, 1905.

Avery, David. "A Chaplain of the American Revolution." *American Monthly Magazine* 17 (1900): 342–47.

Baack, Ben. "Forging a Nation State: The Continental Congress and the Financing of the War of American Independence." *Economic History Review,* n.s., 54, no. 4 (Nov. 2001): 639–56.

Bakeless, John. *Traitors, Turncoats, and Heroes: Espionage in the American Revolution.* New York: Da Capo Press, 1998.

Balderston, Marion, and David Syrett, eds. *The Lost War: Letters from British Officers during the American Revolution.* New York: Horizon Press, 1975.

Baldwin, Jeduthan. *The Revolutionary Journal of Col. Jeduthan Baldwin, 1775–78.* Edited by Thomas Williams Baldwin. Bangor, Maine: DeBurian, 1906.

Bamford, William. "Bamford's Diary." *Maryland Historical Magazine* 27 (Sept. 1932): 240–314.

Bancroft, George. *Joseph Reed: A Historical Essay.* New York: W. J. Widdleton, 1867.

Bangs, Isaac. *Journal of Lieutenant Isaac Bangs, April 1–July 29, 1776.* Edited by Edward Bangs. Cambridge, Mass.: John Wilson and Son, 1890.

Barbé-Marbois, François, Marquis de. *Complot d'Arnold et de Sir Henry Clinton.* Paris: Chez P. Didot, l'aîné, 1816.

———. *Our Revolutionary Forefathers: Letters of François, Marquis de Barbé-Marbois . . . 1779–1785.* Edited and translated by Eugene Parker Chase. New York: Duffield, 1929.

Barck, Dorothy C., ed. *Minutes of the Committee and the First Commission for Detecting and Defeating Conspiracies in the State of New York. Collections of the New-York Historical Society* 57–58 (1924–25).

Barck, Oscar T. *New York City during the War for Independence.* New York: Columbia University Press, 1931.

Barker, Thomas M., and Paul R. Huey. *The 1776–1777 Northern Campaigns of the*

American War for Independence and Their Sequel: Contemporary Maps of Mainly German Origin. New York: Purple Mountain Press, 2010.

Barnum, H. L. *The Spy Unmasked; or, Memoirs of Enoch Crosby, Alias Harvey Birch, the Hero of Mr. Cooper's Tale of the Neutral Ground.* New York: Harper, 1828.

Barrow, Thomas C. "American Revolution as a Colonial War for Independence." *WMQ,* 3rd ser., 25 (1968): 452–64.

Baurmeister, Carl Leopold. *Revolution in America: Confidential Letters and Journals, 1776–1784, of Adjutant General Major Baurmeister of the Hessian Forces.* Edited by Bernhard A. Uhlendorf. New Brunswick, N.J.: Rutgers University Press, 1957.

Becker, Carl. "John Jay and Peter Van Schaak." *Quarterly Journal of the New York State Historical Association* 1, no. 1 (Oct. 1919): 1–12.

Becker, John. *The Sexagenary; or, Reminiscences of the American Revolution.* Albany, N.Y.: J. Munsell, 1866.

Bellico, Russell P. *Sails and Steam in the Mountains: A Maritime and Military History of Lake George and Lake Champlain.* New York: Purple Mountain Press, 1992.

Berthoff, Rowland. *An Unsettled People: Social Order and Disorder in American History.* New York: Harper and Row, 1971.

Biddle, C. "The Case of Major André." *Memoirs of the Historical Society of Pennsylvania* 6 (1858): 319–416.

Bilharz, Joy. *Oriskany: A Place of Great Sadness—A Mohawk Valley Battlefield Ethnography.* Boston: Northeastern Region Ethnography Program, 2009.

Billias, George Athan. *General John Glover and His Marblehead Mariners.* New York: Holt, Rinehart and Winston, 1960.

———, ed. *George Washington's Generals and Opponents.* New York: William Morrow, 1969.

Bird, Harrison. *March to Saratoga: General Burgoyne and the American Campaign 1777.* New York: Oxford University Press, 1963.

———. *Navies in the Mountains: The Battles on the Waters of Lake Champlain and Lake George, 1609–1814.* New York: Oxford University Press, 1963.

Black, Jeremy. *War for America: The Fight for Independence, 1775–1783.* New York: St. Martin's, 1991.

Bliven, Bruce, Jr. *Battle for Manhattan.* New York: Holt, 1955.

Bloomfield, Joseph. *Citizen-Soldier: The Revolutionary War Journal of Joseph Bloomfield.* Edited by Mark E. Lender and James Kirby Martin. Newark: New Jersey Historical Society, 1982.

Boardman, Oliver. *Journal of Oliver Boardman of Middletown 1777. Burgoyne's Surrender.* In *Collections of the Connecticut Historical Society* 7:221–38. Hartford, 1899.

Bobrick, Benson. *Angel in the Whirlwind.* New York: Penguin, 1997.

Bodle, Wayne K. "'This Tory Labyrinth': Community, Conflict, and Military Strategy during the Valley Forge Winter." In *Friends and Neighbors: Group Life in America's First Plural Society,* edited by Michael Zuckerman, pp. 222–50. Philadelphia: Temple University Press, 1982.

———. *The Valley Forge Winter: Civilians and Soldiers in War.* University Park: Pennsylvania State University Press, 2002.

Bolton, Charles K. *The Private Soldier under Washington.* London: Kessinger, 2006.

Bonk, David. *Trenton and Princeton, 1776–1777: Washington Crosses the Delaware.* Oxford: Osprey, 2009.

Bostwick, Elisha. "A Connecticut Soldier under Washington: Elisha Bostwick's Memoirs of the First Years of the Revolution." Edited by William S. Powell. *WMQ,* 3rd ser., 6 (1949): 94–107.

Bowler, R. Arthur. *Logistics and Failure of the British Army in America.* Princeton, N.J.: Princeton University Press, 1975.

———. "Sir Guy Carleton and the Campaign of 1776 in Canada." *Canadian Historical Review* 55, no. 2 (June 1974): 131–44.

Boyd, Julian P. "Connecticut's Experiment in Expansion: The Susquehanna Company, 1753–1803." *Journal of Economic and Business History* 4 (1932): 38–69.

Boyd, Thomas A. *Mad Anthony Wayne.* New York: Scribner, 1929.

Boylan, Brian Richard. *Benedict Arnold: The Dark Eagle.* New York: Norton, 2003.

Boyle, Joseph Lee, ed. *Their Distress Is Almost Intolerable: The Elias Boudinot Letterbook, 1777–1778.* Baltimore: Heritage Books, 2002.

Boynton, Edward C. *History of West Point.* New York: Van Nostrand, 1871.

Bradford, Gamaliel. "The Wife of the Traitor." *Harper's Magazine* (June 1925): 23–33.

Braisted, Todd W. "The Black Pioneers and Others: The Military Role of Black Loyalists in the American War of Independence." In *Moving On: Black Loyalists in the Afro-Atlantic World,* edited by John W. Pulis, pp. 3–37. New York: Garland, 1999.

Brandt, Clare. *The Man in the Mirror: A Life of Benedict Arnold.* New York: Random House, 1994.

Bratten, John R. *The Gondola Philadelphia and the Battle of Lake Champlain.* College Station: Texas A&M University Press, 2002.

Bredenberg, Oscar E. "The American Champlain Fleet, 1775–1777." *Bulletin of the Fort Ticonderoga Museum* 12, no. 4 (Sept. 1968): 249–63.

———. "The Royal Savage." *Bulletin of the Fort Ticonderoga Museum* 12, no. 2 (Sept. 1966): 128–49.

Brewer, John. *The Sinews of Power: War, Money and the English State, 1688–1783.* Cambridge, Mass.: Harvard University Press, 1988.

Brookhiser, Richard. *Founding Father: Rediscovering George Washington.* New York: Free Press, 1997.

———, ed. *George Washington's Rules of Civility.* New York: Free Press, 1997.

Brooks, John. "Colonel Brooks and Colonel Bancroft at Saratoga." *MHS Proceedings* 3 (1855–58): 271–77.

Brooks, Noah. *Henry Knox.* New York: Putnam, 1900.

Brown, John. "Petition Addressed to the Honorable Horatio Gates, from John Brown." Albany, Dec. 1, 1776. *AA5,* 3:1158–59.

Brown, M. L. *Firearms in Colonial America.* Washington, D.C.: Smithsonian Institution, 1980.

Brown, Wallace. *The Good Americans: The Loyalists in the American Revolution.* New York: Morrow, 1969.

———. *The King's Friends: The Composition and Motives of the American Loyalist Claimants.* Providence, R.I.: Brown University Press, 1965.

Browne, Dr. J. Letter of Dec. 24, 1777. *NEHGR* 18 (1864): 34–35.

Brumwell, Stephen. *Redcoats: The British Soldier and War in the Americas, 1755–1763.* Cambridge, Mass.: Harvard University Press, 2002.

Brunhouse, Robert L. *The Counter-Revolution in Pennsylvania, 1776–1790.* Harrisburg: Pennsylvania Historical and Museum Commission, 1971.

Buel, Richard, Jr. *Dear Liberty: Connecticut's Mobilization for the Revolutionary War.* Middletown, Conn.: Wesleyan University Press, 1980.

———. *In Irons: Britain's Naval Supremacy and the American Revolutionary Economy.* New Haven, Conn.: Yale University Press, 1998.

Burd, Edward. Letter to Col. James Burd, Nov. 10, 1780. *Historical Magazine* 8 (1846): 363.

———. Letter to Jasper Yeates, Oct. 5, 1780. In "Notes and Queries." *Pennsylvania Magazine of History and Biography* 40 (1916): 380–81.

Burgoyne, Bruce, ed. *An Anonymous Hessian Diary, Probably the Diary of Lieutenant Johann Heinrich von Bardeleben of the Hesse-Cassel von Donop Regiment.* Bowie, Md.: Heritage Books, 1998.

Burgoyne, Bruce, and Marie Burgoyne, eds. *Revolutionary War Letters Written by Hessian Officers.* Westminster, Md.: Heritage Books, 2005.

Burgoyne, John. *A State of the Expedition from Canada.* London: J. Almon, 1780.

Burnett, Edmund C. *The Continental Congress.* New York: Norton, 1964.

Burr, Aaron. *Memoirs of Aaron Burr.* Edited by Matthew L. Davis. 2 vols. New York: Harper and Brothers, 1836.

Burr, William Hanford. "The Invasion of Connecticut by the British." *Connecticut Magazine* 10 (1906): 139–52.

Burrows, Edwin G., and Mike Wallace. *Gotham: A History of New York City to 1898.* New York: Oxford, 2000.

Burstein, Andrew. *Sentimental Democracy: The Evolution of America's Romantic Self-Image.* New York: Hill and Wang, 1999.

Burt, A. L. "The Quarrel between Germain and Carleton: An Inverted Story." *Canadian Historical Review* 11 (1930): 202–22.

Calhoon, Robert M. *The Loyalists in Revolutionary America, 1760–1781.* New York: Harcourt Brace, 1973.

Callahan, North. *Henry Knox: General Washington's General.* New York: Rinehart, 1958.

Calloway, Colin. *The American Revolution in Indian Country: Crisis and Diversity in Native American Communities.* New York: Cambridge University Press, 1995.

Campbell, William W. *Annals of Tryon County; or, the Border Warfare of New-York during the Revolution.* New York: J. & J. Harper, 1831.

Carbone, Gerald M. *Nathanael Greene: A Biography of the American Revolution.* New York: Palgrave Macmillan, 2009.

Carleton, Sir Guy, Capt. James Douglas, and Capt. Thomas Pringle. "An Account of the Expedition of the British Fleet on Lake Champlain . . . on the 11 and 13 of October 1776." Crown Point, 15 Oct. 1776. MS #AT7003, Box 1:95. New York State Library, Albany.

Carp, Benjamin. *Rebels Rising: Cities and the American Revolution.* New York: Oxford University Press, 2007.

Carp, E. Wayne. *To Starve the Army at Pleasure: Continental Army Administration and American Political Culture, 1775–1783.* Chapel Hill: University of North Carolina Press, 1984.

Carso, Brian F. *"Whom Can We Trust Now?": The Meaning of Treason in the United States, from the Revolution through the Civil War.* Lanham, Md.: Lexington Books, 2006.

Carson, H. L. "The Case of the Sloop 'Active.'" *Pennsylvania Magazine of History and Biography* 16 (1892): 385–98.

Case, James R. *An Account of Tryon's Raid on Danbury*. Danbury, Conn.: Danbury Printing Co., 1927.

Chadwick, Bruce. *George Washington's War: The Forging of a Revolutionary Leader and the American Presidency*. Naperville, Ill.: Sourcebooks, 2005.

Chapman, C. Richard, and Jonathan Gavrin. "Suffering: The Contributions of Persistent Pain." *Lancet* 353, no. 9171 (June 26, 1999): 2233–37.

Chastellux, Marquis de. *Travels in North America*. Translated by Basil Hall. 1828. Reprint, Carlisle, Mass.: Applewood Books, 2009.

Chernow, Ron. *Alexander Hamilton*. New York: Penguin, 2004.

———. *Washington: A Life*. New York: Penguin Press, 2010.

Chopra, Ruma. *Unnatural Rebellion: Loyalists in New York City during the Revolution*. Charlottesville: University of Virginia Press, 2011.

Christie, Ian R. *Crisis of Empire: Great Britain and the American Colonies, 1754–1783*. New York: Norton, 1966.

Clark, Jane. "Responsibility for the Failure of the Burgoyne Campaign." *American Historical Review* 35, no. 3 (Apr. 1930): 542–59.

Clark, William Bell, ed. *Naval Documents of the American Revolution*. Vols. 5–6. Washington, D.C.: U.S. Office of Naval Operations, 1964.

Clary, David A. *Adopted Son: Washington, Lafayette, and the Friendship That Saved the Revolution*. New York: Bantam Dell, 2007.

Clement, Justin, and Douglas R. Cubbison. "The British and German Artillery Gunboats at the Battle of Valcour Island." *Society for the Journal of Army Historical Studies* 85, no. 343 (Autumn 2007): 247–56.

Clinton, Henry. *The American Rebellion: Sir Henry Clinton's Narrative of His Campaigns, 1775–1782*. Edited by William B. Willcox. New Haven, Conn.: Yale University Press, 1954.

Cohen, Eliot A. *Conquered into Liberty: Two Centuries of Battles along the Great Warpath That Made the American Way of War*. New York: Free Press, 2011.

Cohen, Sheldon S. "Lieutenant John Starke and the Defense of Quebec." *Dalhousie Review* 47, no. 1 (Spring 1967): 57–64.

Cohn, Art. "An Incident Not Known to History: Squire Ferris and Benedict Arnold at Ferris Bay, October 13, 1776." *Vermont History* 55, no. 2 (Spring 1987): 97–112.

Colbrath, William. *Days of Siege: A Journal of the Siege of Fort Stanwix in 1777*. Edited by Larry Lowenthal. Fort Washington, Pa.: Eastern National, 1983.

Colles, Christopher. *A Survey of the Roads of the United States of America*. Edited by Walter Ristow. Cambridge, Mass.: Harvard University Press, 1961.

Collier, Sir George. "Admiral Sir George Collier's Observations on the Battle of Long Island." Edited by Louis Tucker. *New-York Historical Society Quarterly* 48, no. 4 (Oct. 1964): 293–305.

Collins, James F. "Whaleboat Warfare on Long Island Sound." *New York History* 25 (1944): 195–201.

Commager, Henry Steele, and Richard B. Morris, eds. *The Spirit of 'Seventy-Six: The Story of the American Revolution as Told by Its Participants*. Edison, N.J.: Castle Books, 2002.

Conway, Stephen. "British Army Officers and the American War for Independence." *WMQ*, 3rd ser., 41 (1984): 265–76.

————. *The British Isles and the War of American Independence*. New York: Oxford University Press, 2000.

————. "'The Great Mischief Complain'd Of': Reflections on the Misconduct of British Soldiers in the Revolutionary War." *WMQ*, 3rd ser., 47 (1990): 370–90.

————. "To Subdue America: British Army Officers and the Conduct of the Revolutionary War." *WMQ*, 3rd ser., 43 (1986): 381–407.

Cook, Fred J. *What Manner of Men: Forgotten Heroes of the American Revolution*. New York: William Morrow, 1959.

Corbett, Theodore. *No Turning Point: The Saratoga Campaign in Perspective*. Norman: University of Oklahoma Press, 2012.

Cornwallis, Charles. *Correspondence of Charles, First Marquis Cornwallis*. Vol. 1. Edited by Charles Ross. London: John Murray, 1859.

"Correspondence re Sept.–Oct. 1776 Campaign." *Bulletin of the Fort Ticonderoga Museum* 4, no. 25 (July 1938): 18–55.

Countryman, Edward. *A People in Revolution: The American Revolution and Political Society in New York, 1760–1790*. Baltimore: Johns Hopkins University Press, 1982.

Crary, Catherine S. "Guerrilla Activities of James DeLancey's Cowboys in Westchester County: Conventional Warfare or Self-Interested Freebooting." In *The Loyalist Americans: A Focus on Greater New York*, edited by Robert A. East and Jacob Judd, pp. 14–21. Tarrytown, N.Y.: Sleepy Hollow Restorations and the New York State American Revolution Bicentennial Commission, 1973.

————. *The Price of Loyalty: Tory Writings from the Revolutionary Era*. New York: McGraw-Hill, 1973.

————. "The Tory and the Spy: The Double Life of James Rivington." *WMQ*, 3rd ser., 16 (1959): 61–72.

Cray, Robert E., Jr. "The John André Memorial: The Politics of Memory in Gilded Age New York." *New York History* 7, no. 1 (Jan. 1996): 4–32.

————. "Major John André and the Three Captors: Class Dynamics and Revolutionary Memory Wars in the Early Republic, 1780–1831." *Journal of the Early Republic* 17, no. 3 (Autumn 1997): 371–97.

Cress, Lawrence Delbert. *Citizens in Arms: The Army and the Militia in American Society to the War of 1812*. Chapel Hill: University of North Carolina Press, 1982.

Cresswell, Nicholas. *Journal of Nicholas Cresswell*. London: Jonathan Cape, 1925.

Cubbison, Douglas R. *"The Artillery Never Gained More Honour": The British Artillery in the 1776 Valcour Island and 1777 Saratoga Campaigns*. Fleischmanns, N.Y.: Purple Mountain Press, 2007.

————. *Burgoyne and the Saratoga Campaign: His Papers*. Norman, Okla.: Arthur H. Clark, 2012.

————. *Historic Structures Report: The Redoubts of West Point*. http://www.hudsonriver valley.org/library/pdfs/articles_books_essays/historicstructuresrprt_westpt defenses_cubbison.pdf.

Cumming, John N. Letter to Dr. Nathaniel Scudder, Oct. 25, 1776. *Bulletin of the Fort Ticonderoga Museum* 5, no. 26 (Jan. 1939): 19–20.

Cunningham, John T. *The Uncertain Revolution: Washington and the Continental Army at Morristown*. West Creek, N.J.: Cormorant, 2007.

Cushman, Paul. *Richard Varick: A Forgotten Founding Father*. Amherst, Mass.: Modern Memoirs, 2010.

Custis, George W. P. *Recollections and Private Memoirs of Washington.* Washington, D.C.: William Moore, 1859.

Cutter, William. *The Life of Israel Putnam, Major-General in the Army of the American Revolution.* New York: George F. Cooledge & Brother, 1847.

Daigler, Kenneth A. *Spies, Patriots, and Traitors: American Intelligence in the Revolutionary War.* Washington, D.C.: George Washington Press, 2014.

Dann, John C., ed. *The Revolution Remembered.* Chicago: University of Chicago Press, 1980.

Darley, Stephen. *The Battle of Valcour Island: The Participants and Vessels of Benedict Arnold's 1776 Defense of Lake Champlain.* Seattle: Createspace, 2014.

———. "The Dark Eagle: How Fiction Became Historical Fact." *Early America Review* 10, no. 1 (Winter/Spring 2006). http://www.earlyamerica.com/dark-eagle -fiction-became-historical-fact/.

———. *Voices from a Wilderness Expedition: The Journals and Men of Benedict Arnold's Expedition to Quebec in 1775.* Bloomington, Ind.: AuthorHouse, 2011.

Darnton, Robert. *George Washington's False Teeth: An Unconventional Guide to the Eighteenth Century.* New York: Norton, 2003.

Daughan, George. *If by Sea: The Forging of the American Navy.* New York: Basic Books, 2008.

Davidson, Philip. *Propaganda and the American Revolution, 1763–1783.* Chapel Hill: University of North Carolina Press, 1941.

Davies, K. G., ed. *Documents of the American Revolution.* Vols. 12–17. Shannon, Ireland: Irish University Press, 1972–76.

Davies, Wallace Evan. "Privateering around Long Island during the Revolution." *New York History* 20 (1939): 283–94.

Davis, Robert P. *"Where a Man Can Go": Major General William Phillips, British Royal Artillery, 1731–1781.* Westport, Conn.: Greenwood Press, 1999.

Deane, Silas. Letter to Simeon Deane, July 27, 1779. *Pennsylvania Magazine of History and Biography* 17, no. 1 (Apr. 1893): 348–49.

Dearborn, Henry. "Narrative of the Saratoga Campaign." *Bulletin of the Fort Ticonderoga Museum* 1, no. 3 (Jan. 1929): 2–13.

———. *Revolutionary War Journals of Henry Dearborn, 1775–1783.* Edited by Lloyd A. Brown and Howard H. Peckham. New York: Da Capo Press, 1971.

Decker, Malcolm. *Benedict Arnold: Son of the Havens.* New York: Antiquarian Press, 1932.

Demarest, Thomas. "The Baylor Massacre—Some Assorted Notes and Information." Annual, *Bergen County History* (1971): 21–93.

De Pauw, Linda Grant. "Women in Combat: The Revolutionary War Experience." *Armed Forces and Society* 7 (1981): 209–26.

Desjardin, Thomas A. *Through a Howling Wilderness: Benedict Arnold's March to Quebec, 1775.* New York: St. Martin's Press, 2006.

Desmarais, Norman. "Arnold's Treason: The French Connection." 2005. Paper 28, Library Faculty and Staff Papers, Digital Commons. http://digitalcommons .providence.edu/facstaff_pubs/28.

Diamant, Lincoln. *Chaining the Hudson: The Fight for the River in the American Revolution.* New York: Fordham University Press, 2004.

Dickinson, H. T., ed. *Britain and the American Revolution.* London: Longmann, 1998.

Digby, William. *The Journal of Lieut. William Digby.* In *The British Invasion from the*

*North: The Campaigns of Generals Carleton and Burgoyne from Canada, 1776–
   1777,* edited by James Phinney Baxter, pp. 79–361. Albany, N.Y.: Joel Mun-
   sell's Sons, 1887.
Doblin, Helga, trans. *The Specht Journal: A Military Journal of the Burgoyne Cam-
   paign.* Westport, Conn.: Greenwood Press, 1995.
"Documents sur la Révolution américane." *Revue de l'Université Laval, Québec* 2, no.
   4 (Dec. 1947): 344–49; 2, no. 7 (Mar. 1948): 642–48; 2, no. 8 (Apr. 1948):
   742–48; 2, no. 9 (May 1948): 838–46; 2, no. 10 (June 1948): 926–43.
Douglas, William. "Letters Written during the Revolutionary War by Col. William
   Douglas to His Wife Covering the Period July 19, 1775, to Dec. 5, 1776."
   New-York Historical Society Quarterly 12–14 (1928–29): 149–54.
Drake, Francis Samuel. *Life and Correspondence of Henry Knox.* Cambridge, Mass.:
   Wilson and Son, 1873.
Drimmer, H. "Major André's Captors: The Changing Perspective of History." *West-
   chester Historian* 5, no. 75 (Spring 1999): 136–60.
Drinker, Elizabeth. *The Diary of Elizabeth Drinker, 1758–1795.* Vol. 1. Edited by
   Elaine F. Crane. Boston: Northeastern University Press, 1991.
Duffy, Christopher. *Fire and Stone: The Science of Fortress Warfare: 1660–1860.* Edi-
   son, N.J.: Castle Books, 2006.
Duncan, Captain Henry. "Journals." In *The Naval Miscellany,* edited by John K.
   Laughton. *Publications of the Navy Records Society* 20, no. 1 (1902): 105–219.
Dwight, Timothy. *Travels in New England and New York.* Vol. 3. Cambridge, Mass.:
   Harvard University Press, 1969.
Dwyer, William. *The Day Is Ours: November 1776–January 1777: An Inside View of
   the Battles of Trenton and Princeton.* New York: Viking, 1983.
Dykman, J. "The Last Twelve Days of Major André." *Magazine of American History*
   21, no. 6 (May–July 1889): 493–98; 22, no. 6 (July–Dec. 1889): 49–57.
Ekirch, Arthur A. "The Idea of a Citizen Army." *Military Affairs* 17, no. 1 (Spring
   1953): 30–36.
Ellis, Franklin, and Samuel Evans. *History of Lancaster County, Pennsylvania.* Phila-
   delphia: Everts and Peck, 1893.
Ellis, Joseph J. *His Excellency George Washington.* New York: Vintage, 2005.
———. *Revolutionary Summer: The Birth of American Independence.* New York: Knopf,
   2013.
Elting, J. R. *The Battles of Saratoga.* Monmouth Beach, N.J.: Philip Freneau, 1977.
Endy, Melvin B., Jr. "Just War, Holy War, and Millennialism in Revolutionary Amer-
   ica." *WMQ,* 3rd ser., 42 (1985): 3–25.
Enys, John. *The American Journals of Lt. John Enys.* Edited by Elizabeth Cometti. Syr-
   acuse, N.Y.: Syracuse University Press, 1976.
Eulogies and Orations on the Life and Death of General George Washington. Boston:
   Manning and Loring, 1800.
Eustis, William. Letter to David Townsend, June 1776. *NEHGR* 23 (1869): 205–9.
Evelyn, Captain W. Glanville. *Memoir and Letters.* Edited by G. D. Scull. Oxford:
   James Parker, 1879.
Ewald, Johann. *Diary of the American War: A Hessian Journal.* Edited by Joseph Tus-
   tin. New Haven, Conn.: Yale University Press, 1979.
Fabing, Howard D. "On Going Berserk: A Neurochemical Inquiry." *Scientific
   Monthly* 83 (Nov. 1956): 232–37.

Ferguson, E. James. *The Power of the Purse: A History of American Public Finance, 1775–1790*. Chapel Hill: University of North Carolina Press, 1961.

Ferling, John. *The Ascent of George Washington: The Hidden Political Genius of an American Icon*. New York: Bloomsbury Press, 2009.

———. *First of Men: A Life of George Washington*. New York: Oxford University Press, 2010.

Field, Thomas. *Battle of Long Island*. Brooklyn: Long Island Historical Society, 1869.

Fine, Gary Alan. *Difficult Reputations: Collective Memories of the Evil, Inept, and Controversial*. Chicago: University of Chicago Press, 2001.

Fischer, David Hackett. *Liberty and Freedom: A Visual History of America's Founding Ideas*. New York: Oxford University Press, 2005.

———. *Washington's Crossing*. New York: Oxford University Press, 2006.

Fischer, Joseph R. *A Well-Executed Failure: The Sullivan Campaign against the Iroquois, July–September 1779*. Columbia: University of South Carolina Press, 1997.

Fisher, Darlene Emmert. "Social Life in Philadelphia during the British Occupation." *Pennsylvania History* 37, no. 3 (July 1970): 237–60.

Fitch, Jabez. *The New York Diary of Lieutenant Jabez Fitch of the 17th (Connecticut) Regiment from August 2, 1776, to December 15, 1777*. Edited by W. H. Sabine. New York: Colburn and Tegg, 1954.

Fithian, Philip Vickers. *Journal, 1775–1776, Written on the Virginia-Pennsylvania Frontier and in the Army around New York*. Edited by Robert Greenhalgh Albion and Leonidas Dodson. Princeton, N.J.: Princeton University Press, 1934.

Flavell, Julie, and Stephen Conway, eds. *When Britain and America Go to War: The Impact of War and Warfare in Anglo-America*. Gainesville: University Press of Florida, 2004.

Fleming, Thomas. *1776: Year of Illusions*. New York: Norton, 1975.

———. *Washington's Secret War: The Hidden History of Valley Forge*. New York: HarperCollins/Smithsonian Books, 2006.

Flexner, James Thomas. *George Washington in the American Revolution, 1775–1783*. Boston: Little, Brown, 1967.

———. *The Traitor and the Spy: Benedict Arnold and John André*. Syracuse, N.Y.: Syracuse University Press, 1991.

Fonblanque, Edward Barrington de. *Political and Military Episodes in the Latter Half of the Eighteenth Century. Derived from the Life and Correspondence of the Right Hon. John Burgoyne, General, Statesman, Dramatist*. London: Macmillan, 1876.

Foner, Eric. *Tom Paine and Revolutionary America*. New York: Oxford University Press, 1976.

Ford, Paul Leicester. "Henry Knox—Bookseller." *MHS Proceedings* 6 (1927–28): 227–303.

———. "Lord Howe's Commission to Pacify the Colonies." *Atlantic Monthly* 77 (1896): 758.

———. "Stray Leaves from a Traitor's Life." *Cosmopolitan Magazine* 28, no. 6 (Apr. 1900): 693–705.

Ford, Worthington Chauncey, et al., eds. *Journals of the Continental Congress, 1774–1789*. 34 vols. Washington, D.C.: U.S. Government Printing Office, 1904–37. http://lcweb2.loc.gov/ammem/amlaw/lwjc.html.

Forman, Sidney. *West Point: A History of the United States Military Academy*. New York: Columbia University Press, 1950.

Fortescue, John E. *The War of Independence: The British Army in North America, 1775–1783.* Mechanicsburg, Pa.: Stackpole Books, 2001.

Fowler, William M. *Rebels under Sail.* New York: Scribner's, 1976.

Freeman, Douglas Southall. *George Washington: A Biography.* 7 vols. New York: Scribner's, 1948–57.

Freeman, Joanne B. *Affairs of Honor: National Politics in the New Republic.* New Haven, Conn.: Yale University Press, 2001.

French, Alvah P. *History of Westchester County, New York.* Vol. 1. New York: Lewis Historical Publishing Company, 1925.

Frey, Sylvia. *Water from the Rock: Black Resistance in a Revolutionary Age.* Princeton, N.J.: Princeton University Press, 1991.

Furneaux, Rupert. *The Battle of Saratoga.* New York: Stein and Day, 1971.

Gaines, James R. *For Liberty and Glory: Washington, Lafayette, and Their Revolutions.* New York: Norton, 2007.

Gale, R. R. *"A Soldier-Like Way": The Material Culture of the British Infantry, 1751–1768.* Elk River, Minn.: Track of the Wolf, 2007.

Gérard, Conrad Alexandre. *Despatches and Instructions of Conrad Alexandre Gérard, 1778–1780.* Edited by John Meng. Baltimore: Johns Hopkins Press, 1939.

Gerlach, Don R. *Proud Patriot: Philip Schuyler and the War of Independence, 1775–1783.* Syracuse, N.Y.: Syracuse University Press, 1987.

Glanville, William Evelyn. *Memoir and Letters.* 1879. Reprint, Bedford, Mass.: Applewood Books, 2010.

Glatthaar, Joseph, and James Kirby Martin. *Forgotten Allies: The Oneida Indians and the American Revolution.* New York: Hill and Wang, 2006.

Glover, Michael. *Burgoyne in Canada and America: Scapegoat for a System.* New York: Atheneum, 1976.

Godfrey, Carlos E. *The Commander-in-Chief's Guard, Revolutionary War.* Washington, D.C.: Stevenson-Smith, 1904.

Golway, Terry. *Washington's General: Nathanael Greene and the Triumph of the American Revolution.* New York: Henry Holt, 2005.

Gooding, S. James. *An Introduction to British Artillery in North America.* Bloomfield, Ontario: Museum Restoration Service, 1980.

Gottschalk, Louis R. *Lafayette Comes to America.* Chicago: University of Chicago Press, 1935.

———. *Lafayette Joins the American Army.* Chicago: University of Chicago Press, 1937.

———, ed. *Letters of Lafayette to Washington.* N.p.: privately printed by Helen Fahnestock Hubbard, 1944.

Graham, Robert E. "The Taverns of Colonial Philadelphia." *Transactions of the American Philosophical Society,* n.s., 43, no. 1 (1953): 318–25.

Graymont, Barbara. *The Iroquois in the American Revolution.* Syracuse, N.Y.: Syracuse University Press, 1972.

Greene, George Washington. *The Life of Nathanael Greene.* New York: Putnam, 1867.

Greene, Nathanael. *Papers of General Nathanael Greene.* Edited by Richard Showman and Dennis M. Conrad. 13 vols. Chapel Hill: University of North Carolina Press, 1976–2005.

Greenwood, John. *The Revolutionary Services of John Greenwood of Boston and New York, 1775–1783.* Edited by Isaac J. Greenwood. New York: De Vinne Press, 1922.

Griswold, Rufus Wilmot, ed. *Washington and the Generals of the American Revolution.* 2 vols. Philadelphia: Carey and Hart, 1847.

Gruber, Ira. *The Howe Brothers and the American Revolution.* New York: Norton, 1975.

Hadden, Lieutenant James M. *Hadden's Journal and Orderly Books.* Edited by H. Rogers. Albany, N.Y.: Joel Munsell's Sons, 1884.

Hagist, Don. *British Soldiers, American War: Voices of the American Revolution.* Philadelphia: Westholme, 2012.

Hall, Charles S. *Benjamin Tallmadge: Revolutionary Soldier and American Businessman.* New York: Columbia University Press, 1943.

Hall, Wilbur C. "Sergeant Champe's Adventure." *WMQ,* 2nd ser., 18, no. 3 (July 1938): 322–42.

Hamilton, Alexander. Letter from a Gentleman at Camp. *Pennsylvania Packet,* Oct. 14 and 17, 1780.

———. *The Papers of Alexander Hamilton.* Vol. 2. Edited by Harold C. Syrett. New York: Columbia University Press, 1961.

Hamilton, Edward P. *Fort Ticonderoga: Key to a Continent.* Ticonderoga, N.Y.: Fort Ticonderoga, 1995.

Harcourt, Diana. "Body Image and Disfigurement: Issues and Interventions." *Body Image* 1 (2004): 83–97.

Haslewood, Captain William. "A Journal of a British Officer during the American Revolution." *Mississippi Valley Historical Review* 7 (June 1920–Mar. 1921): 51–58.

Hatch, Robert McConnell. *Major John André: A Gallant in Spy's Clothing.* Boston: Houghton Mifflin, 1986.

Hay, Thomas Robson. *The Admirable Trumpeter. A Biography of General James Wilkinson.* Garden City, N.Y.: Doubleday, Doran, 1941.

Headley, J. T. *Washington and His Generals.* 1813. Reprint, Yorklyn, Del.: Academy Honor Press, 1998.

Heath, William. *Memoirs of Major-General Heath.* Boston: Thomas and Andres, 1798.

Henderson, H. James. "Congressional Factionalism and the Attempt to Recall Benjamin Franklin." *WMQ,* 3rd ser., 27 (1970): 246–67.

———. "Constitutionalists and Republicans in the Continental Congress, 1778–86." *Pennsylvania History* 36 (1969): 119–44.

———. *Party Politics in the Continental Congress.* New York: McGraw-Hill, 1974.

Henriques, Peter. *Realistic Visionary: A Portrait of George Washington.* Charlottesville: University of Virginia Press, 2008.

Herrera, Ricardo A. "Self-Governance and the American Citizen as Soldier, 1775–1861." *Journal of Military History* 65, no. 1 (Jan. 2001): 21–52.

Hibbert, Christopher. *Redcoats and Rebels: The American Revolution through British Eyes.* New York: Norton, 2002.

Higginbotham, Don. *Daniel Morgan: Revolutionary Rifleman.* Chapel Hill: University of North Carolina Press, 1961.

———. "The Early American Way of War: Reconnaissance and Appraisal." *WMQ,* 3rd ser., 44 (Apr. 1987): 230–73.

———. *George Washington: Uniting a Nation.* Lanham, Md.: Rowman and Littlefield, 2004.

———, ed. *Reconsiderations on the Revolutionary War: Selected Essays.* Westport, Conn.: Greenwood Press, 1978.

————. *The War of American Independence: Military Attitudes, Policies, and Practice, 1763–1789*. Boston: Northeastern University Press, 1983.

————. *Washington and the American Military Tradition*. Athens: University of Georgia Press, 1985.

Hill, George Canning. *Benedict Arnold*. Philadelphia: J. B. Lippincott, 1865.

Hodges, Graham Russell. *Root and Branch: African Americans in New York and East Jersey, 1613–1863*. Chapel Hill: University of North Carolina Press, 1999.

Hoffman, Ronald, and Peter J. Albert. *Arms and Independence: The Military Character of the American Revolution*. Charlottesville: University of Virginia Press, 1984.

————, eds. *The Transforming Hand of Revolution*. Charlottesville: University Press of Virginia, 1995.

————, eds. *Women in the Age of the American Revolution*. Charlottesville: University Press of Virginia, 1992.

Houlding, J. A., and G. Kenneth Yates. "Corporal Fox's Memoir of Service, 1766–1783: Quebec, Saratoga, and the Convention Army." *Journal of the Society for Army Historical Research* 68, no. 275 (Autumn 1990): 146–68.

Howe, Archibald. *Colonel John Brown, of Pittsfield, Massachusetts, the Brave Accuser of Benedict Arnold*. Boston: W. B. Clarke, 1908.

Howland, John. *The Life and Recollections of John Howland*. Edited by Edwin M. Stone. Providence, R.I.: G. H. Whitney, 1857.

Howson, Gerald. *Burgoyne of Saratoga*. New York: Times Books, 1979.

Huber, Patricia. *Major Philip Ulmer: Hero of the American Revolution*. Charleston, S.C.: History Press, 2014.

Huddleston, F. J. *Gentleman Johnny Burgoyne: Misadventures of an English General in the Revolution*. Garden City, N.Y.: Garden City Publishing, 1927.

Hufeland, Otto. *Westchester County during the American Revolution, 1775–1783*. Harrison, N.Y.: Harbor Hill Books, 1974.

Hughes, J. M. "Notes Relative to the Campaign against Burgoyne." *MHS Proceedings* 3 (1855–58): 278–80.

Huntington, Ebenezer. *Letters Written by Ebenezer Huntington during the American Revolution*. New York: Charles Heartman, 1914.

Husted, Nathaniel C. *Centennial Souvenir of the Monument Association of the Capture of André*. New York: privately printed, 1880.

Ireland, Owen S. "The Ethnic-Religious Dimension of Pennsylvania Politics, 1778–1779." *WMQ*, 3rd ser., 18 (Jan. 1961): 35–53.

————. *Religion, Ethnicity, and Politics: Ratifying the Constitution in Pennsylvania*. University Park: Pennsylvania State University Press, 1995.

Irvin, Benjamin H. *Clothed in Robes of Sovereignty: The Continental Congress and the People Out of Doors*. New York: Oxford University Press, 2011.

Jackson, John W. *The Pennsylvania Navy, 1775–1781*. New Brunswick, N.J.: Rutgers University Press, 1974.

————. *With the British Army in Philadelphia, 1777–1778*. San Rafael, Calif.: Presidio Press, 1979.

Jacob, Mark, and Stephen H. Case. *Treacherous Beauty: Peggy Shippen, the Woman behind Benedict Arnold's Plot to Betray America*. Guilford, Conn.: Lyons Press, 2012.

Jacobs, James Ripley. *Tarnished Warrior: Major-General James Wilkinson*. New York: Macmillan, 1938.

Jameson, J. Franklin. *The American Revolution Considered as a Social Movement.* Princeton, N.J.: Princeton University Press, 1940.

Jellison, Richard M., ed. *Society, Freedom, and Conscience: The American Revolution in Virginia, Massachusetts, and New York.* New York: Norton, 1976.

Johansen, Bruce. *Forgotten Founders: How the American Indian Helped Shape Democracy.* Boston: Harvard Common Press, 1982.

Johnson, Clifton. *The Picturesque Hudson.* New York: Macmillan, 1915.

Johnson, James, et al., eds. *Key to the Northern Country: The Hudson River Valley in the American Revolution.* Albany: State University of New York Press, 2013.

Johnston, Henry P. *The Battle of Harlem Heights, September 16, 1776.* New York: Macmillan, 1897.

———. *The Campaign of 1776 around New York.* 1878. Reprint, Cranberry, N.J.: Scholar's Bookshelf, 2005.

———. *Nathan Hale, 1776.* New Haven, Conn.: Yale University Press, 1914.

———. *The Storming of Stony Point on the Hudson, Midnight, July 15, 1779.* 1900. Reprint, New York: Da Capo Press, 1971.

Jones, John, M.D. *Plain Concise Practical Remarks, on the Treatment of Wounds and Fractures.* . . . Philadelphia: Robert Bell, 1776.

Jones, Thomas. *History of New York during the Revolutionary War.* New York: NYHS, 1879.

"A Journal of the Carleton and Burgoyne Campaigns." *Bulletin of the Fort Ticonderoga Museum* 11, no. 5 (Dec. 1964): 234–69 (Apr. 20, 1776–June 22, 1777); 11, no. 6 (Sept. 1965): 307–35 (June 24, 1777–Aug. 17, 1777).

Kaplan, Roger. "The Hidden War: British Intelligence Operations during the American Revolution." *WMQ,* 3rd ser., 47, no. 1 (1990): 115–38.

Keegan, John. *Fields of Battle: The Wars for North America.* New York: Vintage, 1997.

Kelly, Alfred, et al. *Leadership in the American Revolution.* Washington, D.C.: Library of Congress, 1974.

Kelsay, Isabel T. *Joseph Brant: Man of Two Worlds.* Syracuse, N.Y.: Syracuse University Press, 1984.

Kemble, Lieutenant Colonel Stephen. *Journals of Lieutenant-Colonel Stephen Kemble, 1773–1789.* Boston: Gregg Press, 1972.

Kennett, Lee. *The French Forces in America, 1780–1783.* Westport, Conn.: Greenwood Press, 1977.

Kerber, Linda. *Women of the Republic: Intellect and Ideology in Revolutionary America.* New York: Norton, 1986.

Kerr, Lowell. "Benedict Arnold and the Warrens." *Americana* 30, no. 2 (Apr. 1936): 324–34.

Ketchum, Richard M. *Divided Loyalties: How the American Revolution Came to New York.* New York: Henry Holt, 2002.

———. *Saratoga: Turning Point of America's Revolutionary War.* New York: Holt, 1999.

———. *The Winter Soldiers.* Garden City, N.Y.: Doubleday, 1973.

Kilmeade, Brian, and Don Yaeger. *George Washington's Secret Six: The Spy Ring That Saved the American Revolution.* New York: Sentinel, 2013.

Kim, Sung Bok. "The Limits of Politicization in the American Revolution: The Experience of Westchester County, New York." *Journal of American History* 80 (1993): 868–89.

King, Lester. *The Medical World of the Eighteenth Century.* Chicago: University of Chicago Press, 1958.

Knollenberg, Bernhard, ed. "Correspondence of John Adams and Horatio Gates." *MHS Proceedings* 67 (Oct. 1941–May 1944): 135–51.

———. *Washington and the Revolution, a Reappraisal: Gates, Conway, and the Continental Congress.* New York: Macmillan, 1940.

Knott, Sara. *Sensibility and the American Revolution.* Chapel Hill: University of North Carolina Press, 2009.

Knox, Dudley W. *The Naval Genius of George Washington.* Boston: Houghton Mifflin, 1932.

Koke, Richard J. *Accomplice in Treason: Joshua Hett Smith and the Arnold Conspiracy.* New York: NYHS, 1973.

Krueger, John W. "Troop Life at the Champlain Valley Forts during the American Revolution." *Bulletin of the Fort Ticonderoga Museum* 14, no. 3 (Summer 1982): 158–64; 14, no. 5 (Summer 1984): 277–310.

Kurtz, Stephen G., and James H. Hutson, eds. *Essays on the American Revolution.* Chapel Hill: University of North Carolina Press, 1973.

Kwasny, Mark V. *Washington's Partisan War, 1775–1783.* Kent, Ohio: Kent State University Press, 1996.

Labaree, Leonard W. *Conservatism in Early American History.* New York: New York University Press, 1948.

Lafayette, Marie Joseph Paul Yves Roch Gilbert du Motier. *Lafayette in the Age of the American Revolution: Selected Letters and Papers, 1776–1790.* Edited by Stanley J. Idzerda et al. 5 vols. Ithaca, N.Y.: Cornell University Press, 1977–83.

Lamb, John. *Memoir of the Life and Times of General John Lamb.* Edited by Isaac Leake. Albany, N.Y.: Munsell, 1850.

Lamb, Roger. *An Original and Authentic Journal of Occurrences during the Late American War: From Its Commencement to the Year 1783.* Dublin: Wilkinson and Courtney, 1809.

Laramie, Michael. *By Wind and Iron: Naval Campaigns in the Champlain Valley, 1665–1815.* Yardley, Pa.: Westholme, 2015.

Laurens, John. *The Army Correspondence of Colonel John Laurens in the Years 1777–8.* With a Memoir by William Gilmore Simms. New York: Bradford Club, 1867.

Lea, Russell M. *A Hero and a Spy: The Revolutionary War Correspondence of Benedict Arnold.* Westminster, Md.: Heritage Books, 2008.

Lee, Charles. *Charles Lee Papers.* Vols. 2–4. New York: NYHS, 1872–74.

Lee, Richard Henry. *Life of Arthur Lee.* Boston: Wells and Lilly, 1829.

Lefkowitz, Arthur S. *The American Submarine* Turtle. Gretna, La.: Pelican, 2012.

———. *The Long Retreat: The Calamitous American Defense of New Jersey, 1776.* Metuchen, N.J.: Upland Press, 1998.

Leiby, Adrian C. *The Revolutionary War in the Hackensack Valley: The Jersey Dutch and the Neutral Ground, 1775–1783.* New Brunswick, N.J.: Rutgers University Press, 1962.

Lengel, Edward G. *General George Washington: A Military Life.* New York: Random House, 2007.

———. *This Glorious Struggle: George Washington's Revolutionary War Letters.* New York: HarperCollins, 2008.

Lewis, Tom. *The Hudson River: A History.* New Haven, Conn.: Yale University Press, 2005.

Linklater, Andro. *An Artist in Treason: The Extraordinary Double Life of General James Wilkinson*. New York: Walker, 2009.

"A List of Ships in the American and British Fleets. . . ." *Bulletin of the Fort Ticonderoga Museum* 1, no. 4 (July 1928): 13.

Livingston, William Farrand. *Israel Putnam: Pioneer, Ranger, and Major-General, 1718–1790*. New York: Putnam's, 1901.

Lockhart, Paul Douglas. *The Drillmaster of Valley Forge: The Baron de Steuben and the Making of the American Army*. New York: HarperCollins, 2008.

Logusz, Michael. *With Musket and Tomahawk: The Saratoga Campaign and the Wilderness War of 1777*. Havertown, Pa.: Casemate, 2010

Longmore, Paul. *The Invention of George Washington*. Charlottesville: University of Virginia Press, 1999.

Lossing, Benson John. *The Pictorial Field-Book of the Revolution*. 2 vols. Harper & Brothers, 1855.

———. "The Treason of Benedict Arnold." *Harper's New Monthly Magazine* 3 (1851): 451–61.

Lowenthal, Larry. *Hell on the East River: British Prison Ships in the American Revolution*. Fleischmanns, N.Y.: Purple Mountain Press, 2009.

Ludlum, David M. *Early American Winters, 1604–1820*. Boston: American Meteorological Association, 1966.

Lundin, Leonard. *Cockpit of the Revolution: The War for Independence in New Jersey*. Princeton, N.J.: Princeton University Press, 1940.

Lunt, J. *John Burgoyne of Saratoga*. London: Macdonald and Jane's, 1976.

Luzader, John F. *Decision on the Hudson: The Battles of Saratoga*. Fort Washington, Pa.: Eastern National, 2002.

———. *Fort Stanwix: Construction and Military History*. Fort Washington, Pa.: Eastern National, 2010.

———. *Saratoga: A Military History of the Decisive Campaign of the American Revolution*. New York: Savas Beatie, 2010.

Lydenberg, Harry Miller, ed. *Archibald Robertson: His Diaries and Sketches in America, 1762–1780*. New York: NYPL and Arno Press, 1971.

McAfee, Michael L. "Artillery of the American Revolution, 1775–1783." Washington, D.C.: American Defense Preparedness Association, 1974.

McBurney, Christian. *The Rhode Island Campaign: The First French and American Operation in the Revolutionary War*. Philadelphia: Westholme, 2011.

McCullough, David. *John Adams*. New York: Simon and Schuster, 2001.

———. *1776*. New York: Simon and Schuster, 2005.

McDevitt, Robert. *Connecticut Attacked, a British Viewpoint: Tryon's Raid on Danbury*. Chester, Conn.: Pequot Press, 1974.

McDougall, Walter A. *Freedom Just Around the Corner: A New American History, 1585–1828*. New York: Perennial, 2004.

McGuire, Thomas. *The Philadelphia Campaign*. Vols. 1–2. Mechanicsburg, Pa.: Stackpole Books, 2006–7.

———. *Stop the Revolution: America in the Summer of Independence and the Conference for Peace*. Mechanicsburg, Pa.: Stackpole Books, 2011.

Mackesy, Piers. *The War for America, 1775–1783*. Lincoln: University of Nebraska Press, 1992.

——. *The War of American Independence: Military Attitudes, Policies, and Practice, 1763–1789.* Boston: Northeastern University Press, 1983.

——. *Washington and the American Military Tradition.* Athens: University of Georgia Press, 1985.

Hill, George Canning. *Benedict Arnold.* Philadelphia: J. B. Lippincott, 1865.

Hodges, Graham Russell. *Root and Branch: African Americans in New York and East Jersey, 1613–1863.* Chapel Hill: University of North Carolina Press, 1999.

Hoffman, Ronald, and Peter J. Albert. *Arms and Independence: The Military Character of the American Revolution.* Charlottesville: University of Virginia Press, 1984.

——, eds. *The Transforming Hand of Revolution.* Charlottesville: University Press of Virginia, 1995.

——, eds. *Women in the Age of the American Revolution.* Charlottesville: University Press of Virginia, 1992.

Houlding, J. A., and G. Kenneth Yates. "Corporal Fox's Memoir of Service, 1766–1783: Quebec, Saratoga, and the Convention Army." *Journal of the Society for Army Historical Research* 68, no. 275 (Autumn 1990): 146–68.

Howe, Archibald. *Colonel John Brown, of Pittsfield, Massachusetts, the Brave Accuser of Benedict Arnold.* Boston: W. B. Clarke, 1908.

Howland, John. *The Life and Recollections of John Howland.* Edited by Edwin M. Stone. Providence, R.I.: G. H. Whitney, 1857.

Howson, Gerald. *Burgoyne of Saratoga.* New York: Times Books, 1979.

Huber, Patricia. *Major Philip Ulmer: Hero of the American Revolution.* Charleston, S.C.: History Press, 2014.

Huddleston, F. J. *Gentleman Johnny Burgoyne: Misadventures of an English General in the Revolution.* Garden City, N.Y.: Garden City Publishing, 1927.

Hufeland, Otto. *Westchester County during the American Revolution, 1775–1783.* Harrison, N.Y.: Harbor Hill Books, 1974.

Hughes, J. M. "Notes Relative to the Campaign against Burgoyne." *MHS Proceedings* 3 (1855–58): 278–80.

Huntington, Ebenezer. *Letters Written by Ebenezer Huntington during the American Revolution.* New York: Charles Heartman, 1914.

Husted, Nathaniel C. *Centennial Souvenir of the Monument Association of the Capture of André.* New York: privately printed, 1880.

Ireland, Owen S. "The Ethnic-Religious Dimension of Pennsylvania Politics, 1778–1779." *WMQ,* 3rd ser., 18 (Jan. 1961): 35–53.

——. *Religion, Ethnicity, and Politics: Ratifying the Constitution in Pennsylvania.* University Park: Pennsylvania State University Press, 1995.

Irvin, Benjamin H. *Clothed in Robes of Sovereignty: The Continental Congress and the People Out of Doors.* New York: Oxford University Press, 2011.

Jackson, John W. *The Pennsylvania Navy, 1775–1781.* New Brunswick, N.J.: Rutgers University Press, 1974.

——. *With the British Army in Philadelphia, 1777–1778.* San Rafael, Calif.: Presidio Press, 1979.

Jacob, Mark, and Stephen H. Case. *Treacherous Beauty: Peggy Shippen, the Woman behind Benedict Arnold's Plot to Betray America.* Guilford, Conn.: Lyons Press, 2012.

Jacobs, James Ripley. *Tarnished Warrior: Major-General James Wilkinson.* New York: Macmillan, 1938.

Jameson, J. Franklin. *The American Revolution Considered as a Social Movement.* Princeton, N.J.: Princeton University Press, 1940.

Jellison, Richard M., ed. *Society, Freedom, and Conscience: The American Revolution in Virginia, Massachusetts, and New York.* New York: Norton, 1976.

Johansen, Bruce. *Forgotten Founders: How the American Indian Helped Shape Democracy.* Boston: Harvard Common Press, 1982.

Johnson, Clifton. *The Picturesque Hudson.* New York: Macmillan, 1915.

Johnson, James, et al., eds. *Key to the Northern Country: The Hudson River Valley in the American Revolution.* Albany: State University of New York Press, 2013.

Johnston, Henry P. *The Battle of Harlem Heights, September 16, 1776.* New York: Macmillan, 1897.

———. *The Campaign of 1776 around New York.* 1878. Reprint, Cranberry, N.J.: Scholar's Bookshelf, 2005.

———. *Nathan Hale, 1776.* New Haven, Conn.: Yale University Press, 1914.

———. *The Storming of Stony Point on the Hudson, Midnight, July 15, 1779.* 1900. Reprint, New York: Da Capo Press, 1971.

Jones, John, M.D. *Plain Concise Practical Remarks, on the Treatment of Wounds and Fractures. . . .* Philadelphia: Robert Bell, 1776.

Jones, Thomas. *History of New York during the Revolutionary War.* New York: NYHS, 1879.

"A Journal of the Carleton and Burgoyne Campaigns." *Bulletin of the Fort Ticonderoga Museum* 11, no. 5 (Dec. 1964): 234–69 (Apr. 20, 1776–June 22, 1777); 11, no. 6 (Sept. 1965): 307–35 (June 24, 1777–Aug. 17, 1777).

Kaplan, Roger. "The Hidden War: British Intelligence Operations during the American Revolution." *WMQ,* 3rd ser., 47, no. 1 (1990): 115–38.

Keegan, John. *Fields of Battle: The Wars for North America.* New York: Vintage, 1997.

Kelly, Alfred, et al. *Leadership in the American Revolution.* Washington, D.C.: Library of Congress, 1974.

Kelsay, Isabel T. *Joseph Brant: Man of Two Worlds.* Syracuse, N.Y.: Syracuse University Press, 1984.

Kemble, Lieutenant Colonel Stephen. *Journals of Lieutenant-Colonel Stephen Kemble, 1773–1789.* Boston: Gregg Press, 1972.

Kennett, Lee. *The French Forces in America, 1780–1783.* Westport, Conn.: Greenwood Press, 1977.

Kerber, Linda. *Women of the Republic: Intellect and Ideology in Revolutionary America.* New York: Norton, 1986.

Kerr, Lowell. "Benedict Arnold and the Warrens." *Americana* 30, no. 2 (Apr. 1936): 324–34.

Ketchum, Richard M. *Divided Loyalties: How the American Revolution Came to New York.* New York: Henry Holt, 2002.

———. *Saratoga: Turning Point of America's Revolutionary War.* New York: Holt, 1999.

———. *The Winter Soldiers.* Garden City, N.Y.: Doubleday, 1973.

Kilmeade, Brian, and Don Yaeger. *George Washington's Secret Six: The Spy Ring That Saved the American Revolution.* New York: Sentinel, 2013.

Kim, Sung Bok. "The Limits of Politicization in the American Revolution: The Experience of Westchester County, New York." *Journal of American History* 80 (1993): 868–89.

King, Lester. *The Medical World of the Eighteenth Century*. Chicago: University of Chicago Press, 1958.

Knollenberg, Bernhard, ed. "Correspondence of John Adams and Horatio Gates." *MHS Proceedings* 67 (Oct. 1941–May 1944): 135–51.

———. *Washington and the Revolution, a Reappraisal: Gates, Conway, and the Continental Congress*. New York: Macmillan, 1940.

Knott, Sara. *Sensibility and the American Revolution*. Chapel Hill: University of North Carolina Press, 2009.

Knox, Dudley W. *The Naval Genius of George Washington*. Boston: Houghton Mifflin, 1932.

Koke, Richard J. *Accomplice in Treason: Joshua Hett Smith and the Arnold Conspiracy*. New York: NYHS, 1973.

Krueger, John W. "Troop Life at the Champlain Valley Forts during the American Revolution." *Bulletin of the Fort Ticonderoga Museum* 14, no. 3 (Summer 1982): 158–64; 14, no. 5 (Summer 1984): 277–310.

Kurtz, Stephen G., and James H. Hutson, eds. *Essays on the American Revolution*. Chapel Hill: University of North Carolina Press, 1973.

Kwasny, Mark V. *Washington's Partisan War, 1775–1783*. Kent, Ohio: Kent State University Press, 1996.

Labaree, Leonard W. *Conservatism in Early American History*. New York: New York University Press, 1948.

Lafayette, Marie Joseph Paul Yves Roch Gilbert du Motier. *Lafayette in the Age of the American Revolution: Selected Letters and Papers, 1776–1790*. Edited by Stanley J. Idzerda et al. 5 vols. Ithaca, N.Y.: Cornell University Press, 1977–83.

Lamb, John. *Memoir of the Life and Times of General John Lamb*. Edited by Isaac Leake. Albany, N.Y.: Munsell, 1850.

Lamb, Roger. *An Original and Authentic Journal of Occurrences during the Late American War: From Its Commencement to the Year 1783*. Dublin: Wilkinson and Courtney, 1809.

Laramie, Michael. *By Wind and Iron: Naval Campaigns in the Champlain Valley, 1665–1815*. Yardley, Pa.: Westholme, 2015.

Laurens, John. *The Army Correspondence of Colonel John Laurens in the Years 1777–8*. With a Memoir by William Gilmore Simms. New York: Bradford Club, 1867.

Lea, Russell M. *A Hero and a Spy: The Revolutionary War Correspondence of Benedict Arnold*. Westminster, Md.: Heritage Books, 2008.

Lee, Charles. *Charles Lee Papers*. Vols. 2–4. New York: NYHS, 1872–74.

Lee, Richard Henry. *Life of Arthur Lee*. Boston: Wells and Lilly, 1829.

Lefkowitz, Arthur S. *The American Submarine Turtle*. Gretna, La.: Pelican, 2012.

———. *The Long Retreat: The Calamitous American Defense of New Jersey, 1776*. Metuchen, N.J.: Upland Press, 1998.

Leiby, Adrian C. *The Revolutionary War in the Hackensack Valley: The Jersey Dutch and the Neutral Ground, 1775–1783*. New Brunswick, N.J.: Rutgers University Press, 1962.

Lengel, Edward G. *General George Washington: A Military Life*. New York: Random House, 2007.

———. *This Glorious Struggle: George Washington's Revolutionary War Letters*. New York: HarperCollins, 2008.

Lewis, Tom. *The Hudson River: A History*. New Haven, Conn.: Yale University Press, 2005.

Linklater, Andro. *An Artist in Treason: The Extraordinary Double Life of General James Wilkinson.* New York: Walker, 2009.

"A List of Ships in the American and British Fleets. . . ." *Bulletin of the Fort Ticonderoga Museum* 1, no. 4 (July 1928): 13.

Livingston, William Farrand. *Israel Putnam: Pioneer, Ranger, and Major-General, 1718–1790.* New York: Putnam's, 1901.

Lockhart, Paul Douglas. *The Drillmaster of Valley Forge: The Baron de Steuben and the Making of the American Army.* New York: HarperCollins, 2008.

Logusz, Michael. *With Musket and Tomahawk: The Saratoga Campaign and the Wilderness War of 1777.* Havertown, Pa.: Casemate, 2010

Longmore, Paul. *The Invention of George Washington.* Charlottesville: University of Virginia Press, 1999.

Lossing, Benson John. *The Pictorial Field-Book of the Revolution.* 2 vols. Harper & Brothers, 1855.

———. "The Treason of Benedict Arnold." *Harper's New Monthly Magazine* 3 (1851): 451–61.

Lowenthal, Larry. *Hell on the East River: British Prison Ships in the American Revolution.* Fleischmanns, N.Y.: Purple Mountain Press, 2009.

Ludlum, David M. *Early American Winters, 1604–1820.* Boston: American Meteorological Association, 1966.

Lundin, Leonard. *Cockpit of the Revolution: The War for Independence in New Jersey.* Princeton, N.J.: Princeton University Press, 1940.

Lunt, J. *John Burgoyne of Saratoga.* London: Macdonald and Jane's, 1976.

Luzader, John F. *Decision on the Hudson: The Battles of Saratoga.* Fort Washington, Pa.: Eastern National, 2002.

———. *Fort Stanwix: Construction and Military History.* Fort Washington, Pa.: Eastern National, 2010.

———. *Saratoga: A Military History of the Decisive Campaign of the American Revolution.* New York: Savas Beatie, 2010.

Lydenberg, Harry Miller, ed. *Archibald Robertson: His Diaries and Sketches in America, 1762–1780.* New York: NYPL and Arno Press, 1971.

McAfee, Michael L. "Artillery of the American Revolution, 1775–1783." Washington, D.C.: American Defense Preparedness Association, 1974.

McBurney, Christian. *The Rhode Island Campaign: The First French and American Operation in the Revolutionary War.* Philadelphia: Westholme, 2011.

McCullough, David. *John Adams.* New York: Simon and Schuster, 2001.

———. *1776.* New York: Simon and Schuster, 2005.

McDevitt, Robert. *Connecticut Attacked, a British Viewpoint: Tryon's Raid on Danbury.* Chester, Conn.: Pequot Press, 1974.

McDougall, Walter A. *Freedom Just Around the Corner: A New American History, 1585–1828.* New York: Perennial, 2004.

McGuire, Thomas. *The Philadelphia Campaign.* Vols. 1–2. Mechanicsburg, Pa.: Stackpole Books, 2006–7.

———. *Stop the Revolution: America in the Summer of Independence and the Conference for Peace.* Mechanicsburg, Pa.: Stackpole Books, 2011.

Mackesy, Piers. *The War for America, 1775–1783.* Lincoln: University of Nebraska Press, 1992.

McLean, David. *Timothy Pickering and the Age of the American Revolution.* New York: Arno Press, 1982.

MacMillan, Margaret Burnham. *The War Governors in the American Revolution.* New York: Columbia University Press, 1943.

Maguire, J. Robert. "Dr. Robert Knox's Account of the Battle of Valcour, October 11–13, 1776." *Vermont History* 46, no. 3 (Summer 1978): 141–50.

Mahan, Alfred Thayer. *The Influence of Sea Power upon History, 1660–1783.* Boston: Little, Brown, 1918.

———. *The Major Operations of the Navies in the War of American Independence.* Cambridge, Mass.: Harvard University Press, 1913.

———. "The Naval Campaign of 1776 on Lake Champlain." *Scribner's Magazine* 23 (Feb. 1898): 147–60.

Manders, Eric. *The Battle of Long Island.* Monmouth, N.J.: Freneau Press, 1978.

Manifesto and Proclamation of the Commissioners, October 8, 1778. In *Proceedings of the British Commissioners at Philadelphia, 1778–9: Partly in Ferguson's Hand,* edited by Yasuo Amoh, Darren Lingley, and Hiro Aoki, pp. 146–47. Kyoto: Kakenhi Supplemental Project Research Report, Kyoto University, 2007.

Manucy, Albert. *Artillery through the Ages.* Washington, D.C.: U.S. Government Printing Office, 1955.

Martin, James Kirby. *Benedict Arnold: Revolutionary Hero; An American Warrior Reconsidered.* New York: New York University Press, 1997.

———. "Benedict Arnold's Treason as Political Protest." *Parameters* 11 (1981): 63–74.

Martin, James Kirby, and Mark Edward Lender. *A Respectable Army: The Military Origins of the Republic, 1763–1789.* Wheeling, Ill.: Harlan Davidson, 2006.

Martin, Joseph Plumb. *Ordinary Courage: The Revolutionary War Adventures of Joseph Plumb Martin.* Edited by James Kirby Martin. Chichester, West Sussex, U.K.: Wiley-Blackwell, 2012.

Massey, Gregory. *John Laurens and the American Revolution.* Columbia: University of South Carolina Press, 2000.

Mather, F. G. *The Refugees of 1776 from Long Island to Connecticut.* Albany, N.Y.: J. B. Lyon, 1913.

Mattern, David B. *Benjamin Lincoln and the American Revolution.* Columbia: University of South Carolina Press, 1995.

Mayer, Holly. *Belonging to the Army: Camp Followers and Community during the American Revolution.* Columbia: University of South Carolina Press, 1999.

Mazzagetti, Dominick. *Charles Lee: Self before Country.* New Brunswick, N.J.: Rutgers University Press, 2013.

Meier, Louis A. *The Healing of an Army, 1777–1778.* Norristown, Pa.: Historical Society of Montgomery County, 1991.

Merrill, Lindsay. *The New England Gun.* New Haven, Conn.: Yale University Press, 1975.

Messer, Peter C. "'A Species of Treason and Not the Least Dangerous Kind': The Treason Trials of Abraham Carlisle and John Roberts." *Pennsylvania Magazine of History and Biography* 123, no. 4 (Oct. 1999): 303–32.

Middlebrook, L. F. *Maritime Connecticut during the American Revolution.* Salem, Mass.: Essex Institute, 1925.

Middlekauff, Robert. *The Glorious Cause: The American Revolution, 1763–1789.* New York: Oxford University Press, 2005.

———. "Why Men Fought in the American Revolution." *Huntington Library Quarterly* 43 (Spring 1980): 143–44, 148.

Millar, John F. *American Ships of the Colonial and Revolutionary Periods.* New York: Norton, 1978.

Miller, Lillian B., ed. *The Peale Family: Creation of a Legacy, 1770–1870.* New York: Abbeville Press, 1996.

Miller, Nathan. *Sea of Glory: The Continental Navy Fights for Independence, 1775–1783.* New York: McKay, 1974.

Millis, Wade. "A Spy under the Common Law of War." *American Bar Association Journal* 11, no. 183 (1925): 183–88.

Mintz, Max M. *The Generals of Saratoga: John Burgoyne and Horatio Gates.* New Haven, Conn.: Yale University Press, 1990.

———. *Gouverneur Morris and the American Revolution.* Norman: University of Oklahoma Press, 1970.

Minutes of a Court of Inquiry upon the Case of Major John André. Albany, N.Y.: J. Munsell, 1865.

Mishoff, Willard O. "Business in Philadelphia during the British Occupation, 1777–1778." *Pennsylvania Magazine of History and Biography* 61, no. 2 (Apr. 1937): 165–81.

Mitchell, Broadus. *The Price of Independence: A Realistic View of the American Revolution.* New York: Oxford University Press, 1974.

Montresor, Captain John. *The Montresor Journals.* Edited by G. D. Scull. *Collections of the New-York Historical Society for the Year 1881.* New York, 1882.

Moore, Frank. *Diary of the American Revolution.* Vols. 1–2. New York: Scribner, 1859.

———. *Songs and Ballads of the American Revolution.* New York: D. Appleton, 1855.

Moore, Warren. *Weapons of the American Revolution and Accoutrements.* New York: Promontory Press, 1967.

Morgan, Edmund S. *American Heroes: Profiles of Men and Women Who Shaped Early America.* New York: Norton, 2009.

———. *The Birth of the Republic 1763–1789.* 3rd ed. Chicago: University of Chicago Press, 1992.

———. *Inventing the People: The Rise of Popular Sovereignty in England and America.* New York: Norton, 1988.

Morpurgo, J. E. *Treason at West Point: The Arnold-André Conspiracy.* New York: Mason/Charter, 1975.

Morris, Margaret. *Her Journal with Biographical Sketches and Notes.* Edited by John W. Jackson. 1836. Reprint, New York: Arno Press, 1969.

Morrissey, Brendan. *Saratoga 1777: Turning Point of a Revolution.* Oxford: Osprey, 2000.

Morton, Doris Begor. *Philip Skene of Skenesborough.* Granville, N.Y.: Grastorf Press, 1959.

Muenchhausen, Friedrich von. *At General Howe's Side, 1776–1778: The Diary of General William Howe's Aide de Camp, Captain Friedrich von Muenchhausen.* Translated by Ernest Kipping. Monmouth Beach, N.J.: Freneau Press, 1974.

Muller, John. *The Attack and Defense of Fortified Places, 1757.* Edited by David Manthey. Woodbridge, Va.: Invisible College Press, 2004.

Murdoch, David. H., ed. *Rebellion in America: A Contemporary British Viewpoint, 1769–1783.* Santa Barbara, Calif.: Clio Books, 1979.

Murdock, Richard K. "Benedict Arnold and the Wonders of the *Charming Nancy.*" *Pennsylvania Magazine of History and Biography* 84 (1960): 22–26.

Murphy, Jim. *The Real Benedict Arnold.* New York: Houghton Mifflin, 2007.

Murray, Eleanor M. "The American Fleet on Lake Champlain, 1776." *Bulletin of the Fort Ticonderoga Museum* 5, no. 5–6 (July 1940): 138–39.

Nagy, John. *Invisible Ink: Spycraft of the American Revolution.* Yardley, Pa.: Westholme, 2011.

———. *Mutinies in the Ranks: Mutinies of the American Revolution.* Yardley, Pa.: Westholme, 2007.

———. *Spies in the Continental Capital: Espionage across Pennsylvania during the American Revolution.* Yardley, Pa.: Westholme, 2011.

Nash, Gary. *The Unknown American Revolution.* New York: Penguin, 2006.

Nebanzahl, Kenneth, and Don Higginbotham. *Atlas of the American Revolution.* Chicago: Rand McNally, 1974.

Neilson, Charles. *Burgoyne's Campaigns.* Albany: New York State Library, 1841.

Neimeyer, Charles Patrick. *America Goes to War: A Social History of the Continental Army.* New York: New York University Press, 1996.

Nelson, Craig. *Thomas Paine: Enlightenment, Revolution, and the Birth of Modern Nations.* New York: Penguin, 2006.

Nelson, Eric. *The Royalist Revolution.* Cambridge, Mass.: Harvard University Press, 2014.

Nelson, James. *Benedict Arnold's Navy: The Ragtag Fleet That Lost the Battle for Lake Champlain but Won the American Revolution.* New York: McGraw-Hill, 2007.

———. *George Washington's Great Gamble and the Sea Battle That Won the American Revolution.* New York: McGraw-Hill, 2010.

———. *George Washington's Secret Navy: How the American Revolution Went to Sea.* New York: McGraw-Hill, 2008.

Nelson, Paul David. *Anthony Wayne: Soldier of the Early Republic.* Bloomington: Indiana University Press, 1985.

———. "Citizen Soldiers or Regulars: The Views of American General Officers on the Military Establishment, 1775–1781." *Military Affairs* 43, no. 3 (Oct. 1979): 126–32.

———. *Francis Rawdon-Hastings, Marquess of Hastings: Soldier, Peer of the Realm, Governor-General of India.* Madison, N.J.: Farleigh Dickinson University Press, 2005.

———. "The Gates-Arnold Quarrel, September 1777." *New-York Historical Society Quarterly* 55 (July 1971): 235–52.

———. *General Guy Carleton, Lord Dorchester: Soldier-Statesman of Early British Canada.* Madison, N.J.: Fairleigh Dickinson University Press, 2000.

———. *General Horatio Gates: A Biography.* Baton Rouge: Louisiana State University Press, 1976.

———. "Guy Carleton versus Benedict Arnold: The Campaign of 1776 in Canada and on Lake Champlain." *New York History* 57 (July 1976): 339–66.

———. "Legacy of Controversy: Gates, Schuyler, and Arnold at Saratoga, 1777." *Military Affairs* 37, no. 2 (Autumn 1953): 41–47.

———. *William Tryon and the Course of Empire.* Chapel Hill: University of North Carolina Press, 1990.

Nelson, William. *The American Tory.* New York: Oxford University Press, 1961.

Nester, William. *The Frontier War for American Independence.* Mechanicsburg, Pa.: Stackpole Books, 2004.

Nickerson, Hoffman. "New York in the Strategy of the Revolution." In *History of the State of New York,* edited by Alexander C. Flick, 4:78–83. New York: Columbia University Press, 1934.

———. *The Turning Point of the Revolution; or, Burgoyne in America.* 1928. Reprint, Cranbury, N.J.: Scholar's Bookshelf, 2005.

Norton, Mary Beth. *The British-Americans: The Loyalist Exiles in England, 1774–1789.* Boston: Little, Brown, 1972.

———. "Eighteenth Century American Women in Peace and War: The Case of the Loyalists." *WMQ,* 3rd ser., 33 (1976): 386–409.

———. *Liberty's Daughters: The Revolutionary Experience of American Women, 1750–1800.* Ithaca, N.Y.: Cornell University Press, 1996.

O'Brian, Patrick. *Men-of-War: Life in Nelson's Navy.* New York: Norton, 1995.

Olasky, Marvin. *Fighting for Liberty and Virtue: Political and Cultural Wars in Eighteenth-Century America.* Washington, D.C.: Regnery, 1995.

Olney, Stephen. "Life of Captain Stephen Olney." In *Biography of Revolutionary Heroes; Containing the Life of Brigadier Gen. William Barton, and also of Captain Stephen Olney,* edited by Mrs. Catharine Williams, pp. 193–99. Providence, R.I.: published by the author, 1839.

O'Shaughnessy, Andrew. *An Empire Divided: The American Revolution and the British Caribbean.* Philadelphia: University of Pennsylvania Press, 2000.

———. "'If Others Will Not Be Active, I Must Drive': George III and the American Revolution." *Early American Studies* 2, no. 1 (Spring 2004): 1–47.

———. *The Men Who Lost America: British Leadership, the American Revolution, and the Fate of the Empire.* New Haven, Conn.: Yale University Press, 2013.

Osler, Edward. "The Battle of Valcour Island." *Bulletin of the Fort Ticonderoga Museum* 2, no. 5 (Jan. 1932): 163-70.

Ousterhout, Anne. "Controlling the Opposition in Pennsylvania during the American Revolution." *Pennsylvania Magazine of History and Biography* 105 (1981): 3–35.

Palmer, Dave R. *George Washington and Benedict Arnold.* Washington, D.C.: Regency, 2006.

———. *George Washington's Military Genius.* Washington, D.C.: Regency, 2012.

———. *The River and the Rock: The History of the Fortress West Point, 1775–1783.* New York: Hippocrene Books, 1991.

Palmer, John. *General von Steuben.* New Haven, Conn.: Yale University Press, 1937.

Palmer, Peter. *History of Lake Champlain, 1609–1814.* Fleischmanns, N.Y.: Purple Mountain Press, 1992.

Pancake, John. *1777: The Year of the Hangman.* University: University of Alabama Press, 1977.

Papas, Phillip. *Renegade Revolutionary: The Life of Charles Lee.* New York: New York University Press, 2014.

———. *That Ever Loyal Island: Staten Island and the American Revolution.* New York: New York University Press, 2007.

Parker, Matthew. *The Sugar Barons: Family, Corruption, Empire, and War in the West Indies.* New York: Walker, 2011.

Partridge, Bellamy. *Sir Billy Howe.* London: Longmans, Green, 1932.

Patterson, Samuel White. *Horatio Gates: Defender of American Liberties*. 1941. Reprint, New York: AMS Press, 1966.

———. *Knight Errant of Liberty: The Triumph and Tragedy of General Charles Lee*. New York: Lantern Press, 1958.

Pausch, George. *Journal of Captain Pausch*. Translated by William L. Stone. Albany, N.Y.: Joel Munsell's Sons, 1886.

Pavlovsky, Arnold M. "Between Hawk and Buzzard: Congress as Perceived by Its Members, 1775–1783." *Pennsylvania Magazine of History and Biography* 101 (July 1977): 349–64.

Pearson, Michael. *Those Damned Rebels: The American Revolution as Seen through British Eyes*. New York: Putnam, 1972.

Peckham, Howard H. *The Toll of Independence*. Chicago: University of Chicago Press, 1974.

Pell, Joshua, Jr. "Diary, April 1776–13 October 1777." *Bulletin of the Fort Ticonderoga Museum* 1, no. 6 (July 1929): 2–14.

Pennypacker, Morton. *George Washington's Spies on Long Island and in New York*. Brooklyn, N.Y.: Long Island Historical Society, 1939.

Philbrick, Nathaniel. *Bunker Hill: A City, a Siege, a Revolution*. New York: Penguin, 2013.

Philbrick, Thomas. "The American Revolution as a Literary Event." In *Columbia Literary History of the United States*, edited by Emory Elliott, pp. 139–55. New York: Columbia University Press, 1988.

Phillips, Leon. *The Fantastic Breed: Americans in King George's War*. Garden City, N.Y.: Doubleday, 1968.

Pickering, James H. "Enoch Crosby, Secret Agent of the Neutral Ground: His Own Story." *New York History* 47 (1966): 61–73.

———. "Shube Merrit: Freebooter of the Neutral Ground." *New York Folklore Quarterly* 21 (1965): 31–39.

Pickering, Octavius. *The Life of Timothy Pickering*. Boston: Little, Brown, 1873.

"Proceedings of a General Court Martial of the Line Held at Head Quarters in the City of New York, by Warrant of His Excellency George Washington Esq. . . . for the Trial of Thomas Hickey & Others, June 26, 1776." Washington Papers, vol. 29, June 26, 1776, Library of Congress.

Proceedings of the Supreme Executive Council of the State of Pennsylvania in the Case of Major General Arnold. New York: Munsell, 1865.

Pula, James S. *Thaddeus Kościuszko: The Purest Son of Liberty*. New York: Hippocrene Books, 1999.

Puls, Mark. *Henry Knox: Visionary General of the American Revolution*. New York: Palgrave Macmillan, 2008.

Purcell, Sarah J. *Sealed with Blood: War, Sacrifice, and Memory in Revolutionary America*. Philadelphia: University of Pennsylvania Press, 2002.

Quarles, Benjamin. *The Negro in the American Revolution*. Chapel Hill: University of North Carolina Press, 1996.

Radbill, Kenneth A. "Quaker Patriots: The Leadership of Owen Biddle and John Lacey." *Pennsylvania History* 45, no. 1 (Jan. 1978): 47–60.

Rakove, Jack. *The Beginnings of National Politics: An Interpretive History of the Continental Congress*. New York: Knopf, 1979.

————. *Revolutionaries: A New History of the Invention of America.* Boston: Houghton Mifflin, 2010.

Randall, Willard Sterne. *Benedict Arnold: Patriot and Traitor.* New York: William Morrow, 1990.

Raphael, Ray. *Founders: The People Who Brought You a Nation.* New York: New Press, 2009.

Rappleye, Charles. *Robert Morris: Financier of the American Revolution.* New York: Simon and Schuster, 2010.

Reed, John F. *Campaign to Valley Forge, July 1, 1777 to December 19, 1777.* Philadelphia: University of Pennsylvania Press, 1963.

Reed, Joseph. "General Joseph Reed's Narrative of the Movements of the American Army in the Neighborhood of Trenton in the Winter of 1776–77." *Pennsylvania Magazine of History and Biography* 8 (1884): 391–402.

Reed, William B. *Life and Correspondence of Joseph Reed.* 2 vols. Philadelphia: Lindsay and Blakiston, 1847.

————. *A Reprint of the Reed and Cadwalader Pamphlets.* Philadelphia, 1863.

Resch, John, and Walter Sargent, eds. *War and Society in the American Revolution: Mobilization and Home Fronts.* DeKalb: Northern Illinois University Press, 2007.

Reynolds, Paul R. *Guy Carleton: A Biography.* New York: William Morrow, 1980.

Richard, Carl J. *The Founders and the Classics: Greece, Rome, and the American Enlightenment.* Cambridge, Mass.: Harvard University Press, 1994.

Richter, Daniel. *Beyond the Covenant Chain: The Iroquois and Their Neighbors in Indian North America, 1600–1800.* University Park: Pennsylvania State University Press, 2003.

————. *The Ordeal of the Longhouse: The Peoples of the Iroquois League in the Era of European Colonization.* Chapel Hill: University of North Carolina Press, 1992.

Riedesel, Baroness von. *Baroness von Riedesel and the American Revolution: Journal and Correspondence of a Tour of Duty, 1776–1783.* Translated and edited by Marvin L. Brown Jr. Chapel Hill: University of North Carolina Press, 1965.

Riedesel, Major General. *Memoirs, and Letters and Journals, of Major General Riedesel during His Residence in America.* Edited by Max Eelking. Translated by William L. Stone. 2 vols. Albany, N.Y.: J. Munsell, 1868.

Risse, Guenter B. "Hysteria at the Edinburgh Infirmary: The Construction and Treatment of a Disease, 1770–1800." *Medical History* 32, no. 1 (1988): 1–22.

Roche, John F. *Joseph Reed: A Moderate in the American Revolution.* New York: Columbia University Press, 1957.

Rogers, N. A. M. *The Wooden World: An Anatomy of the Georgian Navy.* New York: Norton, 1996.

Romer, John L. *Historic Sketches of the Neutral Ground.* Buffalo, N.Y.: William Gay, 1917.

Rose, Alex. *Washington's Spies: The Story of America's First Spy Ring.* New York: Bantam, 2007.

Rose, Ben Z. *John Stark: Maverick General.* Waverly, Mass.: Treeline Press, 2007.

Rosenbach, Abraham S. Wolf. "Documents Relative to Major David S. Franks while aide-de-camp to General Arnold." *Publications of the American Jewish Historical Society* 5 (1897): 157–89.

Rosenberg, Bruce A. *The Neutral Ground: The André Affair and the Background of Cooper's* The Spy. Westport, Conn.: Greenwood Press, 1994.

Rossie, Jonathan G. *The Politics of Command in the American Revolution.* Syracuse, N.Y.: Syracuse University Press, 1975.

Royster, Charles. *Light-Horse Harry Lee and the Legacy of the American Revolution.* New York: Knopf, 1981.

———. "'The Nature of Treason': Revolutionary Virtue and American Reactions to Benedict Arnold." *WMQ,* 3rd ser., 36, no. 2 (Apr. 1979): 163–93.

———. *A Revolutionary People at War: The Continental Army and American Character, 1775–1783.* Chapel Hill: University of North Carolina, 1979.

Rush, Benjamin. *Autobiography.* Edited by George W. Corner. Princeton, N.J.: Princeton University Press, 1948.

———. *Letters of Benjamin Rush.* Edited by L. H. Butterfield, 1:182–85; 2:1197–208. Princeton, N.J.: Published for the American Philosophical Society by Princeton University Press, 1951.

Rush, Richard. *Washington in Domestic Life.* Philadelphia: J. B. Lippincott, 1857.

Ryerson, Richard Alan. *The Revolution Is Now Begun: The Radical Committees of Philadelphia, 1765–1776.* Philadelphia: University of Pennsylvania Press, 1978.

Saffron, Morris. H. "The Northern Medical Department, 1776–1777." *Bulletin of the Fort Ticonderoga Museum* 14, no. 2 (1982): 81–120.

Sanderson, Eric. *Manhattan: A Natural History of New York City.* New York: Abrams, 2009.

Sargent, Winthrop. *The Life and Career of Major John André, Adjutant-General of the British Army in America.* Boston: Ticknor and Fields, 1861.

Schaffel, Kenneth. "The American Board of War, 1776–1781." *Military Affairs* 50, no. 4 (Oct. 1986): 185–89.

Schecter, Barnet. *The Battle for New York: The City at the Heart of the America Revolution.* New York: Walker, 2002.

———. *George Washington's America: A Biography through His Maps.* New York: Walker, 2010.

Scheer, George F., and Hugh F. Rankin, eds. *Rebels and Redcoats.* 1957. Reprint, New York: Da Capo Press, 1987.

Schellhammer, Michael. *George Washington and the Final British Campaign for the Hudson River, 1779.* Jefferson, N.C.: McFarland, 2012.

Schiff, Stacy. *A Great Improvisation: Franklin, France, and the Birth of America.* New York: Henry Holt, 2006.

Schlenther, Boyd Stanley. *Charles Thomson: A Patriot's Pursuit.* Newark: University of Delaware Press, 1990.

Schulz, Emily L., and Laura B. Simon. *George Washington and His Generals.* Mount Vernon, Va.: Mount Vernon Ladies' Association, 2009.

Scott, A. J. *Fort Stanwix and Oriskany.* Rome, N.Y.: Rome Sentinel Company, 1927.

Selesky, Harold. *War and Society in Colonial Connecticut.* New Haven, Conn.: Yale University Press, 1990.

Sellers, Charles Coleman. *Benedict Arnold, the Proud Warrior.* New York: Minton, Balch, 1930.

———. *Charles Willson Peale.* 2 vols. Philadelphia, 1947.

Sergeant R——. "The Battle of Princeton." *Pennsylvania Magazine of History and Biography*

20 (1896): 515–19 (originally published in the *Phenix,* Mar. 24, 1832, at Wellsborough, Pa.).

Serle, Ambrose. *The American Journal of Ambrose Serle, Secretary to Lord Howe, 1776–1778.* Edited by Edward H. Tatum. San Marino, Calif.: Huntington Library, 1940.

Shy, John. *A People Numerous and Armed: Reflections on the Military Struggle for American Independence.* New York: Oxford University Press, 1976.

Silver, Peter. *Our Savage Neighbors: How Indian War Transformed Early America.* New York: Norton, 2008.

Silverman, Kenneth. *A Cultural History of the American Revolution.* New York: Thomas Crowell, 1976.

Smith, Joshua Hett. *Authentic Narrative of the Causes Which Led to the Death of Major André.* New York: Evert Duyckinck, 1809.

———. *Record of the Trial of Joshua Hett Smith, Esq., for Alleged Complicity in the Treason of Benedict Arnold, 1780.* Edited by H. B. Dawson. Morrisania, N.Y., 1866.

Smith, Joshua M. *Borderland Smuggling: Patriots, Loyalists, and Illicit Trade in the Northeast, 1783–1820.* Gainesville: University of Florida Press, 2006.

Smith, Justin H. *Arnold's March from Cambridge to Quebec: A Critical Study Together with Arnold's Journal.* New York: Putnam, 1903.

Smith, Paul H. "The American Loyalists: Notes on Their Organization and Numerical Strength." *WMQ,* 3rd ser., 25 (1968): 258–77.

———, ed. *Letters of Delegates to Congress, 1774–1789.* Vols. 6–15. Washington, D.C.: Library of Congress, 1980–87.

———. *Loyalists and Redcoats: A Study in British Revolutionary Policy.* New York: Norton, 1964.

Smith, Samuel. "The General's Autobiography: The Papers of General Samuel Smith." *Historical Magazine,* 2nd ser., 7, no. 2 (1870): 81–92.

Smith, Samuel Stelle. *The Battle of Brandywine.* Monmouth Beach, N.J.: Freneau Press, 1976.

Smith, William. *Historical Memoirs of William Smith, 1778–1783.* Vol. 2. Edited by W. H. W. Sabine. New York: New York Times, 1971.

Snyder, Charles M. "With Benedict Arnold at Valcour Island: The Diary of Pascal de Angelis." *Vermont History* 42 (Summer 1974): 195–200.

Sparks, Jared. *The Life and Treason of Benedict Arnold.* Boston: Hilliard, Gray, 1835.

Spring, Matthew H. *With Zeal and with Bayonets Only: The British Army on Campaign in North America, 1775–1783.* Norman: University of Oklahoma Press, 2008.

Starbuck, David R. *The Great Warpath: British Military Sites from Albany to Crown Point.* Hanover, N.H.: University Press of New England, 1999.

Stark, Caleb, ed. *Memoir and General Correspondence of John Stark.* Concord, N.H.: McFarland and Jenks, 1860.

Starke, John, John Schank, and Edward Longcroft. Letter to Captain Pringle, St. Johns, 8 June 1777. "An Open Letter to Captain Pringle." *Bulletin of the Fort Ticonderoga Museum* 1, no. 4 (July 1928): 14–20.

Stauber, Leland. *The American Revolution: A Grand Mistake.* Amherst, N.Y.: Prometheus Books, 2009.

Stedman, Charles. *History of the Origin, Progress, and Termination of the American War.* London: Stedman, 1788.

Steele, Ian K. *Warpaths: Invasions of North America.* New York: Oxford University Press, 1994.

Stegeman, John F., and Janet A. Stegeman. *Caty: A Biography of Catharine Littlefield Greene.* Athens: University of Georgia Press, 1977.

Stephenson, Michael. *Patriot Battles: How the War of Independence Was Fought.* New York: HarperCollins, 2005.

Stevenson, William Flack. *Wounds in War: The Mechanism of Their Production and Their Treatment.* New York: William Wood, 1898.

Stinchcombe, William C. *The American Revolution and the French Alliance.* Syracuse, N.Y.: Syracuse University Press, 1969.

Stokes, I. N. Phelps. *The Iconography of Manhattan Island, 1498–1909: Compiled from Original Sources and Illustrated by Photo-Intaglio Reproductions of Important Maps, Plans, Views, and Documents in Public and Private Collections.* 6 vols. Union, N.J.: Lawbook Exchange, 1998.

Stone, William Leete. *The Campaign of Lieut. Gen. John Burgoyne, and the Expedition of Lieut. Col. Barry St. Leger.* Albany, N.Y.: Joel Munsell, 1877.

———. *Visits to the Saratoga Battle-Grounds.* Albany, N.Y.: Joel Munsell's Sons, 1895.

Stoudt, John Joseph. *Ordeal at Valley Forge: A Day-to-Day Chronicle Compiled from the Sources.* Philadelphia: University of Pennsylvania Press, 1963.

Stout, Neil R. "The Birth of the United States Navy." In *Lake Champlain: Reflections on Our Past,* edited by Jennie G. Versteeg, pp. 216–26. Burlington: University of Vermont Center for Research on Vermont, 1987.

Stowe, G. C., and J. Weller. "Revolutionary West Point: 'The Key to the Continent.'" *Military Affairs* 19, no. 2 (1955): 81–98.

Straus, Oscar. "New Light on the Career of Colonel David S. Franks." *Publications of the American Jewish Historical Society* 10 (1902): 101–8.

Stryker, William. *The Battle of Monmouth.* Princeton, N.J.: Princeton University Press, 1927.

———. *The Battles of Trenton and Princeton.* Trenton, N.J.: Old Barracks Association, 2001.

———. *The Reed Controversy: Further Facts with Reference to the Character of Joseph Reed, Adjutant General on the Staff of General Washington.* Trenton, N.J.: John L. Murphy, 1876.

Stuart, Nancy Rubin. *Defiant Brides: The Untold Story of Two Revolutionary-Era Women and the Radical Men They Married.* Boston: Beacon Press, 2013.

Sullivan, Edward Dean. *Benedict Arnold, Military Racketeer.* New York: Vanguard Press, 1932.

Sullivan, Robert. *My American Revolution: Crossing the Delaware and I-78.* New York: Farrar, Straus and Giroux, 2012.

"Supplies for the Galley *Washington,* 2 October 1776." *Bulletin of the Fort Ticonderoga Museum* 4, no. 1 (Jan. 1936): 21–22.

Syrett, David. *Admiral Lord Howe: A Biography.* Annapolis, Md.: Naval Institute Press, 2006.

———. *The Royal Navy in American Waters, 1775–1783.* Aldershot, U.K.: Scolar Press, 1989.

———. *Shipping and the American War, 1775–83: A Study of British Transport Organization.* London: Athlone Press, 1976.

Taaffe, Stephen R. *The Philadelphia Campaign, 1777–1778.* Lawrence: University Press of Kansas, 2003.

Tallmadge, Benjamin. *Memoir.* 1858. Reprint, New York: New York Times and Arno Press, 1968.

Tapson, Alfred J. "The Sutler and the Soldier." *Military Affairs* 21, no. 4 (Winter 1957): 175–81.

Taylor, Alan. *The Divided Ground: Indians, Settlers, and the Northern Borderland of the American Revolution.* New York: Vintage, 2007.

———. *The Internal Enemy: Slavery and War in Virginia.* New York: Norton, 2013.

Tennant, William. Letter to "my dearest & most lovely partner" [wife, Susannah, in Greenfield, Mass.], Ticonderoga, Oct. 15, 1776. Manuscript letter containing a vivid account of the Battle at Valcour, offered as Item #161, Christie's, Dec. 9, 1994. Copy in Fort Ticonderoga Association research files.

Terrot, Charles. "Naval Action on Lake Champlain, 1776." *American Neptune* 8, no. 3 (1948): 256.

Thacher, James. "The Execution of Major John André as a Spy." *New England Magazine* (May 1834): 353–59.

———. *A Military Journal during the American Revolution.* Boston: Cottons and Barnard, 1827.

Thane, Elswyth. *The Fighting Quaker: Nathanael Greene.* New York: Hawthorn, 1972.

Thayer, Theodore. *The Making of a Scapegoat: Washington and Lee at Monmouth.* Port Washington, N.Y.: Kennikat Press, 1976.

———. *Nathanael Greene, Strategist of the American Revolution.* New York: Twayne, 1960.

Thompson, Ray. *Benedict Arnold in Philadelphia.* Fort Washington, Pa.: Bicentennial Press, 1975.

Tiedemann, Joseph S. "Patriots by Default: Queens County, New York, and the British Army, 1776–1783." *WMQ,* 3rd ser., 43 (1986): 35–63.

Tiedemann, Joseph S., and Eugene R. Fingerhut, eds. *The Other New York: The American Revolution beyond New York City, 1763–1787.* Albany: State University of New York Press, 2005.

Tiedemann, Joseph S., Eugene R. Fingerhut, and Robert W. Venables, eds. *The Other Loyalists: Ordinary People, Royalism, and the Revolution of the Middle Colonies, 1763–1787.* Albany: State University of New York Press, 2010.

Tilley, John A. *The British Navy and the American Revolution.* Columbia: South Carolina University Press, 1987.

Tinckom, Harry M. "The Revolutionary City, 1765–1783." In *Philadelphia: A 300-Year History,* edited by Russell F. Weigley, pp. 109–54. New York: Norton, 1982.

Todd, Charles Burr. *The Real Benedict Arnold.* New York: A. S. Barnes, 1903.

Tomlin, Gregory M. "Valcour Island: Setting the Conditions for Victory at Saratoga." In *Key to the Northern Country: The Hudson River Valley in the American Revolution,* edited by James M. Johnson, Christopher Pryslopski, and Andrew Villani, pp. 269–83. Albany: State University of New York Press, 2013.

Trevelyan, Sir George Otto. *The American Revolution.* 6 vols. New York: Longmans, Green, 1905.

Trumbull, Benjamin. *Journal of the Campaign at New York, 1776–1777.* In *Collections of the Connecticut Historical Society* 7:175–218. Hartford, 1899.

Trumbull, John. *The Autobiography of Colonel John Trumbull*. Edited by Theodore Sizer. New Haven, Conn.: Yale University Press, 1953.

Tuchman, Barbara W. *The First Salute: A View of the American Revolution*. New York: Ballantine Books, 1988.

Tucker, Glenn. *Mad Anthony Wayne and the New Nation*. Harrisburg, Pa.: Stackpole Books, 1973.

Tuttle, Mrs. George Fuller, ed. *Three Centuries in Champlain Valley: A Collection of Historical Facts and Incidents*. Plattsburgh, N.Y.: Saranac Chapter, Daughters of the American Revolution, 1909.

Tyler, John. *Smugglers and Patriots: Boston Merchants and the Advent of the American Revolution*. Boston: Northeastern University Press, 1986.

Upham, George Baxter. "Burgoyne's Great Mistake." *New England Quarterly* 3, no. 4 (Oct. 1930): 657–80.

Upton, L. F. S. *The Loyal Whig: William Smith of New York and Quebec*. Toronto: University of Toronto Press, 1969.

Urban, Mark. *Fusiliers: The Saga of a British Redcoat Regiment in the American Revolution*. New York: Walker, 2007.

Valentine, Alan. *Lord Stirling*. New York: Oxford University Press, 1969.

Van Buskirk, Judith. *Generous Enemies: Patriots and Loyalists in Revolutionary New York*. Philadelphia: University of Pennsylvania Press, 2002.

Van Doren, Carl. *Secret History of the American Revolution*. New York: Viking, 1968.

Varick, Richard. *The Varick Court of Inquiry*. Edited by Albert Bushnell Hart. Boston: Bibliophile Society, 1907.

Volo, James M. *Blue Water Patriots: The American Revolution Afloat*. Laham, Md.: Rowman and Littlefield, 2006.

Wade, Arthur. "A Military Offspring of the American Philosophical Society." *Military Affairs* 38, no. 3 (Oct. 1974): 103–7.

Wade, Herbert T., and Robert A. Lively, eds. *This Glorious Cause*. Princeton, N.J.: Princeton University Press, 1958.

Walker, Lewis Burd. "Life of Margaret Shippen, Wife of Benedict Arnold." *Pennsylvania Magazine of History and Biography* 24 (1900): 257–67, 401–49; 25 (1901): 20–46, 145–90, 289–302, 452–97; 26 (1902): 71–80, 224–44, 322–34, 464–68.

Wallace, David Duncan. *The Life of Henry Laurens*. New York: G. P. Putnam's Sons, 1915.

Wallace, Willard. *Traitorous Hero: The Life and Fortunes of Benedict Arnold*. New York: Harper and Brothers, 1954.

Walsh, John Evangelist. *The Execution of Major André*. New York: Palgrave, 2001.

Ward, Christopher. *The War of the Revolution*. Edited by John Richard Alden. 2 vols. New York: Macmillan, 1952.

Ward, Harry M. *Between the Lines: Banditti of the American Revolution*. Westport, Conn.: Greenwood Press, 2002.

———. *Major General Adam Stephen and the Cause of American Liberty*. Charlottesville: University of Virginia Press, 1989.

Warren, Benjamin. "Diary of Captain Benjamin Warren on Battlefield of Saratoga." Edited by David E. Alexander. *Journal of American History* 3, no. 2 (1909): 201–16.

Washington, George. *The Papers of George Washington: Revolutionary War Series*. Vols.

5–22. Edited by Philander D. Chase et al. Charlottesville: University Press of Virginia, 1985, 1987, 1988.

——. *Writings of George Washington*. Vols. 6–8. Edited by Jared Sparks. Boston: Russell, Odiorne, and Metcalf and Hilliard, Gray, 1834–35.

——. *Writings of George Washington*. Vols. 17–20. Edited by John C. Fitzpatrick. Washington, D.C.: United States Government Printing Office, 1937.

Wasmus, J. F. *An Eyewitness Account of the American Revolution and New England Life: The Journal of J. F. Wasmus, German Company Surgeon, 1776–1783*. Translated by Helga Doblin and edited by Mary C. Lynn. New York: Greenwood Press, 1990.

Watson, Winslow. "The Fortresses of Crown Point and Ticonderoga." In *Munsell's Historical Series* 3:178–204. Albany, N.Y.: Munsell, 1859.

Watt, Gavin. *Rebellion in the Mohawk Valley: The St. Leger Expedition of 1777*. Toronto: Dundurn, 2002.

Wayne, Anthony. Orderly Book for July 10–Oct. 15, 1776, *Bulletin of the Fort Ticonderoga Museum* 11, nos. 2–4 (1963–64): 93–112; Orderly Book for Nov. 20–Dec. 1, 1776, *Bulletin of the Fort Ticonderoga Museum* 3, no. 4 (July 1934): 191–98; Orderly Book for Dec. 1–16, 1776, *Bulletin of the Fort Ticonderoga Museum* 3, no. 5 (Jan. 1935): 218–25; Orderly Book for Dec. 17, 1776–Jan. 8, 1777, *Bulletin of the Fort Ticonderoga Museum* 3, no. 6 (July 1935): 248–60. A printed transcription of Orderly Book for Oct. 17, 1776–Jan. 8, 1777, appeared in *Munsell's Historical Series* 3:2–140 (Albany, N.Y.: Munsell, 1859).

Webb, Samuel Blachley. *Correspondence and Journals of Samuel Blachley Webb*. Vols. 1–3. Edited by Worthington C. Ford. New York: Burnett, 1894.

Weigley, Russell, ed. *Philadelphia: A 300-Year History*. New York: Norton, 1982.

Weiner, Frederick B. "Military Occupation of Philadelphia in 1777–1778." *Proceedings of the American Philosophical Society* 111 (1967): 310–13.

Weintraub, Stanley. *Iron Tears: America's Battle for Freedom, Britain's Quagmire: 1775–1783*. New York: Free Press, 2005.

Wells, Bayze. *Journal of Bayze Wells of Farmington*. In *Collections of the Connecticut Historical Society* 7:238–96. Hartford, 1899.

Wermuth, Thomas, ed. *America's First River: The History and Culture of the Hudson River Valley*. Albany, N.Y.: State University of New York Press, 2009.

Wetenbaker, Thomas Jefferson. *Father Knickerbocker Rebels*. New York: Scribner's, 1948.

Wickman, Donald H. "A Most Unsettled Time on Lake Champlain: The October 1776 Journal of Jahiel Stewart." *Vermont History* 64, no. 2 (1996): 89–98.

Wickwire, Franklin, and Mary Wickwire. *Cornwallis: The American Adventure*. Boston: Houghton Mifflin, 1970.

Wiencek, Henry. *An Imperfect God: George Washington, Slaves and the Creation of America*. New York: Farrar, Straus and Giroux, 2003.

Wigglesworth, Edward. "Colonel Wigglesworth's Diary Containing His Account of the Naval Battles on Lake Champlain, Oct. 11 and 13, 1776." In *Autographs: Letters—Documents—Manuscripts Catalogue No. 1464*. Philadelphia: Stan V. Henkels Jr., 1932.

Wilbur, C. Keith. *Revolutionary Medicine, 1700–1800*. Chester, Conn.: Globe Pequot Press, 1980.

Wilkinson, James. *Memoirs of My Own Times.* Vol. 1. Philadelphia: Abraham Small, 1816.

Willcox, William. *Portrait of a General: Sir Henry Clinton in the War of Independence.* New York: Knopf, 1964.

———. "Too Many Cooks: British Planning before Saratoga." *Journal of British Studies* 2, no. 1 (Nov. 1962): 56–90.

Williams, Glenn F. *Year of the Hangman: George Washington's Campaign against the Iroquois.* Yardley, Pa.: Westholme, 2005.

Williamson, Joseph. "Biographical Sketch of Joseph P. Martin, of Prospect, Maine, a Revolutionary Solider." *NEHGR* 30 (1876): 330–31.

Wilson, Barry K. *Benedict Arnold: A Traitor in Our Midst.* Montreal: McGill-Queens University Press, 2001.

Wood, Gordon S. *The Creation of the American Republic, 1776–1787.* Chapel Hill: University of North Carolina Press, 1969.

———. *The Radicalism of the American Revolution.* New York: Vintage Books, 1991.

Wright, Robert K. *The Continental Army.* Washington, D.C.: Center of Military History, 1989.

插图来源

第 1 页（顶部）：从哈德逊河远望纽约：The Mariners' Museum, Newport News，VA

第 1 页（左下角）：查尔斯·威尔逊·皮尔手绘，乔治·华盛顿像，1776：Brooklyn Museum，Dick S. Ramsay Fund，34.1178

第 1 页（右下角）：查尔斯·威尔逊·皮尔手绘，亨利·诺克斯生活像，约 1784 年：Independence National Historical Park

第 2 页（左上角）：查尔斯·威尔逊·皮尔手绘，约瑟夫·里德像：Independence National Historical Park

第 2 页（右上角）：约翰·特朗布尔绘，纳撒尼尔·格林少将像：Yale University Art Gallery

第 2 页（左下角）：理查德·莫雷尔·施塔伊格绘，约翰·沙利文将军像：Independence National Historical Park

第 2 页（右下角）：多米尼克·法布洛尼乌斯绘，伊斯雷尔·帕特南将军像：Library of Congress

第 3 页（左上角）：巴斯·奥蒂斯绘，威廉·亚历山大（斯特林勋爵）像：Independence National Historical Park

第 3 页（右上角）：纳撒尼尔·霍恩绘，乔治·萨克维尔·杰曼，第一代萨克维尔子爵像：National Portrait Gallery，London

第 3 页（左下角）：威廉·豪将军（爵士）像：Collection of the Massachusetts Historical Society

第 3 页（右下角）：海军上将理查德·豪勋爵像：ⓒSuperstock

第 4 页（顶部）：阿基巴尔德·罗布森绘，纽约港：Spencer Collection，The New York Public Library，Astor，Lenox and Tilden Foundations

第 4 页（左下角）：约翰·斯玛特绘，亨利·克林顿将军（爵士）：National Army Museum

第 4 页（右下角）：托马斯·盖恩斯堡绘，查尔斯·康沃利斯，第一位康沃利斯侯爵像：National Portrait Gallery，London

第 5 页（左上角）：菲利普·詹姆斯·洛瑟堡绘，英国陆军军服速写图，1778 年：Anne S. K. Brown Military Collection，Brown University Library

第 5 页（右上角）：菲利普·詹姆斯·洛瑟堡绘，手持来复枪的英军掷弹兵，约 1778 年：Anne S. K. Brown Military Collection, Brown University Library

第 5 页（右下角）：黑森佣兵头饰帽：Armed Forces History Division, National Museum of American History, Smithsonian Institution

第 6～7 页：阿基巴尔德·罗布森绘，1778 年 8 月 17 日之基普湾：Manuscripts and Archives Division, The New York Public Library, Astor, Lenox and Tilden Foundations

第 7 页（顶部）：约翰·巴切勒绘，"海龟"号：www. printsolutions. co. uk

第 8 页（顶部）：查尔斯·兰德尔绘，《新英格兰武装战船大观，尚普兰湖》：Library and Archives Canada

第 8～9 页：查尔斯·兰德尔绘，《上帝保佑吾军》：Fort Ticonderoga Museum

第 9 页（顶部）：查尔斯·兰德尔绘，皇家海军舰船在尚普兰湖：Library and Archives Canada

第 10～11 页：亨利·吉尔德绘，瓦库尔岛之战，1776：Royal Collection Trust Her Majesty Queen Elizabeth II 2015

第 11 页（右上一）：皮埃尔·恩热·杜·希米蒂耶尔绘，本尼迪克特·阿诺德像：Library of Congress

第 11 页（右上二）：A. 卡西迪绘，本尼迪克特·阿诺德：Frick Art Reference Library

第 11 页（右上三）：马贝尔·梅瑟尔绘，盖伊·卡尔顿将军（爵士）：Library and Archives Canada

第 12 页（左上角）：约翰·特朗布尔绘，在特伦顿俘获的黑森佣兵（速写图）：Charles Allen Munn Collection, Fordham University Library

第 12 页（右上角）：查尔斯·李将军：Emmet Collection, Miriam and Ira D. Wallach Division of Art, Prints and Photographs, The New York Public Library, Astor, Lenox and Tilden Foundations

第 12 页（底部）：阿松平克溪桥，《哥伦比亚杂志》刊载，1789 年 5 月：Trentoniana Collection, Trenton Free Public Library

第 13 页（顶部）：斯坦威克斯堡之艺术化绘图：University of Texas Libraries

第 13 页（左下角）：陆军少将菲利普·舒伊勒：Library of Congress

第 13 页（右下角）：彼得·甘斯沃尔特上校：Benson J. Lossing, The Pictorial Field-Book of the Revolution（New York：Harper & Brothers, 1852）

第 14 页（左上角）：查尔斯·威尔逊·皮尔绘，霍雷肖·盖茨将军：Independence National Historical Park

第 14 页（右上角）：查尔斯·威尔逊·皮尔绘，1797 年的詹姆斯·威尔金森：Independence National Historical Park

第 14 页（左下角）：拉尔夫·埃尔绘，1787 年的理查德·瓦里克中校，油画，萨拉·瓦尔什·德维特于 1924 - 4 - 16 日捐赠：Albany Institute of History and Art

第 14 页（右下角）：查尔斯·威尔逊·皮尔绘，丹尼尔·摩根生活像，约 1794 年：Independence National Historical Park

第 15 页（左上角）：查尔斯·威尔逊·皮尔绘，本杰明·林肯生活像，约 1781~1783 年：Independence National Historical Park

第 15 页（右上角）：约书亚·雷诺德爵士绘，约翰·伯戈因将军：Library of Congress

第 15 页（底部）：托马斯·杰弗里斯雕、乔治·西普绘，1768 年费城一览图：Library of Congress

第 16 页：弗勒里绘，米弗林堡地图：Division of Rare and Manuscript Collections, Cornell University Library

第 17 页：日耳曼敦之役，约 1790 年，画家不详：Cliveden, a Historic Site of the National Trust for Historic Preservation

第 18 页（顶部）：冬季福吉谷，华盛顿指挥部南面图：National Park Service

第 18 页（左下角）：约翰·劳伦斯：Independence National Historical Park

第 18 页（右下角）：威廉·J. 威弗尔绘，亚历山大·汉密尔顿像：Indianapolis Museum of Art, Gift of Mr. and Mrs. Eli Lilly, 47.47, imamuseum. org

第 19 页（左上角）：查尔斯·威尔逊·皮尔绘，马里耶·约瑟夫·保罗·耶夫斯·罗赫·吉尔伯特·杜·莫蒂耶，德·拉法耶特侯爵：Independence National Historical Park

第 19 页（右上角）：V. 格林·梅佐廷托雕刻，亨利·劳伦斯：Library of Congress

第 19 页（左下角）：约翰·辛莱顿·科普利绘，托马斯·米弗林夫妇像：Philadelphia Museum of Art, 125th Anniversary Acquisition. Bequest of Mrs. Esther F. Wistar to The Historical Society of Pennsylvania in 1900, and acquired by the Philadelphia Museum of Art by mutual agreement with the Society through the generosity of Mr. and Mrs. Fitz Eugene Dixon Jr., and significant contributions from Stephanie S. Eglin and other donors to the Philadelphia Museum of Art, as well as the George W. Elkins Fund and the W. P. Wilstach Fund, and through the generosity of Maxine and Howard H. Lewis to the Historical Society of Pennsylvania, 1999

第 19 页（右下角）：托马斯·康威：The Historical Society of Pennsylvania Portrait Collection

第 20 页（顶部）：火药桶之战：Picture Collection, The Branch Libraries, The New York Public Library, Astor, Lenox and Tilden Foundations

第 20 页（底部）：阿隆索·查佩尔绘，蒙茅斯之战：Picture Collection, The New York Public Library, Astor, Lenox and Tilden Foundations

第 21 页（顶部）：约翰·安德烈少校绘，"大联欢中的少女"：Cliveden, a Historic Site of the National Trust for Historic Preservation

第 21 页（底部）：约翰·安德烈少校绘，玛格丽特·席本·阿诺德：Yale University Art Gallery

第 22 页（顶部）：本尼迪克特·阿诺德的宣誓效忠书：National Archives and Records Administration

第 22~23 页：皮埃尔·奥赞绘，德斯坦伯爵统率之法国舰队于纽约外海下锚，1778 年：Library of Congress

第 23 页（左上角）：大卫·索尔兹伯里·弗兰克斯少校：The Jacob Rader Marcus Center of the American Jewish Archives, Cincinnati, Ohio, americanjewisharchives. org

第 23 页（右上角）：约翰·卡德瓦拉德上校：From the University Archives and Records Center, University of Pennsylvania

第 24~25 页：西点要塞全景图，纽约州。图中可见哈德逊河沿岸美军营地：Library of Congress

第 24 页（底部）：皮埃尔·奥赞绘，"朗格多克"号：Library of Congress

第 26 页：本尼迪克特·阿诺德密码信，1780 年 7 月 15 日。信中提

出将西点要塞卖给英军：Clements Library，University of Michigan

第 27 页：7 月 15 信件解密版：Clements Library，University of Michigan

第 28 页（顶部）：约书亚·赫特·史密斯宅邸：Print Collection，Miriam and Ira D. Wallach Division of Art，Prints and Photographs，The New York Public Library，Astor，Lenox and Tilden Foundations

第 28 页（底部）：贝弗利·罗宾逊宅邸：Print Collection，Miriam and Ira D. Wallach Division of Art，Prints and Photographs，The New York Public Library，Astor，Lenox and Tilden Foundations

第 29 页（顶部）：罗宾逊宅邸用餐室：Benson J. Lossing，Pictorial Field-Book of the Revolution（New York：Harper & Brothers，1851）

第 29 页（左下角）：约翰·沃拉斯顿绘，威廉·史密斯（青年）：© New-York Historical Society

第 29 页（底部中央）：贝弗利·罗宾逊上校：Library of Congress

第 29 页（右下角）：约翰·特朗布尔绘，本杰明·塔尔米奇：army. mil

第 30 页（顶部）：约翰·安德烈所绘草图：Emmet Collection，Miriam and Ira D. Wallach Division of Art，Prints and Photographs，The New York Public Library，Astor，Lenox and Tilden Foundations

第 30~31 页：费城大街，"塑像展示及游行"，1780 年 9 月 30 日周六：Library of Congress

第 31 页（顶部）：约翰·安德烈自画像（副本）——处决前一天，由安德烈本人用钢笔绘制：Print Collection，Miriam and Ira D. Wallach Division of Art，Prints and Photographs，The New York Public Library，Astor，Lenox and Tilden Foundations

第 32 页：萨拉托加战场纪念碑：Americasroof/Creative Commons Endpapers：Map of the Province of New York with part of Pennsylvania and New England，from George Washington Atlas（detail）：Yale University Library Map Collection

索　引

（以下页码为原书页码，即本书页边码。）

图书在版编目（CIP）数据

无畏的雄心：乔治·华盛顿、本尼迪克特·阿诺德与美国革命的命运／（美）纳撒尼尔·菲尔布里克（Nathaniel Philbrick）著；王兢译. －－北京：社会科学文献出版社，2019.9

书名原文：The Valiant Ambition：George Washington，Benedict Arnold and The Fate of the American Revolution

ISBN 978 - 7 - 5201 - 4378 - 3

Ⅰ.①无…　Ⅱ.①纳…②王…　Ⅲ.①美国 - 历史 - 研究　Ⅳ.①K712.07

中国版本图书馆 CIP 数据核字（2019）第 032572 号

无畏的雄心
—— 乔治·华盛顿、本尼迪克特·阿诺德与美国革命的命运

著　　者／〔美〕纳撒尼尔·菲尔布里克（Nathaniel Philbrick）
译　　者／王　兢

出 版 人／谢寿光
责任编辑／张金勇　徐一彤
文稿编辑／杨晶蕾

出　　版／社会科学文献出版社·甲骨文工作室（分社）（010）59366527
　　　　　地址：北京市北三环中路甲 29 号院华龙大厦　邮编：100029
　　　　　网址：www.ssap.com.cn
发　　行／市场营销中心（010）59367081　59367083
印　　装／北京盛通印刷股份有限公司

规　　格／开本：889mm × 1194mm　1/32
　　　　　印张：17.5　插页：1　字数：392 千字
版　　次／2019 年 9 月第 1 版　2019 年 9 月第 1 次印刷
书　　号／ISBN 978 - 7 - 5201 - 4378 - 3
著作权合同
登 记 号／图字 01 - 2016 - 6129 号
定　　价／86.00 元